Arthur Gold • Robert Fizdale
DER EIGENSINNIGE ENGEL

Arthur Gold • Robert Fizdale

Der eigensinnige Engel

Das leidenschaftliche Leben der Sarah Bernhardt

Aus dem Amerikanischen von
Verena Koch
und Cornelia Stoll

verlegt bei Kindler

Titel der Originalausgabe: The Divine Sarah
Originalverlag: Knopf, New York

Die Deutsche Bibliothek – CIP-Einheitsaufnahme
Gold, Arthur:
Der eigensinnige Engel. Das leidenschaftliche Leben der
Sarah Bernhardt / Arthur Gold; Robert Fizdale. Aus dem Amerikan.
von Verena Koch und Cornelia Stoll. – München: Kindler, 1992
Einheitssacht.: The Divine Sarah <dt.>
ISBN 3-463-40174-6
NE: Fizdale, Robert:

Dieses Buch wurde auf chlor- und säurefreiem Papier gedruckt.
Redaktionelle Bearbeitung: Wolfram Ströle
Umschlaggestaltung: Graupner + Partner, München, unter Verwendung
des Gemäldes »Portrait de Sarah Bernhardt« von Georges Clairin.
Musées de la Ville de Paris.
Umschlagfoto: Photographie GIRAUDON, Paris
Satzarbeiten: Büro Dr. Ulrich Mihr, Tübingen
Druck und Bindearbeiten: Ebner Ulm
Printed in Germany
ISBN 3-463-40174-6

2 3 5 4 1

FÜR MICHEL DE BRY,

der viel Zeit, Kraft und Aufmerksamkeit darauf verwendet hat, der Nachwelt ein umfassendes Bild des künstlerischen Schaffens der Sarah Bernhardt zu vermitteln und sie in unserer Erinnerung lebendig zu halten. Michel de Bry gab uns freundlicherweise Gelegenheit, die Briefe und Dokumente seines Bernhardt-Archivs zu studieren und aus ihnen zu zitieren. Mit seinem profunden Wissen über unser Thema hat er uns überaus freundlich unterstützt.

UND FÜR THIERRY BODIN,

der uns viele Hinweise auf Sarah Bernhardt und die Menschen aus ihrer Umgebung geben konnte. Seine unglaubliche Belesenheit, seine Begeisterungsfähigkeit und die Gastfreundschaft von ihm und seiner Frau Pierette waren überwältigend.

Inhaltsverzeichnis

Danksagung

Den folgenden Personen und Institutionen sind wir für ihre unschätzbare Hilfe zu größtem Dank verpflichtet: der Bibliothèque Nationale und der Leiterin ihrer Urkundenabteilung, Madame Callut; der Bibliothèque de l'Arsenal und der Leiterin ihrer Abteilung für Kunst und Theater, Mademoiselle Giteau, sowie ihren Mitarbeiterinnen, den Damen Faure, Tourniac und Drouin; der Bibliothèque de la Comédie Française und ihrer Direktorin Noelle Guibert; dem Musée d'Orsay und seiner Direktorin Françoise Cachin; dem Musée du Petit Palais und seiner Direktorin Thérèse Burollet; der Bibliothèque Historique de la Ville de Paris, dem Musée de l'Armée und Monsieur Vergnaud vom Sekretariat der ECPA. Unser Dank gilt auch dem Fonds Zola Bibliothèque Nationale de Paris (für Bernhardts Brief an Zola), dem Musée Rodin in Paris, dem Musée des Beaux-Arts in Dijon sowie dem Musée du Petit Palais in Genf, dem Victoria and Albert Theatre Museum in London und seinem Direktor Sir Roy Strong, der Harvard Theatre Collection in Cambridge und ihrer Leiterin Dr. Jeanne Newland und der New York Public Library of the Performing Arts.

Nicht alle, die uns geholfen haben, können wir hier dankend erwähnen. Unter den vielen, die zum Entstehen dieses Buches beigetragen haben, gilt unser besonderer Dank dem Prinzen und der Prinzessin de Ligne La Trémoïlle, der Baronin Elie de Rothschild, dem Prinzen Amyn Aga Khan, Jane Lady Abdy, Anka Muhlstein, Louis Begley, Sidney und Marit Gruson, Paul und Lucille Audouy, Herrn und Frau Angelo Torricini, Charles Oulmont, dem verstorbenen Henri Sauguet, Giorgio Strehler, Daniel Stes, Giacchino Lanza, Georges Liébert, Annette Vaillant, Denise Blum, Nanos Valaoritis (der uns mit einem Bild seines Großonkels Damala aushalf), den Brüdern Pierre und Jacques Loti-Viaud (für die Erlaubnis, aus den Briefen und umfangreichen Aufzeichnungen Pierre Lotis zu zitieren, aber auch für die Mühe, das Material für uns zu sichten), der Prinzessin Mario de Ruspoli (für ihr freundliches Entgegenkommen, aus den Briefen, die ihr Großvater Charles Haas von Sarah Bernhardt erhielt, zitieren zu dürfen), Claudine Loste, Alan Lesieutre (der uns erlaubte, aus seinem Archiv Fotografien der Bernhardt zu reproduzieren sowie Clairins Gemälde von Sarah Bernhardt als Sardous Théodora, als Sainte Teresa in *Vierge D'Avila* und sein Plakat für *La Tosca*), Colette Monçeau (die Sarahs Handschrift entzifferte), Bernard Minoret (der uns an seinem umfassenden Wissen über die Geschichte des französischen Theaters teilhaben ließ), der verstorbenen Terka Reichenbach (Sarahs Urgroßenkelin, die uns freundlicherweise die Fotografie vom erwachsenen Maurice Bernhardt zur Verfügung stellte) und ihrem Sohn, dem Fotografen Georges P. Clemençeau (der die von seiner Cousine Marie-Louise Barberot gesammelten und uns freundlicherweise zur Verfügung gestellten frühen Familienfotos abfotografierte), Jean-Pierre Richepin (für das Foto seines berühmten Großvaters, des Dichters und Dramatikers Jean Richepin, einer der großen Lieben in Sarahs Leben), der Morgan Library in New York (für die Erlaubnis, aus Sarahs leidenschaftlichen Briefen an Richepin zu zitieren) und der großen Schauspielerin Irene Worth (die uns über die Existenz dieser Briefe informierte).

Wir möchten auch Sir John Gielgud danken, der uns an seiner Erinnerung an Sarah Bernhardt teilhaben ließ, die er als Fünfzehnjähriger auf der Bühne gesehen hatte. Seine Schilderung war ebenso feinfühlig und lebendig wie Prousts Darstellung der Bernhardt als »Berma«. Sir John empfahl uns seinem Kollegen Richard Bebb, dem wir unendlich dankbar sind, daß er uns sämtliche Tonaufnahmen der Bernhardt vorspielte.

Wir danken Dario Cecchi, dem Grafen Ghislain de Diesbach, Jean-Claude Eger, Philippe Gand, Paul Lorenz, der Gräfin Guy de Beaumont, Claude und Ida Bourdet (die uns ihre Unterlagen über Sarahs geliebten Doktor Pozzi zur Verfügung stellten), dem verstorbenen André Bernheim, André Rieupeyrout (der uns zu einer Vorführung von Sacha

Guitrys frühem Dokumentarstummfilm *Ceux de Nos Jours* einlud, in dem eine strahlende, deklamierende Sarah nur wenige Wochen nach der Amputation ihres Beines zu sehen ist), Maître Claudine Herrmann, Raymond Mander und Joe Mitchenson, der verstorbenen Delphine Seyrig, Suzanne Fessart und William Weaver. Sie alle und viele andere haben einen unermeßlichen Beitrag zu unserem Buch geleistet.

Nicht zuletzt schulden wir unseren Fotografen Phillippe Doumic, Jean-Loupe Charmet und Jakob Mydtskov besonderen Dank, aber auch den beiden Französinnen Liliane Ziegel und Claude Nabokoff, die uns so hervorragend bei unseren Nachforschungen unterstützten und ohne die dieses Buch nicht entstanden wäre.

Prolog

Mark Twain hat einmal gesagt: »Es gibt fünf Klassen von Schauspielerinnen: schlechte Schauspielerinnen, mittelmäßige Schauspielerinnen, gute Schauspielerinnen, große Schauspielerinnen – und dann gibt es noch Sarah Bernhardt.« Mit demselben Vergnügen, mit dem Mark Twain der Bernhardt eine Krone aufs Haupt setzt, stößt George Bernard Shaw sie vom Thron. Er schreibt von »ihrer kindischen, egoistischen Art auf der Bühne, die nichts mit der Kunst zu tun hat, den Zuschauer edler denken oder tiefer fühlen zu lassen, sondern sich damit begnügt, ihm Bewunderung und Mitleid für sie einzuflößen, und ihn dazu bringen will, sie für die Beste zu halten, mit ihr zu weinen, über ihre Scherze zu lachen, ihrem Schicksal atemlos zu folgen und ihr begeistert zu applaudieren, wenn der Vorhang fällt. Sie beherrscht die Kunst, alle Schwächen des Zuschauers herauszufinden und damit zu spielen – sie beschwatzt ihn, quält ihn, erregt ihn – alles in allem, sie macht ihn zum Narren ...«

Den Kunden zum Narren zu halten gehört zum Geschäft des Schauspielers. Aber Shaw war nicht der Mann, der sich zum Narren halten ließ. Er war ein Kreuzritter in Knickerbockern mit dem Auftrag, Licht in eine irregeleitete Welt zu bringen. Sarah Bernhardt gehörte einer anderen Welt an. Sie wollte faszinieren, blenden, das Publikum in den Irrgarten der Sinnlichkeit und der poetischen Illusion entführen. Shaw war der Fels der Wahrheit, sie war die Sirene auf diesem Fels, den Schwanz im trügerischen Wasser am Fuß des Felsens, das Gesicht dem Mond zugewandt.

D. H. Lawrence teilte Shaws Ansicht nicht, als er die Bernhardt in *La dame aux camélias (Die Kameliendame)* im Theatre Royal von Nottingham sah. Der Romancier war damals dreiundzwanzig Jahre alt, die Schauspielerin vierzig Jahre älter.

> ...da ist sie, die Inkarnation der ungebändigten Gefühle, die wir mit aller lebenden Kreatur gemeinsam haben, die sich aber in uns in großer Vielfalt und mit unergründlicher Heftigkeit ansammeln. Sie symbolisiert die archaischen Leidenschaften der Frau und ist eine ganz außergewöhnlich faszinierende Persönlichkeit... Ich selbst könnte so eine Frau lieben, bis zum Wahnsinn lieben, nur um der reinen, wilden Leidenschaft willen. Überlegen Sie sich gut, ob Sie die Bernhardt sehen wollen. Wenn Sie kein sehr vernünftiger Mensch sind, lassen Sie es lieber. Wenn ich jetzt an sie denke, spüre ich immer noch den Stein, der mir tagelang auf der Brust lag, nachdem ich sie gesehen hatte. Ihre gewinnende, süße, spielerische Art, ihr trauriges, schwermütiges, leises Murmeln, ihr schreckenerregendes Tigergebrüll und dann die furchtbaren, unverständlichen Töne, die kleinen Schluchzer, die einem schier das Herz zerreißen, und die Verzweiflung und der Tod: es ist zuviel für einen Abend ...

Der junge Sigmund Freud studierte 1885 Hypnotismus und Neurologie bei Jean-Martin Charcot in Paris. Dort sah er die Bernhardt in Sardous *Théodora,* einem melodramatischen Schauspiel über Lust, Sadismus und Sünde, Themen, die der zukünftige Psychoanalytiker auf eine Art und Weise untersuchen sollte, die der Dramatiker sich nicht hätte träumen lassen. Aber der Student erlag wie Lawrence wehrlos der hypnotischen Ausstrahlung der Schauspielerin:

> Ich kann nichts Gutes über das Stück selbst sagen. ... Aber wie diese Sarah spielt! Nach den ersten Worten ihrer liebreichen, vibrierenden Stimme hatte ich das Gefühl, sie seit Jahren zu kennen. Nichts, was sie sagte, hätte mich überraschen können. Ich glaubte ihr sofort alles, was sie sagte. ... Ich habe niemals eine komischere Figur gesehen als Sarah im zweiten Akt, wo sie in einem einfachen Kleid auftritt, und doch hört man bald zu lachen auf, weil diese kleine Gestalt mit jeder Faser ihres Körpers lebt und bezaubert. Dann ihr Schmeicheln und Flehen und Umarmen, es ist unglaublich, was sie für Hal-

> tungen einnehmen kann und wie sie mit ihren Gliedern und Gelenken spielt. Ein eigenartiges Wesen: Ich kann mir vorstellen, daß sie im Leben überhaupt nicht anders zu sein braucht als auf der Bühne.

Freuds Gefühle für Sarah gingen über die bloße Schwärmerei eines Studenten hinaus. Jahrelang fiel der Blick der geplagten Patienten, die seine Praxis betraten, auf ein Bild der Bernhardt. Wir wissen nicht, warum er das Bild aufhängte, ob er sie für ein Symbol des ewigen Weibes hielt oder für die ewig neurotische Frau oder ob ihn die Verbindung von Schauspiel und Leben interessierte. Wenn letzteres zutrifft, stand er damit nicht allein. Die Faszination berühmter Tragödinnen – von der Rachel bis zur Garbo, von der Bernhardt bis zur Callas – beruht auf der Suggestivkraft nicht nur ihrer Kunst, sondern auch des Lebens, das sie geführt haben. Wir möchten die Geheimnisse dieser Geschöpfe erfahren, die einer Fata Morgana gleichen und mit unseren Gefühlen spielen, unsere Sehnsüchte erregen und unsere Phantasien ausleben. Einen Abend lang sind sie unsere Vertrauten, sie strecken die Hände aus und berühren uns mit einer Unmittelbarkeit, die unser Leben im Vergleich trist erscheinen läßt. Wie bei den Märchenköniginnen, die sie darstellen, fasziniert uns ihr Egoismus, und ihre tyrannischen Launen, die bei Normalsterblichen unerträglich wären, vergeben wir ihnen so gern wie uns selbst einen schamlosen Traum.

Der Dichter und Dramatiker Edmond Rostand beschreibt das vulkanische Temperament der Schauspielerin in seinem Vorwort zu Jules Hurts Biographie über Sarah Bernhardt, die damals Mitte Fünfzig war:

> 1899: Ein Brougham hält vor der Tür. Eine in Pelz gehüllte Frau springt heraus, schlängelt sich durch die Menge … fliegt eine Wendeltreppe hinauf, stürzt in die vor Blumen überquellende Umkleide, die so überheizt ist wie ein Treibhaus, wirft ihre kleine, mit Borten verzierte Handtasche schier unerschöpflichen Inhalts in eine Ekke, den Hut mit den Federn in eine andere, zieht ihren Pelz aus und wird im selben Moment zu einer blitzenden Klinge aus weißer Seide, eilt auf die schwach beleuchtete

Bühne und erfüllt sofort eine Menge gähnender und lustlos herumlungernder Leute mit Leben. Sie stürzt hin und her, steckt alle mit ihrer fieberhaften Energie an, verschwindet im Souffleurkasten, erteilt Anweisungen für Szenen, in denen sie auftritt, macht die richtigen Gesten vor und sagt, wie die Wörter zu betonen sind, erhebt sich wutentbrannt und besteht darauf, alles noch einmal zu wiederholen. Sie schreit zornig, setzt sich, lächelt, trinkt Tee und fängt an, ihre Rolle zu proben. Sie rührt abgebrühte Schauspieler zu Tränen, die Schauspieler stecken hingerissen die Köpfe aus den Kulissen, um sie zu sehen, sie geht in ihre Umkleide zurück, dort warten die Bühnenbilder, sie zerstört deren Modelle und rekonstruiert sie wieder, bricht zusammen, wischt sich mit einem Spitzentüchlein über die Augen und fällt beinahe in Ohnmacht, hört sich Hunderte von Briefen an, weint über irgendeine unglückliche Geschichte und wühlt in ihrer unerschöpflichen kleinen Handtasche. Sie kehrt auf die Bühne zurück, um die Beleuchtung einer Szene zu überwachen, und macht den Elektriker zeitweilig völlig verrückt, sie schimpft mit einem Statisten, der am Tag zuvor einen Fehler gemacht hat, sie geht zum Essen zurück in ihre Umkleide, setzt sich an den Tisch, ganz blaß vor Müdigkeit, überdenkt ihre Pläne, bricht beim Essen immer wieder in schallendes Gelächter aus, hat keine Zeit, zu Ende zu essen, zieht sich für die Abendvorstellung um, spielt mit Leib und Seele, bespricht zwischen den Akten Geschäftliches, bleibt bis drei Uhr morgens im Theater, um Verabredungen zu treffen, steigt in ihr Cabriolet, kuschelt sich in ihren Pelz und freut sich bereits darauf, sich endlich hinlegen zu dürfen, bricht in Lachen aus, weil ihr einfällt, daß irgend jemand auf sie wartet, um ihr ein fünfaktiges Stück vorzulesen, kommt nach Hause, hört sich das Stück an, wird aufgeregt, weint, nimmt es an, merkt, daß sie nicht schlafen kann, und nützt die Gelegenheit, eine Rolle einzustudieren!

Jugend

Sarah Bernhardt fand trotz ihres chaotischen Lebens die Zeit, den Memoirenband *Mein doppeltes Leben* zu schreiben. Der Titel läßt Enthüllungen aus ihrem Privatleben ebenso wie aus ihrer Laufbahn als Schauspielerin vermuten. Er verspricht mehr, als das Buch halten kann, denn obgleich sie sich als Frau von entwaffnender Offenheit zu präsentieren sucht, tritt doch bei genauem Lesen die typische Schauspielerin zu Tage, die in höchster Vollendung sich selbst darstellt. In gemalten oder geschriebenen Selbstporträts kann der Künstler seine Pose frei wählen. Die Bernhardt wählte ein Dreiviertel-Porträt, eine Schutzmaßnahme, um den Teil von sich zu verbergen, der ihren Verehrern fragwürdig oder erbärmlich erschienen wäre. Als die berühmteste Frau ihrer Zeit mißtraute sie der neugierigen Öffentlichkeit und war entschlossen, sich nicht stärker zu exponieren, als sie es für ratsam hielt. Und so überging sie die dunkleren Seiten ihres Lebens, erwähnte viele ihrer Liebhaber mit keinem Wort und kam nur selten auf ihren unehelichen Sohn zu sprechen, den sie anbetete. Dabei war ihr Genie untrennbar mit ihrer komplexen Persönlichkeit verknüpft, mit ihrer Promiskuität, ihren nervösen Leidenschaften und Leiden, ihrer Schönheit, ihrem Charme und ihrem grenzenlosen Ehrgeiz. Bei aller Diskretion konnte die Bernhardt es sich nicht verkneifen, die eigene Geschichte mit einer Attacke gegen ihre Mutter, die geliebte Schurkin ihrer Memoiren, zu beginnen. Hinter den einleitenden Sätzen spürt man trotz der distanzierten Haltung Verbitterung und – da die Wunden der Kindheit niemals ganz heilen – fortwährenden Groll.

Meine Mutter reiste leidenschaftlich gern. Von Spanien fuhr sie nach England, von London nach Paris, von Paris nach Berlin. Von dort fuhr sie nach Christiania, kam wieder zurück, gab mir einen Kuß und reiste nach Holland weiter, ihrer Heimat. Meiner Amme schickte sie Kleider, mir Kuchen. Einer meiner Tanten schrieb sie: »Schau mal bei der kleinen Sarah vorbei, ich bin in einem Monat zurück.« Einen Monat später schrieb sie einer ihrer Schwestern: »Kümmere dich um das Kind und die Amme. Ich bin in ein paar Wochen zurück.« Meine Großmutter war blind. Und mein Vater lebte seit zwei Jahren in China. Warum, weiß ich nicht.

Mit diesen Worten ließ die Bernhardt den Vorhang zur ersten Szene des ersten Akts ihres Lebens hochgehen. Sie hatte den Ton, den Rhythmus und die provozierende Haltung für ihren Auftritt gefunden. Geschickt jonglierte sie, wie es sich für Schauspieler gehört, mit der Wahrheit als Täuschung, der Täuschung als Wahrheit. Auf den folgenden Seiten stellt sie bestimmte Personen ins Rampenlicht. Andere bleiben im Schatten verborgen. Das waren ihre Vertrauten, deren Geheimnisse sie, wie ihre eigenen, nicht zugänglich macht. Und wenn sie auch die Wahrheit beschönigt oder Tatsachen entstellt, präsentiert sie dem Leser doch zumindest ein faszinierendes Traumbild, ein Gemälde davon, wie sie sich ihr Leben gewünscht hätte.

Die Aufgabe des Biographen wäre leichter, wenn Sarah einer Venus gleich erschienen wäre, auf einer Perlenmuschel die Seine hinabtreibend. Die Geschichten über ihre Herkunft sind bestenfalls unzuverlässig. Einige hat sie selbst erfunden, andere sind Erfindungen von Journalisten, die partout »die Wahrheit über Sarah Bernhardt« enthüllen wollten, ob sie sie kannten oder nicht. Sie war abwechselnd Deutsche, Ungarin, Algerierin, sogar Amerikanerin, und man berichtete, sie sei auf einer Parkbank in den Tuilerien gefunden worden, ihr Großvater sei Dompteur eines bayerischen Zirkus, ihr Vater ein französischer Aristokrat gewesen. Zu den Adressen, wo sie geboren worden sein soll, gehören die Rue Saint-Honoré Nr. 32 und die Rue de la Michodière Nr. 22. Aber nur an einem stattlichen Haus aus dem 18. Jahrhundert in der Rue de l'École de Médecine Nr. 5 hängt eine offizielle Tafel, die diese Auszeichnung beansprucht.

Das einzige, was wir sicher über Sarahs Herkunft wissen, ist, daß ihre Mutter Julie Bernard (sic!) war. Julie, ein jüdisches Mädchen aus Amsterdam, kam auf Umwegen nach Paris. Es heißt, sie und ihre Schwester Rosine seien aus ihrem bürgerlichen Zuhause geflohen, nachdem die Mutter gestorben war und der Vater wieder geheiratet hatte. Jung und auf der Suche nach Abenteuern, machten sie in Baden, Hamburg und London Station, Städten, wo sie offensichtlich nicht nur Deutsch und Englisch lernten. Die einzigen echten Dokumente über diese Zeit befinden sich in Le Havre: Dort bezeugen zwei Geburtsurkunden Julies Aktivitäten im Ausland. In den Urkunden heißt es, am 22. April 1843 habe »Julie Bernard, Musikerin, Tochter des Augenarztes Maurice Bernard und der verstorbenen Jeannette Hart«, zwei Mädchen, Zwillinge, geboren. Innerhalb von zwei Wochen waren beide Säuglinge gestorben, und Julie zog weiter, um ihr Glück in Paris zu versuchen. Wenige Monate später war sie wieder in »anderen Umständen«. Diesmal hatten die anderen Umstände dauerhafte Folgen, denn das Kind, das sie am 23. Oktober 1844 gebar, wurde als Sarah Bernhardt berühmt. (Die Geburtsurkunde der Bernhardt ging mit unzähligen anderen Dokumenten in der Zeit der Pariser Kommune verloren, als das Hôtel de Ville durch ein Feuer zerstört wurde.)

Ob aus Diskretion, Scham oder Groll, Sarah verriet nie, wer ihr Vater war – wenn sie es überhaupt wußte. Andere waren nicht so zögerlich. Man nimmt allgemein an, daß der Vater aus Le Havre stammte, aber ob er ein Marineoffizier aus gutem Hause namens Morel oder ein glänzender junger Jurastudent namens Bernhardt war, ist eine Frage, die in Paris noch immer diskutiert wird. Einige Nachkommen von Sarahs Onkel Edouard Ker-Bernhardt, der die bretonische Form des Namens annahm und nach Chile emigrierte, sind überzeugt, daß Edouard ihr wirklicher Vater, nicht ihr Onkel war. Sarah selbst trug zu der Verwirrung in ihren Memoiren bei und in *Idol von Paris,* einem autobiographischen Roman, den sie im hohen Alter schrieb. Der Vater, den sie darin porträtiert, ist zu gut, um wahr zu sein, zu nett, zu verständnisvoll, zu heilig, um auf dieser Welt der Vater irgendeines Kindes zu sein.

Julie oder Youle, wie sie sich auf holländisch nannte, war ganz von dieser Welt. Sie war klein, blond und hübsch. Tagsüber arbeitete sie als Näherin, nachts führte sie das, was man euphemistisch »la vie galante« nannte. Aber sie war viel zu ehrgeizig, um sich mit dem unsteten Leben einer Midinette zufriedenzugeben. Sie suchte nach dem Schlüssel, irgendeinem Schlüssel, der ihr die Tür zum bürgerlichen Paris öffnen konnte. Es war ein gefährliches Spiel. Ein falscher Schritt konnte sie in die Unterwelt bringen, von wo es wenig Hoffnung auf Entrinnen gab. Die Aussichten auf eine Ehe waren schlecht. Sie war eine »gefallene Frau« und, schlimmer noch, eine, die ihrem Gatten keine Mitgift anbieten konnte. Ihre Arbeit war für sie eine unausdenkliche Beleidigung. Sie war nicht nach Paris gekommen, um sich zwölf Stunden pro Tag für den erbärmlichen Lohn abzurackern, den Arbeitermädchen zur Zeit Louis Philippes erhielten.

Daß sie nach gesellschaftlichem Aufstieg strebte, wird leicht verständlich, wenn man bedenkt, was für ein Leben sie um sich herum sah. Die Armenviertel von Paris mit ihren mittelalterlichen Behausungen befanden sich in einem Zustand des Verfalls. Häuser und Hütten lehnten aneinander wie betrunkene Obdachlose. Selbst an den Louvre hatte man Baracken angebaut. Notre-Dame war eine Ruine, die Seine ein Abwasserkanal. Bauern gingen mit Eimern von Haus zu Haus und lieferten trübes Wasser. Die Menschen wurden von Seuchen heimgesucht, es gab viele Bucklige und Menschen mit Klumpfuß, Syphilis oder Tuberkulose. Zehntausend Diebe und ebenso viele Prostituierte trieben sich in der Stadt herum. Zweihundert Bordelle standen denen offen, die sich solche Lustbarkeiten leisten konnten. Und dennoch brodelte Paris vor Erregung. Schauspieler und Zauberer, Sänger und Tänzer, Jongleure, Akrobaten und Hochseilartisten boten den Passanten, in der Hoffnung auf ein paar Sous, ihre Künste dar. Messerschleifer und Drehorgelspieler, Glaser und Kohlenhändler drängelten durch die engen Gassen, Fußgänger klammerten sich an die Mauern, wenn Reiter rücksichtslos durch die Menge preschten.

Man mußte sich nicht ins Innere eines Hauses begeben,

um einen Brief zu diktieren oder sich die Haare schneiden oder einen Zahn ziehen zu lassen, denn auf Brücken und Kais arbeiteten öffentliche Schreiber, Barbiere und Zahnärzte. Der Amerikaner Dr. Thomas Evans, der Zahnarzt Napoleons III. und der Mann, der dankenswerterweise in Frankreich die Narkose bei Zahnoperationen einführte, beschrieb seine »Kollegen« bei der Arbeit: »Quacksalber führten ... an Straßenecken Extraktionen durch ..., wo die Schreie der Opfer in Trommelwirbeln, dem Lärm von Becken, die aneinandergeschlagen wurden, und dem Gelächter und Applaus einer gut gelaunten, staunenden Menge untergingen.« Das Chaos wurde durch Essensverkäufer und Straßenköche noch gesteigert, die mit heiseren Schreien und Glockengeklingel ihre Waren feilboten. Ein Reisender aus England beschrieb es so: »Es ging grob zu, und alles war ein Mordsspaß.«*

Wenn die Nacht hereinbrach, wurde es in der Stadt stockfinster, von vereinzelten flackernden Straßenlaternen abgesehen. Bei Mondschein blieben die Laternen dunkel, und die Stadt lag wie das Land im stillen Licht des Mondes. In ihr schien freilich auch das Licht der Künstler, die die Phantasie von Youles Tochter erfüllen sollten. Da gab es die Maler Ingres und Delacroix, Daumier und Constantin Guy, deren Bilder zeigten, wie ihre Landsleute aussahen und lebten, dachten und fühlten. Da gab es Baudelaire, den Dichter der Finsternis, dessen Verse Sarah mit so erschütternder Wirkung deklamieren sollte. Und da gab es ihre zukünftigen Freunde George Sand und Victor Hugo, die ihr zu ihren ersten Triumphen verhelfen sollten, und Rachel, das kleine, zerbrechliche jüdische Mädchen, das mit siebzehn Jahren den Franzosen den Glanz einer in Vergessen-

---

* Fanny Trollope, die Mutter des Romanciers, schrieb 1836 in ihrem Buch *Paris und die Pariser:* »In einer Stadt, wo alles, was ins Auge stechen soll, mit anmutigen Verzierungen versehen ist, wo die Läden und Kaffeehäuser wie Märchenschlösser aussehen, in einer Stadt wie dieser wird man bei jedem Schritt, den man macht, bei jeder Umdrehung, die die Räder der Kutsche machen, geschockt und angeekelt von unbeschreiblichen Anblicken und Gerüchen.« Die pingelige Mrs. Trollope mußte sogar erleben, wie ein Mann »So ein Glück!« murmelte, als er den »Auswürfen«, die aus Türen und Fenstern flogen, ausweichen konnte.

heit geratenen dramatischen Literatur wieder nahebrachte, wie Sarah es auch tun sollte.

Es gibt keine Berichte, weder richtige noch falsche, über Youles erste Jahre in Paris. Die bloße Tatsache ihrer Existenz wäre vergessen, wenn sie nicht Sarahs Mutter gewesen wäre. Konfrontiert mit dem, was Balzac »Glanz und Elend der Kokotten« nannte, schaffte sie es dennoch mit einer aus der Verzweiflung geborenen Zielstrebigkeit, die Enklaven der Reichen, die Welt der Herren mit Zylinder und der Damen mit Korsett und Krinoline zu stürmen. Sie fand Eintritt in die Welt, nach der sie sich sehnte, auch wenn es durch die Hintertür war. 1850 hatte sie die erbärmlichen Verhältnisse ihrer Lehrzeit überwunden. Sie war eine Kokotte von gutem Stand geworden, eine Position, die man nicht geringschätzen darf, denn auch Kokotten haben ihre stolze, jahrhundertealte Tradition. Die Franzosen lassen bis heute die Namen solcher Kokotten wie erlesene Weine auf der Zunge zergehen. Ninon de Lenclos und Marion Delorme, Liane de Pougy und Marie Duplessis sind mehr als nur Randerscheinungen in der Geschichte Frankreichs, sie sind Personen, die eng mit dem Verlauf der Geschichte verwoben sind. Die Bewunderung für ihre Talente war vielleicht mit Widerwillen gemischt, aber es war dennoch Bewunderung, denn es war kein kleines Kunststück, vernünftige, geizige Männer dazu zu bringen, große, sogar ruinöse Summen für erotische Vergnügungen und das Abenteuer ehelicher Untreue auszugeben. Die Launen einer pompösen Mätresse zu ertragen und ihre Habgier befriedigen zu können, das war ein augenfälliges Zeichen für den Reichtum und die gesellschaftliche Stellung eines Mannes. Hatten nicht Könige und Kaiser eindrückliche Beispiele gegeben? Auch Schriftsteller fühlten sich zu Kokotten hingezogen. Nicht nur Balzac, auch Stendhal, Zola, Flaubert und Proust beleben ihre Werke mit dem Aufstieg und Fall solcher Frauen, der schäumenden Gischt auf der dunklen Welle der Prostitution, die Paris überspülte.

Auch wenn Youle keine legendäre Kokotte war, so war sie doch auf ihre Art sehr erfolgreich. Als Sarah sechs Jahre alt war, verkehrten Dumas der Ältere, Rossini, der Herzog von Morny und der Leibarzt Napoleons III., Baron Larrey, regelmäßig in ihrem Salon. Als clevere Aufsteigerin hatte sie ein paar Brocken gewandter Konversation aufgeschnappt und sich mit verblüffender Schnelligkeit eine gewisse Kultiviertheit und einen Sinn für Luxus angeeignet.

Daß Youle Jüdin war, behinderte ihre Karriere in keinster Weise. Im Gegenteil, dieser Umstand verhieß in einer Stadt, wo jedes angesehene Bordell mindestens eine Jüdin und eine Negerin für Liebhaber der Exotik anzubieten hatte, fleischliche Genüsse besonderer Art. Aber nicht nur dieser Reiz verschaffte Youle ihre Stellung. Sie spielte Klavier, sang charmant, kleidete sich gefällig und konnte mit leichtem Erröten eine pikante Anekdote erzählen, weshalb sie viel unterhaltsamer war als die große Masse der bürgerlichen Damen mit ihrem Keuschheitskult. Wenn damals der Schriftsteller Droz die Damen drängte, ihren Gatten zu erlauben, daß sie ihnen die Kleider in Unordnung brachten, und sich einen Kuß stehlen zu lassen, ihre Prüderie zu überwinden und Leidenschaft mit Leidenschaft zu erwidern, so wußte Youle, daß sie eine begehrte Frau werden konnte. Zu Sarahs Unglück war sie selbstsüchtig und neurotisch, was bei ihrem riskanten Gewerbe keine Überraschung ist. Sie selbst war ihr einziges Kapital, das wußte sie. Es gab keine Garantie für die Dauerhaftigkeit einer Liaison, und ihre Liebhaber bezahlten ihr nur so lange großzügige monatliche Apanagen, als sie ihnen zu gefallen wußte.

Youle stieg zwar hoch auf in den Rängen der Mätressen, ihre lebhafte Schwester Rosine aber stieg noch höher. Zusammen waren die Schwestern Bernhardt ein pikantes Paar. Arm in Arm zogen Rosine und Youle durch die Theater und öffentlichen Bälle, die eine voller Charme und anzüglichem Gelächter, die andere seufzend und die Sanftheit in Person. Ein Rendezvous war dort schnell verabredet, die Schönheit und Umgänglichkeit der Schwestern versprachen Wohlbehagen und Befriedigung. Weniger wohl als mit Rosine fühlte Youle sich in Gesellschaft ihrer Schwester Henriette, die besorgt, aber auch mißbilligend auf den Lebenswandel der beiden anderen blickte. Henriette heiratete einen frommen Kavalier names Félicien Fauré und lebte in einer schönen Villa am Rand von Paris. Es war das einzige anständige Haus, das Sarah als Kind kennenlernte, und mit Sicherheit grundverschieden von den Wohnungen ihrer Mutter, in denen die Lust, das Lachen und die Habgier vorherrschten. Als kleines Kind bekam Sarah freilich nichts von alldem mit, denn gleich nach ihrer Geburt brachte man sie auf einen Bauernhof in der Nähe von Quimperlé an der bretonischen Küste, wo eine bäuerliche Amme und deren Mann für sie sorgen sollten. Sarahs Amme war eine gütige Frau. Sie nannte Sarah »Milchblume« und liebte sie, »wie arme Leute lieben: wenn sie Zeit dafür haben«.

Die Bretagne war eine großartige Kulisse für die zukünftige Schauspielerin. Die Gegend war von Paris einige Tagesreisen mit der Kutsche entfernt, zeitlich lagen zwischen den beiden Orten Jahrhunderte. Die Einheimischen, ursprünglich Kelten, sprachen Bretonisch, die einzige Sprache, die Sarah ihrer eigenen Aussage zufolge in ihrer Kindheit beherrschte. Niedrige, strohgedeckte Bauernhäuser lagen verstreut in der rauhen, windgepeitschten Landschaft. In einem solchen Haus verbrachte Sarah die Winterabende und lauschte furchteinflößenden Geschichten von Geistern und Hexen. An den langen Sommertagen durfte sie frei durch die Gegend streifen, und sie spielte mit den Tieren des Bauernhofes und pflückte wildwachsende Blumen. Passenderweise war schon Sarahs früheste Erinnerung mit Dramatik aufgeladen. Eines Abends ging die Amme aus, um Kartoffeln zu lesen. Ihr kranker Gatte lag dösend auf seinem niedrigen Rollbett. Sarah saß im Hochstuhl, im Herd zu ihren Füßen flackerte ein Feuer. In Abwesenheit der Amme löste sie das schmale Brett, das sie auf ihrem Sitz festhielt, und fiel in die Flammen. Es dauerte nur Sekunden, bis der Mann der Amme Sarah geschnappt, in einen Eimer Milch getaucht und mit Butter eingeschmiert hatte.

Eine Woche später »trafen Kutschen aus allen Teilen der Welt ein«. In der ersten saß Youle mit ihrem Liebhaber, Baron Larrey, und zwei Freunden des Barons, die Ärzte waren. Dann erschienen Rosine und Henriette, gluckten um ihre Nichte herum und überschütteten die arme Youle mit schwesterlicher Zuneigung. Zur Vervollständigung des Bildes kamen die Bauern aus der Nachbarschaft herbei, boten mit Butter gefüllte Schweinsblasen für Sarahs Verbrennungen an und begafften das Stadtvolk: die Damen mit ihren langen Kleidern und geschmückten Hüten und die Herren, die sich für den Ausflug aufs Land mit feinem englischen Tweed ausstaffiert hatten.

Youle bot ein Bild der Verzweiflung. »Ihr Kummer war ebenso aufrichtig wie ihre Pflichtvergessenheit«, erinnert Sarah sich. »Sie hätte ihr goldenes Aussehen, ihre langen, spitzen Finger, ihre winzigen Füße geopfert, um das Kind zu retten, an das sie eine Woche zuvor nicht einen Gedanken verschwendet hatte.«

Diese bitteren Worte sind im Rückblick geschrieben. Youle blieb, bis ihre Tochter genesen war, dann ließ sie Sarah und die Amme in ein »langweiliges kleines Haus« in Neuilly umziehen. Ein oder zwei Jahre später nahm sich Youle eine Wohnung in der Rue de Provence. Weder das eine noch das andere war eine glückliche Lösung. Sarah sehnte sich nach ihrer Mutter. Die langen Phasen der Abwesenheit machten sie trübsinnig, und sie fühlte sich vernachlässigt, da auch ihre Tanten sie nie besuchten. Wie hätte das Kind auch wissen können, daß für Youle galt: aus den Augen aus dem Sinn, und daß vergängliche Liebe der Beruf ihrer Mutter war? Während einer Auslandsreise Youles mit einem Geliebten starb der Ehemann der Amme. Die Amme heiratete bald darauf den Hausmeister aus der Rue de Provence, und Sarah zog mit ihr in die Hausmeisterwohnung mit dem runden Fenster über dem Eingang. Bei der Beschreibung ihres fensterlosen Zimmers und der gefängnisähnlichen Mauern, die die Straße säumten, trägt Sarah dick auf.

»Ich konnte nicht essen«, schreibt sie. »Ich wurde blaß und kraftlos und wäre sicher an Auszehrung gestorben, wenn nicht etwas völlig Unerwartetes passiert wäre.«

Eines Tages, als sie gerade auf dem Hof spielte, erschien ihre Tante Rosine.

»Ich vergrub mein Gesicht in ihrem Pelz«, erinnert sie sich. »Ich trampelte mit den Füßen vor Wut, ich heulte, ich lachte, und vor lauter Übermut zerriß ich ihre Spitzenhandschuhe.«

Rosine war die Szene peinlich, und sie ließ sich in die Hausmeisterwohnung führen. Dort erklärte die Amme, sie habe nicht gewußt, wie sie Youle erreichen könne, um ihr zu sagen, wo Sarah sei. Ihre Erklärungen waren Sarah gleichgültig, sie bettelte nur darum, zu ihrer Mutter gebracht zu werden. Rosines Antwort darauf war ein Kuß, »tausend affektierte Gesten, leichtfertig, charmant und kalt«, und das Versprechen, am folgenden Tag wieder auf Besuch zu kommen. Aber Sarah glaubte ihr nicht. Als sich Rosine sanft, aber bestimmt aus ihrer Umklammerung befreite, ihr zerknittertes Kleid glattstrich, den Inhalt ihrer Geldbörse in die Hand der Amme gleiten ließ und die Tür hinter sich schloß, wußte Sarah instinktiv, daß sie wieder allein war. Nur ein Hauch von Parfüm hing noch in der Luft.

»Meine arme Amme war in Tränen aufgelöst«, erinnert Sarah sich. »Sie nahm mich auf den Arm und öffnete das Fenster. ›Weine doch nicht!‹ sagte sie. ›Schau dir deine schöne Tante an. Sie kommt ja wieder.‹ In einem Anfall von Verzweiflung warf ich mich meiner Tante entgegen, die gerade in ihre Kutsche stieg. Und dann war nur noch Dunkelheit um mich – Dunkelheit und gedämpfte Stimmen – weit weg – weit weg –«

Wenn man Sarahs Bericht glauben darf, hat sie sich tatsächlich aus dem Fenster gestürzt. Der Sturz, so behauptete sie, habe ihr einen gebrochenen Arm und eine zerschmetterte Kniescheibe eingebracht – ziemlich leichte Verletzungen für ein Mädchen, das dem Bericht zufolge beinahe nicht überlebt hätte. Sehr wahrscheinlich hat die Bernhardt die Geschichte phantasievoll ausgeschmückt. Sie war eben eine Frau, für die ein Kratzer eine schwärende Wunde bedeutete, eine Krankheit eine tödliche Seuche, eine schlechte Kritik Verrat. Doch bei aller Übertreibung ähnelt das Mädchen, das sie in ihren Memoiren beschreibt, verblüffend der späteren Schauspielerin. Wie viele ihrer Kollegen konnte sie der Versuchung, die Geschichte ihres Lebens mit aufregenden Abenteuern anzureichern, nicht widerstehen. Vielleicht ging es ihr auch wie Laurence Olivier, der schrieb: »Im Grunde weiß nicht einmal ich, wann ich spiele und wann nicht, oder, deutlicher ausgedrückt, wann ich lüge und wann nicht.«

Gebrochene Knochen hin oder her, Sarahs Sturz brachte ihr ein, was sie sich am meisten wünschte: ein Leben mit ihrer Mutter. Aber Youle konnte Sarah einfach nicht so lieben, wie die es sich erträumte. Sarah wurde bitter enttäuscht. Ein halbes Jahrhundert später schreibt sie in *Mein doppeltes Leben:* »Ich werde die beiden Jahre meines Lebens, die nichts als wirre Erinnerungen an gebrochene Versprechen und eine große Müdigkeit in mir zurückgelassen haben, mit Stillschweigen übergehen.«

Ein Foto von Mutter und Tochter aus dieser Zeit sagt viel über die beiden. Youle trägt ein Seidenkleid, einen mit Pelz besetzten Mantel und einen Turban »im Stil der Renaissance«. Die eine behandschuhte Hand hängt elegant zur Seite, die andere ruht auf der Schulter ihrer Tochter. Sie wirkt wie eine respektable, wohlhabende Dame. Vielleicht war es die zweideutige Pose einer Dame als Kokotte, die ihren Erfolg bei den Männern ausmachte. Aber vor allem die kleine Sarah zieht die Aufmerksamkeit auf sich: Entschlossen blickt sie in das Glasauge der Kamera. Sie trägt einen Matrosenanzug und einen Hut mit Bändern auf dem hübschen blonden Schopf und steht da wie Napoleon: die Hand im Mantel, als sei sie das »Schicksal Europas« persönlich. Dieser eigensinnige Engel war sichtlich zum Befehlen, nicht zum Gehorchen geboren.

Die Monate vergingen, und Sarah merkte, daß sie störte, daß Youle sich ihr eher aus Pflicht als aus Liebe zuwendete. Damit begann ihr lebenslanges Streben nach der Anerkennung ihrer Mutter. Wie so häufig, trat Ernüchterung ein. Schon als Kind erfuhr sie Zurückweisung und litt unter den Qualen unerwiderter Liebe. Sie umwarb Youle mit der leidenschaftlichen Unschuld eines Kindes und mußte wieder und wieder erleben, daß sie den Aufmerksamkeiten der Liebhaber ihrer Mutter und deren extravaganten Geschenken nichts entgegenzusetzen hatte. Es war ein verzweifelter Kampf, aus dem keiner als Sieger hervorgehen konnte.

Extravagante Geschenke waren nicht der einzige Lohn einer Kokotte. Ein hübsches, dickes, in einer Tulpe sitzendes Baby sei unterwegs, erzählte Youle ihrer Tochter eines Tages verschämt. Die holländische Verpackung war reichlich unnötig, denn Sarah wußte mit sieben schon allerhand über die Männer, die ihre Mutter besuchten. Unter diesen Umständen war Sarahs Anwesenheit ein Problem. Es verlieh Youle in den Augen ihrer Verehrer vielleicht einen gewissen Charme, wenn sie die Madonna mit dem neugeborenen Säugling spielte, aber im Streit mit ihrer widerspenstigen Tochter gesehen zu werden wäre in der Tat unpassend gewesen.

Im Herbst 1851, kurz vor Sarahs siebtem Geburtstag, löste Youle das Problem, indem sie Sarah in der Institution Fressard anmeldete, einem vornehmen Mädcheninternat im nahegelegenen Auteuil. Youle rechnete mit dem Schlimmsten, als sie Sarah ihre Entscheidung verkündete, aber statt in Wut auszubrechen, hüpfte ihre unberechenbare Tochter vor Freude.

Sarah beschreibt die Fahrt zur Schule wie einen noch nicht lange vergangenen Glückstag:

> Ich war so stolz auf meinen blauen Samtrock und wartete voller Ungeduld auf Tante Rosine, die uns nach Auteuil bringen sollte! ... Zuerst stieg *maman* ruhig und würdevoll in die schöne Kutsche meiner Tante. Dann war ich an der Reihe, und ich muß gestehen, daß ich mir große Mühe gab, vor dem Hausmeister und den Ladenbesitzern, die zuschauten, möglichst wie eine Dame von Welt zu wirken. Dann stieg meine Tante ein und gab dem lächerlich steifen Kutscher hoheitsvoll auf englisch ihre Befehle.
>
> Eine weitere Kutsche, in der drei Männer saßen, folgte uns. Die Männer waren mein Patenonkel Régis, General de Polhes und ein Herr Fleury, ein bekannter Maler von Pferden und Jagdszenen. Auf der Fahrt erfuhr ich, daß sie mit Freunden in einem modischen Cabaret in der Nähe von Auteuil speisen wollten. Ich hörte meiner Mutter und meiner Tante nicht weiter zu, da sie meist englisch oder deutsch sprachen, wenn sie sich über mich unterhielten.

1. Sarah im Alter von sechzehn, als sie ins Konservatorium eintritt

2. Sarah und ihre Mutter

3. Tante Rosine, die muntere Schwester von Youle

4. Youle (links) mit ihren Töchtern Sarah (Mitte) und Jeanne

5. Youle (links) und Sarah

6. Sarah als junge Frau, im Atelier von Nadar

Wie zärtlich sie mir zulächelten! Die Fahrt war berauschend. Ich preßte meine Nase gegen das Fenster und starrte gespannt auf die graue, matschige Straße, die von häßlichen Häusern und vereinzelten Bäumen gesäumt wurde. Ich fand alles wunderschön, einfach, weil immer etwas Neues zu sehen war. Schließlich hielt die Kutsche in der Rue Boileau Nr. 18. Am Tor war eine lange schwarze Eisentafel mit goldenen Lettern angebracht. Ich sah auf. »Bald kannst du das lesen«, sagte *maman.* Meine Tante flüsterte mir ins Ohr: »Madame Fressards Pension.« Ich tat so, als könne ich das Schild lesen, und rief aus: »Madame Fressards Pension!« Alle lachten über meine Schlauheit, dann betraten wir die Schule.

Die festliche Gesellschaft wurde von Madame Fressard persönlich begrüßt. Mit geübtem Auge sah sie, daß die affektierten Kokotten in ihren sperrigen Krinolinen den Wirbel um Sarah hauptsächlich veranstalteten, um ihre Begleiter zu beeindrucken. Die gaben sich zwar höflich amüsiert, waren aber doch bestrebt, möglichst schnell wieder wegzukommen. Youle konnte freilich nicht gehen, ohne in letzter Minute noch Anweisungen zu geben. Sarahs widerspenstiges Haar sollte vor dem Kämmen hundertmal gebürstet werden. Dann packte sie einen riesigen Vorrat an Marmeladen und Schokoladen aus, die Sarah wegen ihres »empfindlichen Magens« jeden Tag abwechselnd essen sollte. Zum Schluß vertraute sie der Schulleiterin eine große Dose Hautcreme an, mit der Sarah vor dem Schlafengehen im Gesicht, am Nacken und an den Ellbogen großzügig eingerieben werden sollte. Natürlich würde sie für die Wäsche das Doppelte bezahlen, fügte sie hoheitsvoll hinzu. »Ach, meine arme Mutter«, schreibt Sarah. »Ich weiß noch ganz genau, daß meine Laken wie die der anderen nur einmal im Monat gewechselt wurden.«

Sarah verbrachte zwei Jahre bei Madame Fressard und lernte lesen, schreiben und sticken. Aber sie hatte ihr heftiges Temperament nicht verloren. Sie hatte Wutanfälle, erinnert sie sich stolz, die »nahe an Wahnsinn grenzten«, und wurde dann ins Krankenzimmer verbannt, wo sie in einsamer Größe vor Zorn kochte.

Ein Besuch Stella Colas', einer Naiven von der Comédie Française, war ein Höhepunkt für Sarah.

»Ich tat die ganze Nacht kein Auge zu«, erinnert sie sich. »Am Morgen kämmte ich mir sorgfältig die Haare. Mein Herz pochte vor Erwartung. Ich würde etwas hören, was ich nicht verstand, was mich aber völlig in seinen Bann schlagen sollte.«

Die Schauspielerin trug mit kehliger Stimme den »Traum« aus Racines *Athalie* vor. Sarah war so beeindruckt, daß sie es kaum erwarten konnte, den Text selbst zu probieren. In derselben Nacht saß sie aufrecht in ihrem Bett im Schlafsaal, zog den Kopf zwischen die Schultern, atmete tief ein und krächzte mit so tiefer Stimme, wie sie nur konnte: »*Tremble, fille digne de moi! Tremble, trem-ble, trem-em-em-ble.*« Ihre Schulkameradinnen kreischten vor Lachen. Es war Sarahs erster Versuch mit der Schauspielerei – und ihr erster Mißerfolg. Sie konnte keine Niederlagen einstecken – so tat sie, was sie in späteren Jahren des öfteren gerne getan hätte: Sie schlug ihre Kritikerinnen nieder, trommelte mit Fäusten auf sie ein und wollte sie mit Blut bezahlen lassen. Aber genau wie später, wenn sie auf ihre Kritiker losging – die wohl immer das letzte Wort haben müssen –, wurde sie auch diesmal an der Ausführung ihrer Rache gehindert: Fräulein Caroline, eine Lehrerin, eilte mit dem Lineal in der Hand herbei und schlug ihr auf die Finger. Als die beiden sich viele Jahre später wiedersahen, versteckte Sarah instinktiv die Hände hinter dem Rücken. Die Demütigungen der Kindheit vergißt man nicht so leicht.

Nach den Jahren an der Institution Fressard redete Sarah wie eine kleine Dame und konnte gutes von schlechtem Benehmen unterscheiden. Als nächstes, so beschloß Youle, sollte sie auf eine Klosterschule geschickt werden, wo sie den nötigen Schliff erhalten sollte, um sich einen reichen Ehemann oder Liebhaber zu angeln. Sarah wußte nichts von den Plänen ihrer Mutter, als Rosine erschien, um ihr dies mitzuteilen und sie nach Hause zu holen. Sarahs Familie hatte Madame Fressards erzieherischen Einfluß freilich überschätzt.

> Daß man mich nicht nach meinen Wünschen gefragt hatte, daß man mein Leben so einfach durcheinanderbringen wollte, brachte mich in Rage. Ich rollte mich auf dem Boden, schrie, so laut ich konnte, und beschimpfte meine Mutter, meine Tante und die treulose Madame Fressard. Zwei Stunden lang kämpfte ich gegen alle, rannte in den Garten, flüchtete mich auf einen Baum, warf mich in einen schlammigen Teich. Schließlich war ich am Ende meiner Kräfte. Man fing mich wie ein wildes Tier, und ich wurde schluchzend in die Kutsche meiner Tante gestoßen. Drei Tage lang hatte ich bei meiner Tante so hohes Fieber, daß man fürchtete, ich würde sterben.

Zur Beruhigung schickte man die Kranke in die Villa ihrer Tante Henriette Fauré, wo sie ihren eigenen Worten zufolge den Vater zum letzten Mal sah. Im Schoß des Vaters auf einer Bank im Park sitzend, hörte sie Dinge, die man ihr niemals erzählt hatte, Vertraulichkeiten, die sie trotz ihres zarten Alters verstand, Geständnisse, die sie in Tränen ausbrechen ließen. »Mein armer Vater. Ich sollte ihn niemals, niemals wiedersehen ...«

Ob diese traurige Geschichte pure Erfindung oder eine wahre Begebenheit ihres Lebens ist, die sie so tief berührte, daß sie nicht deutlicher werden wollte, bleibt ein Geheimnis. Wenn sie tatsächlich ihren wahren Vater getroffen und er sich dafür entschieden hatte, die Umstände ihrer Geburt und die Gründe für sein Verschwinden preiszugeben, so hat sie auf jeden Fall sein Vertrauen niemals mißbraucht. Es ist allerdings mehr als wahrscheinlich, daß der Mann auf der Parkbank eine Phantasiefigur ist, die Sarah erdacht hat, um ihre Sehnsucht nach Vaterliebe zu befriedigen.

Sarah war fast neun, als sie im Herbst 1853 nach Grandchamp kam, einer Klosterschule der Augustiner in der Nähe von Versailles, die 1768 unter der Schirmherrschaft von Königin Marie Leszczynska, der Gemahlin Ludwigs XV., für adlige Töchter gegründet worden war. Schwestern des Ordens Notre Dame de Sion führten die Schule. Man hielt den Kopf stolz und vornehm erhoben – und den Bildungsstandard mädchenhaft gesenkt, was nicht verwundert in einer Zeit, in der Universitäten den Frauen noch nicht offenstanden.

Immerhin bot Grandchamp den Schülerinnen ein schönes Gebäude aus dem 18. Jahrhundert, geräumige, luftige Klassenzimmer und Schlafsäle, große Gärten, drei bewaldete Parks, eine Krankenstation, eine Kapelle für die täglichen Gottesdienste und Räume für das wöchentliche Bad. Ein Prospekt der Schule versprach, »die Schüler zu fester, aufgeklärter Frömmigkeit zu bilden, ihren Verstand und ihr sicheres Urteil zu entwickeln, ihren Geist mit allem nützlichen Wissen auszustatten und soviel wie möglich dazu beizutragen, daß ihre Gesellschaft angenehm und ihre Tugend rein sei«. Sarah entsprach diesen Zielen nicht immer ganz, aber sie berichtet später über ihre Schulzeit mit Wärme und Charme. In *Mein doppeltes Leben* beschreibt sie ihren ersten Eindruck von Grandchamp: eine hohe Eingangshalle, von deren Wänden Porträts des heiligen Augustinus, Papst Pius' IX. und Heinrichs V. auf sie niederblickten.*

Dort wurde sie von der Mutter Oberin Mère Sainte-Sophie, ihrer zukünftigen Mentorin, begrüßt. »Als sie mich blaß vor Schrecken, mit Tränen in den Augen dort stehen sah, nahm sie mich sanft bei der Hand und lüftete ihren Schleier. Ich blickte in das freundlichste, fröhlichste Gesicht, das man sich vorstellen kann. Sie strahlte soviel Güte, Strenge und Heiterkeit aus, daß ich mich ihr in die Arme warf.« Jahre später sollte die Bernhardt schreiben:

> Welchen geheimen Instinkt besaß diese Frau? Diese Frau, die nicht eitel war und sich um ihr Aussehen keine Gedanken machte, die wußte, daß ihr Gesicht bezaubern

---

* Als treue Monarchistinnen glaubten die Schwestern unserer Lieben Frau von Zion, daß der Comte de Chambord Thronerbe und als Heinrich V. rechtmäßiger König sei. Sie wollten sich nicht damit abfinden, daß der *prince-président* Louis Napoléon, der sich bald darauf als Napoleon III. zum Kaiser krönen lassen sollte, Frankreich regierte.

konnte, daß ihr strahlendes Lachen Sonne in das düstere Kloster brachte. Ich glaube, ich weiß jetzt, was für eine einzigartige, leuchtende Seele dieses lächelnde, korpulente und heilige Wesen besaß, das alles Edle in mir weckte.

Genau wie bei Madame Fressard rückte Youle auch diesmal mit Marmeladen, Schokoladen und Gesichtscremes an und erteilte Anweisungen, wie mit dem widerspenstigen Haar ihrer Tochter umzugehen sei. Nach vagen Versprechungen über eine baldige Rückkehr und mit einer Träne im Auge verschwand sie. »Ich hatte nicht das Bedürfnis zu weinen«, schreibt Sarah.

Es dauerte nicht lange, bis Sarah Grandchamp auf den Kopf gestellt hatte. Sie war die größte Unruhestifterin der Schule, immer aufgekratzt und darauf aus, Aufmerksamkeit auf sich zu lenken. Einmal saß sie auf der Klostermauer und äffte den Bischof von Versailles nach, der im Hof unter ihr eine Grabrede hielt. Sie schockierte die Nonnen mit schmutzigen Wörtern, schlug nach einer Schwester, die ihr mit Gewalt die zerzausten Haare kämmen wollte, und verfluchte eine andere, die sie mit Weihwasser überschüttet hatte, weil sie hoffte, damit den bösen Geist der jungen Heidin austreiben zu können. Sarah versuchte mehr als einmal, von der Schule wegzulaufen, und wurde für einige Zeit zu ihrer Mutter zurückgeschickt.

Zum Glück kümmerte sich Mutter Sainte-Sophie um das Mädchen. Mit viel Geduld und Feingefühl konnte sie Sarah allmählich für sich gewinnen. Sie gab ihr ein Beet im Garten, auf dem Sarah Blumen pflanzen konnte. Sarah war wie verzaubert, als die Blumen blühten und die Tiere, die sie entdeckte, ihre Geheimnisse enthüllten. Stolz zeigte sie ihre gezähmten Grillen, Ringelnattern, Eidechsen und Spinnen den Mädchen, die es wagten, einen Blick in die von der Gärtnerin gebauten Käfige zu werfen. Sie mästete ihre Spinnen mit Fliegen, und als eine ihrer Freundinnen sich schnitt, machte sie ihr einen Verband aus Spinnweben.

Natürlich hatte Sarah auch Unterricht. Sie war eine begabte Zeichnerin. Die Geographiestunden, die Einblicke in weit entfernte Orte gaben, regten die zukünftige Weltreisende zum Träumen an. Diktate langweilten sie, Rechnen machte sie »wütend«, die Klavierstunden ließ sie mit »tiefer Verachtung« über sich ergehen, und im Anstandsunterricht fing sie hilflos zu kichern an. Sie merkte nicht, daß die Unterweisung darin, wie man Husten unterdrückt, einen Handschuh auszieht, knickst oder anmutig durch ein Zimmer geht, in Wirklichkeit ihr erster Schauspielunterricht war.

Während der sechs Jahre in Grandchamp sah Sarah ihre Mutter sehr selten. In den Ferien spazierte sie lustlos über das verlassene Schulgelände. Nur kurze Aufenthalte bei Tante Henriette oder ein Kurzbesuch Tante Rosines unterbrachen den alltäglichen Trott. Wenn sie einmal nach Hause kommen durfte, fühlte sie sich furchtbar einsam. Youle widmete sich nun ausschließlich Jeanne, Sarahs schöner kleiner Schwester, die sie Sarah von Anfang an vorgezogen hatte. Noch schwieriger wurde die Lage, als ein weiteres kleines Mädchen in einer Tulpe an der Tür ihrer Mutter abgegeben worden war. Régine, der Neuankömmling, sollte noch viel schlimmer als Sarah schikaniert werden.

Unter diesen Umständen ist es verständlich, daß sich Sarah zu dem ruhigen Leben im Kloster hingezogen fühlte. Sie war voller geheimnisvoller Träume und vager Sehnsüchte. Sie träumte davon, sich ehrfürchtig und aufopferungsvoll als Märtyrerin für Christus und die Heilige Jungfrau vor dem Altar niederzuwerfen. Ein schwerer schwarzer, mit einem weißen Kreuzzeichen geschmückter Umhang würde ihren ausgestreckt am Boden liegenden Körper bedecken. Brennende Kerzen, funkelnd wie Sterne, würden sich im blanken Boden spiegeln.

> Ich beschloß, unter diesem Umhang zu sterben. Wie, weiß ich nicht. Ich wußte, daß ich mich nicht umbringen durfte, da das eine Sünde wäre. Aber so stellte ich mir meinen Tod vor. Ich gab mich meinem Traum hin und malte mir den Schrecken der Schwestern und die entsetzten Schreie der Schülerinnen aus. Der Gedanke an das Spektakel, das ich verursachen könnte, machte mich sehr glücklich.

Es ist seltsam zu denken, daß Sarahs kindlicher Wunsch, den Tod öffentlich zu erleiden, auf so großartige Weise mit ihren berühmten »Todesszenen« in vielen Theatern der Welt in Erfüllung gehen sollte.

Sarah war dreizehn, als eines Tages in der Klosterkapelle verkündet wurde, der Erzbischof von Paris, Monseigneur Sibour, wolle die Schule mit seinem Besuch ehren. Ein Besuch des Erzengels Gabriel hätte keinen größeren Aufruhr auslösen können. Diener wachsten die ohnehin schon blitzblanken Böden, der Gärtner schnitt die Hecken millimetergenau, und die Kronleuchter erstrahlten in neuem Glanz. Ehrfürchtig deckte man den solchen Gelegenheiten vorbehaltenen schweren Lehnstuhl ab und entrollte einen roten Teppich für die Füße des erlauchten Gastes. Die Aufregung wurde noch dadurch gesteigert, daß man ein Programm zu Ehren des Erzbischofs zusammenstellte. Eine Begrüßungsansprache, Lieder und Klaviermusik sollten die Veranstaltung einleiten. Dann, so erfuhr Sarah, sollte der Höhepunkt des Tages kommen: eine Schüleraufführung der *Heilung des blinden Tobias.* Mutter Sainte-Thérèse, die literarische Leuchte des Klosters, hatte das biblische Stück in drei Bildern geschrieben. Als sie es laut vorlas, war unter den versammelten Mädchen unterdrücktes Schluchzen zu vernehmen, so daß die Autorin, wie Sarah berichtet,

> äußerste Anstrengung aufwenden mußte, um sich nicht, und sei es nur für einen Augenblick, der Sünde des Stolzes schuldig zu machen. Begierig fragte ich, welche Rolle ich spielen sollte. Ich war eine kleine Persönlichkeit und rechnete fest damit, daß ich mitspielen durfte. Ich zitterte vor Erwartung, meine Hände waren eiskalt, mein Herz pochte, und Schweißtropfen rannen mir über die Stirn.

Trotz oder vielleicht wegen Sarahs »kleiner Persönlichkeit« war sie nicht für die Besetzung vorgesehen. Ihre schüchterne Freundin Louise bekam die begehrte Rolle des Engels Raphael. Aber Sarah ließ sich nicht so leicht entmutigen. Sie erbot sich, das Seeungeheuer zu spielen, aber diese Rolle hatte schon Caesar, der Klosterhund, bekommen. Sarah machte für ihn ein Kostüm mit Flossen und Zacken aus

Pappe, aber das Kostüm eines anderen Mädchens bekam den Vorzug. Sie fühlte sich gedemütigt, wollte aber dennoch unbedingt bei allen Proben dabeisein.

Bei der Generalprobe kam Louise zitternd auf die Bühne, sank auf der nächsten Bank nieder und gestand, daß sie nicht weitermachen könne. Aufgeregt sprang Sarah auf die Bühne und rief, sie könne die Rolle auswendig und ob nicht sie bitte Louises Rolle übernehmen dürfe. Natürlich bewältigte Sarah ihren Text mit Leichtigkeit, natürlich wurde sie umringt und gelobt, und natürlich stellte sich Caesar, schlauer Hund, der er war, beim richtigen Stichwort tot und löste stürmischen Beifall aus. Sarah fühlte sich von Kopf bis Fuß als Heldin, als ob sie den Tag gerettet hätte.

Am nächsten Morgen traf der Erzbischof ein. Die Glocken der Kapelle läuteten. Als er aus seiner goldverzierten Kutsche stieg, küßte Mutter Sainte-Sophie den bischöflichen Ring, und die ganz in Weiß gekleideten Mädchen knieten nieder, um seinen Segen zu empfangen. Nach einer kurzen Messe begann der unterhaltsame Teil. Das Schauspiel wurde ein voller Erfolg. Für Sarah in ihrem langen weißen Kleid, aus dem Papierflügel und ein Heiligenschein hervorsprossen, war es ein ruhmvoller erster öffentlicher Auftritt. Trotzdem war sie bekümmert. Monseigneur Sibour sollte gleich heilige Medaillen austeilen, und sie fürchtete, daß sie keine bekommen würde. Und tatsächlich, als sie an der Reihe war, fragte der Erzbischof, ob sie getauft sei. »Nein, *mon père*, ich meine, *Monseigneur*«, stotterte sie. Mutter Sainte-Sophie rettete sie aus der Verlegenheit, indem sie erklärte, daß Sarah im Frühjahr getauft werden solle. Daraufhin gab der Prälat Sarah freundlich eine Medaille und versprach, er werde versuchen, zu ihrer Taufe zu kommen.

Wenige Wochen später wurde in der Kapelle verkündet, daß Monseigneur Sibour von einem verrückten Priester, den er exkommuniziert habe, ermordet worden sei.

»Ich schluchzte«, schreibt Sarah mit charakteristischer Hingabe, »und die wogenden Orgelklänge, die das Gebet für den Toten begleiteten, ließen mich noch bitterlicher weinen. In diesem Augenblick packte mich eine geheimnisvolle Liebe, eine Leidenschaft für den Gottesdienst und die Majestät der Kirche.«

Sie machte die Nonnen, die gemessenen Schrittes um den Altar zogen, zu ihren Idolen. Kreuz und Tabernakel rührten sie bis zur Ekstase. Sie verlor jegliches Interesse am Essen. Sie war immer schon dünn gewesen, aber jetzt magerte sie zum Skelett ab. Auf ihrer Suche nach geistiger Nahrung hatte sie das Gefühl, ihre Berufung gefunden zu haben. Sie würde Nonne werden.

Die Taufe Sarahs und ihrer Schwestern Jeanne und Régine fand im selben Frühjahr unter etwas bizarren Umständen in Grandchamp statt. Youle erschien, wie es ihre Art war, mit Gefolge: Tante Rosine, Tante Henriette und Onkel Fauré mit ihren Kindern, außerdem drei künftige Patenonkel. Väter waren keine anwesend.

Sarah schämte sich fürchterlich. Wie sündhaft, wie vulgär erschien doch die Mutter der neuen Anhängerin des Heiligen Geistes! »Ich verehrte *maman«,* schreibt sie, »hatte aber gleichzeitig den brennenden Wunsch, sie zu verlassen und niemals wiederzusehen, sie Gott zu opfern.« Es war der klassische Fall der Tochter einer Kokotte, die die Vorteile einer modernen Erziehung genossen hat und jetzt die Mutter, die ihr dies ermöglichte, verachtet. (George Bernard Shaw, der die Bernhardt nie mochte, sollte dieses Thema in *Frau Warrens Gewerbe* ausschlachten.)

Sarah hatte Gott gefunden, aber der Teufel steckte immer noch in ihr. Eines Tages führte sie eine Begräbnisprozession für ihre gezähmte Eidechse auf. Zwanzig kichernde Mädchen folgten ihr zu dem winzigen Grab und sangen dabei ein spöttisches *De profundis.* Eine Gruppe Nonnen beobachtete die pietätlose Prozession. Plötzlich fiel der Tschako eines Soldaten in den Garten und landete vor Sarahs Füßen.

»Hat jemand meinen Hut gesehen?« brüllte der Soldat, der rittlings auf der Klostermauer saß. Bei seinem Anblick rannte Sarah auf den großen Sportplatz, kletterte auf eine erhöhte Plattform und zog die Strickleiter hinter sich hoch.

»Hier ist er! Sie werden ihn niemals wiederbekommen!« schrie sie und setzte sich den Tschako auf. Inzwischen war der Soldat im Garten. Er stieß die Mädchen zur Seite, um zu Sarah zu gelangen. Alle Augen ruhten auf ihr, der querköpfigen Julia, die ihren verblüfften Romeo von ihrem luftigen Balkon aus verspottete. Zunächst hatte sie nur Unfug im Sinn gehabt, aber dann konnte sie der Gelegenheit, vor Publikum zu spielen, nicht widerstehen, und so setzte sie die Hänselei fort. Schließlich warf sie den Tschako hinunter. Aus Angst vor Bestrafung weigerte sie sich aber, ihren Hochsitz zu verlassen, bevor nicht alle gegangen waren.

Es wurde schon dunkel, als Sarah endlich die Strickleiter hinunterließ. Als sie mit dem Abstieg begann, hörte sie ein wütendes Knurren. Es war Caesar. Die Dunkelheit ängstigte sie, aber noch mehr Angst hatte sie vor ihrem Kollegen aus dem Theaterstück. Schnell stieg sie wieder hinauf. »Ich kam mir allmählich wie eine Märtyrerin vor«, erinnert Sarah sich, »von allen verlassen, allein mit Hund, der mich bei lebendigem Leibe verspeisen wollte. Sie hätten wissen müssen, wie sehr ich mich fürchtete. Ich war schwach auf der Brust, und sie ließen mich in der Kälte zittern. Ich lag heulend auf der Plattform und rief nach meiner Mutter und Mutter Sainte-Sophie. Ich wollte sterben.« Endlich erschien Mutter Sainte-Sophie. Aber es war zu spät. Sarah hatte sich eine Brustfellentzündung zugezogen und schwebte wochenlang zwischen »Leben und Tod«. Es waren ihre letzten Tage in Grandchamp. Als sie endlich transportfähig war, kam eine resignierte Youle und holte sie und ihre Koffer ab. Nach langem, tränenreichem Abschied von Mutter Sainte-Sophie stiegen Youle und Sarah, die Kokotte und die künftige Nonne, in ihre Kutsche und machten sich auf den Weg nach Paris. Keine der beiden hätte sich, als sie so dahinfuhren, vorstellen können, daß man über hundert Jahre später Besuchern, die nach Grandchamp kamen, Sarahs kleinen Garten zeigen sollte, ihren Schlafsaal, die Kapelle, in der sie gebetet hatte, und die Salle des Fêtes, wo die berühmteste Schülerin der Schule ihren ersten Theatererfolg gefeiert hatte.

Mit fünfzehn lag eine Karriere am Theater wie überhaupt eine Karriere Sarah ebenso fern wie das Theater selbst. Sie hatte Ehrgeiz, verspürte aber nur eine namenlose Sehnsucht, eine rastlose Tatkraft. Ihre ausgeprägte Egozentrik, ihre hysterischen Wutausbrüche und ihr unstillbares Verlangen nach Aufmerksamkeit waren zusammen mit ihrem ausgelassenen Frohsinn und dem Streben nach geistigem

Leben die Kräfte, die eines Tages auf geheimnisvolle Art ihr Leben und ihre Kunst formen sollten. Doch vorerst waren diese Seiten ihrer »kleinen Persönlichkeit« eher eine Last als ein Vergnügen, für ihre Mutter ebenso wie für sie selbst.

Der Wechsel von dem behüteten Leben in der Klosterschule von Grandchamp in die undurchsichtigen Verhältnisse in der Wohnung ihrer Mutter war für Sarah schmerzhaft. In Sarahs Alter, so strich Youle gerne heraus, hatte sie für sich selbst sorgen müssen, anders als ihr törichtes Kind, das tagelang durch die Wohnung strich und von geistiger Erlösung träumte. Youle konnte eine unangenehme Frau und eine noch unangenehmere Mutter sein, aber sie hegte ehrgeizige Pläne für ihre älteste Tochter. Sie bezahlte ihr Zeichenstunden und hübsche Kleider, was Sarah liebte, und Klavierstunden, die Sarah haßte. Sie stellte Mademoiselle de Brabender ein, eine sanfte und fromme Jungfer, die in den nächsten Jahren Sarahs Lehrerin und Freundin werden sollte.

Mademoiselle hatte am russischen Zarenhof als Erzieherin einer Großfürstin gewirkt – ein Detail, das die Bernhardt in ihren Memoiren stolz erwähnt – und war bestens dazu geeignet, Sarahs Erziehung abzurunden. Sarah arbeitete hart für sie, weniger weil sie gern lernte, sondern weil sie entschlossen war, nach Grandchamp zurückzukehren, wenn sie erst genug gelernt hatte, um dort als Lehrschwester zu arbeiten. Sie mochte Mademoiselle de Brabender gern, aber ihre wahre Zuneigung gehörte Madame Guérard, der Nachbarin, die einen Stock höher wohnte. *Ma p'tit' dame,* wie Sarah sie immer nannte, liebte das Mädchen vom ersten Augenblick ihrer Begegnung an abgöttisch. Sie war eine sanfte, nachsichtige Witwe und sollte Sarah später mit jener blinden Ergebenheit verehren, die der Lohn der Berühmten zu sein scheint – ein Lohn, den die Berühmten in ihrer unendlichen Egozentrik als ihr Recht ansehen.

Madame Guérard machte sich nicht zur Richterin über

Youles Moral oder Sarahs Launen. Im Gegenteil, sie sah darin eine unerschöpfliche Quelle der Faszination. Sie war jedermanns Vertraute, eine gute Mitspielerin bei Whistpartien und hatte einen beruhigenden Einfluß, wenn schrille, stürmische Zankereien die Wände des zweiten Stocks erschütterten. Sie versuchte, mit Youle ein vernünftiges Wort über deren allzu offensichtliche Bevorzugung Jeannes und herzlose Vernachlässigung Régines zu reden. Und sie eilte Sarah zu Hilfe, wenn Youle die Zukunft plante, denn dies war ein heikles Thema. Sarah war fünfzehn, ein Alter, in dem eine Heirat legal war, und die Männer, die in der Wohnung der Bernhardts herumsaßen, fingen an, ihr mehr als väterliches Interesse zu schenken. Sie hatten die Mutter gehabt, warum sollten sie jetzt nicht auch noch die Tochter haben? Daß Youle alles tat, um sie zu ermutigen, war allgemein bekannt, so bekannt sogar, daß Youle im *Journal* Jules und Edmond Goncourts, dieser ungeheuerlichen Bestandsaufnahme des Pariser Lebens, unehrenhaft erwähnt wurde. »In Brébants Restaurant aufgeschnappt«, ist ein Eintrag überschrieben. »Die Familie Bernhardt, also das ist eine Familie! Die Mutter machte ihre Töchter zu Huren, sobald sie dreizehn waren.« Das *Goncourt Journal* verbreitete mit verläßlicher Boshaftigkeit Gerüchte, aber wie jedes Gerücht enthielt auch dieses ein Körnchen Wahrheit.

Marie Colombier, Sarahs Busenfreundin aus der Zeit, als beide aufstrebende junge Schauspielerinnen waren, sollte in ihrem Buch *Die Memoiren der Sarah Barnum,* einem kaum verhüllten Bericht über Sarahs Leben, noch sehr viel weiter gehen als die Brüder Goncourt. Das Werk erschien zwar erst viele Jahre später, 1883, aber noch lange vor Sarahs eigenen Memoiren.

Das Buch der Colombier ist grausam, neiderfüllt, sensationslüstern, antisemitisch und – zu Sarahs Bedauern – witzig und aufschlußreich. Es beschreibt viel, was Sarah lieber ungesagt gelassen hätte. Zu ihrer Verteidigung bezeichnete Sarah das ganze Buch als Lügengespinst. Andere Leser fanden manche Wahrheit darin. Eigenartigerweise verdarb gerade Sarahs geliebtes und von ihr verehrtes Enkelkind Lysiane Bernhardt mit ihrer 1930 erschienenen sentimentalen Biographie über ihre Großmutter versehentlich alles. Eine verräterische Passage beweist, daß die Colombier, genau wie die Brüder Goncourt, der Wahrheit ziemlich nahe kam. Lysiane beschreibt Marie als

> eifersüchtige, gehässige, heuchlerische Schauspielerin, die alle Geheimnisse ihrer Intimfreundin preisgab. Wer mit einer neidischen Frau zu tun hat, muß diese entweder loswerden oder bekehren. Sarah tat keines von beidem. So konnte Marie weiter ihren Haß pflegen, Geschichten über Sarah sammeln, Gerüchte erfinden und sogar ihre Briefe aufkaufen.

Damit sagt Lysiane, Marie Colombier habe das Vertrauen ihrer Freundin Bernhardt durch die Weigerung, sie reinzuwaschen, mißbraucht.

Es erschienen noch mehrere Enthüllungsromane über Sarahs Leben, die fast genauso schlüpfrig waren wie *Die Memoiren der Sarah Barnum*, darunter *Faustin* von Edmond de Goncourt, *Dinah Samuel* von Félicien Champsaur und *Le Tréteau* von Jean Lorrain. Sie schrieben nur aus finanzieller Not über die Bernhardt, die berühmte Schauspielerin, denn keiner hatte sie in ihren frühen Jahren gekannt. Die Colombier war die einzige, die das »Privileg« genossen hatte, in Youles Wohnung zu verkehren, als Sarah sechzehn war.

Unter anderem berichtete Marie Colombier aus erster Hand über einen Abend bei den Bernhardts im Jahre 1860. Die allzu durchsichtigen Pseudonyme der Colombier sind im folgenden Auszug durch die wahren Namen ersetzt.

> Der Salon war ein ziemlich großer, auf die Straße gehender Raum. ... Auf den ersten Blick wirkte er äußerst elegant, aber bei genauerem Hinsehen erkannte man den für Mätressen so typischen geschmacklosen Mischmasch. Protzige Imitationen von Kunstwerken und Möbel in Hülle und Fülle, insgesamt eine vulgäre Zusammenstellung. Die Zeichen von Schmutz und Unordnung waren unübersehbar. Tropfende Öllampen hatten auf dem Klavier und den Tischen Ringe hinterlassen, Teppi-

che und Vorhänge waren fleckig, auf den Lehnen der Sofas und Sessel sah man die Flecken pomadisierter Haare. Auf dem Kaminsims stand eine vergessene Flasche Parfait d'Amour. ... Ein zerrissenes Korsett lag ausgebreitet über dem Kartentisch. Durch die offenen Türen sah man dieselbe schlampige Unordnung in den angrenzenden Räumen ...

Beim Eintreten legte Sarah Hut, Mantel und Handschuhe ab und ordnete vor dem Spiegel ihre Haare. ... Das Mädchen war groß und dünn, lächerlich dünn, hatte aber einen außergewöhnlichen Kopf. Ihr Profil hatte weichere, feinere, klarere Linien als das jüdische Gesicht ihrer Mutter.

Plötzlich tauchte ihre Mutter am Arm eines alten Herrn auf, um den alle ein großes Theater machten. Auf einen gebieterischen Blick von Youle hin fiel Sarah ihm in die Arme und murmelte: *Cher Monsieur Régis, cher bon ami.* Dann begann sie halb schmeichlerisch, halb spöttisch mit dem Besucher zu flirten. [Die Colombier erwähnt zwar nicht, daß Monsieur Régis Lavolée Sarahs Pate und Gerüchten zufolge Régines Vater war, aber die meisten ihrer Leser wußten das ohnehin.] Als die jungen Hände seine schlaffen Wangen berührten, ließ er den Kopf sinken, seine halbgeschlossenen Augen schmolzen in Lust dahin, und seine verwelkten Lippen zitterten, als er seine junge Freundin abküßte.

Inzwischen zündete Tante Rosine, die im Haus ihrer Schwester immer emsig tätig war, im Eßzimmer die Kerzen an. Man rief zum Abendessen. An Régis' Arm führte Youle die Familie in das Eßzimmer. Dabei machte sie dem alten Mann die ganze Zeit Vorwürfe. Aus ihrem Mund kamen die unanständigsten Redensarten, während ihr Gesicht dabei eigenartig unschuldig aussah. Er sei ein dreckiger alter Kerl und habe sie betrogen, klagte sie. Warum er sie nie besuche? Wie könne er so geizig sein? Ob er vergessen habe, wie lange sie schon zusammen seien? Zweimal fiel der Name Régine. »Aber wirklich, Youle«, stammelte Régis lahm, »ich versichere dir ...« Ungeduldig hob Sarah den Deckel der Suppenterrine und sagte: »He, ihr zwei! Streitet morgen weiter. Alles wird kalt.«

Sie sah die beiden kalt an, aber dennoch klang ihre Stimme wohltönend, zärtlich und klar. Als Régis zu einem langen Sermon über den schockierenden Stand der Moral am Theater anhob, verpaßte Youle Sarah unter dem Tisch einen Tritt und warf ihr einen bedeutungsvollen Blick zu. Sarah erhob sich gehorsam und umarmte ihren *bon ami.* Sofort leuchteten die Augen ihres »lieben Freundes« auf. Wie hypnotisiert vom Blick ihrer Mutter, ließ sich Sarah trotz ihres Abscheus von Monsieur Régis streicheln, wenn sie auch jedes Mal zusammenzuckte, wenn seine Lippen ihren lieblichen Nacken berührten. ... Ihr Stillhalten wurde von Régis mit einem Geldschein und von ihrer Mutter mit einem anerkennenden Lächeln belohnt. Seine Großzügigkeit machte den alten Mann kühn. Er zog Sarah auf seinen Schoß und legte ihr den Arm um die Taille. Lüstern strich er über ihr Kleid und wärmte sich am Altar des jungen Fleisches unter der Seide. Sarah starrte an die Decke, aber ihre zusammengepreßten Lippen und zitternden Nasenflügel verrieten ihre Pein.

Um zehn Uhr ging er, aber Sarah war immer noch nicht frei. Youle steckte das Geld ein, das ihre Tochter bekommen hatte, und verfiel dann in ihre gewohnte Litanei. Sie habe ein Vermögen für Sarah ausgegeben, unendlich viele Opfer gebracht, aber das sei vorbei. Von jetzt an müsse Sarah für sich selbst sorgen. Dann schaltete sich Tante Rosine ein: »Du bist hübsch, und du hast Talent. Du mußt dir deinen Weg selbst suchen. Keine sentimentalen Dummheiten mehr. Wenn jemand Gefallen an dir findet, darfst du dich nicht von seinem Alter oder seinen weißen Haaren abschrecken lassen. Faß dir ein Herz. Deine Mutter hat lange genug gearbeitet. Jetzt ist es an dir, ihr all das, was sie getan hat, zurückzugeben.« Sarah schwieg immer noch, aber als die beiden sie auch noch schimpften, weil sie dem alten Mann nicht mehr Geld entlockt habe, verlor sie die Beherrschung. »Aber wirklich«, schrie sie, »ihr erwartet doch wohl nicht, daß ich mit euren Liebhabern schlafe!« Youle stand auf und wollte sie schlagen, aber Rosine hielt sie zurück. Jeanne und Régine hörten stumm zu. Eine halbe Stunde später lag die ganze Familie im Bett.

Je öfter sich solche Szenen wiederholten, desto mehr sah sich Sarah in eine bestimmte Richtung gedrängt. In Augenblicken besonderer Anspannung sehnte sie sich nach dem Schutz des Klosters. Mutter Sainte-Sophie hatte ihr den Weg zu geistlicher Erhöhung durch die Liebe Gottes gezeigt. Ihre leibliche Mutter Youle zeigte ihr den Weg weltlichen Erfolges durch die Liebe der Männer. Sarah spürte, daß sie dem Weg Mutter Sainte-Sophies folgen mußte. Als sie sich jetzt gedrängt sah, als Juniorpartnerin in die Firma der Schwestern Bernhardt einzusteigen, war ihr die Käuflichkeit eines solchen Lebens bewußter als zuvor. Der Kampf zwischen Mutter und Tochter nahm eine neue Wendung. Sarah war immer auf die Liebe neidisch gewesen, mit der Youle Jeanne überschüttete, doch jetzt fand sie eine eigenartige Befriedigung in dem Wissen, daß Régis' Aufmerksamkeit ihr gegenüber Youle eifersüchtig machte. Denn es war offensichtlich, daß Monsieur Régis mit seinen eingefallenen Wangen die knospende Tochter der vollerblühten Mutter vorzog. Und Youle ermunterte ihre Tochter zwar zum Flirt mit ihrem alten Liebhaber, aber sie wurde sich zugleich schmerzlich ihres Alters bewußt, wenn sie sah, wie Régis für Sarah seine Taschen leerte – für nichts weiter als eine Umarmung und einen Kuß.

Der Duc de Morny, ein weit vornehmerer Stammgast in Youles Salon als Régis, trug schließlich zur Klärung der Situation bei. Er war Sprößling einer glanzvollen, illegitimen Dynastie: Über seinen Vater, Comte Charles de Flahaut, war er ein unehelicher Enkel Talleyrands, über seine Mutter, Königin Hortense von Holland, ein Enkel der Kaiserin Joséphine. Außerdem war er als Sohn Königin Hortenses der uneheliche Halbbruder Napoleons III. und hatte auch wirklich dazu beigetragen, diesen auf den Kaiserthron zu hieven. Morny verkörperte den Geist des unternehmungslustigen Zweiten Kaiserreiches und hatte überall seine Finger im Spiel. Er machte ein Vermögen mit dem Bau neuer Eisenbahnlinien und Bergwerke, verwandelte das verschlafene Fischerstädtchen Deauville in einen modischen Seekurort, baute in Paris Longchamps, die erste moderne

Rennbahn der Stadt, und hob den Grand Prix aus der Taufe. Als ob das noch nicht genug wäre, verfaßte er nebenbei Theaterstücke, schrieb gemeinsam mit Offenbach Librettos und komponierte sogar einige Arien für die schmissigen Operetten dieses Komponisten. (Offenbach äußerte später, daß niemand »seine Schützlinge mit größerem Charme protegierte als der Duc de Morny«.)

1854 wurde Morny Präsident des Corps Législatif, ein Amt, das er den Rest seines Lebens mit großem Geschick bekleidete. Napoleon III. schickte ihn 1856 als Sonderbotschafter zur Krönung Zar Alexanders II. nach Rußland. Dort heiratete er die schöne junge Prinzessin Trubezkoi, eine uneheliche Halbschwester des frisch gekrönten Zaren. Fast scheint es, als habe er nur geheiratet, um das Vergnügen der Untreue auskosten zu können, denn neben einer ansehnlichen Bildersammlung legte er sich eine nicht minder ansehnliche Schar von Mätressen zu, darunter auch Rosine und Youle.

Eines Tages lud Youle Morny zu einer Sitzung des Familienrats ein, auf der Sarahs Zukunft besprochen werden sollte. Sollte das Mädchen doch Schauspielerin werden, schlug Morny gleichgültig vor. Sarah war von dem mächtigen Herzog ein wenig eingeschüchtert und vermied es sorgsam, den Augen ihrer Mutter zu begegnen. Dann verkündete sie, sie sei entschlossen, den Schleier zu nehmen.

> Ich umarmte meine Mutter. »Du würdest mich gerne als Nonne sehen, oder?« fragte ich. »Du wärst darüber nicht unglücklich, nicht wahr?«
>
> *Maman* strich mir übers Haar und sagte: »Doch, es würde mich unglücklich machen. Du weißt ganz genau, daß ich dich nach deiner Schwester Jeanne mehr als alles in der Welt liebe.« Ihre Stimme war klar wie ein Gebirgsbach und so süß und freundlich wie immer. Aber ich schauderte zurück, völlig erschlagen von der unbewußten Grausamkeit ihrer Bemerkung.

Dem Herzog war es inzwischen langweilig geworden. Er erhob sich zum Abschied, sagte aber zuvor noch zu Youle, sie würde eine schrecklich schlechte Diplomatin abgeben.

Dann tätschelte er Sarah die Wange und fügte hinzu: »Hör auf mich. Schick sie aufs Conservatoire.«

Zum Schluß waren sich alle einig, daß eine Ehe die einzig vernünftige Lösung sei – alle außer Sarah, die darauf beharrte, daß sie, wenn schon Braut, nur die Braut Jesu sein wolle. Aber zugleich hatte sie die Worte des Herzogs nicht vergessen – »Schick sie aufs Conservatoire« –, auch wenn sie noch nicht wußte, daß seine Worte ihr Wegweiser für die Zukunft sein sollten und so schicksalhaft waren wie die drei gewaltigen dumpfen Schläge, die in Frankreich das Aufgehen des Vorhangs im Theater ankündigen.

Etwas war freilich nicht erwähnt worden: Schauspielerin zu sein bedeutete unvermeidlich, sich als Frau aushalten zu lassen, in welchen Kreisen auch immer. Alle Anwesenden wußten, daß die Bühne ein Exerzierplatz für hübsche Mädchen war, ein Sprungbrett in seidene Laken und das Leben einer Mätresse. Genauso wußten sie, daß auch die begabtesten Schauspielerinnen einen reichen Mäzen brauchten, denn die Löhne waren miserabel und sogar an der Comédie Française mußten die Schauspielerinnen selbst für ihre Kostüme und ihren Schmuck sorgen. Auch Sarah wußte das. Sie hatte eine Menge Klatsch über Schauspielerinnen und Kokotten aufgeschnappt, die das Hauptgesprächsthema in Youles Salon waren.

Sie sollte bald erfahren, daß der Unterschied zwischen der Umkleide einer Schauspielerin und dem Schlafzimmer einer Kokotte bestenfalls fließend war und daß Schauspielerin wie Kokotte von Leidenschaft, Vergnügen und Täuschung lebten. Beide spielten in der Nacht und gaben Matinees. Beide hofften auf lange Spielzeit und gute Bezahlung und lebten in Angst vor Arbeitslosigkeit und Alter. Ohne ihre Arbeit konnte weder Schauspielerin noch Kokotte sich den Pomp leisten, mit dem sie zahlende Kunden anlockten. Und weder Schauspielerin noch Kokotte scherte sich um eine Welt, die durch ihr freizügiges Benehmen und ihre Verachtung der bürgerlichen Moral verunsichert war. Die einzigen Ausnahmen waren die wenigen Frauen, die das Glück nach ganz oben gebracht hatte. Dann, und nur dann, begegnete man ihnen mit der Achtung, der Anbetung und dem Neid, die der Erfolg unweigerlich an sich zieht.

Bevor Morny Youles Wohnung verließ, meinte er, Sarah werde ihre Absicht, Nonne zu werden, vielleicht aufgeben, wenn sie die Luft der Comédie Française geschnuppert hätte. Ihr gemeinsamer Freund Alexandre Dumas habe eine Loge und wäre glücklich, sie mit Youle und ihren Freunden teilen zu dürfen.

Und so machte es sich Sarah an einem Dienstag, dem besten Abend im Theater Molières, in Dumas' Loge bequem.

> Als der Vorhang sich hob, glaubte ich, in Ohnmacht fallen zu müssen. Vor mir ging der Vorhang meines zukünftigen Lebens auf. Jene Säulenhallen sollten zu meinen Palästen werden. Jener Fries mit gemalten Wolken sollte mein Himmel sein. Und jene Bretter sollten sich unter meinem leichten Körper biegen. Dicke Tränen liefen mir die Wangen hinunter, lautlose Tränen, Tränen, die nie mehr aufhören sollten, das fühlte ich. *Maman* war verärgert und suchte das Theater mit dem Opernglas ab. Mademoiselle de Brabender gab mir ihr Taschentuch, da meines zu Boden gefallen war und ich nicht wagte, es aufzuheben. Vom *Amphitryon* ist mir nur eines in Erinnerung geblieben: Alkmene tat mir so leid, daß ich in wildes Schluchzen ausbrach. Die Zuschauer blickten leicht belustigt zu unserer Loge herüber. »Mein Gott, was ist dieses Kind für ein Dummkopf«, hörte ich meinen Patenonkel murmeln. »Man sollte sie ins Kloster zurückschicken und dort lassen!«
>
> Das war der Beginn meiner Künstlerkarriere.

Auf dem Heimweg schlief Sarah in Dumas' Kutsche ein. Der Schriftsteller nahm sie daraufhin ebenso stürmisch wie sein Held D'Artagnan in die Arme und trug sie in ihr Zimmer hinauf. Nachdem er Youle geholfen hatte, das Kleid ihrer Tochter aufzuknöpfen, verabschiedete er sich von Sarah mit drei Wörtern, die sie nie vergaß: *»Bonsoir, petite étoile.«* Dumas ahnte wie Morny die Begabung seines »kleinen Sterns«. Mit Sicherheit hatte ihn Sarahs tränenreiche Reaktion auf Molière stärker gerührt als ihre Mutter, die nur Augen für das Publikum gehabt hatte.

Nach dem Abend in der Comédie Française wollte Sarah, genau wie Morny vorhergesagt hatte, unbedingt das Conservatoire besuchen. Aber es war nicht so einfach, in diese ehrwürdige Institution aufgenommen zu werden. Sarah hätte sich gegen Dutzende junger, aufstrebender Schauspieler durchsetzen müssen, die sich gründlich auf die üblichen tragischen und komischen Rollen vorbereitet hatten. Youle gab sich mit solchen Formalitäten nicht ab. Sie bat statt dessen Morny, sich beim Leiter des Conservatoire, dem Komponisten Daniel Auber, für Sarah zu verwenden. Auber versprach, sich der kleinen Bernhardt anzunehmen. Inzwischen war Sarah den zweifelhaften Ratschlägen von Youles theaterliebenden Freunden ausgesetzt, die sich selbst für Kenner der Branche hielten. Das Ergebnis war völlige Verwirrung: Sarah sollte Rollen aus Stücken von Corneille, Molière, Racine und Voltaire einstudieren ... Sie sollte zunehmen, ihre Aussprache mußte besser werden, ihre Stimme kräftiger.

Monsieur Meydieu oder l'Odieux (das Ekel), wie Sarah ihn nannte, übernahm das Kommando. Er arbeitete ein System von Zungenbrechern aus, die Sarah vierzigmal vor jeder Mahlzeit und zwanzigmal vor dem Schlafengehen aufsagen sollte. Das arme Mädchen mußte Sprüche wie *le plus petit papa, petit pipi, petit popo, petit pupu* rezitieren, eine etwas gewagtere Entsprechung zu »Fischers Fritz fischt frische Fische«. Dumas mit seinem gesunden Menschenverstand brachte Sarah schließlich auf die richtige Bahn. Zungenbrecher seien recht und gut, sagte er ihr, aber klassische Texte seien der Sache angemessener. Warum sie es nicht mit Racines *Phèdre* versuche? Sie könne die Aricie spielen, die jungfräuliche Prinzessin, die den Hippolyte liebte. Er würde die übrigen Rollen übernehmen. In Sarahs Zimmer auf und ab gehend, begeisterte sich Dumas immer mehr für seine Aufgabe. Er liebkoste die Worte, verlieh ihnen überraschende Bedeutungen, brüllte, flüsterte, sank in Ohnmacht, gab Befehle und warf sich so in Pose, daß er auf Sarah trotz Gehrock und Bauch wie eine Gestalt der griechischen Antike wirkte. Als sie ihm in ihrer reinen, lieblichen Stimme antwortete, spürte der alte Veteran, daß sie eine gute Schauspielerin werden konnte.

Dumas' ermutigendes Lächeln erweckte Sarah wie der Kuß des Prinzen in *Dornröschen* zum Leben. Es war ein historischer Augenblick: Einer der Hauptvertreter der Romantik gab die Fackel an ein Mädchen weiter, das die letzte romantische Schauspielerin werden sollte. Dumas konnte nicht ahnen, daß sein junger Schützling in seiner *Mademoiselle de Belle-Ile* auftreten sollte und in *Kean,* in jenem Stück, in dem er Schauspieler und Schauspielkunst so glänzend beschrieb. Auch Sarah sollte erst sehr viel später erfahren, daß der Mann, der mit ihr geprobt hatte, einen scharfsinnigen Essay über *Phèdre* geschrieben hatte, daß große Schauspieler ihn für seine dramatischen Lesungen beneideten und daß sein Sohn, Dumas der Jüngere, der Autor der *Kameliendame* war, dem Stück, mit dem man sie so eng in Verbindung bringen sollte.

Dumas deklamierte gerade »Sie erblassen und verstummen, Madame«*, als Youle hereinkam. Sie seufzte und sagte, sie vergesse immer, daß ihre Tochter Schauspielerin werden wolle. Sie fügte hinzu, Dumas sei wirklich ein Engel, daß er sich um sie kümmere, aber könne er ihr nicht ein Märchen beibringen? Es würde soviel weniger Lärm machen. Auf jeden Fall müsse Sarah sich jetzt die Haare kämmen und sie in den Salon begleiten. Dort warte ein netter Herr aus Holland, der etwas mit ihr besprechen wolle. Sarah erblaßte wie Aricie. Sie wußte, daß ihre Mutter den Holländer als großen Fang betrachtete, fand ihn aber selbst abstoßend. Auf Wangen und Kinn und aus Nase und Ohren sprossen ihm schwarze Haare, und seine Hände waren wie pelzige Klauen. Doch dort stand er, krank vor Liebe und schwerfällig wie ein Bär, und hinter ihm äffte Jeanne ihn nach. Sarah konnte sich das Lachen kaum verkneifen. Monsieur B. machte ihr einen Heiratsantrag, Sarah lehnte

---

* *Vous changez de couleur et semblez interdite, Madame.*

ab. Sie hatte keine Zeit für die Ehe, denn sie wollte Schauspielerin werden. Youle flehte ihre Tochter an, den Antrag anzunehmen. Sie dachte an das viele Geld, das ihr sonst durch die Lappen ging. Aber sie hatte keinen Erfolg. Die Stunde mit Dumas hatte Sarah in eine andere Welt versetzt, eine Welt, die, wie sie spürte, weder ihre ehrgeizige Mutter noch ihr reicher Verehrer verstehen konnte. Ihr Streit hatte eine lange Tradition: Die Mutter drängt auf finanzielle Sicherheit, die Tochter will alles für die Kunst riskieren. Sarah betrachtete die Schauspielerei als Möglichkeit, zu Ruhm und Ehren aufzusteigen. Youle fürchtete den Abstieg in Elend und Finsternis. Als sie sich nicht mehr zu helfen wußte, bat sie Meydieu, Sarah auf den Boden der Tatsachen zurückzuholen.

Sie sei eine romantische Närrin, sagte das »Ekel« zu Sarah. Heiraten sei ein Geschäft. Sobald die Eltern des Holländers gestorben seien, sei sie eine reiche Frau. Aber Sarah erschauerte. Sie konnte unmöglich einen Mann heiraten, den sie nicht liebte. Ein paar Tage später bat Madame Guérard Sarah zu sich nach oben. Zu Sarahs Überraschung wartete dort ihr zottiger Verehrer auf sie. Jahre später sollte sie in ihren Memoiren schreiben:

> Monsieur B. bettelte, ich solle meine Meinung ändern. Es war sehr peinsam. Der arme Mann weinte. »Wollen Sie bessere Bedingungen?« fragte er. »Ich biete Ihnen mehr Geld an, wenn Sie das wünschen.« Aber darum ging es ja nicht. »Monsieur, ich liebe Sie nicht«, sagte ich ruhig. »Ich werde vor Kummer sterben, wenn Sie mich zurückweisen«, antwortete er. Ich sah den Mann an – vor Kummer sterben! Ich war verwirrt, traurig und – erfreut! Er liebte mich so, wie die Menschen in Theaterstücken lieben! Ich stotterte ein paar dumme Sätze, die ich irgendwo gehört oder gelesen hatte. Monsieur B. starb nicht. Im Gegenteil, er lebt immer noch und ist reicher denn je zuvor.

Die Anfänge des Conservatoire de Musique et Declamation, der traditionsreichen Pariser Hochschule für Musik und Schauspielkunst, in die Sarah eintreten sollte, reichten in die Regentschaft Ludwigs XVI. zurück. Damals wurden dort

Sänger und Trompeter für die Fanfaren bei Hofzeremonien und für Musik zur Unterhaltung des Königs ausgebildet. 1808 begründete Napoleon Bonaparte die Schauspielabteilung. Unterricht in Tanz und Körperbeherrschung folgte. Schauspieler, so die kluge Überlegung, konnten von Unterricht in Gestik und Bewegung nur profitieren, während Sänger – besonders die Sänger der komischen Oper, in der auch gesprochene Rezitative vorkamen – von Lektionen in Aussprache, Darstellung und Tanz profitieren konnten. Als Sarah 1860 auf das Conservatoire kam, galt dieses als beste Schauspielschule der Welt, und seine Lehrer, die führenden Schauspieler der Comédie Française, galten als die besten Schauspieler der Welt. Obwohl sie von »überwältigender Größe« waren, wie Henry James es ausdrückte, sind ihre Namen mit der Zeit verblaßt. Wie die Sterne, mit denen man sie verglich, leuchteten sie hell, flackerten und verschwanden dann bei der Geburt eines neuen Sterns. Natürlich gab es Ausnahmen. Rachel und die Bernhardt hinterließen einen Eindruck, der uns wie die Erinnerung an persönliche Bekannte im Gedächtnis bleibt, auch wenn wir sie nie gesehen haben. Andererseits sagen uns Namen wie Provost oder Samson, Regnier oder Edmond Got wenig oder gar nichts. Und doch waren sie die John Gielguds und Laurence Oliviers ihrer Zeit. Wir können uns sicher auf Henry James verlassen, wenn er schreibt, daß eines der vollkommensten Dinge, die er je sah, eine Szene mit François Regnier war oder daß Edmond Got »der beste lebende Schauspieler« war.

Die Schauspielerei wird wie die Mode nicht besser, sie ändert sich nur. Wenn großartige neue Schauspieler auftauchen, hält man sie für überzeugender oder »natürlicher« als ihre Vorgänger, wahrscheinlich, weil sie die Verhaltensweisen ihrer Zeitgenossen getreuer widerspiegeln und deshalb beim Publikum besser ankommen. Eine Vanessa Redgrave oder ein Laurence Olivier können sich zwar gewisse Eigenheiten erlauben, aber wenn sie wie Siddons oder Edmund Kean das Bühnenbild zu Kleinholz schlagen würden, würde man sie auf der Bühne auslachen. Um von der Kunst eines Schauspielers gefangen zu werden, müssen wir glauben, daß wir uns wie er verhalten könnten und er sich wie wir.

Dabei ist keine schauspielerische Leistung natürlich,

egal auf welchem Niveau und in welchem Stück. Man hat die Bernhardt für natürlicher als die Rachel gehalten und die Duse für natürlicher als die Bernhardt, denn jede Zeit hat eine andere Vorstellung von Natürlichkeit, die sie im Schauspieler gespiegelt sehen will. Sarah sollte einen eigenen Stil kreieren, der die Gefühle, Stimmungen, Ängste, Gesten und gesellschaftlichen Tendenzen ihrer Zeit aufnahm. Wenn sie weinte und in Ohnmacht fiel, dann deshalb, weil die Damen ihrer Zeit zu Tränen und Ohnmachtsanfällen neigten. Das Paris des 19. Jahrhunderts, Victor Hugos »geschminkte, schreckliche Stadt«, formte Sarahs schauspielerisches Talent. Degas hat einmal gesagt: »Ein Bild zu malen erfordert ebenso viel Gerissenheit, Betrug und Täuschung wie die Vorbereitung eines Verbrechens.« Dasselbe könnte man von der Schauspielkunst sagen.

Als Sarah am Conservatoire begann, konnte man an den vierzig Theatern und unzähligen über die theaterbesessene Hauptstadt verstreuten *café-concerts* von hohem Drama bis zur billigen Komödie alles haben. Ludovic Halévy, Offenbachs Librettist für *Die schöne Helena* und *Pariser Leben,* beschreibt eine Vorstellung in einem der beliebtesten Revuetheater der Stadt, jener Art von Theater, wo, wie Youle befürchtete, ihre Tochter enden könnte.

> Eines Abends ging ich mit Flaubert in die *Délassements Comiques.* Er war noch nie dort gewesen, obwohl er ganz in der Nähe des Boulevard du Temple wohnte. Wir genossen es von ganzem Herzen. Der Krach dort war fürchterlich. Beim Eintreten vernahmen wir ohrenbetäubenden Applaus. Eine Anfängerin stand auf der Bühne – hübsch, fröhlich und lustig. Sie sang auf so köstliche Weise falsch, daß das Publikum immer mehr hören wollte. Sie muß dasselbe Lied drei- oder viermal wiederholt haben. Schließlich bat sie überglücklich um Gnade. Das Publikum wollte sie offensichtlich die ganze Nacht singen hören. Flaubert war in einem Taumel der Begeisterung. »Es ist wundervoll«, brüllte er in dem Höllenlärm. »Ich habe niemals solchen Beifall gehört, geschweige denn jemanden, der so wunderbar falsch singt.« Dann schrie er mit den anderen: »Zugabe! Zugabe!«

Am anderen Ende des Spektrums stand Rachel, die größte Schauspielerin der ersten Hälfte des Jahrhunderts. Vielleicht ist es ein Glück, daß es von ihren Aufführungen keine Aufzeichnungen gibt, denn wir müßten mit den Augen – und der Mentalität – eines Menschen des 19. Jahrhunderts sehen können, um ihr Genie so schätzen zu können, wie Delacroix, Chopin und Liszt das taten.

Es gibt allerdings packende Berichte über ihre Auftritte. Einer der lebendigsten stammt von Charlotte Brontë. Sie sah die Rachel 1843 (ein Jahr vor Sarahs Geburt) in Brüssel in *Phèdre* und schrieb zehn Jahre später in dem Roman *Villette* darüber. Die Schilderung beschwört glänzend das unheimliche Genie der Schauspielerin, ein Genie, das dem Genie Charlotte Brontës auf sonderbare Weise ähnelte. Die scheue alte Jungfer aus dem abgelegenen, windgepeitschten englischen Pfarrhaus und die *grande amoureuse* aus den übervölkerten Armenvierteln von Paris versetzten ihr Publikum gleichermaßen in Staunen durch die Art, wie sie mit Sprache umgingen. Das Publikum weinte über das Schicksal der Heldinnen, die sie porträtierten, und erschauerte vor Furcht angesichts ihrer Seelenqualen.

> Sehnsüchtig erwartete ich die Begegnung mit einem Wesen, von dessen Kräften ich Berichte gehört hatte, die eigenartige Vorahnungen in mir auslösten ... Sie war ein Geschöpf von solcher Art, wie meine Augen es noch nie gesehen hatten: ein großer und neuer Planet war sie, aber in welcher Form? Ich wartete auf ihren Aufgang.
>
> In jener Dezembernacht ging sie um neun auf: Am Horizont sah ich sie auftauchen. Sie konnte noch mit fahler Größe und ruhiger Macht strahlen, aber diesem Stern stand der Tag des Jüngsten Gerichts kurz bevor. Von nahem betrachtet, war es Chaos – ausgehöhlt, halb verzehrt, ein erloschenes oder verlöschendes Gestirn – halb Lava, halb Glut ...
>
> Eine Weile – eine geraume Weile – glaubte ich, sie sei nur eine Frau, wenn auch eine einzigartige Frau, die sich voller Macht und Anmut vor dieser Menge bewegte. Irgendwann bemerkte ich meinen Fehler. Und siehe! Ich entdeckte etwas an ihr, das weder Frau noch Mann war:

> In jedem ihrer Augen saß ein Teufel. Diese bösen Mächte trugen sie durch die Tragödie, hielten ihre schwachen Kräfte zusammen – denn sie war nur ein zerbrechliches Geschöpf –, und als die Handlung sich beschleunigte und der Aufruhr zunahm, wie wurde sie da von diesen Mächten mit ihren Leidenschaften gebeutelt! Sie schrieben HÖLLE auf ihre geraden, hohen Brauen. Sie gaben ihrer Stimme einen gequälten Ausdruck. Sie verzerrten ihr königliches Gesicht zu einer dämonischen Maske. Der Inbegriff von Haß und Mord und Wahnsinn, so stand sie da.
>
> Es war ein großartiger Anblick: eine mächtige Offenbarung.
>
> Es war ein minderes, schreckliches, unmoralisches Schauspiel.

Sarah war noch ein Kind, als diese Sätze veröffentlicht wurden. Als sie auf das Konservatorium kam, war die Rachel tot. Ihre dämonische Ausstrahlung jedoch ließ die, die sich von ihrer Kunst hatten hinreißen lassen, nicht mehr los. Sie war der Maßstab, an ihr mußte sich Sarah immer wieder messen lassen, mit ihr wurde sie ständig verglichen. Wenn sie, wie viele glaubten, Rachels Erbin war, so war sie das freilich auf ihre Art. Rachel hatte die Werke von Hugo, Dumas und de Musset ignoriert und den Ruhm der vergessenen Dichter Racine und Corneille wieder aufleben lassen. Sarah dagegen verehrte die Romantiker und sah die Klassiker durch deren Augen. Trotz aller Unterschiede war Sarah aber ein echtes Genie wie Rachel, deren Art zu deklamieren auf dem Konservatorium gelehrt wurde wie die Heilige Schrift.

Wenn man die Rachel etwas näher kennt, versteht man die Bernhardt besser. Rachel wurde 1821 in einem Schweizer Dorf in der Nähe von Basel als eines von sechs Kindern des Ehepaars Jacob und Esther Felix geboren. Ihre Eltern waren herumziehende jüdische Hausierer. Mit zehn war sie in Paris, wo sie für ein paar Sous in billigen Cafés sang und rezitierte. Dann geschah ein Wunder – das Theater scheint das letzte Refugium für Wunder zu sein. Ein Mann namens Saint-Aulaire entdeckte Rachel und nahm sie in seine

Schauspielschule auf. Mit dreizehn stand sie auf der Bühne. In den nächsten beiden Jahren spielte sie zweiunddreißig Rollen: Soubretten, *confidantes* und Heroinen. Als sie fünfzehn war, sprach die gesamte Pariser Theaterwelt von ihr, und – ein weiteres Wunder – man gab sie in die Hände von Joseph-Isidore Samson, einem der großen Schauspieler der Comédie Française, der dafür sorgte, daß sie auf dem Konservatorium studieren konnte. Mit siebzehn debütierte sie in der Comédie Française.

Innerhalb kürzester Zeit eroberte sich das blasse, strebsam aussehende Mädchen mit den dunklen, furchtsamen Augen einen Platz unter den Stars des französischen Theaters. Madame Récamier und Chateaubriand kamen, um der wunderbaren Rachel zu applaudieren, die trotz ihrer knapp anderthalb Meter alle anderen Schauspielerinnen überragte. Aber könnte man behaupten, daß Phädra selbst größer war? Sobald Rachel als unumstrittene Königin der Tragödie anerkannt war, begann eine typische Pariser Komödie. Frankreich, das Land des Maßes und der Vernunft, warf ihr vor, allzu berechnend und besorgt um ihre Zukunft zu sein, Vorwürfe, die mit Sicherheit auch auf Louis Philippe zutrafen. Die geizigen Franzosen rissen Witze über ihre jüdische Habgier. Nach einem Tag halsabschneiderischer Geschäfte runzelten die Herren von der Börse mißbilligend die Stirn über die Forderung der Schauspielerin nach höheren Gagen. Die Öffentlichkeit reagierte spießbürgerlich auf ihre Promiskuität. Vornehme Damen, die der Rachel Blumensträuße vor die Füße werfen wollten, behielten die Sträuße grimmig in der Hand, als sie erfuhren, daß die Rachel Affären mit ihren besseren Hälften hatte. Adlige, die ihre Salons mit Rachels faszinierender Gesellschaft schmückten, schnitten sie, als sie herausfanden, daß die Abenteuer der Rachel den ihren unangenehm ähnlich waren. Und als die Rachel ihr Haus genauso extravagant ausstattete wie sie ihre Häuser, sahen sie darin ein Zeichen jüdischer Angeberei. Daß das Haus ein Geschenk ihres Geliebten, des Comte Colonna-Walewski, war, eines natürlichen Sohnes Napoleons I., verstärkte die Ressentiments dieser Leute nur. Sie waren hingerissen, wenn die Rachel auf der Bühne übermenschliche

Emotionen vorführte, verlangten aber, daß die Schauspielerin ihr Temperament wie ein abgelegtes Kostüm zurückließ, wenn sie in ihrer Gesellschaft verkehrte. Sie sahen im Skandal nicht das göttliche Recht einer Schauspielerin. Dabei hatte Balzac über einen noch nicht lange verstorbenen Künstler geschrieben: »Man kann nicht erwarten, daß Vergnügen, Denken und Moral eines Byron dem eines Krämers entsprechen.«

Geistreich ausgeschmückte Skandale gehören zur Aura der Schauspielerin. Eines Tages schickte der Sohn Louis Philippes, Prinz von Joinville, Rachel seine Karte mit der Anfrage: »Wo? Wann? Wieviel?« Rachels Antwort amüsierte ihre Bewunderer: »Bei Ihnen. Heute abend. Gratis.« Daß die Affäre sieben Jahre dauerte, amüsierte sie weniger. Einer von Rachels letzten Geliebten war Napoleons Neffe Jérome. Sie war damals über dreißig und kränkelte.

»Ich kehre nach Hause zurück, um zu sterben«, schrieb sie aus Havanna, »und wie Napoleon werde ich zum Hôtel des Invalides gehen und einen Stein fordern, auf den ich meinen Kopf legen kann ...« Rachel starb mit sechsunddreißig. Wenige Tage vor ihrem Tod bat ein Bewunderer um ein Autogramm. »In einer Woche«, schrieb sie, »werden Würmer und Biographen an mir nagen.« Unter den Trauergästen bei ihrer Beerdigung waren Vater und Sohn Dumas, Saint-Beuve, Scribe, Théophile Gautier, Alfred de Vigny und Prosper Mérimée.

Sarah sollte all dies und mehr auf dem Konservatorium lernen. Sie hatte immer ein Bild der Rachel an der Wand hängen, und nichts bereitete ihr größeres Vergnügen, als wenn sie hörte, sie habe ihr Idol erreicht oder gar überflügelt.

Theaterleben

Als Sarah 1859 die Aufnahmeprüfung für das Conservatoire absolvierte, stand sie kurz vor ihrem sechzehnten Geburtstag. Zu Hause wurde, wie zu erwarten, mehr darüber diskutiert, was sie anziehen, als welche Rolle sie spielen sollte. Youle setzte sich mit ihrem Geschmack schließlich durch. Das Ergebnis war haarsträubend. Sarah, die offensichtlich nie vergaß, was sie einmal getragen hatte, erinnert sich mit Schrecken:

> Meine Mutter hatte ein schwarzes Seidenkleid für mich machen lassen. Es hatte einen leichten Ausschnitt und war so kurz, daß man die mit englischer Stickerei geschmückten Pantalons sehen konnte, die bis auf meine hochgeknöpften Kinderschuhe fielen. Das Haar trug ich gescheitelt, es fiel in alle Richtungen, denn keine Nadel und kein Band konnten es bändigen. Zur Vervollständigung des Aufzugs trug ich trotz der späten Jahreszeit einen großen Strohhut. Alle wollten meine Aufmachung begutachten, ich mußte mich wieder und wieder von allen Seiten zeigen und meine Verbeugung üben.

Eine stärkende Tasse gelierter Kraftbrühe, ein letzter verzweifelter Soll-ich-das-sein-Blick in den Spiegel, ein entmutigendes *merde* der Mutter – dann machte sich Sarah in Begleitung der treuen Seelen Guérard und Brabender auf den Weg, ihr Glück zu versuchen. Vor der Schule trafen sie eine große Menschenmenge. Übereifrige Mütter, Schauspielerinnen, Kokotten und Verkäuferinnen versuchten einander in ihrem Eifer zu übertreffen, fummelten an den Kleidern ihrer Kinder herum und flüsterten ihnen Ratschläge in letzter Minute zu. Messinghelme tragende *huissiers*, Türhüter, die in ihrer Gewandung an römische Wachposten erinnerten, ragten aus der Menge heraus.

Plötzlich rief Monsieur Léautaud, der Souffleur der Comédie Française, den Namen des ersten Bewerbers. Sarah sah zu, wie die Kandidaten einer nach dem anderen weggeführt wurden wie Opfer zur Guillotine. Dann war sie an der Reihe. Monsieur Léautaud fragte, was sie vorspielen wolle.

»Eine Szene aus Molières *Schule der Frauen.*«

Und wer sollte die Stichworte geben? Sarah hatte keine Ahnung.

Léautaud sah sie ratlos an. Sie könne die Szene doch nicht allein spielen.

Dann werde sie *Die zwei Tauben* von La Fontaine vortragen. Kopfschüttelnd entfernte sich Léautaud, um sie anzukündigen. Sarah war überzeugt, daß jetzt alles verloren sei. Sie folgte ihm in das Prüfungszimmer.

»Und da stand ich nun«, erinnert sie sich, »ganz allein in diesem merkwürdigen Saal mit einem Podest am Kopfende und einem großen Tisch in der Mitte, um den lauter mürrische Männer mit herablassenden Gesichtern saßen. Eine Frau war auch dabei, sie hatte eine laute Stimme und sah abwechselnd durch einen Kneifer und eine Lorgnette.«

Sarah hatte kaum angefangen – »Zwei Tauben liebten einander zärtlich…« –, als einer der Juroren losdonnerte: »Sind wir hier im Kindergarten? Wir sind wirklich nicht hier, um uns Märchen anzuhören!« Das war Léon Beauvallet, der führende Tragöde der Comédie Française, der oft mit der Rachel gespielt hatte. Sarah hielt sofort inne.

»Weiter, weiter«, meinte der grauhaarige Provost, der Sarahs erster Lehrer werden sollte.

»Lauter, etwas lauter«, rief Samson, der Lehrer der Rachel.

Sie habe wieder aufgehört, erinnert sich Sarah, sie sei sprachlos, verwirrt und so nervös gewesen, daß sie hätte schreien und heulen können.

»Sehen Sie, wir sind keine Ungeheuer«, versicherte ihr Samson. Er unterhielt sich flüsternd mit Auber, dem Direktor des Konservatoriums, und fügte dann hinzu: »Fangen Sie einfach noch einmal von vorne an, aber diesmal ein wenig lauter.«

»O nein!« stöhnte Augustine Brohan, die Dame mit der

Lorgnette, »wenn das Kind noch einmal von vorne anfängt, sitzen wir noch die ganze Nacht hier!« Die Juroren brachen in schallendes Gelächter aus, aber Sarah machte unverdrossen weiter. Sie hatte die Hälfte des Gedichts hinter sich gebracht, als eine Klingel ertönte. Das war das Ende ihres Martyriums. Überwältigt von jener Mischung aus Erschöpfung und Groll, die das Gefühl einer Niederlage mit sich bringt, verließ sie die Bühne. Niedergeschlagen machte sie sich auf den Weg nach draußen, als Monsieur Auber sie einholte. Auber, der Komponist von fünfzig Opern, darunter *Fra Diavolo,* war die Güte in Person. Er litt selbst so sehr unter Lampenfieber, daß er die Premieren seiner eigenen Werke nicht besuchen konnte. Deshalb verstand er Sarahs Qualen nur zu gut. »Sie sind aufgenommen«, beantwortete er ihren fragenden Blick. »Ich bedaure lediglich, daß Ihre süße Stimme nicht der Musik dienen soll.«

> Ich war verrückt vor Freude. Ich bedankte mich bei niemandem, sondern rannte zur Tür hinaus. Ich sah es an alle Schaufenster geschrieben: »Ich bin angenommen.« Als die Kutsche, die uns nach Hause brachte, hielt, um Passanten über die Straße zu lassen, bildete ich mir ein, daß alle mich verwundert anstarrten. Ich ertappte mich dabei, wie ich mit dem Kopf nickte, als wollte ich sagen: »Ja, ja, es ist wahr, ich bin angenommen!«
>
> Das Kloster war vergessen. Ich war so stolz auf meinen Erfolg beim ersten Vorsprechen und darüber, daß ich das alles allein geschafft hatte! Ununterbrochen streckte ich den Kopf aus dem Kutschenschlag und rief: »Schneller, Kutscher, schneller!«
>
> Im Hof schon warf ich meinen Mantel beiseite, damit ich zu meiner Mutter laufen konnte. Plötzlich blieb ich wie angewurzelt stehen. Madame Guérard machte mit den Händen einen Trichter vor ihrem Mund und rief zu *maman* hinauf: ›Sie ist angenommen!‹ Ich stieß ihr die Faust in den Rücken und heulte vor Wut. Ich hatte nämlich eine kleine Szene machen wollen, mit der guten Nachricht als Finale. Ich wollte ganz niedergeschlagen tun, wenn sie die Tür öffneten, entmutigt und traurig. *Maman* würde sagen: »Ich bin nicht überrascht. Du bist

so töricht, du armes Ding.« Dann würde ich sie umarmen und ausrufen: »Aber es stimmt nicht, es stimmt gar nicht! Ich bin angenommen!«

Ich grollte immer noch, als ich in die Wohnung meiner Mutter kam und die Tür bereits weit offenstand. Als sie meinen Schmollmund sah, küßte sie mich und sagte: »Nanu, bist du denn nicht glücklich?«

»Doch, schon, es ist wegen der Guérard. Ich bin wütend auf sie. Sei lieb, *maman,* und tu, als ob du von nichts wüßtest. Mach die Tür wieder zu, und laß mich klingeln.« So klingelte ich ... Und *maman* und meine Schwestern, mein Patenonkel und meine Tanten taten so, als wüßten sie von nichts. Als ich meine Mutter dann mit den Worten »Ich bin angenommen« umarmte, brach die ganze Gesellschaft in Freudenrufe aus. Mein Glück war wieder hergestellt. Ich hatte doch noch einen wirkungsvollen Auftritt gehabt. Ohne daß ich es merkte, war in mir die Schauspielerin erwacht.

Trotzdem wäre Sarahs Karriere, auch wenn sie nichts davon wußte, um ein Haar gescheitert. Höchstwahrscheinlich wäre sie nämlich abgelehnt worden, wenn nicht der Herzog von Morny Auber gebeten hätte, »sich der kleinen Bernhardt anzunehmen« – eine Bitte, die nur wenige abzulehnen gewagt hätten.

Mit siebzig schrieb die Bernhardt *L'Art du Thêatre: La Voix, le Geste, la Prononciation,* ein Buch voll gesunden Menschenverstands und eigener Erfahrungen. Darin heißt es, daß man zwar die Stimme ausbilden und Gestik und Aussprache lernen könne, die wahre Kunst aber allein suchen und lernen müsse. Während der zwei Jahre auf dem Konservatorium lernte Sarah in Schauspielklassen, Schüleraufführungen und endlosen Diskussionen mit ihren Mitschülern im Teesalon um die Ecke langsam und unter großen Mühen die grundlegenden Techniken.

Dem leidenschaftlichen Mädchen war das freilich nicht genug. In Augenblicken, in denen der Ehrgeiz sie packte, hatte sie das Gefühl, sie müsse »die beste, berühmteste und meistbewunderte Schauspielerin werden. Ich zählte mir meine Qualitäten auf: Anmut, Charme, Eleganz, Schönheit, Entrücktheit und Pikanterie ... und ein streitbarer Wille, der keinen Widerspruch duldete.« Zu diesen Qualitäten hätte Sarah Instinkt, Temperament, eine schöne Sprechstimme und das Geschick, Mitmenschen mit umwerfender Genauigkeit zu imitieren, hinzufügen können. Aber diese breitgefächerten Talente genügten ihr nicht. Als sie älter wurde, sollte sie tief in sich eine formbare Substanz entdecken, eine wertvolle Substanz, die nur sie selbst formen konnte. Sarah sollte sowohl Pygmalion als auch Galatea werden, zugleich Schöpferin und Geschöpf.

Schon im Kloster war sie eine eifrige Gläubige gewesen, auf dem Konservatorium wurde sie zur Fanatikerin. In gewisser Weise tauschte sie den religiösen Glauben gegen die theatralische Illusion ein. Hatte sie bisher selten ein Buch aufgeschlagen, verschlang sie nun bändeweise Gedichte und Theaterstücke. Wie Miriam Rooth, die »tragische Muse« des gleichnamigen Romans von Henry James, fühlte sie sich bei der »Darstellung des Lebens sicherer als im Leben selbst«. Und wie Miriam hätte Sarah sagen können: »Sie gefällt mir besser als die Wirklichkeit – man kann sich darin verlieren.«

Ihre Lehrer, alle führende Schauspieler der Comédie Française, führten Sarah in die Kunst der »Darstellung« ein. An das affektierte Gehabe der Halbwelt war sie gewöhnt, deshalb waren ihr die Manierismen der Theaterwelt vertraut. Sie liebte die beweglichen Gesichter der Schauspieler, ihren harmlosen Spott, das einstudierte Gelächter und die ungezwungenen Freundschaften, die wahllos verteilten Küsse und die sinnliche Leidenschaft. Verleumdungen, Intrigen und boshafte Geschichten amüsierten sie, ebenso die lächerliche Eitelkeit und künstliche Bescheidenheit der Schauspieler und ihre Art, Vokale zu dehnen und Konsonanten auszuspucken. Sie waren wie die zukünftige Sarah größer als das Leben, und nur der Rahmen der Bühne gab ihnen das menschliche Maß zurück. Daß Schauspieler sich wie Zirkusleute gegenüber dem gemeinsamen Feind, der Außenwelt, zusammenschlossen, gab ihr das Gefühl, endlich ein Zuhause gefunden zu haben.

Daneben gab es freilich noch genug, was der »kleinen

Rebellin«, wie ihr Lehrer Provost sie nannte, nicht zusagte. Ganz oben auf ihrer schwarzen Liste stand ihr Lehrer Monsieur Elie, ein Überbleibsel des Ersten Kaiserreiches. Er war stark geschminkt, hatte gelockte Haare, trug einen Spitzenkragen und wirkte auf die Menschen des Jahres 1860 hoffnungslos altmodisch. Einen Taktstock in der Hand, sprach er die Mädchen mit vornehmer Fistelstimme an: »Nun, ihr Mädchen, Rücken aufrecht, Kopf hoch, Zehen nach vorn – gut, gut, sehr schön. Eins, zwei, drei, und los!« Und sie marschierten los. Sie sollten lernen, wie man lässig, zornig oder angstvoll ging und wie Opfer, Fanatiker, Heilige oder Sünder gingen. *L'assiette,* die Kunst des Sitzens, war als nächstes dran: würdevolles und lässiges Sitzen oder Sitzen, das bedeutete: »Ich höre. Sprechen Sie, mein Herr!«, dazu stumme Blicke, die Verlangen nach Aufklärung signalisieren sollten oder die Furcht vor Entlarvung, die Entscheidung zu gehen oder den Wunsch zu bleiben.

»Wie viele Tränen hat es mich gekostet«, schrieb Sarah, »auf spöttische Weise dazusitzen. Ach! Diese Übung! Den Körper zurückgeworfen, höhnisches Lächeln, unterdrücktes Lachen, unmerkliches Achselzucken. Ich brauchte Jahre, bis ich vergessen hatte, was dieser arme Mann mir beigebracht hat.«

Provost, ein nuancenreicher Schauspieler der Comédie Française, war einer der besten Lehrer am Konservatorium. Leider mochte er Sarah nicht, denn er hielt sie für egozentrisch und rücksichtslos. Er wurde langsam alt, und schon wenn er sie sah oder wenn sie ins Klassenzimmer stürzte, immer zu spät und außer Atem, ärgerte er sich. Als er mit ihr Voltaires *Zaire* einstudierte, schlug er sie zwar nicht, aber sonst setzte er ihr auf alle erdenkliche Weise zu. Stundenlang und ohne Pause verbesserte er jede unsichere Geste, jeden gezwungenen Schluchzer, jeden falschen Tonfall. Sarah heulte zwar, aber sie hielt durch. War die Stunde vorbei, setzte Provost seinen breitkrempigen Hut auf, durchbohrte sie mit einem eisigen Blick und gab ihr den Gnadenstoß: »Voilà! Das ist eine Rolle, die Sie wirklich niemals spielen dürfen.«

Ein Mitschüler schrieb: »Provost hätte seine Schülerin

dreizehn Jahre später sehen sollen, wie glücklich wäre der liebe Mann gewesen! Seine Grausamkeit hatte gute Früchte getragen, denn hinter ihrem bewundernswerten Talent konnte man den glänzenden Unterricht entdecken, den der alte *père* Provost mit so gnadenloser Strenge gehalten hatte.«

Diese Zeilen stammen von Paul Porel, Sarahs Freund am Konservatorium. Porel, der spätere Direktor des Odéon-Theaters und der Mann der bezaubernden Schauspielerin Réjane, stammte aus ärmlichen Verhältnissen und war dünn wie eine Stecknadel. Er verdiente sich den Lebensunterhalt als Buchbinderlehrling in einem düsteren, kleinen Laden in der Rue Gît-le-Coeur. Dort schlief er mit einem Band Balzac als Kopfkissen und träumte vom Theater als dem goldenen Schrein der Poesie. Die Liebe zur Kunst und die jugendliche Verachtung der praktischen Seiten des Lebens führten die beiden jungen Schauspielschüler zusammen. Sarah war durch das ständige Gerede über Geld von zu Hause vertrieben worden, und sie stürzte sich kopfüber in Porels Idealismus. Paul wiederum konnte in der Bewunderung von Sarahs verführerischer Weiblichkeit die Mühen und Plagen seines Lebens vergessen. Einzelheiten über ihre jugendliche Liaison sind zwar verlorengegangen, aber sehr wahrscheinlich war er ihre erste Liebe.

Jahre später schreibt Jacques Porel, der Sohn von Paul und Réjane, über ein Foto, das Sarah seinem Vater geschenkt hatte. »Die zärtliche Widmung darauf läßt sicher den Schluß zu, daß zwischen ihnen mehr als bloße Freundschaft bestand. Mein Vater erwähnte das natürlich nie direkt, aber wenn er von den alten Zeiten schwärmte, verrieten seine Blicke ihn.«

Den Verfassern dieses Buches gegenüber äußerte Jacques Porel sich viel ausführlicher. Er beschrieb Spaziergänge am Flußufer, verstohlene Küsse, leidenschaftliche Geständnisse.

»Stell dir vor, Jacques«, hatte sein Vater gesagt, »du hast Sarah doch verehrt, stell dir vor, wie diese faszinierende Frau mit sechzehn war – ihr Elan, ihr strahlendes Lächeln, ihre Energie!«

Zu Hause hatte Sarah einiges über die verschiedenen

Formen der Liebe erfahren. Auf dem Konservatorium sollte sie dieses Wissen vervollständigen. Dort verbarg sich hinter einer Fassade der Anständigkeit eine zweifelhafte Moral.

Marie Colombier entlarvt in ihren Memoiren die fadenscheinige Moral des Zweiten Kaiserreichs:

> Eine ganz besondere Atmosphäre herrschte auf dem Konservatorium, eine Atmosphäre, die in unserer eher nüchternen Zeit verschwunden ist. Eine gewisse Korrektheit, ein feiner Sinn für Diskretion verbarg die unvermeidliche Promiskuität. Heute [1898] erhalten aufstrebende Schauspielerinnen mehr oder weniger großzügige Summen von den Männern, mit denen sie schlafen. Damals wurden sie von Liebhabern ausgehalten, die meist ältere, bestens eingeführte Männer in hohen Stellungen am Hofe Napoleons III. waren. Diese vornehmen Herren gaben sich als Beschützer der Mädchen aus, um, wie sie hofften, die wahre Natur ihrer Beziehung unter dem Deckmantel väterlichen Interesses verbergen zu können. Sie waren Generäle, Admirale und Offiziere des Kaiserlichen Hofes und nützten den zukünftigen Schauspielerinnen mehr als ihre heutigen Pendants. Mit ihrem Einfluß konnten sie die Karrieren ihrer Schützlinge von der Zeit am Konservatorium bis zum erhofften Eintritt in die Comédie Française fördern. Darüber hinaus interessierten sie sich aufrichtig für die künstlerische Zukunft der Mädchen und kümmerten sich um deren tägliche Bedürfnisse. Das kostete sie nicht viel, denn die Schülerinnen waren jung und unbedarft und gingen so bereitwillig auf die Wünsche ihrer adeligen Helfer ein wie leichtfertige Arbeitermädchen. Die naiven Kleinen gaben sich mit fünfzehn Louisdor im Monat zufrieden und brachten dafür Sonnenschein in das Leben ihrer alternden Helden, Männer, die ihre Orden beim Feldzug in Nordafrika oder in der Schlacht von Magenta verdient hatten. Den väterlich-perversen, lüsternen Kavalieren, die sich mit solcher Begierde an die jungen Mädchen heranmachten, winkten also wirtschaftliche Vorteile ebenso wie sexuelle Befriedigung.

Heute hoffen die jungen Schauspielerinnen mit Hilfe des *sociétaire*-Systems, das stattliche Pensionen garantiert, an der Comédie Française reich zu werden. In jenen Tagen aber beherbergte das Konservatorium eine ganze Schar zwitschernder, unbekümmerter junger Vögel ...

Marie Colombier vergaß zu erwähnen, daß ihre zwitschernden Vögel nur auf dem Konservatorium bleiben konnten, wenn sie deutliche Fortschritte machten. Jährliche Prüfungen, bei denen dramatische und komische Szenen aufgeführt wurden, öffneten den Schülern die Tore der Theater von Paris. Die Begabtesten wurden mit Preisen belohnt, und man lud ein ausgewähltes Publikum ein. Schauspieler, Kritiker, Mäzene und angehende Mäzene überfüllten das kleine Schultheater in der Hoffnung, neue Talente oder zukünftige Bettgenossen – manchmal auch beides – ausfindig zu machen. Die Aufführungen waren Höhepunkte der Saison. Sarah gewann am Ende ihres ersten Jahres im Juli 1861 einen zweiten Preis im Fach Tragödie und eine lobende Erwähnung im Fach Komödie. Es war eine herbe Enttäuschung für sie, denn sie hatte mit ganzem Einsatz darauf hingearbeitet, in beiden Fächern den ersten Preis zu bekommen.

Das nächste Jahr brachte weitere Enttäuschungen. Provost wurde zwei Monate vor Sarahs Abschlußprüfung krank, und Samson nahm sie in seine Klasse auf. Trotz seines im allgemeinen guten Urteils schätzte er ihr Talent falsch ein und bestand darauf, sie solle zwei undankbare Szenen von Casimir Dèlavigne spielen, dem Autor steifer Historienstücke. Kalliope selbst hätte den glanzlosen Versen dieses Stückeschreibers kein Leben einhauchen können.

Daß Youle beschloß, die Haare ihrer Tochter glätten zu lassen, war auch eher ein Hindernis als eine Hilfe. Die Sitzung beim Friseur nahm Sarah den letzten Rest an Selbstvertrauen. Der »törichte Figaro«, wie Sarah ihn nannte, umkreiste sein Opfer und sagte dann: »Mein Gott! Die Huren von Tanger haben solche Haare.« Dann fuchtelte er mit der heißen Brennschere herum und knetete ihr heißes Rindermark in die Haare, wobei er ihr aus Versehen den Schädel verbrannte. Sarahs Schreie zeitigten keinerlei Wirkung. Unverdrossen drückte und zog, kämmte und bürstete der Friseur weiter. Als er Sarah schließlich einen Spiegel vorhielt, erkannte sie sich kaum wieder und brach in Tränen aus. Ihr Haar war an den Schläfen festgekleistert, ihre eher großen Ohren standen hervor, und ihr Kopf war mit kleinen, wurstförmigen Locken bedeckt wie bei einer schlechten Kopie einer antiken griechischen Statue.

Im Konservatorium angelangt, riß Sarah sich die Nadeln aus den Haaren. Fettige Strähnen fielen ihr ins Gesicht. »Rasend vor Zorn« schüttelte sie den Kopf. Ihre Stimme zitterte vor unterdrücktem Schluchzen, und sie kam kaum durch ihre Szene aus *La fille du Cid* (Die Tochter des Cid). Beim Abtreten von der Bühne fiel sie in Ohnmacht. Aber ein Rest Kampfgeist steckte noch in ihr. Eine halbe Stunde später spielte sie mit Charme und Feingefühl einen komischen Auszug aus *L'école des veillards* (Die Schule der Alten). Dennoch erhielt das Mädchen, das immer die erste sein mußte, wie Paul Porel nur einen zweiten Preis. Der erste Preis ging an ihre Freundin Marie Lloyd, eine hinreißende Schönheit, die in den nächsten dreißig Jahren mit mäßigem Erfolg an der Comédie Française auftreten sollte. Da Marie keine Verwandten in Paris hatte, lud Sarah sie nach der Prüfung zum Essen ein.

> Auf dem Heimweg machten wir uns über die anderen Schüler lustig und lachten uns halb tot. Mutter begrüßte Marie Lloyd mit der ihr eigenen Mischung aus Charme und Gleichgültigkeit. Dann sagte mein Patenonkel: »Da hast du ja eine schöne Bescherung angerichtet. Warum willst du auch unbedingt zum Theater? Du bist zu dünn und zu klein. Dein Gesicht ist zwar aus der Nähe ganz nett, aber von weitem häßlich. Außerdem trägt deine Stimme nicht.«
>
> »Dein Patenonkel hat recht«, fiel Monsieur Meydieu ein. »Heirate, meine Liebe. Im Theater wirst du es nie zu etwas bringen.«

Nach dem Essen redete Youle mit Sarah. Sie solle nicht betrübt sein und sich keine Sorgen um die Zukunft machen. Die Ehe mit dem holländischen Verehrer könne man immer noch arrangieren.

Sarah versprach, darüber nachzudenken, aber das war eine Notlüge. Sie hatte trotz allem das Gefühl, daß ihr Platz auf der Bühne war. Vielleicht hat sie damals *Quand même* (zu deutsch etwa: »Trotzdem!«) zu ihrer Devise gemacht, jenes Motto, mit dem sie ihr Leben lang der Welt die Stirn bieten sollte.

Ihre Entscheidung, trotz allem Schauspielerin zu werden, bedeutete noch nicht, daß sie auch eine Anstellung gefunden hätte. Wenn Sarah Schriftstellerin oder Malerin gewesen wäre, hätte sie sofort mit der Arbeit anfangen können. Aber sie war darstellende Künstlerin und damit auf Publikum angewiesen. Wer würde sie engagieren? Wo konnte sie ein Publikum finden? Die Antwort darauf gab ein kurzer Brief in Madame Guérards Handschrift, den Sarah an jenem Abend wunderbarerweise auf ihrem Nachttisch fand.

> Während Sie schliefen, hat der Herzog von Morny Ihrer Mutter eine Nachricht überbringen lassen: Camille Doucet habe ihm soeben versichert, Ihr Engagement an der Comédie Française sei beschlossene Sache. Seien Sie also nicht traurig, mein liebes Kind, und blicken Sie vertrauensvoll in die Zukunft.

Zwei Tage später bekam Sarah einen Brief von Edouard Thierry, dem Direktor der Comédie Française: Sie solle wegen ihres Vertrages vorbeikommen. Wieder stand sie vor dem Problem, was sie anziehen sollte, und wieder war die Lösung lachhaft. Man meinte diesmal, als anerkannte Schauspielerin müsse sie eines von Rosines aufwendigen Kleidern tragen. Zur Verstärkung der Wirkung lieh Rosine Sarah ihre prächtige Kutsche mit Kutscher, Lakai und allem Drum und Dran. Als sie losfuhr, sah sie aus wie eine erfolgreiche junge Kokotte. Mit diesem Glanz war sie schlecht beraten. Camille Doucet, der Leiter der Theaterabteilung im Kulturministerium, und Léon Beauvallet, nach Sarahs Meinung der »gröbste Mann Frankreichs«, plauderten gerade am Bühneneingang, als Sarah mit dem unterschriebenen Vertrag in der Hand herauskam.

»So, so«, meinte der Schauspieler, »Sie haben also eine Kutsche.«

»Sie gehört nicht ihr, sondern ihrer Tante«, versicherte ihm Doucet.

»Freut mich zu hören«, erwiderte Beauvallet, das Gesicht zu einer zweifelnden Grimasse verzogen. Aber nichts konnte Sarahs gute Laune trüben. Sie war auf dem richtigen Weg, sie würde am besten Theater der Welt debütieren, und der große Camille Doucet höchstpersönlich hatte ihr eine glänzende Zukunft vorhergesagt.

Eine Woche später gab Rosine Sarah zu Ehren ein Essen. Rosine konnte mit sich zufrieden sein: Nicht jede Kokotte konnte sich mit Größen wie dem Herzog von Morny, Rossini und dem Kulturminister Comte Colonna-Walewski schmücken.

Als nach dem Essen noch Gäste kamen, sang Rosine eine bekannte Ballade, die mit freundlichem Beifall aufgenommen wurde. Dann stieß man auf Sarah an, und alle bedrängten sie heftig, ein Gedicht vorzutragen. Während sie Delavignes *L'âme du purgatoire* (Die Seele des Fegefeuers) deklamierte, schlüpfte Rossini ans Klavier und improvisierte dazu. Sarah strahlte. Sie war ganz und gar glücklich, als Youle sie liebevoll küßte und sagte, dies sei das erste Mal, daß der Vortrag ihrer Tochter sie wirklich bewegt habe. Sarah war zu aufgeregt, um ihr dieses zweischneidige Kompliment übelzunehmen.

Am 11. August 1862 hatte Sarah ihren ersten Auftritt in der Titelrolle von Racines *Iphigenie*. Es war das erste von drei Debüts in drei verschiedenen Rollen, die sie, wie es an der Comédie Française üblich war, innerhalb kurzer Zeit aufführen sollte. Zur ersten Probe erschien sie viel zu früh. Allein stand sie auf der riesigen Bühne, und da sie auf die Düsterkeit, die Stille, die an eine Gruft erinnernde Kälte und das verwirrende Durcheinander von Seilen, Gewichten und Rollen über sich nicht vorbereitet war, bekam sie Angst. Die geisterhafte Stimmung hatte mit der wunderbaren Vision von Säulen und gemalten Wolken, die sie von ihrem ersten Besuch in der Comédie Française in Erinnerung hatte, herzlich wenig zu tun. Am nächsten Tag, nach einer weiteren Probe und ein paar nebensächlichen Verbesserungen, hieß es, Sarah sei bereit. Vor dem Theater kündigte ein Plakat »die Debüts von Mademoiselle Sarah Bernhardt« an. Sarah studierte es mit Ehrfurcht. »Ich weiß nicht, wie lange ich gebannt vor den Buchstaben meines eigenen Namens stand«, schrieb sie später. »Ich hatte den Eindruck, daß jeder Passant, der vor dem Plakat stehenblieb, wußte, wer ich war. Ich fühlte, wie ich rot wurde, rot bis über beide Ohren.«

Der Tag ihres ersten Debüts rückte unaufhaltsam näher. Schließlich war es soweit. Als Sarah die schwachbeleuchtete Treppe zu ihrem Umkleideraum hinaufstieg, überfiel sie eine beklemmende Aufregung, eine quälende Spannung. Sie hatte zum erstenmal Lampenfieber, den Alptraum aller Darsteller. Auch später sollte sie immer unter dieser Plage leiden.

Es beruhigte Sarah keineswegs zu erfahren, daß das Publikum aus Schullehrern auf Ferienreise und aus Touristen, die kein Französisch sprachen, bestand. Als sie prüfend in den Spiegel der Umkleide blickte, starrten ihre Augen aufgerissen zurück. Das Gesicht unter der Schminke und dem Puder schien ihr gewöhnlich. Der plötzliche Aufruf des Inspizientengehilfen traf sie wie ein Schlag. Es gab keinen Ausweg. Daß Provost und Samson hinter den Kulissen auf sie warteten, verschaffte ihr ein bißchen Erleichterung. Aber als die beiden sie neckten, umarmten und ihr versicherten, alles werde gutgehen, war sie nur doppelt verängstigt. Das Urteil dieser beiden, die ihr jede Geste, jeden Tonfall beigebracht hatten, wog am schwersten. Hinter den Kulissen verfolgte sie beklommen, wie die gedämpften Stimmen der Schauspieler ihrem Stichwort näher und näher kamen. »Aber ich hatte solches Ohrensausen, daß ich nichts hörte«, erinnert sie sich.

Als ihr Stichwort kam, flüsterte Provost *merde* und schubste sie auf die Bühne. Drei routinierte, in ihrer Professionalität unmenschlich wirkende Schauspieler warteten aufmerksam auf Sarahs Einsatz. Die Stille dauerte bedrohlich lange. Endlich fand Sarah ihre Stimme wieder. Sie sagte ihre Verse auf, aber wie einer Schlafwandlerin waren ihr Tonfall und Bewegungen nicht bewußt. Nur Gedächtnis und Übung halfen ihr, die Rolle durchzustehen. Als der Vorhang fiel, floh sie in ihre Umkleide und riß sich das Kostüm vom Leib. Das arme Mädchen hatte vergessen, daß noch vier weitere Akte folgen sollten. »Ich spürte, daß es gefährlich war, wenn ich mich so in meine Nervosität hineinsteigerte«, erinnert sie sich. »Ich spielte das Stück zu Ende. Aber ich kann nicht behaupten, daß ich großen Eindruck gemacht hätte.«

Noch bevor Sarah zu Ende gespielt hatte, ertönte schallendes Gelächter, als sie flehentlich die mageren Arme ausstreckte. Ein paar Tage später schrieb Francisque Sarcey, der mächtigste Kritiker von Paris:

> Mademoiselle Bernhardt ... ist eine große und hübsche junge Person von schlankem Wuchs und sehr angenehmem Gesichtsausdruck. Insbesondere ihre obere Gesichtshälfte ist von bemerkenswerter Schönheit. Ihre Haltung ist gut und ihre Aussprache vollkommen klar. Mehr läßt sich vorläufig nicht sagen.

Dem flüchtigen Leser mögen diese Zeilen freundlich genug erscheinen, aber Sarah weinte, als sie sie immer wieder las. Was stimmte nicht mit ihrer unteren Gesichtshälfte? Wollte der Kritiker sie ermutigen oder entmutigen mit der unverbindlichen Bemerkung, daß sich mehr im Moment nicht sagen lasse? Sarahs nächster Auftritt in Scribes *Valérie* blieb praktisch unbemerkt, aber ihr drittes Debüt in Molières *Schule der Frauen* zog einen kritischen Kommentar Sarceys nach sich:

> Daß Mademoiselle Bernhardts Leistungen ungenügend sind, ist dabei nicht so wichtig. Sie fängt gerade erst an, und es ist ganz natürlich, daß nicht alle Anfänger Erfolg haben. Das Traurige ist aber, daß die anderen Schauspieler nicht viel besser sind als sie. Und sie sind Mitglieder der Comédie Française! Nur größere Bühnenerfahrung unterscheidet sie von ihrer jungen Kollegin. Sie sind heu-

te das, was Mademoiselle in zwanzig Jahren sein wird, wenn sie an der Comédie Française bleibt.

Sarceys niederschmetternde Kritik machte Sarah bei ihren Kollegen nicht gerade beliebt. Sie hatten schon vorher über ihre scharfe Zunge und ihr anmaßendes Benehmen gelästert, aber mit diesem unbegabten Nichts in einen Topf geschmissen zu werden, das war wirklich zuviel. Die Intendanz ignorierte Sarah und ihren Ehrgeiz. Vier entmutigende Monate lang bekam sie keine einzige Rolle.

Zu Hause war die Lage nicht viel besser. Sarahs Mutter sah sich in ihren Warnungen bestätigt, und ihr tröstendes Lächeln hob Sarahs Stimmung in keinster Weise. Nur ihre jüngste Schwester schien sie zu lieben. Mit neun war Régine ein exzentrisches kleines Mädchen, das den Mund nur aufmachte, um seine Familie mit treffenden Obszönitäten zu verblüffen. Sarah liebte sie und nahm sie überallhin mit. Aber nichts hätte ihre Schauspielerkollegen mehr ärgern können als die Gewohnheit Sarahs, ihre Schwester sogar mit in die Umkleide zu nehmen. Solches Benehmen war an der Comédie Française unerhört.

Am 15. Januar 1863 beging das Theater den Geburtstag seines Gründers Molière. Es war ein feierliches Ritual. Die Schauspieler waren sämtlich anwesend und mußten paarweise vortreten und Palmwedel vor der Büste des Dramatikers niederlegen. Als Régine davon erfuhr, bat sie, mitgehen zu dürfen. Sarah willigte törichterweise ein. Hand in Hand verfolgten die Schwestern die heidnische Prozession. Vor ihnen stand Madame Nathalie, ein alter, furchterregender Drachen mit bedrohlichem Busen und einem purpurroten Kleid, das meterlang hinter ihren gewaltigen Hüften herschleifte. Sie war der Schrecken aller Schauspieler. Als sie mit den Palmwedeln in der Hand losgehen wollte, bemerkte sie, daß sie sich nicht rühren konnte, weil Régine mitten auf ihrer Schleppe stand. Madame Nathalie kreischte auf wie Medea und stieß das Kind beiseite. Régine fiel gegen eine Marmorsäule, schrie und sank mit blutüberströmtem Gesicht in Sarahs Arme. »Du Bestie!« brüllte Sarah und warf sich auf Madame Nathalie. Bevor die füllige Dame reagieren konnte, ohrfeigte Sarah sie auf beide Wangen. Régine beteuerte unterdessen, sie habe es nicht mit Absicht getan, die alte Ziege habe deshalb kein Recht, sie zu stoßen. Einige Schauspieler nickten beifällig, andere zuckten angeekelt die Schultern, und das Publikum wurde langsam ungeduldig wegen der Verzögerung. Schließlich begannen die Festivitäten mit dem Vortrag von Gedichten zum Ruhme Molières und Szenen aus seinen Stücken.

Am nächsten Tag wurde Sarah zu Monsieur Thierry zitiert. Eine Entschuldigung sei angebracht. Wenn Madame Nathalie sie annehme, müsse Sarah eine größere Geldstrafe zahlen, wenn nicht, müsse er ihr nahelegen, zu gehen. Monsieur Thierry erklärte, es sei ein Privileg, zur Comédie Française zu gehören, und sie setze sich großen Gefahren aus, wenn sie gehe. Sarah war trotzdem nicht bereit, sich zu entschuldigen. Es ist deshalb auch kaum verwunderlich, daß sie keine Rollen mehr bekam. Die einzige Ausnahme war im März ein kleiner Auftritt in Molières *L'étourdi* (Der Leichtsinnige), einer Aufführung zu Ehren ihres Lehrers Samson, der sich von der Bühne zurückziehen wollte.

Sarah hatte nichts zu tun, sie war frustriert, langweilte sich und fühlte sich elend und ungemütlich in einer Gemeinschaft, in der keiner sie leiden konnte. Da sie ständig wiederholte, sie wolle sich nicht entschuldigen, kündigte man ihr schließlich. Unbedacht und starrköpfig, aber mit ungebrochenem Selbstbewußtsein ging sie. Sie sollte erst in knapp zehn Jahren an die Comédie Française zurückkehren.

Sarah hatte Madame Nathalie beleidigt und war dafür bestraft worden. Ein Jahr zuvor war sie das Mädchen gewesen, das mit Hilfe von Mornys Beziehungen in die Comédie Française gekommen war. Jetzt war sie nur noch eine Unruhestifterin ohne ausreichendes Talent, die den Schutz des Herzogs nicht verdiente. Sie hatte zugeschlagen, um ihre Schwester zu rächen, aber auch, weil sie sich in den Augen der Welt durch ihren Mißerfolg gedemütigt fühlte. Die Leute vom Theater wollten nichts mehr mit ihr zu tun haben, ihre Mutter war nicht mehr bereit, sie zu unterstützen, und um ihre Demütigung zu vervollständigen, schlug ihr Patenonkel vor, sie solle ein Pralinengeschäft aufmachen.

Es kamen harte Zeiten für Sarah. Im großen und ganzen verdiente sie ihren Unterhalt in den nächsten Jahren im Bett. Man ist versucht, diese Zeit diskret zu übergehen, aber die Erfahrung der Qualen und Belohnungen eines *vie galante* vertieften das Verständnis der zukünftigen Tragödin für die Kokotten, die sie so überzeugend darstellen sollte.

In den sechziger Jahren des 19. Jahrhunderts führten die blonde, schlanke Sarah und die dunkle, üppige Marie Colombier ein bewegtes Leben. Beide waren so frisch wie die neue Farbe und die breiten Boulevards, mit denen Baron Haussmann Paris veränderte. Ein neues Paris entstand – und damit auch eine neue Lebensart. Kapital und Unternehmer veränderten das Gesicht der Stadt und auch ihren Geist. Ein weiterer Abschnitt des »modernen Zeitalters« begann: Man gab sich selbstbewußt, zynisch und äußerst kämpferisch.

Sarah war ein Kind ihrer Zeit. Prunk und verschwenderischer Frohsinn rissen sie mit. Wie ihre Mutter wollte auch sie ein Stück vom Kuchen, und zwar das größte, das sie bekommen konnte. Damit endet freilich die Ähnlichkeit zwischen den beiden. Youle betrieb ihr Gewerbe im Austausch gegen Luxus und Bequemlichkeit. Sarah hielt solche Ziele für geisttötend. Sie wollte sich in Dichtung und Drama ausdrücken, ihre Liebe gehörte der Bühne – noch im Scheitern. Widerstrebend und zugleich fasziniert ließ sie sich auf das Leben einer Dame der Halbwelt ein, manchmal sogar ziemlich heftig. Aber sie war nicht mit dem Herzen dabei. Sie war zu stolz, zu ungeduldig, um sich den selbstbewußten Männern des Zweiten Kaiserreichs zu unterwerfen, die von ihren Frauen meist gelangweilt waren und ihre Mätressen als Huren betrachteten.

Nach ihrem Abgang von der Comédie Française war Sarah ein unbekanntes leichtlebiges Mädchen wie viele andere. Als die berühmte Schauspielerin mit vierundfünfzig

Jahren ihre Memoiren *Mein doppeltes Leben* schrieb, behandelte sie diesen Teil ihrer Vergangenheit verständlicherweise sehr diskret. Sie erwähnt darin beiläufig einen gewissen Comte de Kératry – er gilt allgemein als ihr erster ernsthafter Geliebter –, der unter den Gästen der Gesellschaft war, die Rosine ihr zu Ehren gab. Der Graf war laut Sarah »ein eleganter junger Husar«. Er flirtete mit ihr und lud sie ein, im Salon seiner Mutter etwas vorzutragen. Marie Colombier zufolge hat das erste Treffen der beiden jedoch unter sehr viel weniger galanten Umständen stattgefunden:

> Sarah kam aus dem Theater, wo sie ein paar Tage zuvor ihr Debüt gegeben hatte. Sie warf Hut und Handschuhe auf den Boden und sank in ein Sofa. Schon wieder war sie enttäuscht worden, und sie war schlecht gelaunt. Das schmachvolle Debüt hatte sie in ihrem künstlerischen Stolz gekränkt. Keine Fanfaren hatten ihr Erscheinen begleitet. Die verfluchten Journalisten hatten sich kaum die Mühe gemacht, das Ereignis überhaupt anzukündigen. Sarah hatte sich nicht vorher bei Sarcey vorgestellt und glaubte, daß er sich jetzt dafür räche.
>
> Vor allem das bedauerte sie. Weil sie das Theater liebte, hätte sie ihren Stolz herunterschlucken und sich von ein oder zwei Kritikern verführen lassen müssen. Das hätte ihr sicher phantastische Kritiken eingetragen und ihre Karriere in Schwung gebracht. Aber niemand machte ihr den Hof. Sie konnte ja wohl nicht gut Männer auf der Straße am Ärmel packen und festhalten.
>
> Tante Rosine ließ das Unwetter gelassen vorüberziehen, dann sagte sie: »Liebes, mit Gebrüll und Geschrei erreichst du gar nichts. Für das, was du willst, mußt du kämpfen. Du mußt das Beste aus dem machen, was sich bietet. Heute abend bietet sich eine Gelegenheit, die du nicht verpassen darfst. Deine Mutter besorgt Karten für das Théâtre des Variétés. Komm mit. Dort trifft man immer eine noble Gesellschaft. Wenn du dort niemanden aufgabeln kannst, bist du ein hoffnungsloser Fall. Verlaß dich auf mich.«

Trotz ihrer hysterischen Anfälle und ihrer Jugend war Sarah im Grunde genommen ein praktisch veranlagter Mensch. Die Taufe hatte den ihrer Rasse angeborenen Geschäftssinn nicht zerstört. Sie befolgte den Rat ihrer Tante, ging in ihr Zimmer und machte sich dort zwei Stunden lang schön. Als sie wieder auftauchte, war sie wie verwandelt. Bald darauf waren die drei Frauen auf dem Weg ins Théâtre des Variétés.

Während der Vorstellung warf Sarah keinen einzigen Blick auf die Bühne. Sie saß ganz vorn in der Loge und begutachtete durch den Operngucker die Männer im Parkett. Inzwischen hatten auch die Männer unten das seltsame Mädchen mit den schönen Augen und der extravaganten Frisur bemerkt. »*Très chic*«, murmelten sie beifällig. Wer Rosine und Youle kannte, brannte darauf zu erfahren, wer wohl ihre Begleiterin sei. Sarah musterte die Männer sorgfältig, kühl und gelassen. Plötzlich fiel ihr Blick auf einen jungen Mann, der direkt unter ihr saß. Als er ihren Blick erwiderte, errötete sie. Laut Marie verließen Youle und Rosine das Theater gleich nach der Vorstellung. Sie waren schon an der Rue Vivienne angelangt, als Sarah sie einholte und atemlos erklärte, sie habe die beiden im Gedränge verloren. Die beiden Frauen hätten Sarah gerne näher befragt, aber sie schwiegen. Sarah drehte sich um, um zu sehen, ob ihnen jemand folgte. Rosine war ebenso neugierig wie ihre Nichte und sah gleichfalls zurück. Dicht hinter ihnen folgte der Mann, der Sarah im Theater aufgefallen war ... Die Schwestern benahmen sich wie Eltern, die ihr Kind bei seinen ersten selbständigen Schritten beobachten, und gleichzeitig wie alte Hasen eines alten Gewerbes, die einem Schützling beim Debüt zusehen. Inzwischen hatten sie die Rue St. Honoré erreicht, und der Fremde folgte ihnen immer noch und tat, als gehe er zufällig hier spazieren. Hastig betraten die Schwestern das Haus, in dem Youle wohnte, so daß Sarah Zeit blieb, mit ihrem Verehrer zu sprechen. Sie standen gerade vor der Tür von Youles Wohnung, als Sarah sie einholte. Zum ersten Mal seit vielen Monaten umarmte Youle ihre Tochter vor dem Schlafengehen und sagte: »Du bist ein gutes Kind.« Tante Rosine war ehrlich gerührt und begleitete Sarah zu ihrer Zimmertür. Sie küßte sie zärtlich und flüsterte: »Kompliment! Du hast Geschmack. Er gefällt mir ausgezeichnet. Jetzt mußt du deine Karten gut ausspielen.«

Sarah spürte, daß sie Rat brauchte. »Liebste Tante«, wisperte sie, »ich bin zwei Männern aufgefallen. Der junge Mann sieht sehr gut aus, aber ich glaube, der alte ist reicher. Er schickte seine Kutsche weg, um mir folgen zu können, und gab mir seine Karte. Ich kann ihn treffen, wann immer ich will. Ich weiß nicht, was ich tun soll. Welchen soll ich nehmen?«

Die Kokotte war gerührt. »Was ich dir jetzt sage, Liebling, muß unter uns bleiben: Ich an deiner Stelle würde den Jungen nehmen. Dann ist ein Anfang gemacht, das ist die Hauptsache.«

Rosine hatte mit dem Gespür der Expertin die richtige Wahl getroffen. Emile de Kératry war ein gutaussehender, gepflegter Mann von dreißig Jahren. Der junge Leutnant war seit seinem Eintritt in die Gesellschaft Anführer einer Gruppe modischer junger Männer der Stadt. Mit einem Glas Champagner in der Hand und einer Nelke im Knopfloch behandelte er Frauen mit derselben kühlen und eleganten Art, mit der er seine Männer in den Kampf führte. Sein Esprit, sein beißender Witz und seine Erfindungsgabe, was Ausschweifungen betraf, zeichneten ihn vor seinen Gefährten aus.

Vom Stadtleben übersättigt, faszinierte ihn Sarahs eigenartige Mischung aus Naivität und Korruption. Sarah fühlte sich zwar zu ihm hingezogen, aber sie liebte ihn mit Sicherheit nicht, denn sie gehörte zu den Frauen, die nicht lieben können. Als er sie leidenschaftlich umarmte, konnte sie ihn noch weniger leiden. Vage Gefühle des Ekels und der Enttäuschung überkamen sie. War das also die Liebe? Und sie hatte den jungen Kerl dem reichen alten Mann vorgezogen! Ihre Enttäuschung war dabei stärker als ihr Ekel, ein Ekel, den ihre Freunde, wie sie wußte, nicht verstehen würden. Sie fühlte sich unvollkommen, und das beschämte sie.

Als der Liebesakt vorbei und die Zeit des Abschieds gekommen war, spöttelte Kératry liebevoll über ihr Kleid und sagte, sie brauche schönere Kleider. In Sarah erwachte daraufhin die Schauspielerin. Sie gab dem jungen Offizier das

Gefühl, er müsse sie drängen, von ihm Geld zu nehmen und sich in anderer Weise helfen zu lassen. Als Sarah nach Hause kam, warf sie das Geld auf den Tisch und sagte zu Youle: »Jetzt machst du mir hoffentlich keine Schwierigkeiten mehr!«

»Ich mache dir Schwierigkeiten?« rief Youle empört. Sie habe immer nur das Beste für Sarah gewollt und werde jetzt versuchen, sie auf den richtigen Weg zu bringen. Youle hatte bereits am selben Morgen eine größere Wohnung am Boulevard Malesherbes gemietet, wo Sarah ein eigenes Zimmer mit separatem Eingang hatte, so daß sie völlig unabhängig war und die Vorzüge von Familienleben und Privatleben genießen konnte.

Die Beschreibungen der Amouren anderer beruhen meist auf Mutmaßungen und Gerüchten. Sarahs Briefen läßt sich entnehmen, daß sie ein gespaltenes Verhältnis zur körperlichen Liebe hatte. Gewöhnlich schob sie Treffen mit Liebhabern hinaus, auch wenn diese, wie sie versicherte, ihre heißesten Wünsche erfüllt hätten. Vielleicht, aber das ist eine Vermutung, ähneln ihre Erfahrungen denen von Lélia, der Heldin aus George Sands Roman.

> In seiner Nähe spürte ich eine eigenartige, taumelnde Gier, welche ... durch keine körperliche Umarmung befriedigt werden konnte. Ein unauslöschliches Feuer brannte in meiner Brust, seine Küsse brachten mir keine Erleichterung. Ich hielt ihn mit übermenschlicher Kraft in meinen Armen, fiel erschöpft neben ihn und war enttäuscht, daß es keinen Weg gab, ihm meine Leidenschaft mitzuteilen. Für mich war die Begierde eine Glut der Seele, welche die Sinne lähmte, bevor sie sie erweckte, eine wilde Wut, die mein Bewußtsein erfüllte ... Mein Blut gefror, machtlos und armselig angesichts der gewaltigen Anstrengung meines Willens ... Wenn er schläfrig, befriedigt ausruhte, lag ich bewegungslos neben ihm. Wie gut er aussah! Soviel Kraft und Größe standen ihm auf der friedlichen Stirn geschrieben ... In Wellen stieg mir das Blut in den Kopf. Dann ließ ein unerträgliches Zittern meine Glieder erbeben. Wieder schien die sinnliche Liebe in mir zu erwachen, und ich spürte, wie die Begierde

> mich schüttelte. Ich war heftig versucht, ihn aufzuwekken ... und mich an ihn zu schmiegen. Aber ich widerstand diesen aus meinem Leid geborenen trügerischen Bitten, weil ich wußte, daß es nicht in seiner Macht lag, mich zu beruhigen.

Wahrscheinlich sprach George Sand aus Erfahrung. Vielleicht waren Sarahs Erfahrungen wie die von George Sand ein Ansporn, der sie zu zahllosen Affären drängte.

Ihre Liaison mit Kératry dauerte mehrere Monate – bis er als Soldat nach Mexiko geschickt wurde. Zu diesem Zeitpunkt bezog sie eine eigene Wohnung in der Rue Duphot. Ihre Schwester Régine, die sie auf keinen Fall der Gleichgültigkeit Youles überlassen wollte, nahm sie mit.

Im März 1863, drei Wochen nachdem sie mit der Comédie Française gebrochen hatte, wurde Sarah für kleine Rollen und als zweite Besetzung der weiblichen Hauptrollen am Gymnase engagiert, dem modischsten Theater von Paris. Das Engagement war zwar eindeutig ein Schritt abwärts, hatte aber seine Vorteile. Das verfrühte Debüt an Frankreichs Nationaltheater hatte Sarah in eine falsche Rolle gedrängt. Jetzt stand sie nicht mehr im Rampenlicht. Sie konnte ihre wenigen Zeilen ohne Angst aufsagen, und ihr Talent konnte sich in aller Ruhe entfalten. Sarah sah jeden Abend zu, wie die Laternenanzünder im Theater ihre abendliche Runde machten. Nacheinander erstrahlten die Bühne, das Foyer, die Gänge und die Umkleideräume in bernsteinfarbenem Licht. Der prunkvolle Kronleuchter wurde hinuntergelassen, die Gasdüsen noch auf halber Flamme, und Reihe für Reihe erstrahlten die Sessel, umgeben vom goldverzierten Halbrund der Logen, im Licht. Putzfrauen schlurften herein, unhörbar vor sich hin murmelnd, deckten die Sessel ab und betätigten ihre Staubwedel. Behelmte, schmucke Feuerwehrmänner nahmen soldatisch ihre Positionen ein. Ihr Anführer hielt beim Rampenlicht Wache, jener Reihe von Flammen, die so oft Ursache tragischer Feuersbrünste war. Hoch oben hingen für den Notfall riesige Wasserbottiche. Die Vorbereitungen gingen weiter, die Bühnentechniker lärmten und brüllten

Befehle, machten die Obermaschine klar und zerrten an Gewichten und Flaschenzügen wie Matrosen beim Auftakeln eines Schiffes. Die Claqueure nahmen unter dem Kronleuchter Platz, um von dort den Schauspielern zuzujubeln, die ihre Begeisterung gekauft hatten. Das Orchester stimmte. Der Inspizient überprüfte die Requisiten. Eine Glocke bimmelte. Stille trat ein. Alles eilte hinter die Kulissen, während das Orchester die letzten Töne der Ouvertüre spielte. Der Vorhang öffnete sich, und plötzlich sahen die Schauspieler sich dem Publikum gegenüber, und das abendliche Vergnügen konnte beginnen.

In der Theatersaison 1863/64 spielte Sarah mehrere Rollen. Einige spielte sie hervorragend, andere mittelmäßig. Die Stücke, in denen sie auftrat, waren – abgesehen von den besonderen Vorlieben und Konventionen der Zeit – in etwa die gleichen wie heute. Damals wie heute konzentrierte sich das Interesse auf die dramatische oder komische Darstellung von Liebesaffären, Untreue, Eifersucht, häuslichen Problemen, Intrigen und Verbrechen.

Sarah hatte sich von den ihrer Meinung nach starren Maßstäben der Comédie Française erdrückt gefühlt. Jetzt fühlte sie sich mit ihrem widerspenstigen Idealismus der Frivolität des Gymnase weit überlegen. Die zukünftige Königin der Tragödie wollte brodeln, nicht simmern. Aber sie simmerte, wenn sie Liedchen trällerte wie: *Un baiser? O non! non!* (Ein Kuß? Ach nein! nein!)

Im April 1864 trat Sarah mit *Un mari qui lance sa femme* (Ein Mann bringt seine Frau ins Geschäft), einer Komödie von Labiche und Deslandes, zum letzten Mal im Gymnase auf. Der Mann mochte seine Frau im Stück noch so sehr ins Geschäft bringen, das Stück brachte Sarah keineswegs ins Geschäft.

»Ich hatte weder Erfolg noch Mißerfolg«, schreibt sie, »denn ich war überhaupt nicht aufgefallen. Meine Mutter sagte am Abend zu mir: ›Mein armes Kind, du warst so lächerlich als dumme russische Prinzessin. Du hast mir großen Kummer gemacht.‹ Ich sagte darauf kein Wort, aber ich hätte mich am liebsten umgebracht.«

Nicht nur Youles Kritik trieb Sarah zu Selbstmordgedanken. Sie war schwanger, und weit und breit war kein Ehemann oder Geliebter in Sicht. Ihre Situation war schwierig.

An diesem Punkt geht in *Mein doppeltes Leben* Sarahs Phantasie mit ihr durch. Die folgende Geschichte mag teilweise wahr sein, aber es ist ebensogut möglich, daß das meiste davon pure Erfindung ist.

»Ich schlief schlecht in dieser Nacht und schlich gegen sechs Uhr morgens zu Madame Guérard hinauf. Ich bat sie um Laudanum, das sie mir aber verweigerte. Als ich weiter auf meinem Wunsch beharrte, verstand die gute Frau, was ich vorhatte. ›Gut‹, sagte ich, ›ich werde mich nicht umbringen, wenn Sie mir beim Leben Ihrer Kinder schwören, daß Sie niemand verraten, was ich tun will.‹«

Sarah Bernhardt schreibt weiter, statt sich umzubringen, sei sie noch am selben Morgen in Begleitung eines Dienstmädchens nach Spanien abgereist. Sie bat Madame Guérard, zwei Briefe weiterzuleiten, »einen zärtlichen Brief an meine Mutter, in dem ich um Verzeihung bat« und »einen törichten Brief an den Direktor des Gymnase, der nichts erklärte«. Der zweite Brief schloß mit den Worten: »Haben Sie Erbarmen mit einer armen kleinen Verrückten.«

Dann beschreibt Sarah burleske Abenteuer in Marseille und Madrid. Sie beschließt, für immer in Spanien zu bleiben, aber ein Telegramm mit der Mitteilung, daß Youle schwer krank sei, macht diese Pläne zunichte. Bei ihrer Rückkehr nach Paris kommt es zu einer sentimentalen Versöhnung mit der Mutter. Man beschließt, daß Sarah mit Régine in die nahegelegene Rue Duphot ziehen und Jeanne bei Youle wohnen bleiben soll. Das einzige Ereignis, das Sarah stillschweigend übergeht, ist die Tatsache, daß sie mit einem kleinen Sohn nach Paris zurückkehrte. Der Vater des Kindes taucht in den Memoiren nicht auf, den Sohn Maurice erwähnt Sarah erst, als er vier Jahre alt ist. Mit neunzehn hoffte Sarah noch auf Erlösung aus der Anonymität, aber als sie ihre Memoiren schrieb, kämpfte sie darum, sich wenigstens einen Rest von Privatleben zu bewahren.

Schauspielerei, Täuschung und Hochstapelei sind eng verwandte Tätigkeiten (das griechische Wort für Schauspieler bedeutet zugleich Heuchler). Sarah war in allen drei Bereichen begabt. Sie erzählt viele widersprüchliche Geschichten über die Romanze, die angeblich zur Geburt ihres Sohnes führte. In guter Stimmung sagte sie gern, sie könne nicht entscheiden, ob Gambetta, Victor Hugo, General Boulanger oder der Herzog von Clarence Maurice' Vater sei – eine erstaunliche Auswahl, denn zur fraglichen Zeit kannte sie keinen dieser Männer.

Wie alle Schauspieler lebte Sarah in ständiger Angst davor, sie könnte ihr Publikum langweilen, auch wenn das Publikum nur aus einer Person bestand. Als ihre Enkelin Lysiane Bernhardt sie um »Informationen aus erster Hand« für eine offizielle Biographie bat, gab Sarah ihr die, wie sie behauptete, wahre Geschichte ihres Lebens zu Protokoll. Als jedoch Lysianes Mann, der Dramatiker Louis Verneuil, seinerseits eine »offizielle« Biographie schrieb, erzählte sie ihm ohne Zögern eine ganz andere »wahre Geschichte«. Offensichtlich wollte sie die traurige Wahrheit vor Maurice und seinen Kindern und vor sich selbst verbergen.* Hier ist der Bericht, den Sarah für ihren Schwiegersohn auswählte.

Als Sarah am Gymnase spielte, erhielt die Truppe die Einladung, vor Napoleon III. und seinem Hof aufzutreten. Die Galavorstellung in den Tuilerien war ein Wink des Schicksals, und Sarah war entschlossen, sich selbst zu übertreffen. Als sie an der Reihe war, knickste sie wie eine Hofdame und kündigte an, sie werde ein Gedicht von Victor Hugo vortragen. Damit trat sie freilich ins Fettnäpfchen. Der Kaiser hatte den republikanischen Dichter über zehn Jahre zuvor verbannt, und hier stand diese kleine Schauspielerin, die keiner kannte, und rezitierte in seinem Palast revolutionäre Verse, von denen er überhaupt nichts hören wollte.

> Eisiges Schweigen legte sich über den Raum. Sarah glaubte, sie habe für das kaiserliche Publikum ein zu dü-

---

* Verneuil war ein sehr erfolgreicher und beliebter Dramatiker. Seine Verehrung für Sarah war geradezu obsessiv. Er und Sarahs Enkelin Lysiane heirateten zwei Jahre vor Sarahs Tod (im Jahr 1923) und ließen sich wenig später scheiden.

steres Gedicht ausgewählt, und begann ein fröhlicheres Werk des exilierten Dichters. Daraufhin erhob sich der Kaiser, reichte der Kaiserin feierlich den Arm und bahnte sich mißbilligend den Weg zu einem angrenzenden Salon. Die entrüsteten Gäste folgten ihm.

Zuletzt stand Sarah allein auf der Bühne, vor sich die leeren Stuhlreihen. Sie blieb nicht lange allein. Der Direktor des Gymnase sprang fluchend auf das Podium und drohte, sie zu schlagen. Da bellte eine Stimme im Befehlston: »Lassen Sie das Kind in Ruhe!« Der zur Hilfe geeilte fahrende Ritter war blond, hübsch und von vornehmer Abstammung: Es war der belgische Fürst Charles Henri de Ligne.

Verneuils Bericht hat ein romantisches Ende, an dessen Wahrheit freilich Zweifel angebracht sind.

Sarah war von romantischer Liebe und edlen und außergewöhnlichen Taten stets tief bewegt. Sie entflammte sofort für den Kavalier, der sie, die unbekannte, unbedeutende Schauspielerin, so energisch verteidigt hatte. Auch der Prinz fühlte sich gleich bei ihrer ersten Begegnung sichtlich von der seltenen Schönheit und dem pulsierenden Temperament der Schauspielerin angezogen.

Am Ende des Abends begleitete er sie zum Haus ihrer Mutter. Sie trafen sich am nächsten Tag, am übernächsten Tag – jeden Tag und jede Nacht bis zum Sommer. Diese große Liebe wuchs bald zu einer wahren Leidenschaft. Selten waren zwei junge Herzen einander so aufrichtig und auf so bewegende Weise zugetan.

Lysianes Bericht über die Begegnung der beiden kommt der Wahrheit vielleicht näher. Sie zitiert immerhin einen Brief Sarahs an Dumas, den sie angeblich besaß.

Bei der Generalprobe für *Ein Mann bringt seine Frau ins Geschäft* sah Sarah, wie ihre Mutter, die mit Dumas in einer Loge saß, mißbilligend den Kopf schüttelte. Später am Abend besuchte Dumas Sarah. Er wußte, daß etwas nicht stimmte. Er bewunderte Kämpfernaturen wie Sarah, aber eingebildete Feinde zu bekämpfen war neurotisch. Er haßte Neurosen, diese Krankheit der reichen, faulen, geschmacklosen Leute, die damit wie mit ihren funkelnden neuen Brillanten gerne Eindruck schinden. Ja, er hatte Sarah ermutigt, Schauspielerin zu werden. Vielleicht war das richtig, vielleicht war es falsch gewesen. Aber eins war sicher: Sarah war auf dem falschen Weg. Sie brauchte Ruhe, einen Ortswechsel, Zeit, um zu verstehen, daß sie selbst ihre schlimmste Feindin war. Mit einem Wort, sie mußte raus aus Paris. Sarah protestierte, sie könne weder das Stück noch ihre Mutter einfach verlassen. Dumas versprach, sich um alldas zu kümmern. Er wollte an Monsieur Jean Bruce, einen belgischen Freund, schreiben, der sich ihrer annehmen würde. Ein paar Tage später war Sarah in Brüssel, auf dem Weg zu einem Maskenball.

Sarah erzählte Lysiane, sie werde jene längst vergangene Juninacht nie vergessen:

Ihr *carnet de bal* war schnell mit adligen Namen gefüllt. Am denkwürdigsten war der Flirt mit einem maskierten Fremden. Er war als Hamlet verkleidet, sie als Elisabeth von England. Sie spürte den Druck seiner behandschuhten Hand auf ihrem Rücken, als er sie durch das Gewühl Walzer tanzender Paare steuerte und durch die offenen Türen hinaus auf den Balkon.

Er: Madame – oder Mademoiselle? Würden Sie Ihre Maske abnehmen?
Sie: Warum, Monsieur?
Er: Mir zum Gefallen.
Sie: Und warum sollte ich Ihnen zu Gefallen sein?
(Hamlet nimmt Elisabeth in die Arme und will sie küssen. Sie gibt ihm eine Ohrfeige.)
Sie: Ich bitte Sie, Monsieur Hamlet, nehmen Sie sich keine Freiheiten bei mir heraus! Ich bin nicht Ophelia.
(Hamlet sieht sich im Spiegel, wie er mit Königin Elisabeth streitet. Er bricht in schallendes Gelächter aus.)
Er: Der Prinz von Dänemark bittet untertänigst um die

Vergebung der Königin. (Und auf englisch) Verzeihen oder nicht verzeihen?
Sie: (auf englisch, lächelnd) Verzeihen!

Am Ende des Abends schenkte der Prinz Sarah eine Rose. Um den Stiel war eine Notiz gewickelt: »Diese Blume, Mademoiselle Bernhardt, ist wie Sie gespickt mit grausamen Dornen. Da ich zwar Ihren Namen erfahren habe, aber Ihr Gesicht nicht kenne, tragen Sie morgen diese Rose auf der Promenade, und ich werde Sie finden. Soviel schulden Sie Ihrem melancholischen Prinzen von Dänemark.«

Am nächsten Morgen mietete Sarah eine offene Kutsche, steckte die Rose an ihr Spitzentuch und reihte sich in die lange Reihe von Kutschen ein, die auf der eleganten Avenue Louise auf und ab fuhren. Mit ihrem bauschigen gelben Kleid und dem hübschen Pariser Hut sah sie aus wie eine Dame von Welt.

Bald ritt ein gutaussehender junger Kavalier an ihre Kutsche heran. »Madame Elisabeth«, sagte er und zog mit elegantem Schwung seinen Zylinder. »Monsieur Hamlet«, flüsterte Sarah errötend.

Und so begann die große Liebesaffäre. Ein Brief von Monsieur Bruce scheint die letzte Version zu bestätigen:

Monsieur Bruce an Alexandre Dumas

Brüssel, im Juni 1863

Mein lieber Dumas, Ihre junge Freundin Mademoiselle Sarah Bernhardt hat Brüssel eingenommen. Auf unserem Ball eroberte sie das Herz des Prinzen de L. ... Die beiden scheinen sich des öfteren zu treffen. Sind Sie mir böse, daß ich dem Mädchen so viel Ablenkung von ihrem Kummer geboten habe, oder beglückwünschen Sie mich dazu, einer Schauspielerin die Möglichkeit gegeben zu haben, sich zu befreien? ...

P.S. Ich kehre gerade von ihrem Hotel zurück. Sarah wurde dort seit einer Woche nicht mehr gesehen. Sie soll mit Freunden auf Reisen sein. Ich befürchte, daß diese »Freunde« in Wirklichkeit ein einziger Mann sind und daß sie nicht weiter als bis zur Avenue de la Toison d'Or gereist sind. Das passiert eben, wenn man eine Libelle und einen Schmetterling zusammen fliegen läßt.

Nie um eine Geschichte verlegen, lieferte Sarah nicht nur diese zwei Versionen ihrer Liaison, sondern auch zwei verschiedene Versionen über deren Ende. Beide kommen der Entsagung der Marguerite in der *Kameliendame* gefährlich nahe. Selbst Sarahs romantische Phantasie konnte nicht die traurige Tatsache verdecken, daß der Prinz weniger nobel war, als sie gehofft hatte. Weder erkannte er das Kind als seinen Sohn an, noch bot er an, Unterhalt für ihn zu zahlen. Erst als aus *la petite Sarah* die *grande Sarah* geworden war, versuchte er, Versäumtes wiedergutzumachen. Aber Sarah verzieh ihm niemals – und vergaß ihn niemals. Noch Jahre später schrieb sie in Briefen an andere Liebhaber von ihrer tiefen Liebe für Ligne, von ihren »enttäuschten Hoffnungen, machtlosen Tränen, Verzweiflung, die in Selbstmordgedanken mündete«.

Marie Colombier bestätigt in *Sarah Barnum,* daß Sarah unglücklich war. Sie schätzte wie ihre »beste Freundin« das gute Aussehen des Fürsten de Ligne und seine vornehme Art mit dem Monokel. Sie erinnert sich, daß Sarah »in Tränen aufgelöst zu dem Verursacher ihres Unglücks« gerannt sei. Der Prinz gab gerade ein Fest, und Sarah war nicht eingeladen. Beim Anblick ihrer Tränen erstarrte er. Seine *petite amie* war dabei, ihm den Abend zu ruinieren. Aber nichts konnte die weltmännische Haltung, die er zusammen mit Titel und Reichtum geerbt hatte, erschüttern. Bei dem Wort »Verführung« lächelte er taktvoll. Doch sein Lächeln verwandelte sich in Unglauben, als Sarah sagte, sie sei von ihm schwanger.

»Mein liebes Mädchen«, sagte er, »die Schauspielerin Augustine Brohan hat dazu eine sehr scharfsinnige Bemerkung gemacht: Wer auf einem Dornenkranz sitzt, kann nicht wissen, welche Dorne ihn gestochen hat.« Dann erklärte er, er könne seine Gäste nicht länger allein lassen, küßte ihr die Hand und geleitete sie hinaus.

Ligne versagte Sarah Geld und Liebe, aber er machte ihr ein unendlich viel wertvolleres Geschenk: ein Kind, dem sie sich mit einer Hingabe widmen sollte, die ihr selbst bis dahin fremd gewesen war. Sarah war freilich eine unruhige Mutter. Sie war gerade zwanzig, als ihr Sohn Maurice zur Welt kam. Die Zärtlichkeit, die sie für ihn empfand, die Sorge über jeden seiner Schluchzer und jede Träne konnten die Bedürfnisse einer Frau ihrer gewaltigen Energie nicht befriedigen. Da sie keine Angebote für Theaterengagements erhielt, dauerte es nicht lange, bis sie sich anderen Dingen zuwandte.

»Ich wußte, daß ich sehr wenig Talent hatte, aber ich war entschlossen, es mit allem einmal zu versuchen«, schreibt sie. Dazu gehörte auch ein leidenschaftliches Interesse für Malerei und Bildhauerei, ein Interesse, das vielleicht im Atelier des großen Fotografen Félix Nadar erwachte. Dort lag die Kunst geradezu in der Luft. Alle saßen Nadar Modell: Verdi, Berlioz und Rossini, Baudelaire, George Sand und Flaubert, Delacroix und Courbet, die Brüder Goncourt, der russische Anarchist Michail Bakunin und die sterbende Rachel.

Während diese Menschen berühmt waren, als Nadar sie fotografierte, saß Sarah ihm Modell, als sie praktisch noch unbekannt war. »Junge Frau an der Schwelle des Lebens«, so könnten seine drei Studien von ihr heißen. Nadars Bilder zeigen das Gespür des meisterhaften Porträtisten. Sarah hat ihn offensichtlich gerührt, wie sie später ihr Publikum rühren sollte. Die drei Fotografien – die ersten von Hunderten, die Félix Nadar und sein Sohn Paul von Sarah über die Jahre machen sollten – strahlen das aus, was Schauspieler »Präsenz« nennen. In tizianroten Samt gehüllt, spielt Sarah verschiedene Charaktere. Auf dem einen Bild ist sie die jungfräuliche Träumerin voll Leidenschaft und Melancholie. Auf dem anderen blinzelt sie verführerisch in die Kamera, eine Sibylle, sinnlich und lüstern. Auf dem dritten, einem Dreiviertelprofil mit zerzaustem Haar, ist sie der rücksichtslose Ehrgeiz in Person.

Regelmäßig bei Nadar zu verkehren war allein schon ein Bildungserlebnis. Alles war extravagant, laut und neu. Die Gespräche waren neu, die Bilder waren neu, die Fotografie war neu. Nadars Atelier war neu, der Boulevard des Capucines, an dem es lag, war neu, selbst Nadars Name – er hieß eigentlich Tournachon – war neu.

Nadar war ein Riese von einem Mann und eine Erscheinung in Rot: Haare, Schnurrbart, die fließenden Gewänder, in denen er arbeitete, die Wände seines Ateliers und die Fassade des Gebäudes, in dem er wohnte, leuchteten in seiner Lieblingsfarbe.

Nadars Atelier war ein Treffpunkt der Pariser Künstlergemeinde. Dort verkehrten Dumas und Offenbach, Sardou und Doré. Während Nadar ein Bild nach dem anderen machte, übten sich seine Freunde in einer Ecke des riesigen Ateliers im Fechten. Andere tranken, klatschten, diskutierten über Kunst und Politik oder besprachen ihre Liebesaffären und die Ballonflüge ihres Gastgebers.

Wahrscheinlich war es in dieser lockeren Atmosphäre, daß Sarah nackt hinter einem Fächer Modell stand. Wie verlockend war dieser schlanke und doch üppige Körper mit den kleinen, hohen Brüsten und der zierlichen Taille, die mit sanftem Schwung in die schmalen Hüften überging! Trotz ihrer Größe – sie war knapp 1,60 m groß – denkt man angesichts ihrer schmalen Figur und der kurzen Haare eher an ein Mädchen unseres Jahrhunderts als an eine Schönheit des Zweiten Kaiserreichs. Sarahs Bereitschaft, sich nackt fotografieren zu lassen, deutet wohl nicht nur darauf hin, daß sie sich gern zur Schau stellte, sondern auch, daß sie dringend Geld brauchte und sich nicht zu schade war, dafür ihren Körper auszustellen. Ihre Karriere stagnierte. Zwischen April 1864 und August 1866 trat Sarah nur in einem Stück auf, in einem Märchendrama namens *La biche aux bois* (Die Hirschkuh im Walde) im Théâtre Porte-Saint-Martin.

Der Dichter Robert de Montesquiou – eines der Vorbilder für Prousts Baron Charlus – erinnert sich an den Anblick seiner späteren Freundin, wie sie »schlafend auf einem dieser Streifen von Gras lag, das von der primitiven Maschinerie jener Tage hin- und hergeblasen wurde. Ihr rötliches Haar war leicht gewellt, sie war von graziler Anmut und hatte das Profil eines Engels. Inmitten des fröhlichen Glanzes dieses Spektakels sah sie manchmal ganz traurig drein. In diesen Augenblicken rührte sie mich am meisten.«

Auch wenn das kurze Engagement in diesem populären Drama Sarah nicht weiterbrachte, genoß sie die Arbeit doch sehr. Wie die meisten ernsten Schauspieler schätzte sie die unschuldige Derbheit und Verschlagenheit der Schauspieler des Variété. Als sie ihre Memoiren verfaßte, waren die meisten der damals beliebten Stars schon vergessen. In Nostalgie schwelgend, schrieb Sarah liebevoll über Madame Ugalde, mit der sie Duette einstudierte: »Ich sollte tatsächlich mit einer ausgebildeten Sängerin singen, der ersten Sängerin der Opéra comique. Sie machte mir immer wieder Mut und fand meine Stimme hübsch, obwohl ich immer falsch sang.« Besonders warmherzig lobte Sarah Mariquita, die beliebteste Tänzerin jener Zeit: »Wie reizend sie doch war, die entzückende Mariquita mit ihren lebhaften Tänzen und ihrer noblen Art.«

Der Auftritt in *La biche aux bois* war amüsant und sogar lehrreich, aber ihre Rechnungen konnte Sarah damit nicht einmal annähernd bezahlen. Sarah konnte mit Geld nicht umgehen, deshalb ignorierte sie die Rechnungen einfach. Geiz war unter ihrer Würde, und Schulden waren nur das Sprungbrett zu weiteren Extravaganzen. Ihre Kleidung – abgelegte Kleider von Rosine kamen schon lange nicht mehr in Frage – verschlang Unsummen. Maurice wurde verwöhnt wie der kleine Prinz, der er hätte werden können, ob der Vater nun zahlte oder nicht. Amme, Dienstmädchen und Köchin wollten regelmäßig ihren Lohn, so lästig das war. Sarah blieb keine andere Wahl, als das Spiel ihrer Mutter zu spielen. Mit einem Auge hielt Sarah also nach möglichen Engagements Ausschau, gleichzeitig wurde sie immer abhängiger von ihren Liebhabern. Es bereitete ihr freilich meist großen Spaß, in ihrem in weißem Satin gehaltenen Salon Adlige, Botschafter, Bankleute und – Sarah hatte ihre Lektion gelernt – Theaterkritiker zu empfangen.

»Es ist seltsam«, vertraute sie Marie Colombier an, »wie gut diese Menschen miteinander auskommen. Sie streiten sich nie, und jeder scheint jeden zu bewundern. Manchmal denke ich, wenn ich verschwinden würde, würde sich diese bunte Gesellschaft weiterhin mit größtem Vergnügen in meiner Wohnung versammeln.«

Sarah unterschätzte sich. Sie war eine Schönheit, ein Original, und alle in ihrer Nähe waren von ihrem Temperament elektrisiert und über ihre Unberechenbarkeit entzückt. Ihre Verehrer amüsierten sich köstlich, wenn Sarah sich vor ihren Gläubigern in dem Haus, das sie in Auteuil gemietet hatte, verstecken mußte. Sie machten in ihren Betten Platz, wenn es nach einem vergnüglichen Abend so spät geworden war, daß Sarah nicht mehr in ihr Versteck auf dem Land zurückkehren konnte. Als das Personal mit ihren Möbeln durchbrannte, weil sie keinen Lohn mehr gezahlt hatte, ersetzten ihre Liebhaber Tische und Stühle, Leinen und Silber. Ein großzügiger und offensichtlich auch vernünftiger Kavalier beschaffte ihr sogar ein schönes neues Bidet.

Die Kokotte Sarah war erfolgreicher als die Schauspielerin Sarah bei der Comédie Française. Mit zwanzig hatte sie ihre Begabung noch nicht voll ausspielen können. Vielleicht hatte sie auch nicht daran geglaubt. Ihre Mißerfolge im Theater und Youles Geringschätzung hatten ihr Selbstvertrauen eher geschwächt. Jetzt, in ihren eigenen vier Wänden und inmitten einer bunten Gesellschaft, die ihr lächelnd den Rücken stärkte, wandelte sie sich verblüffend schnell vom jungen Mädchen zur reifen Frau. Daß ihr keine Bühne zur Verfügung stand, hielt die geborene Schauspielerin nicht vom Spielen ab. Sie benötigte auch wirklich ein gewisses schauspielerisches Geschick, um Leidenschaft heucheln und das Geld ihrer Liebhaber mit souveräner Nonchalance einstecken zu können. Darüber lernte sie sich bei solchen Gelegenheiten selbst kennen. Selbstverliebt inszenierte sie Auf- und Abtritte, Lachen, Tränen und geschmeidige Gesten, bis sie sich selbst so unwiderstehlich fand wie ihre Verehrer.

Fünfzehn Jahre später erinnerte sich der englische Kritiker Tom Taylor an die Früchte der Disziplin, die sie sich während ihrer Jahre als Kokotte auferlegt hatte: »der werbende Wohlklang ihrer süßen, silberhellen Stimme, die gewinnenden Liebkosungen ihrer geschmeidigen Arme und ihres schlanken Körpers, das ganze Vokabular einer sich aufopfernden liebenden Frau ...«

So etwas lernt man weder auf der Schauspielschule noch im privaten Studierzimmer. Der Schauspieler hat die Aufgabe, die Wirklichkeit zu erhöhen und die Vielfalt menschlicher Erfahrungen darzustellen. Und so trugen die frivolen, leichtlebigen Jahre als Kokotte ganz sicher unbewußt zu Sarahs faszinierender Bühnenpräsenz bei und bereicherten ihre Kunst.

Sarah hätte wie Henry James' Miriam Rooth über die »gemeine, böse Welt« sagen können: »Laß sie zahlen, ohne Gnade, schlag sie, bis sie dumm ist, wring sie aus. Dafür ist sie da – um die Kunst zu bezahlen.« Wie Miriam verlor Sarah ihr Ziel nie aus den Augen. James hatte sicher die Bernhardt vor Augen, als er *The Tragic Muse* schrieb.

Sarah hatte schon über zwei Jahre lang »frei« gearbeitet, als sie 1866 an Camille Doucet schrieb und um ein Gespräch bat. Er hatte ihr geholfen, an die Comédie Française zu kommen, vielleicht würde er ihr noch einmal helfen. Doucet ließ sie am nächsten Tag zu sich bitten. Zuerst hielt er ihr eine schonungslose Strafpredigt und verurteilte scharf ihr unberechenbares Temperament, ihre indiskrete Lebensweise und ihr unhöfliches Benehmen. Dann bot er ihr an, sie dem stellvertretenden Direktor des Théâtre de l'Odéon, Félix Duquesnel, zu empfehlen. Das Théâtre de l'Odéon war das zweite Nationaltheater Frankreichs. Allerdings, schränkte Doucet ein, müsse sie ihm versprechen, sich anständig zu benehmen. Sarah versprach es und weinte, aber insgeheim lachte sie. Sie wußte, daß ihre kluge Tante Rosine Doucet Ende der Woche zum Essen eingeladen hatte. Er würde sicher lieber mit guten als mit schlechten Nachrichten am Tisch der Familie Platz nehmen.

Duquesnel, einer der besten Theaterdirektoren von Paris, vergaß seine erste Begegnung mit Sarah nie. Er hatte ihr geschrieben, aber noch keine Antwort erhalten.

7. Eine Dreiviertelstudie, ebenfalls in Nadars Atelier

8. Der belgische Fürst de Ligne, Sarahs erste große Liebe und Vater ihres einzigen Kindes Maurice

9. Sarah im Alter von achtundzwanzig mit dem achtjährigen Maurice

10. Sarah im Alter von fünfunddreißig mit dem fünzehnjährigen Maurice

11. Maurice als erwachsener Mann.

12. (stehend von links nach rechts) Saryta, Jacques und Sarah; (sitzend) Terka und Maurice

13. Sarah zu Pferd

14. Sarah beim Schießen in Brasilien

15. Beim Unkrautjäten

16. Beim Tennisspielen in Belle-Ile-en-mer. Links Maurice, am Netz Sarah

17. Beim Picknick in Belle-Ile-en-mer

18. Am Klavier

19. Beim Bildhauern

20. Beim Malen

21. Im Studio ihres letzten Hauses am Boulevard Péreire. Rechts Terka, die Frau von Maurice. Vom Kronleuchter teilweise verdeckt das berühmteste Porträt der Bernhardt von Clairin

22. Nachdenklich

23. Sie sitzt Modell

24. Sie plaudert

25. Sie führt Pelzmoden vor

26. Sie lauscht ihrer Stimme

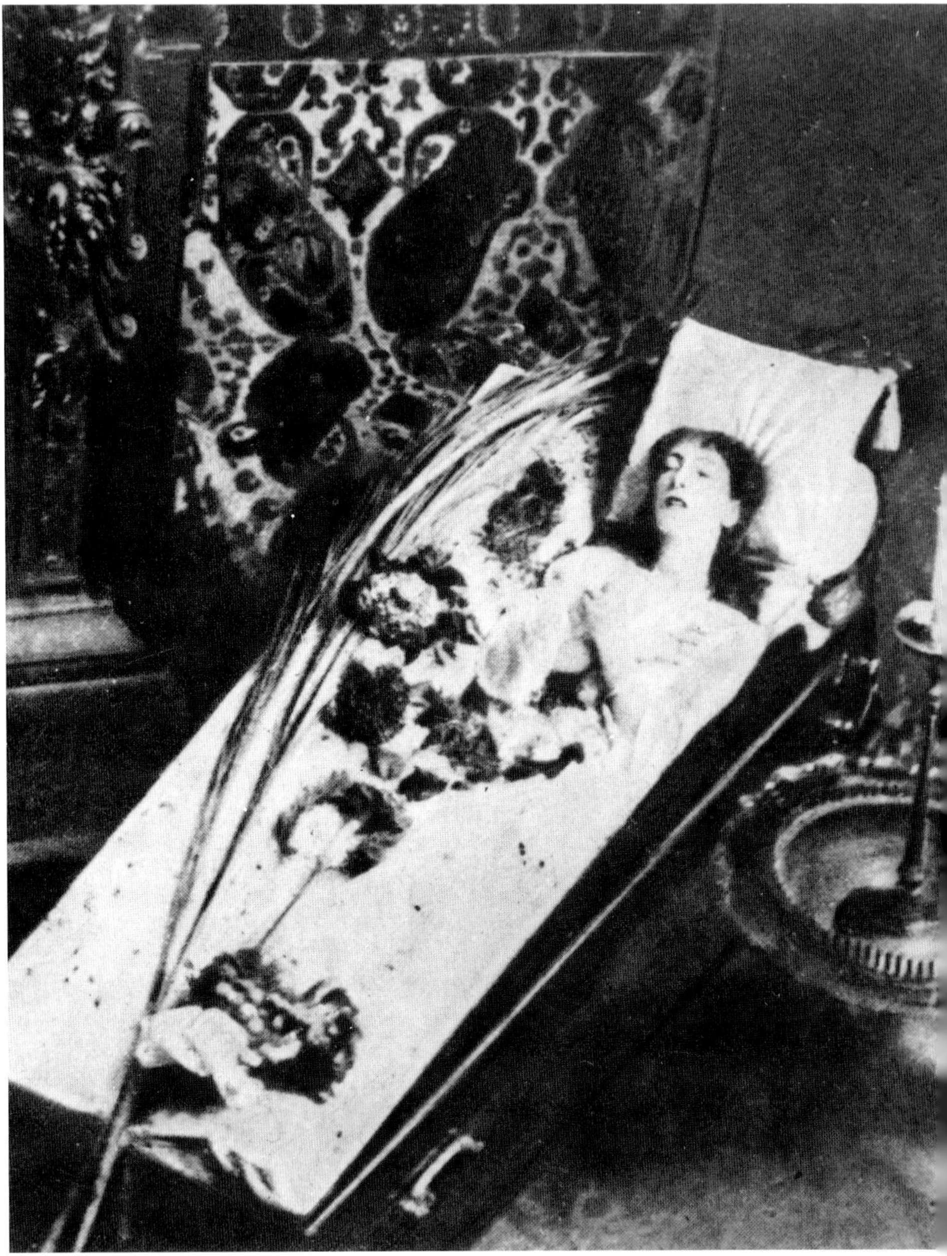

27. In ihrer Wohnung. Sie spielt die Tote.
Fotos von der im Sarg schlafenden Sarah waren sehr verbreitet und trugen zu ihrem zweifelhaften Ruhm bei.

Dann kam eines Tages mein Dienstmädchen ganz aufgelöst in mein Zimmer und sagte: »Monsieur, Monsieur, da ist eine chinesische Dame, die Sie unbedingt sprechen will!« Das machte mich neugierig, da ich mir keiner Verbindungen zum Reich der Mitte bewußt war. So bedeutete ich ihr, die »chinesische Dame« hereinzuführen. Dann erschien die Verkörperung aller meiner Träume vor mir: Sarah Bernhardt im faszinierenden, unbeschreiblichen Glanz ihrer Jugend. Sie war nicht einfach hübsch, es war etwas viel Gefährlicheres! ... Sie trug eine pastellfarbene, perlenbestickte Bluse aus chinesischer Seide. Arme und Schultern waren nur dürftig verschleiert, am Gürtel hing ein Fächer aus Federn, und auf dem Kopf trug sie einen leichten Strohhut mit kleinen Glöckchen, die bei jeder kleinsten Bewegung klingelten.

Unsere Unterredung dauerte nicht lange, wir verstanden uns auf Anhieb. Ich spürte, daß vor mir ein unendlich begabtes Geschöpf von seltener Klugheit und unendlicher Willenskraft saß. Ihr ganzes Wesen strahlte künstlerische Meisterschaft aus. Man mußte sie nur auf den richtigen Weg bringen, vor ein Publikum stellen. Was kann ich über ihre Stimme sagen? Sie war rein wie ein Brillant, sie drang direkt ins Herz wie Engelsmusik. Ich lag ihr mit Leib und Seele zu Füßen ...

Auch Sarah war begeistert. Sie hatte nicht erwartet, daß der Direktor des Theaters ein so junger, eleganter, charmanter und fröhlicher Mensch war. Am Schluß der Unterredung bat Duquesnel sie, am gleichen Tag um zwei Uhr nachmittags wiederzukommen, damit er sie Charles de Chilly, seinem Vorgesetzten, vorstellen könne. Sarah fürchtete sich vor dieser Begegnung. Sie hatte de Chilly schon einmal vorgesprochen, und er hatte weder ihr Aussehen noch ihre Stimme leiden können und auch an ihrem Ruf Anstoß genommen. Trotzdem erschien sie, die immer zu spät kam, auf die Minute pünktlich. Doch man ließ sie mehr als eine Stunde warten. Wie die meisten unpünktlichen Menschen fand Sarah es unverzeihlich und rücksichtslos, wenn andere sie warten ließen.

»Ich begann mit den Zähnen zu knirschen«, erinnert sie

sich, »nur die Erinnerung an das Versprechen, daß ich Doucet gegeben hatte, hielt mich davon ab, wieder zu gehen.« Endlich erschien Duquesnel. »Jetzt«, sagte er mit verschwörerischem Grinsen, »lernen Sie gleich den anderen Menschenfresser kennen.« Fünf Minuten später stürmte de Chilly, ein launischer ehemaliger Schauspieler, ins Zimmer, musterte Sarah eingehend von Kopf bis Fuß und legte ihr wortlos einen Vertrag vor. Dann zeigte er anklagend mit dem Finger auf Duquesnel und bellte: »Sie wissen, daß er für Ihr Engagement verantwortlich ist.* Wenn es nach mir ginge, hätte ich Ihnen niemals einen Vertrag gegeben.« Nie um eine Antwort verlegen, gab Sarah zurück: »Monsieur de Chilly, wenn ich es nur mit Ihnen zu tun hätte, würde ich ihn auch nicht unterschreiben.« Sie hatte gute Gründe, wütend zu sein. Der Vertrag war auf einen Monat ausgestellt und sollte nur verlängert werden, wenn sie zufriedenstellend arbeitete. Aber Sarah schluckte ihren Stolz hinunter und unterschrieb das demütigende Papier. Wenigstens konnte sie wieder am Theater arbeiten.

Am 15. August 1866, am Geburtstag des Kaisers, gab das Odéon einen Galaabend. Sarah spielte die Aricie aus *Phèdre* und die Silvia in Marivaux' entzückendem Stück *Le jeu de l'amour et du hazard* (Das Spiel von der Liebe und vom Zufall). Ihre Aricie kam gut an, aber der Rokokoautor Marivaux lag ihr überhaupt nicht. Außerdem stand ihr das mit roten und weißen Bändern und Schleifen verzierte weiße Seidenkostüm nicht. De Chilly konnte es kaum erwarten, sich bei Sarahs Bewunderer Duquesnel zu beschweren. Die sogenannte Schauspielerin, die er empfohlen habe, sei grauenhaft. Ihre Aussprache sei schlecht, ihre Stimme miserabel. Und was das Kleid in den Farben der Trikolore angehe, sehe sie darin aus, als werde sie jeden Moment anfangen, die Marseillaise zu singen! Die Vorstellungen seien auch ohne sie schlecht genug besucht. Das Mädchen müsse gehen.

Aber Duquesnel hatte Vertrauen zu Sarah. Er bot an, ei-

---

* Als zweiter Direktor durfte Duquesnel zwei Schauspieler ohne de Chillys Einwilligung engagieren, außerdem stand ihm im Fall von de Chillys Rücktritt oder Tod der Posten des ersten Direktors zu.

nen Teil ihres Lohnes aus eigener Tasche zu bezahlen, wenn de Chilly einwillige, sie zu behalten. Diese Vereinbarung sollte natürlich geheimgehalten werden. Aber am Theater gibt es nur wenige Geheimnisse – wenn es überhaupt welche gibt. Bald wußten alle Schauspieler, daß Duquesnel mit seinem Schützling schlief. Und daß er es, wie er sagte, »mit Leib und Seele« genoß.

Am 14. Januar 1867 gab Sarah ihr offizielles Debüt im Odéon als Armande in Molières *Schule der Frauen.* Kaum ein Jahrhundert war vergangen, seit Marie-Antoinette das Theater mit ihrem Besuch beehrt hatte. Zu jener Zeit hatte es Théâtre Français de l'Odéon geheißen. Aber jede neue Regierung Frankreichs, dieses schnellebigen Landes der Künstler, benannte das Theater um. Zur Zeit der Erklärung der Menschenrechte von 1778 fand man den Namen Théâtre de la Nation passender. Als der revolutionäre Eifer seinen Höhepunkt erreichte, taufte man es Théâtre de l'Egalité. Als sich unter Napoleon I. herausstellte, daß die Menschen nicht gleich waren, nannte man es Théâtre de l'Impératrice. Jedesmal, wenn eine neue Regierung an die Macht kam, tauschten die Arbeiter aufs neue die goldenen Lettern der Fassade aus. Während Napoleons Exil hieß es Théâtre Royal. Nach seiner Rückkehr für hundert Tage war es wieder das Théâtre de l'Impératrice, nach der Restauration der Monarchie war es wieder das Royal. Schließlich wurde das Theater in Théâtre de l'Odéon umbenannt, ein Name, der gut zu dem neoklassizistischen Gebäude paßt und den das Theater bis heute trägt.

Zu Sarahs Zeit war das Odéon eine Institution am linken Seineufer, ein Zentrum für Künstler, Intellektuelle und Studenten der Sorbonne, die sich als Avantgarde verstanden und antiimperialistische Gefühle hegten. Victor Hugo, der im Exil noch an Größe gewann, war ihr Gott, George Sand ihr führender Genius. Sarah schreibt:

> Ach, das Odéon! Von allen Theatern habe ich es am meisten geliebt und nur schweren Herzens verlassen. Wir mochten uns, alle waren glücklich. Es war so etwas wie die Fortsetzung der Schulzeit. Das Publikum war jung, Duquesnel war liebenswürdig, witzig und sprühte vor

Begeisterung. Ein paar von uns spielten oft Tennis in den Jardins du Luxembourg, wenn Szenen geprobt wurden, in denen wir nicht gebraucht wurden.

Ich dachte oft an meine wenigen Monate an der Comédie Française zurück und an die steifen, eifersüchtigen Klatschmäuler dort. Oder an die Zeit am Gymnase, wo ständig über Hüte, Kleider und andere Dinge geschwätzt wurde, die nichts mit der Kunst zu tun hatten. Am Odéon war ich zufrieden. Wir dachten nur an unsere Stücke. Wir probten morgens, mittags und abends. Wie ich das liebte!

Ich wohnte in einem kleinen Gartenhaus in der Villa Montmorency außerhalb von Auteuil. Ich fuhr selbst mit einem kleinen Zweispänner im Höllentempo die Quais entlang zum Theater. Meine Tante Rosine hatte mir die beiden lebhaften Ponies geschenkt. Und trotz der wunderbaren sonnigen Julitage, trotz des fröhlichen Lärms auf den Straßen, stieg ich immer voller Freude die wakkeligen Stufen zu meiner Garderobe hinauf. Ich grüßte nach allen Seiten. Dann pfefferte ich Hut und Handschuhe zur Seite, sprang auf die Bühne und war überglücklich, endlich in diesem grenzenlosen Schattenreich zu sein. Hier und da war ein Baum, ein Turm oder eine Bank von dürftigem Arbeitslicht erleuchtet. Die Schauspieler konnten sich kaum gegenseitig sehen. Für mich gab es nichts Erfrischenderes als diese Luft voller Bakterien, nichts Fröhlicheres als diese trübe Atmosphäre, nichts Helleres als diese Dunkelheit. Hier wollte ich mein Leben verbringen, denn nur hier fühlte ich mich wirklich lebendig.

Kurz nach ihrem Debüt erhielt sie einen ermutigenden Brief von Sarcey. Er schrieb von ihrem Charme, von der glänzenden Zukunft, die vor ihr liege, wenn sie bereit sei, hart zu arbeiten. Sarah war mehr als bereit. Sie brauchte nur ein nachsichtiges Lächeln der Fortuna, der kapriziösen Göttin des Theaters. In jenem Sommer erschien Fortuna in der Gestalt von George Sand. Ihr war Sarah zum erstenmal in Racines *Athalie* aufgefallen, das Duquesnel neu auf die Bühne gebracht hatte.

Sarahs Beschützer hielt Ausschau nach neuen Wegen,

die Klassiker zu spielen. Musik von Mendelssohn im Hintergrund sollte die Dramatik steigern. Schauspielschüler des Konservatoriums sollten den Text der Chöre im Sprechgesang vortragen. Die Idee war großartig, aber zum Scheitern verurteilt. Die Schauspielschüler kamen bei den Proben mit der komplizierten musikalischen Notation nicht zurecht, sie mogelten sich durch und mußten wieder entlassen werden. Schließlich löste Duquesnel das Problem anders. Sarah war musikalisch und begriff schnell. Warum nicht den Chor von einer Frau vortragen lassen? Dank des jahrelangen Klavierunterrichts, den Youle Sarah aufgezwungen hatte, schaffte sie es mit Leichtigkeit. Selbst der gefürchtete de Chilly war beeindruckt, als sie ihre Verse über Nacht auswendig gelernt hatte. Noch stärkeren Eindruck machte es ihm, daß sie für die Reinheit ihrer Aussprache und die Schlichtheit ihres Auftretens bei der Premiere Bravorufe bekam.

Dieser Erfolg verschaffte ihr eine unbedeutende Rolle in George Sands *Le Marquis de Villemer*. Dabei handelte es sich um einen Roman, den die Autorin mit beträchtlicher Unterstützung durch Alexandre Dumas den Jüngeren dramatisiert hatte. Bei der Uraufführung drei Jahre zuvor hatte das Stück Wellen des antiklerikalen Protests ausgelöst. Riesige Menschenmengen hatten sich auf der Place de l'Odéon versammelt, die Hüte geschwenkt und gerufen: »Nieder mit der Kirche! Lang lebe George Sand!« Im Theater war es im Publikum zu einer gewalttätigen Demonstration gekommen, wie sie sich die Pariser von Zeit zu Zeit leisteten. Von den eigenen Bravorufen in Erregung versetzt, zischten und schrien die Zuschauer. Sie pfiffen, trampelten mit den Füßen und bedrohten sich gegenseitig mit den Fäusten. Der Kaiser, der sechs Jahre später vom Thron gestürzt werden sollte, applaudierte ängstlich. George Sands Sohn berichtete, Flaubert habe »wie eine Frau geweint«. Im Rückblick ist der Skandal unverständlich. Der *Marquis de Villemer* scheint uns so blaß wie die Tinte, mit der das Stück geschrieben wurde. Die kirchenfeindlichen Hinweise bemerkt man kaum noch. Es sollte nicht das letzte Mal sein, daß die gesellschaftliche und politische Brisanz eines Stückes seine mäßige literarische Qualität überdeckte.

Die Wiederaufnahme von 1867 war nicht besonders ereignisreich, bedeutete aber für Sarah einen wichtigen Fortschritt. Es machte sie überglücklich, daß George Sand sie sympathisch fand. George Sand war ein Vorbild, dem man nacheifern konnte, eine mutige Frau mit starkem Selbstbewußtsein, die mit ihrer »monströsen Vitalität«, wie Henry James schrieb, die Moralvorstellungen ihrer Zeit in Frage stellte und es doch schaffte, sich in den Herzen der Franzosen einen geheiligten Platz zu sichern. Sarah schreibt:

> George Sand war ein sanftes und bezauberndes Geschöpf, und sehr schüchtern. Sie sagte kaum etwas und rauchte unaufhörlich. Mit ihren großen Augen schaute sie verträumt in die Welt. Ihr Mund, der eigentlich ein wenig grob und vulgär war, drückte große Freundlichkeit aus. Sie mochte von mittlerer Größe sein, wirkte jedoch in sich zusammengesunken. Ich blickte mit schwärmerischer Zärtlichkeit zu ihr auf. War sie nicht selbst die Heldin einer wunderschönen Liebesgeschichte gewesen?* Ich setzte mich immer ganz dicht neben sie und hielt ihre Hand, solange ich es wagte. Ihre Stimme war so entzückend, so lieblich!

Einen Monat nach ihrem Auftritt im *Marquis de Villemer* spielte Sarah die Mariette in *François le Champi*, einem weiteren Roman, den George Sand für die Bühne umgeschrieben hatte. Das war eine sehr geschickte Rollenbesetzung. Die Autorin beschreibt Mariette als »hübsche junge Frau, rosig wie die Morgendämmerung ... lebhaft wie eine Grille ... verantwortungslos, von hitzigem Temperament und empfänglich für Komplimente«. Sarah spielte die Rolle mit entsprechender Leidenschaft und viel Charme. Ihre wahre Begabung lag freilich auf anderem Gebiet.

Im selben Jahr nahm die Comédie Française Victor Hugos *Hernani* mit durchschlagendem Erfolg wieder ins Programm. Das Odéon wollte den republikanischen Dichter ebenfalls unterstützen und bat um die Erlaubnis, sein Stück

---

* Die Bernhardt bezieht sich damit natürlich auf George Sands Liaison mit Alfred de Musset.

Ruy Blas spielen zu dürfen. Die kaiserlichen Behörden lehnten ab. Duquesnel beschloß, statt dessen *Kean* zu inszenieren, Dumas' ausgezeichnetes Porträt des großen englischen Schauspielers und eines der besten Stücke des 19. Jahrhunderts. Man kann sich vorstellen, welche Befriedigung es dem alternden Autor verschafft haben muß, seinen gerade dreiundzwanzigjährigen Schützling in der Rolle der verführerischen Anna Damby an der Seite von Pierre Berton als Kean zu sehen. Es muß ihn amüsiert haben, daß der Hauptdarsteller seines Stückes Hals über Kopf in die Hauptdarstellerin verliebt war.

Wenn Hugo die Seele von Paris war, dann war Dumas das Herz der Stadt. Schon die Erwähnung seines Namens brachte die Pariser zum Lächeln. Der Autor war wie seine Stücke von überschäumendem, ansteckendem Temperament. Ohne seine Anwesenheit bei literarischen Zirkeln und großen Bällen oder hinter der Bühne, wo er das eine oder andere Stelldichein mit jungen hübschen Schauspielerinnen arrangierte, war Paris nicht Paris. Das republikanisch gesinnte Publikum der Wiederaufnahme vom Februar 1868 war freilich trotz der Zuneigung zu Dumas enttäuscht darüber, daß statt *Kean* nicht *Ruy Blas* gespielt wurde, und deshalb zum Streit aufgelegt. Als Dumas seine Loge betrat, erinnert sich Sarah, begannen die Studenten zu brüllen und im Takt mit den Füßen zu stampfen. »Wir wollen *Ruy Blas!*« riefen sie immer wieder. »Aufs äußerste gespannt, mit flatternden Nerven beobachtete ich sie durch ein Loch im Vorhang. Da stand der große Dumas, bleich vor Zorn, er schrie und fluchte und drohte mit den Fäusten. Die nutzlose Demonstration dauerte über eine Stunde.« Als der Vorhang endlich hochging, ließen die allgemeine Unruhe und ein Crescendo von ohrenbetäubenden Pfiffen, Buhrufen und Fußgetrampel die Schauspieler nicht zu Wort kommen. Als Sarah in ihrem ausgefallenen Kostüm einer englischen Frau der zwanziger Jahre des 19. Jahrhunderts auftrat, ging der Lärm in schallendes Gelächter über. Einen Augenblick lang überkam sie Panik, und sie hielt sich an der Tür fest, durch die sie eingetreten war. Das Lärmen »meiner lieben Freunde, der Studenten«, wie Sarah sie nannte, begann erneut.

Sarah, ebenso jung und hitzköpfig wie die Studenten, trat an die Rampe. »Ihr wollt für die Sache der Gerechtigkeit kämpfen?« schrie sie über dem Toben. »Meint ihr, es dient der Gerechtigkeit, wenn ihr Alexandre Dumas für Victor Hugos Exil verantwortlich macht?« Es wurde still. Mit dem strahlenden Lächeln einer Johanna von Orléans verwandelte Sarah sich wieder in ihre Rolle. Das Stück ging weiter, und die Buhrufe wurden zu Bravorufen. Nach dem letzten Vorhang applaudierten die lärmenden Eiferer, die Sarah als eine der Ihren erkannt hatten, mit brüderlicher Begeisterung. Hinter den Kulissen wartete de Chilly. Auch er lachte übers ganze Gesicht. Duquesnel hatte recht gehabt. Das Mädchen hatte Qualitäten und verdiente mehr als einen Klaps auf die Schulter: Es verdiente eine Gehaltserhöhung.

In der *L'Opinion Nationale* las Sarah ein paar Tage später:

> Mademoiselle Bernhardt trat in einem exzentrischen Kostüm auf, was den Tumult noch weiter anheizte. Mit ihrer warmen Stimme aber, dieser erstaunlichen Stimme, rührte sie das Publikum. Wie ein kleiner Orpheus besänftigte sie es.

Sarah war endlich auf dem richtigen Weg. Gegen Ende der Saison spielte sie drei weitere Rollen, darunter die Cordelia in *König Lear*. Théophile Gautier beschrieb ihre Anmut und Schönheit in der Todesszene. Und das Publikum schloß *la petite Sarah* in sein Herz. Jetzt brauchte sie nur noch eine Rolle, in der sie ihre Begabung ganz ausspielen konnte.

Im Januar 1869 bat Agar, die erste Tragödin des Odéon und eine üppige Schönheit, ihre Kollegin Sarah, den Einakter *Le passant* zu lesen, ein Stück des wenig bekannten jungen Dichters François Coppée. Vor der Kulisse eines florentinischen Renaissance-Gartens schildert das Stück das leidenschaftliche Verhältnis der alternden Kokotte Silvia mit dem jungen Troubadour Zanetto. Coppée war ein schüchterner kleiner Mann, der nach der Liebe der üppigen Agar dürstete. Mit Silvia hatte er die perfekte Rolle für seine Geliebte geschrieben. Agar sagte ihm, eine ihrer jungen Kolleginnen, die schlanke, reizende Sarah, sei für die Rolle des Zanetto wie geboren. Die einzige Schwierigkeit bestand darin, de Chilly zu überreden, den lyrischen Dialog auf die Bühne zu bringen. Duquesnel erinnert sich, wie Agar in das Büro des Direktors stürmte: »Sie hielt ihm einen Stoß Papier vor die Nase und rief: ›Monsieur de Chilly, Monsieur de Chilly, ich habe ein Meisterwerk entdeckt!‹ – ›In Versen?‹ fragte de Chilly mißtrauisch. ›In wunderbaren Versen‹, erwiderte die Schauspielerin pathetisch. ›Alle Verse sind wunderbar‹, sagte de Chilly naserümpfend.« Agar mußte ihren ganzen Charme einsetzen, bis der Direktor bereit war, das Manuskript auch nur zu lesen. Aber nach der Lektüre verwandelte sich seine Skepsis in Begeisterung, und er nahm das Stück für ein oder zwei Vorstellungen ins Programm. Das Bühnenbild sollte aus den Resten einer anderen Produktion bestehen, Sarah sollte den feurigen jungen Minnesänger spielen, und Jules Massenet würde eine Serenade für ihren Auftritt komponieren.*

Jahre später gestand Sarah Reynaldo Hahn, daß sie lieber Annecys Serenade sang, weil die von Massenet voller Triller war, die ihr schwerfielen.

Le passant ist ein mit Herzblut geschriebenes Stück voller hochfliegender Romantik und Entsagung. Der Troubadour spaziert in dem vom Mond beschienenen Garten und erklärt der lebensmüden Kokotte seine Liebe. Am nächsten Morgen zieht er seiner Wege, worauf seine Dame seufzt: »Was für ein Geschenk ist die Liebe, die mir die Tränen zurückgibt!«

---

* Coppée erzählt in seinen liebenswürdigen Memoiren *Souvenir d'un Parisien,* wie zunächst der Dirigent Annecy für diese Serenade, *Mignonne, voici l'Avril,* ein Lied für Sarah komponierte, »das sehr gefällig war, wenn auch nicht ganz so gut wie das, was Massenet später schrieb. Da zu jener Zeit noch jedes Theater ein Streicher- und Holzbläserensemble hatte, das zwischen den Akten musizierte, beschloß de Chilly, die Musiker sollten meine Verse hier und da leise untermalen. Zu diesem Zweck wählte der alte Annecy sehr geschickt einige Stücke aus der reizenden Partitur von *Giselle.*«

Vier Tage nach der Premiere konnte Sarah in der *L'Opinion Nationale* lesen:

> Mademoiselle Bernhardt, der Zanetto, sah aus wie Dubois' florentinischer Minnesänger. [Sarahs Kostüm war in der Tat dieser bekannten Statue nachempfunden.] Sie sprach die köstlichen Verse mit feiner und sanfter Anmut. Wenn sie hier und da ein wenig preziös war, so verstärkte dies nur den Reiz ihrer Darbietung. Das Publikum war von ihr hingerissen und rief sie immer wieder auf die Bühne. Es war ein Triumph!

Der Artikel war von Françisque Sarcey unterzeichnet, der Sarah immer heftiger verehrte. In bezug auf das Stück hat er allerdings wie so viele Kritiker damals und heute Kitsch mit Gold verwechselt. Im Lauf der Zeit hat *Le passant* seinen Glanz eingebüßt. Die vierundzwanzigjährige Sarah freilich war am Ziel. Fotografien von ihr als Zanetto lassen die Qualität ihrer Leistung erahnen. Die Bilder vermitteln ihre poetische Intensität, ihren Instinkt für charakteristische Gesten und vor allem ihre leidenschaftliche Identifikation mit der Rolle. Sie hatte ein romantisches Kultbild für ihre Zeitgenossen geschaffen, ein zartes Symbol junger Liebe, das selbst die zynischen Pariser in ihr Herz schlossen.

Die Bernhardt spielte *Le passant* hundertundvierzigmal mit Agar und, nachdem die Agar nicht mehr verfügbar war, mit Marie Colombier. Zum ersten Mal kostete sie den Ruhm. Manuskripte, Liebesgedichte, die »zu lang waren, als daß man sie hätte lesen können«, Blumen, Geschenke, Heiratsanträge – anständige und unanständige – überschwemmten ihre Umkleide. Vor *Le passant* war die Bernhardt eine normale Sterbliche gewesen, jetzt wurde sie zum Idol der Studenten und zur Muse der Dichter. »Ein geheimer Instinkt leitet sie«, schrieb Théodor Banville. »Wenn sie ihre Verse rezitiert, hört man die Nachtigall singen, den Wind seufzen oder einen Bach murmeln. Sie spricht, wie Lamartine in längst vergangenen Tagen schrieb.«

Als Krönung ihres Erfolgs gaben die Agar und die Bernhardt eine Galavorstellung in den Tuilerien. Die Ehre war um so größer, als Sarah einst durch den Vortrag von Gedichten Victor Hugos die Wut Napoleons III. auf sich gezogen hatte. Diesmal strahlte der Kaiser übers ganze Gesicht, besonders als er sie hinter der Bühne dabei überraschte, wie sie ihre Verbeugung übte und immer wieder »Sire, Sire« sagte, bis sie den am Hof angemessenen Tonfall herausgefunden hatte. Sarah ihrerseits amüsierte sich über den Anblick der Kaiserin, deren Würde durch den Verlust eines Schuhs gemindert wurde. Nach der Vorstellung mußte sie am Arm eines starr geradeaus blickenden Höflings hinaushumpeln.

Liebe und Krieg

In dieser Zeit lernte die Bernhardt, die Proust zu der Schauspielerin Berma in *Auf der Suche nach der verlorenen Zeit* inspirierte, auch Charles Haas kennen, Prousts Modell für Charles Swann. Aus Proustscher Perspektive waren beide völlig in ihrer Zeit befangene Personen auf der Suche nach einem noch ungeborenen Romancier. Sie begegneten sich nämlich zwei Jahre vor Prousts Geburt und vierzig Jahre, bevor er sie in seinen Gobelin des Pariser Lebens einwob. Die Bernhardt blieb wegen ihrer glänzenden Erfolge im Gedächtnis. »An Haas«, so sollte Proust schreiben, »wird man sich erinnern, obwohl er nichts geleistet hat, nur weil jemand, den er für einen jungen Dummkopf hielt, ihn zum Helden eines seiner Bücher machte.« Als die beiden sich trafen, war allerdings Haas der große Fang, und Sarah die glückliche Frau, die ihn einfangen konnte.

Monsieur Second Empire, wie Charles Haas von seinen Freunden liebevoll genannt wurde, war eine herausragende Gestalt der Pariser Gesellschaft, eines der wenigen jüdischen Mitglieder des Jockey Club, ein enger Freund des Prinzen von Wales und der Maler Tissot und Degas und beliebt bei den Damen und Herren vom Faubourg Saint-Germain. Haas legte größten Wert auf seine äußere Erscheinung und hatte in einer Stadt voller gutgekleideter Menschen den besten Schneider. Aber nicht nur sein perfekter Gehrock und die stets frische Nelke im Knopfloch zogen Sarah an, sondern vor allem sein Ruf als Kavalier und die unter Lebemännern des Zweiten Kaiserreichs seltene Bereitschaft, mit einer einfachen Schauspielerin über seine kultivierten Ansichten bezüglich der Kunst und des Lebens zu sprechen.

In den Briefen, die Sarah – sie ist Mitte Zwanzig – an Haas schreibt, gibt sie sich als verletzliches und auf verführerische Weise vulgäres Mädchen. Diese Rolle, so glaubte sie, würde die reife, weltmännische Art ihres neuen Liebhabers und seinen Geschmack am Leben der unteren Klassen befriedigen. Ihr Instinkt war richtig. In seinen Augen gehörte sie zur Welt der leichtlebigen Frauen, mit denen ein Gentleman Unzucht treiben konnte, solange er nicht mit höheren gesellschaftlichen Verpflichtungen beschäftigt war.

In einem ihrer ersten Briefe an Haas zeichnete Sarah sehr hübsch ein zerwühltes Himmelbett, und darunter kritzelte sie: »Komm! Komm!! Komm!!!« Das Crescendo der Ausrufezeichen läßt vermuten, daß er seinem Ruf als Herzensbrecher entsprochen hatte. Die Zeichensetzung in einem anderen Brief ist ähnlich vielsagend: »Ich sterbe vor Sehnsucht --------- nach Dir. Ich habe tausend Geliebte, aber nur einen wahren.« Die Offenherzigkeit solcher Botschaften, die so ganz anders war als die unnahbare Art der Damen vom Faubourg, konnte dennoch nicht bewirken, daß Haas Sarah treu blieb. Das zeigen die folgenden Briefe:

Mon Charles adoré,

Ich kann meine Zunge nicht im Zaum halten. Ich liebe Dich. Ich weiß sehr wohl, daß Du meine Liebe nicht erwiderst, aber bitte tu wenigstens so, als ob Du mich liebtest. Lieber Freund, komm um drei Uhr zu mir. Meine Freude wäre unaussprechlich. Wer weiß, vielleicht habe ich viel verpaßt, als ich gestern nacht nicht auftauchte!!! Gefällt Dir, wie ich es ausdrücke? Komm und schenke mir Deine Lippen.

Danke für Deine Briefe, mein Geliebter. Und vor allem Dank für Deine Besuche. Nein, wirklich. Ich biege mich vor Lachen! Komm und biege Dich mit mir vor ... Lachen natürlich. Ich schicke Dir doppelt so viele Küsse, als Du mir geschickt hast. Was für eine Lawine! Bitte schick mir eine Nachricht, und diesmal keine so ätherische ...

Als Sarah durch einen gemeinsamen Freund, den Verleger Arthur Meyer, erfuhr, daß sie nicht Haas' einzige Geliebte war, wurde ihre Frivolität zu Trübsinn:

... Es ist mir egal, aber es macht mich ein wenig traurig.

Ich weiß, daß es lächerlich ist, aber im Moment bin ich wirklich nicht zum Lachen aufgelegt. Ich bin krank, meine Lungen machen wieder Ärger. Komm sobald wie möglich zurück, lieber Charles. Ich sehne mich nach Dir. Ich habe immer an meinem Kindheitstraum vom idealen Mann festgehalten, trotz allem. Ich dachte, ich würde ihn niemals treffen. Dann traf ich zufällig jemanden, der alle physischen und moralischen Eigenschaften besitzt, die ich so bewundere. Ich riskierte alles, um diese seltene Blume für meinen Strauß zu pflücken, denn ich möchte nicht sterben, bevor mein Wunsch in Erfüllung geht. Wie Du siehst, lebe ich für die Liebe und lasse mich von der Phantasie leiten. Das ist die Erklärung meiner nervösen Melancholie. Ich hatte nie die Hoffnung aufgegeben, daß ich jemanden finden würde, der genau zu mir paßt, aber ach, als ich diesen Jemand dann fand, stellte sich heraus, daß er falsch war. Darum streckte ich meine Hände nach Dir aus, Charles, darum gab ich mich Dir hin. Darum liebe ich Dich.

Meine Hand, mein ganzes Leben reiche ich Dir …

Der Traummann, über den Sarah so enttäuscht war, ist natürlich der Fürst de Ligne, der sie mit einer Wunde zurückgelassen hatte, die nicht heilen wollte. Wie hätte sie auch heilen sollen, wenn ihr Sohn Maurice seinem Vater mit jedem Tag ähnlicher sah und sie ständig an die verlorene Liebe erinnerte? Als der flotte Haas dann beschloß, es sei an der Zeit, sich von seiner Freundin, der kleinen Schauspielerin, zu trennen, versuchte er, die Trennung so heiter wie möglich zu vollziehen. Sarah war freilich trotzdem zutiefst unglücklich.

… Für einen so unbeschwerten Menschen wie Dich ist das alles nur ein großes Drama. Wenn Du darüber lachen kannst, um so besser. Nur ich muß darüber weinen. Leb wohl, mein lieber Charles. Ich bete Dich an. Wenn Du meine Liebe nicht erwidern kannst, so ist das nicht Dein Fehler. Aber auch ich habe nichts falsch gemacht …

Haas zahlte Sarah am Ende der Affäre diskret aus.

»Ich nehme es an«, schrieb Sarah, »aber nur als Darlehen. Danke, lieber Freund, danke.«

Die beiden sollten bis zu Haas' Tod 1902 Freunde bleiben. Es schien wie ein Zeichen für das Ende der Affäre, als eines Abends – Haas und Arthur Meyer speisten gerade bei Sarah – in Sarahs Wohnung in der Rue Auber Nr. 16 Feuer ausbrach. Die ganze Wohnung samt Inventar wurde zerstört. Niemand wurde verletzt, aber Sarah, die nicht versichert war, stand obdachlos und mittellos da.

Als die Zeitungen über das Unglück berichteten, schlug eine Woge des Mitleids über ihr zusammen. Tröstliche Briefe und Gedichte trafen ein. Der Verfasser eines solchen, an *Le passant* adressierten Ergusses meinte, ein Freigeist wie sie brauche weder Besitz noch Schmuck. »... Ihre Armreife? Ihre nackten Arme werden, wie die der Venus, auch ohne Armreif glänzen! Ihre Brillanten? Ihre leuchtenden Augen werden ohne sie funkeln! ...«

Solche entrückten Schwärmereien waren Sarah zu wenig. Duquesnel dachte ähnlich. Er organisierte für sie einen Galaabend im Odéon als Benefizveranstaltung, damit sie ihre Verluste ausgleichen konnte. Alle waren überrascht, als auch die international berühmte Opernsängerin Adelina Patti ihre Hilfe anbot – schließlich sang die große Diva sonst ausschließlich im eigenen Interesse. Die ganze Stadt rätselte, wer *La Patti* überredet haben könnte. Die Lösung des Rätsels: Sarah hatte es selbst getan. Die junge Koloratursopranistin hatte kürzlich den Marquis de Caux geheiratet, ein Gründungsmitglied der »Menagerie« der Bernhardt. Eine kleine Erpressung war nicht unter Sarahs Würde. So hatte sie dem Marquis Diskretion versprochen, wenn er seine Braut dazu überredete, ihre Triller und Arien beizusteuern. »Ich ließ beide ›singen‹«, vertraute sie Marie Colombier schadenfroh an.

Die Patti entzückte das Publikum. Sie mußte als Zugabe zweimal Rossinis *Una voce poco fa* singen. »In Liebe zur Kunst entflammt«, wie Sarah es ausdrückte, standen die Studenten auf ihren Sitzen und veranstalteten ein solches Geschrei und Getrampel, wie es für das linke Seineufer typisch war, daß die erschreckte Sängerin nicht wußte, ob sie eine Verbeugung machen oder in Deckung gehen sollte.

Als sie das Theater verließ, wurde sie von einer Gruppe hitziger junger Musikenthusiasten begleitet, deren Rufe »Viva la Patti!« sie wahrscheinlich dafür entschädigten, daß sie gratis ihre Stimme erhoben hatte. Die Einnahmen waren beträchtlich, und Sarah, die vorübergehend bei ihrer Mutter hatte wohnen müssen, konnte eine kleine Wohnung in der Rue de l'Arcade mieten und kurz darauf in eine größere Wohnung in der Rue de Rome Nr. 4 ziehen, wo sie die nächsten fünf Jahre bleiben sollte. Wie ein Phönix war sie aus der Asche gestiegen, und mehr als zuvor waren die Augen der Öffentlichkeit auf sie gerichtet.

Im Jahr 1870 bekam Sarah die Hauptrolle in *L'autre,* einem neuen Stück von George Sand, die auch Regie führte. Das Stück wurde der Schlager der Saison, und Sarah fühlte sich der großen Dame nahe und vertraute sich ihr bedenkenlos an, während sie gemeinsam über die gekiesten Wege im Jardin du Luxembourg spazierten. Daß die Geständnisse über ihr Leben, ihre Liebschaften und ihre Pläne auf gleichgültige Ohren stießen, war ihr nicht bewußt.

Die Tagebucheintragungen George Sands aus der Zeit, als sie bei *L'autre* Regie führte, sind ein sehr abfälliger Kommentar über Sarahs »sanftes, reizendes Wesen«:

> 29. Januar. Bei der Probe machte [Pierre] Barton Sarah eine ziemliche Szene. Ob sie morgen eingeschnappt ist?
> 2. Februar. Ich schimpfe mit Sarah.
> 3. Februar. Sie machen es alle ganz gut, außer Sarah. Ein gutes Mädchen, aber wirklich dumm.
> 5. Februar. Sarah ist in vieler Hinsicht dumm, aber sie hat viel Charme.
> 9. Februar. Sarah und Barton fehlen. Jeanne [Bernhardt] hatte eine Fehlgeburt.
> 10. Februar. Mademoiselle Bernhardt läßt uns warten, eigentlich ist ihr die Schwester gleichgültig, sie hat nicht gearbeitet und interpretiert ihre Rolle wie das Flittchen, das sie ist.
> 10. Februar. Sarah, das Flittchen, kapiert nicht, worauf es bei ihrer Rolle ankommt. Wie dumm diese Theatermenschen sind!

14. Februar. Auf mich macht Mademoiselle Sarah noch einen ziemlich unsicheren Eindruck, aber alle sagen, daß es gutgehen wird.
20. Februar. Alle spielen ihre Rollen besser, vor allem Sarah. Meine Vorwürfe haben ihr einen Ruck gegeben. Endlich identifiziert sie sich mit dem jungen, ehrlichen und interessanten Charakter.
26. Februar. Vor allem Pierre ist ein Erfolg. Sarah auch.

Man sollte meinen, daß die Kämpferin für die Sache der Unterdrückten sich der zu jener Zeit allgemein üblichen Verachtung der Schauspieler nicht angeschlossen hätte. Die »dummen Geschöpfe im Theater« sind nicht dümmer als andere Menschen. Im Gegenteil, sie besitzen eine eigene, instinktive Intelligenz, Witz und Beobachtungsgabe. George Sand war seit langen Jahren Theaterautorin und hatte den *Consuélo* geschrieben, sie hätte also eigentlich das bei der Ausgestaltung einer Rolle notwendige Herantasten und Probieren kennen müssen. Ebenso sollte man meinen, daß sie Sarahs Sorge um die Schwester verstanden hätte, die eine Fehlgeburt gehabt hatte. Vielleicht war George Sand aus ebendiesem Mangel an Sensibilität fähig, mit dem attraktiven italienischen Arzt in jenem legendären Hotelzimmer in Venedig ins Bett zu gehen, während sein Patient und ihr junger Geliebter, Alfred de Musset, vom Krankenbett aus zusahen. Was Sands Kritik an dem »Flittchen« betrifft, so hatte sie ein Alter erreicht, in dem die Keuschheit von selber kommt, und wohl beschlossen, die zahlreichen leidenschaftlichen Affären ihrer früheren Jahre zu vergessen. Zwar ist deutlich, daß sie in erster Linie von dem Gedanken abgestoßen wurde, Geld im Austausch für Liebe anzunehmen. Aber das Leid, das sie mit ihrer vielgepriesenen Suche nach sexueller Befriedigung ihren Liebhabern zufügte, war für diese sicher schmerzhafter als ein solcher Austausch.

Sarah kannte das unveröffentlichte Tagebuch ihrer Freundin nicht, ihr Erfolg in *L'autre* war ihr dagegen wohl bewußt. Théophile Gautier, der mit seinem Lob großzügiger war als George Sand, sagte, sie habe damit ihre beste Leistung gegeben. »Die junge und reizende Bernhardt«, schreibt er, »hatte jene Qualität, Klasse und Verwegenheit des wirklichen Mädchens, das nichts weiß, nichts fürchtet und sich selbst nichts vorwirft. In ihrer Vorstellung schwingt eine Zärtlichkeit mit, die anrührt und sympathisch ist.«

Sarahs Karriere kam zu einem abrupten Ende, als Napoleon III. am 15. Juli 1870 Preußen den Krieg erklärte. Die Entscheidung des Kaisers war selbstmörderisch. Er hatte sein Land fest im Griff und bisher einigermaßen friedlich regiert. Jetzt, so schien es, war er seiner eigenen Propaganda erlegen und wollte beweisen, daß Frankreich nicht nur das kultivierteste, sondern auch das mächtigste Land der Welt sei. Wenn er den Rivalen sorgfältiger studiert hätte, hätte er vielleicht gezögert, denn während er sich mit *la gloire* brüstete, baute Preußen eine mächtige Kriegsmaschinerie auf.

Paris hatte die Beweise der Stärke Preußens drei Jahre zuvor bei der Weltausstellung gesehen. Der Industrielle Alfred Krupp stellte ein neues, fünfzig Tonnen schweres Geschütz und eine Stahlkanone aus (bisher waren Kanonen aus Bronze gegossen worden), die er anschließend dem Kaiser schenkte. Die Hofdamen waren entzückt. Napoleon III. allerdings begeisterte sich mehr für einen neuen Werkstoff namens Aluminium und bestellte ein Service für den kaiserlichen Tisch aus diesem verblüffend leichten Metall. Auf der Weltausstellung waren die neuesten Errungenschaften der Zeit zu sehen. Die Amerikaner stellten Edisons verblüffendes elektrisches Licht vor sowie modernes medizinisches Gerät und einen neuartigen Schaukelstuhl. Die Engländer schickten Eisenbahnzüge. Nadar flog mit Besuchern in einem zweistöckigen Ballon über das Ausstellungsgelände. Auf der Seine tuckerten *bateaux-mouches* auf und ab – der letzte Schrei, was Ausflugsboote anbelangte.

»Kunst und Industrie grenzten aneinander«, berichtete Gautier, »weiße Statuen standen neben schwarzen Maschinen.« Auch die Musik hatte ihren Teil an dem Spektakel. Gounods *Roméo et Juliette* wurde uraufgeführt, Offenbach bot *La Grande Duchesse de Gerolstein,* eine Operette über

Tolpatschigkeit und Dummheit der Teutonen, bei der sich Bismarck vor Lachen den Bauch hielt. Leider verstanden die auf ihren Scharfsinn so stolzen Franzosen das Gelächter des Eisernen Kanzlers erst, als die preußische Armee sie besiegt hatte.

In einer kriegsbedrohten Stadt verliert das Leben seine vergnüglichen Seiten rasch. Die Theater schlossen ihre Tore, als die Schauspieler eingezogen wurden. Sarah war besorgt um ihre Familie und schaffte es unter großen Schwierigkeiten, Plätze in einem Zug nach Le Havre für sie zu ergattern, wo sie in Sicherheit waren. Auf dem Bahnsteig des Bahnhofs Saint-Lazare überkam sie der Abschiedsschmerz. Ursprünglich hatte sie mit ihren Angehörigen abreisen wollen: Schließlich war sie noch nie länger von Maurice getrennt gewesen. Und Youle, Jeanne und Régine gegenüber hatte sie zwar manchmal gespaltene Gefühle, aber es war etwas ganz anderes, zu sehen, wie sie aus dem überfüllten Zug traurig Lebewohl winkten. Aber dennoch, ebensowenig wie sie sich vorstellen konnte, die Bühne während einer Vorstellung zu verlassen, brachte sie es über sich, Paris in einem Augenblick von solcher Dramatik zu verlassen. In der vagen Hoffnung, sich auf irgendeine Weise nützlich machen zu können, kehrte sie also in ihre leere Wohnung in der Rue de Rome zurück.

Sarah war nicht lange ratlos. Die Schauspielerinnen der Comédie Française hatten Teile des Theaters in ein Lazarett für Verwundete verwandelt. Warum sollte man das nicht auch im Odéon tun? Man brauchte dazu nur die Erlaubnis des Polizeipräfekten. Ein paar Tage später betrat Sarah ängstlich das Polizeipräsidium in den Tuilerien. Aber sobald sie ins Büro des Präfekten gebeten wurde, wußte sie, daß alles gut werden würde und daß frühere Liebesmüh nicht vergeblich gewesen war, denn der Präfekt war niemand anders als der Comte de Kératry, ihr gutaussehender Liebhaber aus vergangenen Tagen. Atemlos sprudelte Sarah los: Sie brauche Brot, Milch, Fleisch, Gemüse, Zucker, Kartoffeln, Eier, Kaffee – und die Erlaubnis, ein Lazarett zu eröffnen. Voll zärtlicher Erinnerungen versicherte ihr Kératry, alles werde »ihren Wünschen gemäß und darüber hinaus« bereitgestellt werden. Aber Sarah hatte nie genug.

Kératrys vornehmer, pelzbesetzter Mantel stach ihr ins Auge, und sie wollte ihn für einen ihrer Soldaten. Kératry lachte aus vollem Halse und gab ihn ihr. Er leerte die Taschen des Mantels und fragte, ob er seinen Seidenschal behalten dürfte. Mit gespieltem Bedauern gestattete Sarah es.

Von diesem Erfolg beflügelt, machte Sarah sich daran, von anderswo noch mehr zu holen. Die Spenden wollten nicht mehr abreißen. Die Rothschilds schickten Fässer voll Wein und Whisky. Ihr früherer Nachbar Félix Potin lieferte Reis, Linsen und Sardinen. Die großen Schokoladenfabrikanten Meunier stellten Schokolade zur Verfügung, ein alter Schulfreund große Mengen gesalzener Butter. Betzy, die Schwester ihrer Großmutter, schickte aus Holland »dreihundert wunderschöne Nachthemden«. Bald herrschte geschäftiges Treiben im Odéon. Der Mann der Köchin wurde dazu abgestellt, die schwerfälligen, von Pferden gezogenen Ambulanzwagen zu fahren. Und Sarah, Guérard und Marie Colombier, die in ihren weitgeschnittenen Krankenschwesternuniformen großartig aussahen, waren zur Tat bereit. Es gab nur ein Problem: Es kamen keine Verwundeten.

»Sarah mußte untätig herumsitzen«, erinnert sich Marie. »Die Künstlerin ging auf dem Balkon auf und ab und hielt wie Schwester Anne Ausschau, ob jemand im Anmarsch war. Wie hätte sie den Anblick einer Rot-Kreuz-Ambulanz mit einem hübschen, lahmen, interessanten Soldaten begrüßt, den man verbinden und mit blitzenden Geräten behandeln konnte. Es fehlte nicht viel, und sie hätte einen Revolver genommen und jemanden angeschossen, nur um einen richtigen Patienten zu haben. Aber ich möchte eilends hinzufügen, daß die Schauspielerin sich, als die Verwundeten schließlich eintrafen, mit zärtlicher Besorgtheit und voller Hingabe um sie kümmerte.«

Das war ein hohes Lob von Sarahs sarkastischer Stellvertreterin. Als die Verletzten endlich hergebracht wurden, kamen sie traurigerweise in erschreckend großer Anzahl. Im Zuschauerraum, in den Garderoben, in der Bar und im Foyer wurden Betten aufgestellt. Selbst auf der Bühne lagen die Verstümmelten und Sterbenden dicht an dicht. Bislang hatte Sarah den Krieg für eine Allegorie in Gestalt des Mars gehalten, etwas Aufregendes, aber weit Entferntes. Jetzt war daraus häßliche Wirklichkeit geworden. Wenige Monate zuvor waren Tausende Infanteristen und Kavalleristen voller Stolz auf ihre farbenfrohen Uniformen über die Boulevards marschiert und hatten mit naivem Optimismus gerufen: *à Berlin! à Berlin!* Jetzt konnte man den Donner der Kruppschen Kanonen hören, denn die Preußen schlossen einen tödlichen Ring um die Hauptstadt Frankreichs. Sarah schreibt:

> Ach! Wie ungerecht doch der Krieg ist! Wird denn nie der ersehnte Augenblick kommen, wo Kriege nicht mehr möglich sind? Wo ein Regent, der nach Krieg ruft, abgesetzt und als Verbrecher ins Gefängnis geworfen wird? Wird denn nie die Zeit kommen, wo ein internationaler Rat, dem die weisen Männer jedes Landes angehören, zusammenkommt und die Menschenrechte mit Respekt bespricht? So viele Menschen denken wie ich! So viele Frauen sagen dasselbe wie ich! Aber nichts geschieht ...

Auf die arktischen Stürme, die im Januar 1871 durch Paris fegten, war niemand vorbereitet. Heizmaterial war so knapp, daß man die Gerüste halbfertiger Gebäude, Fensterläden, die Bänke aus dem Jardin du Luxembourg und sogar die Kulissen und Sitze des Odéon zu Brennholz verarbeitete. Halberfrorene Frauen und Kinder drängten sich im Eingang des Theaters zusammen. Straßenlaternen, die Wächter der Nacht, blieben monatelang dunkel. Es drohte eine Hungersnot. Vieh, das man auf die öffentlichen Plätze getrieben hatte, wurde geschlachtet und gegessen. Man sah keine Hunde oder Katzen mehr auf den Straßen, und Castor und Pollux, zwei junge Elefanten, die den Kindern von Paris viel Freude bereitet hatten, verschwanden aus dem Zoo im Jardin des Plantes.

Ein bekannter Metzger hängte Wolfsfleisch ins Schaufenster. Ein anderer bot zwei Rennpferde, die der Zar Napoleon III. geschenkt hatte, »zum Sonderpreis« an. Bei Brébant, dem Treffpunkt der Literaten, wurde Känguruh serviert, und der aus dem Exil zurückgekehrte Victor Hugo bekam Bären- und Antilopenfleisch geschenkt. Natürlich blühte der Schwarzmarkt, und die Gutgenährten lauschten verächtlich den Klagen der Hungrigen. Aber die Franzosen konnten immer noch lachen, und ein unverbesserlicher Witzbold stellte folgendes Menü zusammen: Pferdekraftbrühe mit Hirse, Hundeniere am Spieß gebraten nach Art des Hauses, Katzenrücken in Mayonnaise, Begonien im Saft und Plumpudding mit Rum und Pferdemark.

Die Deutschen rückten näher und bombardierten Tag und Nacht das linke Seineufer. Chaos brach aus. Zwanzigtausend Bewohner verließen mit ihrer Habe auf dem Rükken ihre Häuser. Doch wie die Londoner während der deutschen Luftangriffe im Zweiten Weltkrieg waren auch die Pariser vom Kriegsschauspiel fasziniert.*

Auf der Place de la Concorde versammelten sich Menschenmassen, um die Bomben auf Saint-Cloud fallen zu sehen. Eine Mutter sagte zu ihrem Kind: »Das ist die letzte Bombardierung, zu der ich dich mitnehme, wenn du nicht mit dem Quengeln aufhörst.« Der Maler Auguste Renoir erinnert sich, daß ein zerstreuter Freund ihn, als eine Bombe neben seinem Haus explodierte, fragte, was draußen los sei.

Aber nicht alle kamen ungeschoren davon. Eines Tages schickte Sarah einen jungen Burschen in eine nahegelegene Apotheke, um Arzneimittel zu holen. Als sie sich aus dem Fenster lehnte und ihm nachrief, er solle sich beeilen, drehte der Junge sich um und lächelte ihr beruhigend zu. Im selben Moment wurde er von einer Bombe getötet. Sarah schreibt:

---

* In einer Zeitungsannonce hieß es: »Für englische Gentlemen, die bei der Belagerung von Paris dabeisein wollen: gemütliche Wohnungen, absolut bombensicher. Kellerräume für leicht zu beeindruckende Personen vorhanden.« Und einer der englischen Gentlemen bemerkte dazu: »Alle hatten einen Riesenspaß.«

> Was für ein Grauen, was für ein fürchterliches Grauen! Die Eingeweide des armen Kindes lagen auf dem Boden verstreut, seine Brust, sein pausbäckiges rotes Gesicht waren verschwunden. Keine Augen, keine Nase, kein Mund, nichts, nichts! Nur eine blutige Haarlocke an einem formlosen Fetzen lag einen Meter neben seinem leblosen Körper. Es war, als hätte ein Tiger den armen Körper mit rasender Gier und besonderer Grausamkeit zerfleischt.

Als das Viertel, in dem das Odéon lag, bombardiert wurde, mußte Sarah ihre Patienten in den tiefen, höhlenähnlichen Keller verlegen. Aber ein Aufenthalt dort war unmöglich. Die eingefrorenen Leitungen waren geplatzt, stinkende Abwässer standen kniehoch, und hungrige Ratten huschten über die Betten und versuchten, am Fleisch der Kranken zu nagen. Man konnte das Theater nur schließen und die schlimmsten Fälle in das Militärhospital Val-de-Grâce überweisen. Für die anderen mietete Sarah eine leere Wohnung und pflegte sie mit Guérards Hilfe gesund. Marie Colombier war inzwischen gegangen; sie hatte Sarah vorgeworfen, die Arbeit sei für sie nur ein Mittel, Aufmerksamkeit auf sich zu lenken. Aber Maries Mäkelei zum Trotz vollbrachte Sarah eine heroische Leistung. Obwohl es ihr selbst nicht gutging und sie keine Nachricht von ihrer Familie hatte, behielt sie die Kraft, an Benefizvorstellungen zugunsten der Kriegsanstrengungen teilzunehmen, schlaflose Nächte mit den Verwundeten zuzubringen und die Sterbenden auf den gefrorenen Schlachtfeldern zu trösten. Wenn sie, wie Marie glaubte, eine Rolle spielte, dann tat sie das mit einer Beharrlichkeit, die ihr die Herzen ihrer Landsleute gewann und ihre Selbstachtung erneuerte und festigte.

Gegen Ende der Belagerung erhielt Sarah durch den amerikanischen Botschafter eine Nachricht von ihrer Mutter. Es ging allen gut. Die Mutter hatte die ganze Familie von Le Havre nach Bad Homburg gebracht, einem Kurort in der Nähe Frankfurts. Alle waren gesund und in Sicherheit, Sarah solle sich keine Sorgen machen. Aber Sarah war mehr als besorgt, sie war entsetzt. Ihre Feinde hatten immer behauptet, sie sei eine Deutsche. Jetzt, nach monatelangen Diensten für ihr Land, bekamen die fremdenfeindlichen Ressentiments durch Verschulden ihrer Mutter neue Nahrung. Verzweifelt reiste Sarah nach Deutschland ab, sobald der Waffenstillstand unterzeichnet war. Elf Tage später, nach einer grauenhaften Reise auf Kohlenzügen, Müllwagen und Bauernkutschen, sammelte sie ihre Familie ein und brachte sie zurück nach Frankreich, »die Arme eng um Maurice geschlungen«.

Zu Hause erwartete sie neues Grauen. Erniedrigt durch die Niederlage von Sedan, gingen die Franzosen in einem blutigen Bürgerkrieg aufeinander los. Das repressive Regime der Anhänger Louis Napoleons brach zusammen, und in Paris begannen Arbeiter, Künstler und der unzufriedene Pöbel das weltweit erste Experiment mit dem Kommunismus. Die Kommune hatte nicht lange Bestand. Innerhalb von zwölf Monaten schlug die französische Armee die Bewegung brutal nieder und legte so den Grunstein für die Dritte Republik. Sarah hatte sich nie mit sozialen Fragen beschäftigt. Als Kind des Zweiten Kaiserreichs waren ihr dessen Pomp und die Gleichgültigkeit gegenüber der Armut selbstverständlich gewesen. Sie lebte ein beschränktes Leben. Die Arbeit am Theater und die ausgelassenen Gelage danach lenkten das Interesse kaum auf die unmenschlich lange Arbeitszeit und die erbärmlichen Lebensbedingungen der Arbeiterklasse.

War der deutsch-französische Krieg ein Melodrama des Chauvinismus und der Fremdenfeindlichkeit, so war die Kommune ein Drama komplizierterer Art, ein Drama des Brudermords. Napoleon III. saß in Deutschland im Gefängnis, und Sarah mußte erleben, wie seine politischen Feinde, die fast zwanzig Jahre lang mundtot gemacht worden waren, sich gegenseitig an die Kehle gingen. Wieder lockte man das hoffnungsvolle Volk mit Freiheit, Gleichheit und Brüderlichkeit, und wieder erwiesen sich diese Ideale als Illusion. Sarah wurde gleichermaßen angezogen und abgestoßen von den brutalen, selbstsüchtigen Machenschaften, die als Liebe zum Vaterland ausgegeben wurden. Doch sie spürte auch, daß die Kommune eine Art Erwachen war, »ein Leben nach dem Tod«. Für sie bedeutete »Leben nach dem Tod«, mitten im Geschehen zu sein, und bald gehörten mächtige Persönlichkeiten des politischen Lebens wie Léon Gambetta, Henri de Rochefort, Emile de Girardin und Paul de Rémusat zu ihren Freunden. »Sie interessierten mich alle«, schreibt sie, »selbst die wildesten, extremsten.«

Damals verließen einhunderttausend Menschen Paris. In Anbetracht des »krankhaften Blutdurstes der Pariser während der Kommune«, wie Clemenceau schreibt, ist dieser Exodus leicht verständlich. Die Pariser waren dabei, ihre Stadt, in der die Preußen verheerende Verwüstungen hinterlassen hatten, selbst ganz zu zerstören. Während der Verhandlungen über einen Friedensvertrag zwischen Frankreich und Preußen sammelten sich die französischen Regierungstruppen erneut in Versailles und belagerten Paris. Die siegreichen Deutschen sahen ihnen dabei von der Umgebung aus zu.

Sarah suchte im nahegelegenen Saint-Germain-en-Laye Zuflucht. Dort traf sie auf Hunderte reichlich deplaziert wirkende, gutgekleidete Pariser, die ungläubig zusehen mußten, wie ihre geliebte Stadt in Flammen aufging. An ihrer Seite war ihr neuester Verehrer, Captain Arthur O'Connor, ein irischer Adliger, der mit der französischen Armee zu tun hatte. Gerüchten zufolge hatte Sarah sich O'Connor aus dem Bett ihrer sechzehnjährigen Schwester Régine geholt. Die Wahrheit dieses Gerüchts sei dahingestellt, aber daß Sarahs arme jüngste Schwester Prostituierte geworden war, stimmte, und noch trauriger war, daß sie nur noch zweieinhalb Jahre zu leben hatte.

Paris brannte, und Sarah und O'Connor machten Ausritte und liebten sich im Wald von Versailles. Ihre Ausflüge waren nicht ganz ungefährlich, denn in den Wäldern wimmelte es von bewaffneten Rebellen. Eines Abends versuchte ein Kommunarde, O'Connor zu erschießen. Die Kugel ging daneben, aber Sarahs Pferd bäumte sich auf, und sie wurde zu Boden geschleudert. Sie wollte gerade wieder aufsteigen, als O'Connor sich zu seinem Angreifer umdrehte und auf ihn schoß. Bevor er ihm den Gnadenschuß geben konnte, trat Sarah dazwischen und flehte ihn an, den Kerl leben zu lassen.

»Ich erkannte meinen Freund kaum wieder«, schreibt sie. »Dieser attraktive, wohlanständige Mann – zwar ein Snob, aber sehr charmant – hatte sich in eine Bestie verwandelt.« Ihre Freundschaft dauerte an, aber die Szene verfolgte Sarah, und sie meinte immer den Mörder hinter O'Connors lächelndem Gesicht zu sehen. Der Captain war nicht ihr einziger Liebhaber. Gemäß der Tradition der klassischen Kokotte hatte sie zwei. Der eine war ihr *amant de cœur*, ihr Herzensgeliebter, und hatte Zugang zu ihrem Bett, wenn es nicht anderweitig besetzt war. Der andere stellte ihr ein monatliches Salär zur Verfügung und konnte ihre Zeit an erster Stelle in Anspruch nehmen. O'Connor war ihr *amant de cœur*, Jacques Stern, ein reicher Bankier, ihre Einkommensquelle. Die Situation verlangte Diskretion und Takt. Zu beidem hatte Sarah wenig Talent. Sobald sie finanziell unabhängig geworden war, gab sie sich lieber attraktiven jungen Künstlern hin, als sich an wohlhabende alte Männer zu verkaufen. Aber 1871 war sie immer noch die ungeschickte Kokotte, wie Marie Colombier geflissentlich andeutet:

> O'Connor hatte sich in Sarah verliebt. Es gab Eifersuchtsszenen, weil er Stern nicht leiden konnte und die Situation ihn demütigte. Der Geliebte einer Frau zu sein, die sich von einem anderen aushalten ließ, sei, so fand er, seiner Stellung unwürdig. Als er eines Tages in seinem Club fünfzigtausend Franc gewann, eilte er zu Sarahs Wohnung. »Mein Engel«, rief er und schwenkte die Brieftasche, »hier habe ich eine schöne Summe von Francs beieinander. Jetzt tu mir einen Gefallen. Zeig deinem Bankier die Tür, und laß mich dich lieben, wann immer ich will.« Sarah sagte weder ja noch nein. Aber sie legte sich ihren nächsten Zug zurecht. Als Stern das nächste Mal in ihrem Boudoir war, kam das Zimmermädchen, das entsprechend instruiert worden war, unvermutet herein und sagte, es sei ein Mann an der Tür, der die sofortige Bezahlung einer überfälligen Rechnung verlange.
>
> »Liebster, gib mir zehntausend Franc, damit ich diese leidige Angelegenheit erledigen kann«, bat Sarah. Der Finanzier stellte sich taub gegenüber ihrem Wunsch. Sie wisse, daß er nicht geizig sei, sagte er, aber da er sie soeben für drei Monate im voraus bezahlt habe, könne

sie nicht verlangen, daß er noch mehr tue ... »So ist das also!« sagte Sarah. »Dir scheint nicht klar zu sein, daß ich dich nur aus Liebe um Geld bitte. O'Connor hat mir fünfzigtausend Franc geboten, wenn ich dich verlasse. Wie dumm ich bin! Ich hätte nur ja zu sagen brauchen.«

»Wirklich, meine Liebe«, antwortete Stern und strich sich über die Koteletten, »und ich dachte, du seist eine kluge Frau. Was! O'Connor bietet dir fünfzigtausend und du zögerst! Nimm das Geld. Dann bin ich dein *amant de cœur.*«

O'Connor gab ihr also die fünfzigtausend Franc, wurde ihr offizieller Liebhaber und konnte seinen Kopf hochhalten, ohne zu erröten. Was Stern betraf, so rieb er sich in dem Gefühl, ein großartiges Geschäft gemacht zu habe, genüßlich die Hände. Ab da speiste Sarah jeden Sonntag mit Stern und fand bei dieser Gelegenheit fünfundzwanzigtausend Franc unter ihrer Serviette. Auf diese Weise zahlte er nur noch die Hälfte der früheren monatlichen Zuwendungen. Als O'Connor zu seinem Regiment zurückkehrte, versuchte Sarah, Stern wieder auf die alten Bedingungen zu verpflichten, aber er weigerte sich. Schließlich brach er ganz mit ihr. Zehn Jahre später sollte er Sophie Croizette heiraten, Sarahs Jugendfreundin und zukünftige Rivalin an der Comédie Française.

In der letzten Maiwoche 1871 töteten die französischen Soldaten nach verschiedenen Schätzungen zwischen zwanzig- und sechsunddreißigtausend Pariser. Das war das Ende der Kommune und der Beginn der Dritten Republik. Sarahs Wohnung blieb glücklicherweise verschont, aber das Paris, das sie gekannt hatte, war für immer vergangen. Die Kommunarden hatten das Palais de Justice, den Tuilerien-Palast und das prächtige Hôtel de Ville angezündet, außerdem viele Theater und Kirchen. Ganze Straßenzüge waren verschwunden. Berge von Geröll, Pflastersteinen und Glasscherben bezeugten den Schaden in Millionenhöhe, den der sechswöchige Kampf zwischen Armee und Kommunarden angerichtet hatte. Nur Hoffnungslosigkeit, so schien es, blieb zurück und ein unentrinnbarer Gestank, eine beißende Erinnerung an Frankreichs Schande.

Bitter enttäuscht versprühte Sarah Parfum in ihren Zimmern, zog die Vorhänge vor und wartete, daß das Leben wieder beginnen würde. Eines Tages kam Monsieur de Chilly zu Besuch und berichtete, das Odéon werde renoviert und man denke an ein neues Stück. Sie werde natürlich die Hauptrolle spielen. Sarah lag ausgestreckt auf ihrer Chaiselongue und hauchte ein müdes Nein. Chilly erhob sich, um zu gehen, aber er wußte, was er zu tun hatte. An der Tür murmelte er den Namen der Konkurrentin, die er nun statt ihrer für das Stück engagieren müsse. Er hatte einen Nerv getroffen. »Oh, Chilly, liebster Chilly«, rief Sarah und sprang auf die Füße. »Wann fangen wir an?« Sie war wieder die alte und probte voller Eifer für die Eröffnung im Oktober. Das Stück, das sie ins Theater zurücklockte, war André Theuriets *Jeanne-Marie,* eine Geschichte im Stil Enoch Ardens von einem bretonischen Mädchen, das heiratet, weil es fälschlicherweise glaubt, sein Verlobter sei auf See umgekommen.*

Die Bernhardt und Paul Porel, der den Verlobten spielte, rührten die Zuschauer zu Tränen. Schauspieler und Publikum waren deshalb so bewegt, weil bekannt war, daß Sarah nur wenige Monate zuvor im selben Theater Porels Wunden gepflegt hatte. Zehn Tage später trat Sarah in Coppées *Fais ce que dois* auf, einer kurzen patriotischen Szene ohne größere Bedeutung. Das Stück war das Debüt ihrer Schwester Jeanne im Odéon, die auf verschiedenen Pariser Bühnen spielte und in verschiedenen Betten schlief, seit sie siebzehn war. Sarah, die sich an ihre eigenen anfänglichen Mißerfolge erinnerte, war optimistisch. Ihre schöne Schwester, so prophezeite sie Chilly, werde hart arbeiten und zu Ruhm und Ehre kommen. Ihre Voraussage bewahrheitete sich leider nicht, denn Jeanne war eine mittelmäßige Schauspielerin und überdies drogenabhängig. Marie Colombier, für die Sarah einen Drei-Jahres-Vertrag arrangierte, hatte weit mehr Erfolg, denn anders als Jeanne war sie begabt und machte Sarah Freude.

Ein Brief, den Sarah ihr vor dem Krieg nach einer Tour-

---

* Viele Jahre später sollte Sarah diese Rolle in einer Privatvorstellung für Königin Victoria in Nizza spielen.

nee mit *Le passant* durch deutsche Kurorte schrieb, spiegelt den Ton ihrer Freundschaft:

Paris, August 1869

Ich langweile mich tödlich, verstehst Du, tödlich! Ich liebe Dich, geliebte Marie, ich tue es wirklich. Ich arbeite hart, bin aber schrecklich müde, weil ich mich im Zug erkältet habe. Mein Geldbeutel wird immer leerer, und ich sehe den Tag kommen, wo ich keinen Sous mehr haben werde. Aber das haben wir ja schon öfter durchgestanden.

Mein Sohn kam gestern morgen von einer Reise zurück. Wie schön, wie prächtig er ist! Du wirst ihn ja sehen! Hier ist keine Menschenseele. Nur Ungeheuer, und nicht einmal vergoldete. Stell Dir große, bleierne Schmetterlinge vor, die Deine zerbrechliche *demoiselle* Sarah umflattern. Es lohnt sich wirklich nicht, sie ins Netz zu locken, bevor nicht ein wenig von ihrem Goldstaub an Deinen Fingern klebt. Bin ich jüdisch genug?

Tausend Küsse und Umarmungen

Der Unterschied zwischen dem sorglosen Mädchen, das diesen Brief schrieb, und der Frau, die das Grauen des Krieges erlebt und unermüdlich gearbeitet hatte, um den Opfern zu helfen, war enorm. Sarah übertrieb nicht, wenn sie de Chilly sagte, sie sei erschöpft. Es war nicht leicht für sie, an ihre früheren Glanzleistungen anzuknüpfen, und dasselbe gilt verständlicherweise auch für das Odéon.

Im November 1871 trat sie dort in *La Baronne* auf, der Geschichte einer Frau, die in den Wahnsinn getrieben wird, weil sie unrechtmäßig in eine Irrenanstalt gesperrt wird, und dann wieder gesundet, den Feind, der sie in die Irrenanstalt gesteckt hat, tötet und schließlich erfolgreich die Wahnsinnige spielt, um der Strafe zu entgehen. Selbst die Zuschauer, die melodramatische Stücke liebten, fanden die Handlung lächerlich, und das Stück geriet schnell in Vergessenheit.

Größere Hoffnungen knüpfte man an *Mademoiselle Aissé*, ein Versdrama von Louis Bouilhet, das mit Sarah in der

Titelrolle unter der Regie und Bearbeitung von Gustave Flaubert im Januar 1872 auf die Bühne kam. Bouilhet, dessen frühere Stücke einigermaßen erfolgreich gewesen waren, war zwei Jahre zuvor gestorben, und Flaubert, sein treuer Freund, wollte einer ignoranten Welt unbedingt Bouilhets Begabung beweisen. Sarah, Marie Colombier und Paul Porel applaudierten und weinten, als der barsche Flaubert ihnen sichtlich gerührt Bouilhets Verse vortrug. Aber selbst harte Arbeit – Flaubert ließ die verführerische Marie Colombier sogar zu Privatstunden kommen – konnte das Stück nicht zum Leben erwecken. Das Publikum amüsierte sich nicht, denn das Stück war Dumas' *Kameliendame* zu ähnlich. Der *Figaro* fand Sarahs Darstellung der Heldin »insgesamt würdevoll und empfindsam«, beklagte aber ihren Mangel an physischer Kraft, aufgrund dessen ihre Stimme oft nur noch ein schwaches, schwermütiges Gemurmel sei, und warnte sie vor der daraus resultierenden Monotonie. Die Colombier dagegen wurde als perfekte Besetzung der Rolle der zügellosen Intrigantin gelobt. Nach diesem weiteren Durchfall brauchten das Odéon und die Bernhardt unbedingt einen spektakulären Kassenschlager. Victor Hugo sollte ihn zur Verfügung stellen.

Im Triumph war Victor Hugo nach zwanzig Jahren wie ein bereits ergrauter homerischer Held aus der Emigration zurückgekehrt. Nur wenige Gestalten der Literaturgeschichte haben ihre Landsleute so bewegt wie er. Er galt als Symbol der Republik und gab dem geschlagenen Volk eines unterdrückten Landes durch seine Dichtung neue Hoffnung.

Laissez entrer en vous, après nos deuils funèbres,
L'aube, fille des nuits; l'amour, fils des douleurs;
Laßt einziehen in eure Herzen nach dieser
tränenreichen Zeit
Die Morgendämmerung, Tochter der Nacht,
die Liebe, Tochter der Schmerzen.

Als Sarah erfuhr, daß der Dichter sie dazu ausersehen hatte, in seinem Stück *Ruy Blas* die unglückliche spanische Königin Doña Maria de Neubourg zu spielen, war sie von Stolz und Zweifel zugleich erfüllt: Stolz, weil sie Hugos Werk »leidenschaftlich gern« gelesen hatte, Zweifel, weil ihre »blödsinnigen Verehrer« ihr einredeten, Hugo sei politisch indiskutabel. Es war ihr deshalb unangenehm, als der Dichter sie zu einer ersten Leseprobe in seinem Haus erwartete statt im Theater auf neutralem Boden.

> Meine Freunde waren empört, als sie davon erfuhren. »Was! Diesen Mann besuchen, der gestern noch verbannt war, diesen Niemand, der es wagt, unsere verehrte Sarah, die Königin unserer Herzen und unsere große Zauberin, herumzukommandieren. Schreiben Sie ihm doch einfach, daß ...«

Und gemeinsam entwarfen sie unverschämte Antwortbriefe, bis Feldmarschall Canrobert sich einmischte: »Erweisen Sie ihm den Respekt, der dem Genie gebührt, aber entschuldigen Sie sich wegen Krankheit.«

Sarah beherzigte seinen Rat und schrieb an Hugo: »Monsieur, die Königin hat sich verkühlt, und ihr *Camerera Mayor* verbietet ihr, das Haus zu verlassen. Sie kennen die Etikette am spanischen Hof besser als jeder andere. Haben Sie Mitleid mit Ihrer Königin.«

Der Dichter war belustigt, als er aus Sarahs Worten die Diktion des *Ruy Blas* heraushörte, und antwortete ihr im selben Ton: »Ich bin Ihr Diener, Madame. Victor Hugo.«

Als sie sich schließlich kennenlernten, konnte Sarah nicht mehr verstehen, warum sie sich von ihren Verehrern hatte verunsichern lassen. Victor Hugo war ein vornehmer, galanter Herr, der zwar schon ein wenig zerknittert war, aber mit seinem aristokratischen Auftreten alle ihre Freunde aus dem Jockey Club in den Schatten stellte. Mit dem scharfen Blick der Schauspielerin betrachtete sie ihn aber auch ganz nüchtern: Sein Wanst war zu dick, seine Nase zu gewöhnlich, seine Lippen zu fleischig und sein Blick zu begehrlich. Diese kleinen Mängel hinderten sie freilich nicht daran, mit ihm zu flirten. Sobald Hugo sich auf der

Probe mit anderen Schauspielern beschäftigte, schwang Sarah sich auf eine Tischkante und baumelte mit den Beinen. Diese Unart hatte schon George Sand bei den Proben zu *L'autre* verrückt gemacht. Aber Victor Hugo war nicht George Sand. Beim Anblick von Sarahs hübschen Fesseln erhob er sich von seinem Platz im Orchestergraben und improvisierte die Zeilen:

Une reine d'Espagne, honnêtte et respectable,
Ne devrait pas ainsi s'asseoir sur une table.
Eine Königin von Spanien, ehrbar und tugendlich,
Setzt sich niemals so auf einen Tisch.

Sarah hätte ihm gern geantwortet, aber diesmal hatte es sogar ihr die Sprache verschlagen.

Der 19. Februar 1872 ist ein bedeutendes Datum in der Geschichte des französischen Theaters. An diesem Tag fand die langerwartete Premiere des *Ruy Blas* statt. Begeistert begrüßte das vornehme Pariser Publikum den Dichter Hugo, und Sarah glitzerte und strahlte, wie es sich für einen Star gehörte. Sie verblüffte die Zuschauer mit ihrem unglaublichen Aussehen. War dieses königliche Wesen wirklich *La petite Sarah*? Sarahs erster Auftritt ist wirkungsvoll kurz vor Ende des ersten Aktes plaziert. Hugos Spielanweisung dazu lautet: »Unter einem von vier Höflingen getragenen Baldachin aus rotem Samt betritt die prächtig gekleidete Königin die Bühne. Sie ist von Hofdamen und Dienern umgeben.«

Das Publikum ließ sich jedoch nicht von dieser zweifellos eindrucksvollen Szene erobern, sondern erst von Sarahs Auftritt im zweiten Akt. Sie trug ein weiß schimmerndes, silberdurchwirktes Gewand aus Brokat, und eine kostbare Krone aus Silberfiligran schmückte ihr Haupt – die ganze Gestalt war ein unvergleichliches Kunstwerk. Der Auftritt wurde ein triumphaler Erfolg. Die Anmut ihrer Gesten, der Wohlklang ihrer Stimme und die großartige Rezitation der Verse Hugos ernteten höchstes Lob. Théodore de Banville schrieb über ihre Doña Sol: »... von nun an werden diese Worte des Ruy Blas auf ewig mit dem Bild der Sarah Bernhardt verbunden sein: ›*Elle avait un petit diadème en dentelle d'argent.*‹ [Sie trug eine kleine Krone aus Silberfiligran.]«

Sarcey, der zehn Jahre zuvor an Sarahs Talent gezweifelt hatte, sprach jetzt voll Begeisterung von ihrer schlichten, melancholischen Würde, ihren vornehmen, harmonischen Gesten und ihrer poetischen Anmut. Ihre größte Begabung aber war für ihn die Modulationsvielfalt ihrer wohlklingenden Stimme. In *Le Temps* schrieb er: »Sie artikuliert ihren Text so rhythmisch und präzise, daß keine einzige Silbe untergeht, selbst wenn ihr die Worte wie sanftes Flüstern von den Lippen fließen. Wie einfühlsam sie der Melodie der Sprache folgt, sie ohne Stocken vor uns entfaltet und uns die liebliche Harmonie der Verse zu Gehör bringt! Und wie zart und differenziert sie einzelne Wörter betont und ihnen eine besondere Bedeutung verleiht!«

Über eine spätere Aufführung schrieb er: »Sarah Bernhardt singt ihren Text mit geradezu unheimlicher Intuition. Ja, sie singt. Mit ihrer melodischen Stimme moduliert sie die Verse, von ihren Lippen wehen die Worte wie Seufzer, die der Wind einer Äolsharfe entlockt.«

Sarceys Sätze lassen erkennen, daß er in musikalischen Kategorien dachte. Er schrieb einmal, Hugos Stücke seien voller Arien und Duette und müßten unbedingt vertont werden, denn die Handlung sei als Libretto, die Verse seien als Partitur zu verstehen.*

Als am Premierenabend des *Ruy Blas* der letzte Vorhang gefallen war, eilten Freunde und Fremde in Sarah Bernhardts Garderobe, um den neuentdeckten Star zu begaffen, zu berühren und zu umarmen. Plötzlich verstummte die Schar der Bewunderer und machte Platz für Victor Hugo, der in Begleitung von Emile Girardin gekommen war, um ihr zu gratulieren.

---

* Einige Stücke Hugos wurden wirklich vertont. Viele dieser Opern sind heute in Vergessenheit geraten, etwa die Oper *Ruy Blas* von Marchetti. Einige dagegen werden heute häufiger aufgeführt als die ihnen zugrundeliegenden Theaterstücke. Zwei dieser Opern gehen auf Erfolgsstücke der Bernhardt zurück: *Ernani (Hernani oder die kastilianische Ehre)* von Verdi und *La Gioconda (Angelo, Tyran de Padoue)* von Ponchielli. Die meistgespielte Oper ist natürlich *Rigoletto (Der König amüsiert sich)* von Verdi.

All die törichten Gedanken waren mir wieder gegenwärtig, die ich gegen dieses gewaltige Genie gehegt hatte. Mir kam die Erinnerung an meine förmliche und kühle erste Begegnung mit diesem gütigen, sanftmütigen Mann. Ich hätte ihm in diesem Moment, der mein ganzes Leben beflügelte, meine Reue entgegenschreien und meine tiefe Dankbarkeit ausdrücken wollen. Aber noch bevor ich sprechen konnte, kniete er vor mir nieder und flüsterte, während er meine beiden Hände an seine Lippen hielt: »Danke, danke.« So dankte er mir. Er, der große Victor Hugo, dessen schöne Seele, dessen allumfassendes Genie die Welt beglückte. Ach, wie klein, beschämt und glücklich war ich doch! ... Er war so schön an diesem Abend mit seiner breiten Stirn, auf der das Licht lag, mit seiner üppigen Silbermähne wie geschnittenes Heu im Mondlicht und seinen lachenden, leuchtenden Augen. Ich wagte nicht, mich Victor Hugo in die Arme zu werfen, und warf mich deshalb weinend in die Arme Girardins, des treuen Freundes seit meinen ersten Gehversuchen im Theater.*

Später überwand Sarah offenbar ihre Scheu vor Victor Hugo, jedenfalls läßt eine Tagebucheintragung des Dichters über den Tag nach der Premiere dies vermuten.

20. Februar 1872. Volles Haus. Traf Sarah Bernhardt und gratulierte. Kuß auf den Mund.
24. Februar. Gustave Flaubert besuchte mich mit Sarah Bernhardt.
28. März. Ging ins Odéon. Besuchte Mlle. Bernhardt in ihrer Garderobe. Sie zog sich gerade um. [Sarah scheute sich nicht, sich vor Besuchern umzuziehen.]

Zur Feier der hundertsten Vorstellung des *Ruy Blas* gab Victor Hugo am 10. Juni ein Festessen in seinem Haus. Sa-

---

* Der Publizist und Verleger Emile de Girardin gilt als Begründer des modernen Zeitungswesens. Er war einer der ersten Liebhaber Sarah Bernhardts. Er und der Comte de Kératry hatten ihr ermöglicht, das Odéon in ein Lazarett zu verwandeln. Sarah ließ eine eindrucksvolle Bronzebüste von ihm anfertigen, die im Salon von 1878 ausgestellt wurde.

rah überwand auch hier wieder ihre Schüchternheit. »Kommen Sie!« bat sie Hugo. »Geben Sie jeder Dame einen Kuß. Bei mir fangen Sie an!« Der lebensfreudige siebzigjährige Dichter kam dieser Aufforderung gerne nach. »Und bei mir hören Sie auch wieder auf!« rief Sarah über den Lärm hinweg. Die ausgelassene Feier fand ein tragisches Ende, denn de Chilly erlitt inmitten der Gratulationsreden einen Herzinfarkt. Drei Tage später war er tot, und Duquesnel war alleiniger Direktor des Odéon.

Einige Jahre später sah ein Freund Sarahs die Schauspielerin aufgeregt aus dem Haus Hugos stürzen. »Was ist los?« fragte er. »Ich habe dich noch nie mit einem solchen Gesichtsausdruck gesehen.«

»Ich habe gerade den Kuß des Poeten empfangen«, antwortete sie. Die Affäre mit dem Dichter zog sich mit Unterbrechungen über einige Jahre hin.

Sarah wurde für ihren Erfolg nicht nur mit der Aufmerksamkeit des gallanten Hugo belohnt. Schon lange vor dem tragisch endenden Festessen war sie gebeten worden, wieder der Comédie Française beizutreten. Dieses Angebot verschaffte ihr höchste Befriedigung. Es bedeutete eine höhere Gage und mehr Prestige. Und stolz wie sie war, fühlte sie sich geschmeichelt, daß Frankreichs bedeutendstes Theater sich mit diesem Schritt gewissermaßen für den Rausschmiß zehn Jahre zuvor entschuldigte. Nur der Vertrag mit dem Odéon, der sie noch für ein weiteres Jahr verpflichtete, stand ihr im Weg. Aber moralische Skrupel waren bei Sarah noch nie besonders stark gewesen. Sie unterzeichnete den Vertrag mit der Comédie Française, ohne sich um die Rechte des Odéon weiter zu kümmern, und absolvierte am Odéon in angespannter Atmosphäre noch die Verpflichtungen der Frühjahrssaison. Der Vertragsbruch brachte ihr eine Konventionalstrafe von 6000 Franc ein. Es kam zu harten Auseinandersetzungen und zum Bruch mit Duquesnel. Sarah hatte ihrem treuen Freund schon häufiger Ärger bereitet. Eines Abends bei Vorstellungsbeginn hatte ihre Zofe sie wie tot auf dem Boden der Garderobe gefunden, auf dem Gesicht ein verklärtes Lächeln. Die Mitglieder des Ensembles drängten sich schluchzend durch die Tür und bekreuzigten sich. Erschüttert trat Duquesnel vor den Vorhang und teilte dem Publikum die schreckliche Nachricht mit. Plötzlich ertönte im Hintergrund kreischendes Gelächter. Sarah war von den Toten auferstanden. Duquesnel konnte diesen Scherz durchaus nicht komisch finden und entließ sie auf der Stelle, machte die Kündigung aber wieder rückgängig, als ihm klar wurde, daß er sich damit nur ins eigene Fleisch schnitt. Aber diesmal war sein Star, seine Lieblingsschauspielerin, die er entdeckt und gefördert hatte, zu weit gegangen.

»Er war verletzt, und ich schämte mich«, gestand Sarah. »Dieser Mann war immer die Freundlichkeit in Person gewesen. Er war es, der mir gegen den Widerstand de Chillys und anderer Feinde die Tore der Zukunft geöffnet hat.«

Die Sarah, die nach zehn Jahren an die Comédie Française zurückkehrte, war eine andere Person. Damals war sie eine unbekannte, vom Lampenfieber geschüttelte Siebzehnjährige gewesen. Jetzt war sie eine reife Schauspielerin von achtundzwanzig Jahren, die das Publikum mit ihrem Charme und ihrer selbstbewußten Eleganz in ihren Bann zog. Wie nicht anders zu erwarten, teilten freilich bei weitem nicht alle ihrer neuen Kollegen die allgemeine Begeisterung. Einflußreiche Presseleute wie Sarcey und Girardin hatten für die Bernhardt hörbar die Trommel rühren müssen, bis die Kollegen sie überhaupt als eine der Ihren anerkannten. Sie schluckten schwer, als Théodore de Banville schrieb: »Sarah Bernhardts Engagement am Théâtre Français kommt einer Revolution gleich. Mit ihr hat die Poesie Einzug ins Theater gefunden. Beinahe möchte man sagen, der Wolf hat sich in die Schafherde geschlichen.«

Das Ensemble stand Sarah feindselig gegenüber, obwohl eine drastische personelle Veränderung und Verjüngung dringend notwendig geworden war. Der altbekannte Stil und die zum Überdruß bekannten Gesichter lähmten die kreative Arbeit. Als staatlich subventionierte Institution sollte das Theater die Klassiker sowie bedeutende zeitgenössische Bühnenwerke vorstellen. Es war nicht darauf angewiesen, Gewinne einzuspielen. Die Folge davon war, daß häufig vor halbleerem Haus gespielt wurde.

Ein neuer Anfang war notwendig, eine neue Rachel, die dem Theater zu neuem Leben verhelfen und die Theaterkasse füllen würde. Emile Perrin, seit 1871 Direktor des Theaters, war sich dieser Probleme sehr wohl bewußt. Er war ursprünglich Maler und Kunstkritiker gewesen und hatte zuerst die Opéra Comique und dann die Oper geleitet, wo er das Pariser Publikum mit pompösen Uraufführungen von Verdis *Don Carlos* und Meyerbeers *L'Africaine* überraschte. Die Leitung der Comédie Française – auch Théâtre Français oder Haus des Molière genannt – bedeutete für ihn natürlich eine besondere Herausforderung. Das Theater war eine der wichtigsten Kultureinrichtungen Frankreichs. Seit den Tagen Ludwigs XIV. spielte das französische Theater die führende Rolle in Europa. Französisch war eine Weltsprache, an allen Theatern der Welt kamen französische Stücke zur Aufführung, und die französischen Schauspieler galten als die besten der Welt. Diese Spitzenposition zu bewahren, lag in Perrins Verantwortung.

Kunst muß sich immer wieder erneuern, um Außergewöhnliches hervorzubringen. Molière hat einmal gesagt, das einzige Gesetz des Theaters sei die Verpflichtung, dem Publikum zu gefallen. Ihm war die Erneuerung des Theaters gelungen. Im Lauf der Jahre hatte sich der Esprit dieses großen Komödianten jedoch verflüchtigt und einer Art dumpfer Feierlichkeit Platz gemacht. Sarcey bewunderte das hehre Haus schrankenlos und verglich es mit einem prächtigen, ehrwürdigen Familiensitz. Ein Komitee selbstzufriedener, älterer Schauspieler hatte das Sagen und verurteilte mit Vorliebe neue Stücke und Schauspieler. Es bestimmte, wer vom *pensionaire*, dem einfachen Ensemblemitglied, zum *sociétaire* aufrücken durfte. *Sociétaires* waren Schauspieler, denen das Theater zusätzlich zur Gage eine Lebensrente in Form einer Gewinnbeteiligung zugestand. Das würdige, traditionsreiche Haus Molières strahlte allerdings durchaus noch einen gewissen Zauber aus, trotz des vom Alter schwarzen Gemäuers, der schmalen Sitze und der schäbigen Wände, die dringend eines neuen Anstrichs bedurften. Viel wichtiger aber als die Atmosphäre war der verblüffend perfekte einheitliche Stil des Ensembles, dessen Mitglieder fast ausschließlich am Konservatorium ausgebildet worden waren.

Perrin wußte, welche Gefahren der geerbte Ruhm einer staatlichen Einrichtung in sich barg, und war deshalb einer radikalen künstlerischen Erneuerung nicht abgeneigt. Er vollzog die Veränderungen langsam, aber wohlüberlegt. Anachronistische Phantasiekostüme mußten geschichtstreuen Kostümen weichen. Authentische Bühnenbilder und Requisiten wurden eingeführt. Selbst ein so heikler Bereich der Bühnenkunst wie die schauspielerische Darstellung wurde einer Prüfung unterzogen. Die älteren *sociétaires* hingen trotz ihres schauspielerischen Könnens einem pomphaften, formalen Stil an, der an längst vergangene Zeiten erinnerte. Jetzt aber war Realismus angesagt, und Perrin wollte der neuen Richtung mit dem Engagement junger, »moderner« Schauspieler entgegenkommen, die den neuen Stil der Nachkriegsjahre beherrschten.

Am 6. November 1872 trat Sarah zum erstenmal wieder in der Comédie Française auf. Sie spielte die Gabrielle in Dumas' *Mademoiselle de Belle-Ile.* Vielleicht erinnerte sie sich an diesem Abend an ihr katastrophales Debüt zehn Jahre zuvor, oder sie fürchtete, der ihrem neuen Engagement vorausgegangenen öffentlichen Diskussion nicht gerecht zu werden, jedenfalls entsprach sie an diesem Abend nicht den Erwartungen. Sarcey berichtet, die Bernhardt habe, vom kühlen Empfang des Publikums aufgerüttelt, erst gegen Ende der Vorstellung zu sich selbst gefunden. »Das endlich war unsere Sarah, die Sarah des *Ruy Blas,* die wir am Odéon so bewunderten.« In späteren Vorstellungen glänzte sie in alter Form. Sarcey, der Perrin gedrängt hatte, die Bernhardt zuerst eine klassische Rolle spielen zu lassen, fühlte sich voll und ganz bestätigt, als er sie dann in der Rolle der Junie in *Britannicus* sah.

In *Le Temps* schrieb er, sie sei höchst geschmackvoll gekleidet gewesen, ein unbeschreiblicher Zauber sei von ihr ausgegangen und sie habe Racines Verse mit Anmut und Schlichtheit vorgetragen. »Heute hat sie gesiegt. Seit heute kann sich niemand mehr über ihre Aufnahme in die Comédie Française beklagen. Sie gehört dazu.«

Nicht nur Sarah hatte gesiegt. In derselben Vorstellung gab auch der blendend aussehende junge Schauspieler Jean Mounet-Sully sein eindrucksvolles Debüt, das dritte der damals üblichen drei Debüts. Die nächsten zwei Jahre war Mounet-Sully der leidgeprüfte, aber auch anstrengende Liebhaber Sarahs. Er war in Bergerac in ländlichen Verhältnissen aufgewachsen und hatte die ersten sechsundzwanzig Jahre seines Lebens in einer frommen, calvinistisch geprägten Umgebung verbracht. Das Leben in der kleinen südwestfranzösischen Stadt war jedoch zu eng für den künstlerisch ambitionierten jungen Mann, der während der Vorbereitung auf das geistliche Amt davon träumte, Maler oder Komponist zu werden oder als Tragöde einem andächtig lauschenden Publikum heroische Verse vorzutragen. Nach heftigen Gewissenskämpfen verließ Mounet den väterlichen Weinberg und versuchte sein Glück am Pariser Konservatorium.

Ein Zitat aus seinen Memoiren *Souvenirs d'un tragédien* mag einen Eindruck seiner altväterischen Erziehung vermitteln:

> Überall, aber vor allem in der Provinz, herrschten noch die erstaunlichsten Vorurteile gegen die Schauspieler. Nach langem, hartnäckigem Kampf erhielt ich die Erlaubnis, mein Elternhaus zu verlassen. Am Tag meiner Abreise gab mir meine Mutter einen Kuß und sagte: »Dein Vater hat uns ein bescheidenes Vermögen und einen unbefleckten Namen hinterlassen. Halte beides in Ehren.«
>
> »*Maman*«, antwortete ich, »ich schwöre dir, daß ich eines Tages Millionär und Ritter der Ehrenlegion sein werde.« Bei diesen wahrhaft großen Worten hatte ich das Gefühl, mehr zu versprechen, als ich würde halten können. Aber ich glaubte an die Zukunft! ... Dann bat ich meine Mutter um ihren Segen und ihre Zustimmung. Sie sagte: »Ich kann deinen Entschluß, Schauspieler zu werden, nicht gutheißen, aber meine Gebete werden dich allzeit begleiten.« Diese fromme Frau! Ihr Andenken ist mein kostbarstes Gut.

Im Jahr 1867 trat Mounet ins Konservatorium ein. Wie andere begabte Schauspielschüler seiner Zeit bekam er Gelegenheitsrollen an verschiedenen Theatern. Im darauffolgenden Jahr sprach er de Chilly vor und wurde für kleinere Rollen ans Odéon verpflichtet. Unter anderem spielte er den Cromwell in *König Lear*. Am 6. April 1868 debütierte der unerfahrene Schauspielschüler in dieser glänzend besetzten Inszenierung. Beauvallet gab den Lear, der großartige Taillade den Narren, die Agar die Goneril und Sarah Bernhardt die Cordelia.

Damals, schreibt Mounet in seinen Memoiren, sei Sarah Bernhardt bereits im Gespräch gewesen, auf dem Weg nach oben. »Ich bewunderte sie leidenschaftlich. Sie kannte mich nicht, nahm nicht einmal Notiz von mir. Ich war ein Nichts. Wie ein weitentfernter Stern glitt sie an mir vorüber.« Sarah war auf einem Höhepunkt ihrer Karriere angelangt und schenkte dem unerfahrenen jungen Mann keinerlei Beachtung, außer wenn sie sich über seine Ungeschicklichkeit lustig machte. In einer Vorstellung, über die sie später beide lachten, stöhnte er einmal so laut »ah«, daß die Zuschauer anfingen zu kichern. Zutiefst beschämt und von seinen Gefühlen übermannt, stürzte er zum Ausgang und stieß krachend gegen die Tür. Kein Wunder, daß das ganze Bühnenbild wackelte und das Publikum vor Lachen bebte. Als er schließlich den Abgang von der Bühne gefunden hatte, brach er in Tränen aus. Duquesnel versuchte erfolglos, ihn zu trösten. Er sei erledigt, schluchzte Mounet, er werde es nie zu etwas bringen. Dann schlug er mit seinen mächtigen Fäusten gegen die Wand.

Mounet war entmutigt, als er zu Beginn des französisch-preußischen Krieges eingezogen wurde. Noch niederschmetternder war es für ihn, als er nach dem Krieg versuchte, seine Laufbahn als Schauspieler wieder aufzunehmen. Duquesnel wollte ihn wieder ans Odéon holen, bot ihm aber eine so beleidigend niedrige Gage, daß Mounet das Angebot ausschlug. Erschöpft vom ständigen Herumtingeln, beschloß er, nach Hause zurückzukehren und Weinbauer zu werden. Er war gerade im Begriff, mit gepackten Koffern zum Bahnhof aufzubrechen, als er erfuhr, daß Perrin ihn für die Rolle des Orestes in Racines *Andro-*

maque vorsprechen lassen wollte. Noch am selben Abend schrieb er seiner Mutter einen überschwenglichen Brief. Mounet sollte nicht nur die Rolle des Orestes spielen, sondern, Wunder über Wunder, gleich einen Dreijahresvertrag bekommen, für einen Anfänger ein noch nie dagewesenes Ereignis.

Sein überragendes Talent machte ihn vierzig Jahre lang zum berühmtesten Tragöden der Comédie Française. Mit seinem Löwenhaupt, der kastanienbraunen Mähne, den feingeschnittenen Zügen und dem Körper eines Gladiators entsprach er dem barocken Ideal der Helden Racines. Seine Gesten waren voll flammender Leidenschaft und Pathos. Von seiner tragenden Stimme wußte der respektlose Sacha Guitry zu berichten, sie sei so laut, daß ein intimes Tête-à-tête bei Mounet klinge, als rufe er etwas über einen Fluß.

»Ich sehe mich, wie ich damals trunken vor Begeisterung den Orestes auf der Straße vor mich hin sprach«, schreibt Mounet. »Ich weiß noch, wie ich über den Verkehrslärm hinweg mit voller Kraft schrie: ›Oh, ihr Götter, was für Ströme von Blut fließen um mich!‹ In meiner Wohnung hätte ich mich wegen der Nachbarn nie getraut, so laut zu sprechen. Ich trug meine Haare so lang, daß die Leute auf der Straße sich nach mir umdrehten.« Nicht nur die überraschten Fußgänger trauten ihren Augen nicht. Eines Tages sprach Sarah Mounet hinter der Bühne an.

»Sind das Sie, Mounet?« fragte sie.

»Jawohl!« antwortete er mit donnernder Stimme.

»Was ist mit Ihnen passiert? Sie sehen auf einmal so gut aus.«

»Auch andere sagen das«, erwiderte der Schauspieler geschmeichelt.

»Wahrscheinlich bin ich verrückt«, sagte Sarah. »Am Odéon sahen Sie noch nicht so gut aus, oder?«

»Ich glaube doch.«

»Unsinn, das wäre mir doch aufgefallen«, beharrte Sarah. Und weiter: »Spielen Sie heute abend?«

»Ja.«

»Dann sehe ich Sie mir heute mal vom Zuschauerraum aus an.« Noch in derselben Nacht, nach der Vorstellung, bekam Sarah, worum sie viele Frauen aus dem Publikum beneidet hätten. Die Frauen wären sicherlich nicht enttäuscht gewesen, denn Mounet, der im Alter von sechzig einmal sagte, er habe immer geglaubt, »dieses Ding da unten« sei ein »fester Knochen«, war im Bett ebenso leidenschaftlich wie auf der Bühne.

So begann die Affäre dieser zwei maßlosen Egoisten. Kampf und Liebe kettete sie aneinander. Hochbegabte Menschen geben sich dem anderen selten ganz in Liebe hin, sie sind oft allzusehr in Eigenliebe befangen. Die Umstände sprachen eigentlich gegen die Affäre. Sarah war eine waschechte, lebenserfahrene Pariserin. Aus ihren zahlreichen Affären hatte sie gelernt, mit Männern genauso umzugehen, wie diese mit Frauen umzugehen pflegten. Längst schon beherrschte sie die Spielregeln dieser Kunst und wußte der Gefühllosigkeit mit Weltgewandtheit zu begegnen. Je berühmter sie war, desto mehr Anhänger gewann sie. Inzwischen kamen nicht mehr nur die Studenten vom linken Seineufer herüber, um sie zu umschwärmen und anzubeten. Auch in Künstlerkreisen und in der vornehmen Gesellschaft galt es als schick, zumindest ihren Namen zu erwähnen. Hatte nicht sogar der große Victor Hugo persönlich vor ihr auf den Knien gelegen? Kurz, sie hatte es geschafft. Die Zeitungen druckten Karikaturen von der Bernhardt. Die Frauen ahmten ihre manierierte Art nach, und ihre Bewunderer erzählten genüßlich Klatschgeschichten über sie, die sie noch ausgeschmückt hatten. Aber ein Verhältnis mit einem verwöhnten Muttersöhnchen aus der Provinz war selbst für Sarah eine neue Erfahrung. Mounets Glaube an das Gute und Schöne im Leben wie in der Kunst war geradezu erfrischend nach der gelangweilten Gleichgültigkeit eines Ligne oder Haas.

Auf der anderen Seite hatten Bergerac und die prüden Ratschläge der gottesfürchtigen Mutter Mounet nicht auf den Umgang mit einer sexuell so freizügigen Frau wie Sarah vorbereitet. Er konnte nicht begreifen, welche Spielregeln für die Beziehung zu einer Schauspielerin aus der Halbwelt galten. Es fiel ihm nie ein, daß Sarah in ihm ihren *amant de cœur* sah. Wo hätte er auch das Lügen- und Intrigenspiel lernen sollen, das zu einer solchen Affäre unweigerlich dazugehörte? Er kam aus einer schlichteren Welt, in der die Mütter noch heilig, die Frauen gehorsam und die Geliebten treu waren.

Sich einer Frau körperlich hinzugeben war Befreiung, ein explosiver Beweis seiner Männlichkeit. Aber es war unvorstellbar, eine Frau zu achten, die sich so freigiebig wegschenkte. Später gestand er einmal, er habe als guter Calvinist gehofft, Sarah aus dem Sündenpfuhl hinaus auf den Weg der Rechtschaffenheit zu führen.

Sarah hatte eine ganz andere Schule durchlaufen. Sie sah sich nicht als gefallene Frau, sondern als soziale Aufsteigerin. Sie war niemandem verpflichtet und fühlte sich frei und unabhängig. Sich einen gutaussehenden jungen Schauspieler zu halten, der jährlich klägliche sechstausend Franc verdiente, war ein rein fleischliches Vergnügen, ein Luxus, den sie sich leisten konnte. Sie dachte natürlich nicht im Traum daran, sich von ihren anderen Verehrern zu trennen, die ihre Rechnungen beglichen und ihr die prächtigen Kleider und Juwelen schenkten, die sie so liebte. Immerhin war sie diejenige, die berühmt war, und Mounet ein unbekannter Schauspieler, der noch am Anfang seiner Karriere stand. Sie war die Verführerin und er ihr Opfer. Nach all den Journalisten und übersättigten Klubmitgliedern ihres Hofstaates war er eine angenehme Abwechslung.

Ihr gemeinsamer Erfolg in *Britannicus* weckte Träume von einer glorreichen Partnerschaft auf der Bühne. Diese Träume sollten bald Wirklichkeit werden, denn die Zuschauer entdeckten, daß die Ausstrahlung des Bühnenhelden Mounet in lebhaftem Gegensatz zur zerbrechlichen Weiblichkeit der Bernhardt stand, daß sein feuriges Deklamieren den idealen Hintergrund für ihre lyrischen Ergüsse bildete. Und Sarah empfand doppelte Befriedigung, weil sie an der Seite des bestaussehenden Mannes weit und breit stand und weil sie ihn seiner bisherigen Geliebten Maria Favart ausgespannt hatte. Die Favart war deutlich älter als die Bernhardt und gehörte zu den berühmten und führenden Mitgliedern des Ensembles. Sie »besetzte« zahlreiche Rolle, die Sarah gern selbst gespielt hätte. Aber wenn Sarah und Mounet-Sully erst *das* romantische Paar der Comédie Française waren, so hoffte Sarah, konnte sie die ältere Schauspielerin vielleicht nicht nur im richtigen Leben, sondern auch auf der Bühne ausstechen. Kein schöner Gedanke, aber hinter der Bühne geht es nicht zimperlich zu. Die Affäre zwischen der Bernhardt und Mounet war bald Stadtgespräch. Für das Theaterpublikum gibt es wohl kaum etwas Pikanteres, als sich das umschwärmte Liebespaar der Bühne auch privat als Paar vorzustellen. Sarah und Mounet erweckten den Zauber des Theaters zu neuem Leben. Und Perrin sorgte als schlauer Theaterdirektor dafür, daß die beiden sooft wie möglich im selben Stück spielten.

Während der Proben zu *Britannicus* im November 1872 begannen Sarah und Mounet einen regelmäßigen Briefwechsel im bombastischen, geschwollenen Stil der damaligen Zeit. Es scheint, daß Sarah Mounet mehr bedeutete als umgekehrt, denn sie hat nur wenige seiner Briefe aufgehoben, während er fast hundert Briefe von ihr numerierte, datierte und aufbewahrte. Ihre Korrespondenz vermittelt einen lebhaften Eindruck vom Liebesleben eines Schauspielerpaares und die Anfechtungen dieses Lebens.

Wer allerdings in den offen wirkenden Briefen die »wirkliche« Sarah zu finden meint, macht sich falsche Hoffnungen. Sarah war viel zu sehr Chamäleon, viel zu sehr Schauspielerin. In ihren Briefen an den gebildeten, weltgewandten Haas versuchte sie zu gefallen, indem sie die Unterlegene spielte. Jetzt, als anerkannte Schauspielerin, war sie die Überlegene und nahm Mounet gegenüber eine ganz andere Rolle ein, passend zu dem provinziellen Schwärmer, der so einfältig war, an die wahre Liebe zu glauben. Einige ihrer ersten frivolen Briefe sind rührend komisch zu lesen. Die ewige Unruhestifterin Sarah erteilt darin ihrem nicht weniger schwierigen Liebhaber überraschend nüchterne Ratschläge.

Sarah an Mounet-Sully

9. Januar 1873

Dies ist kein Liebesbrief, lieber Freund, sondern ein ganz vernünftiger Brief. Ich habe gerade mit unserem Direktor [Perrin] gesprochen, der sich über Deine unglaubliche Sturheit und die damit verbundenen Unannehmlichkeiten beklagt ... Im Namen der Kunst und im Namen meiner tiefen Liebe zu Dir flehe ich Dich an, Dich mehr zusammenzureißen. Versuche es! Es heißt, Du hättest nächste Woche zum *sociétaire* befördert werden sollen. Ich kann das nur bestätigen. Aber inzwischen haben die zahlreichen Feinde, die Dir Dein Talent neiden, Oberhand gewonnen, und das alles nur wegen Deines widerspenstigen Wesens. Einige Deiner Freunde, die von meiner unendlichen Zuneigung zu Dir wissen, haben sich bei mir beklagt, daß Du sie mit Deinem ständigen Widerspruchsgeist quälst und daß sie sich vor den heftigen Auseinandersetzungen fürchten, die Du bei jeder Diskussion anfängst.

Und deshalb, mein Liebster, bitte ich Dich, beschwöre ich Dich, verwirf den Gedanken, alle hätten sich gegen Dich verschworen ... Schon nächste Woche könntest Du ein *sociétaire* sein, wenn Du Dich nur ein bißchen zusammenreißen könntest, nur ein kleines bißchen!

Die Bernhardt mußte erfahren, daß Mounet auf gute Ratschläge genauso heftig reagierte wie auf Regieanweisungen. Er wollte für alles eine Erklärung, wollte alles verstehen. Als er im *Britannicus* eine Schlange halten sollte, bestand er darauf, statt einer Attrappe eine lebendige Schlange zu verwenden. Wenn er nach rechts abgehen sollte, ging er nach links, wenn er schreien sollte, flüsterte er, wenn er flüstern sollte, schrie er.

Mounets Verlangen nach Erklärungen äußerte sich auch außerhalb des Theaters. Schon bald nachdem sie ein Liebespaar geworden waren, schickte Sarah ihm einen ihrer vielen Entschuldigungsbriefe und erklärte, warum sie ein mitternächtliches Rendezvous hatte absagen müssen.

Sarah an Mounet-Sully

Januar 1873

Gräme Dich nicht, Geliebter, und sei nicht allzu böse mit mir. Ich habe meinen kleinen Jungen für einen Monat nach Paris geholt, weil er hohes Fieber hat. Heute abend bin ich in großer Sorge um ihn, und ich bleibe bei ihm, bis der Doktor morgen früh eintrifft. Ich hoffe, daß es nichts Ernstes ist, aber ich bin nun mal vor allem eine Mutter.

Du glaubst mir doch, daß ich Dir die Wahrheit sage, mein Freund? Du weißt, daß es in dieser Welt Ausflüchte gibt, mit denen man niemals das Schicksal herausfordern darf, nicht einmal, um einen Seitensprung zu vertuschen. Und deshalb, mein Geliebter, sei mir nicht böse. Ich möchte Dir sagen, wie sehr ich Dich liebe, daß ich Dich aus ganzem Herzen liebe, daß ich Dir gehöre und daß ich beinahe glücklich bin. Jetzt, da ich die Liebe lieben gelernt, oder besser, da ich erfahren habe, was Liebe ist, fange ich auch an, das Leben zu lieben! Habe ich Dir von meinen vergangenen, heftigen Liebschaften erzählt, von meinen enttäuschten Hoffnungen? Von meiner ständigen Suche nach Liebe, von dem Gefühl der Leere und Dunkelheit, das jeder Enttäuschung folgte? Von den Tränen der Wut, den hilflosen Schreien, der Verzweiflung, die fast bis zum Selbstmord führte? Sollte ich Dir all dies noch nicht erzählt haben, so will ich es jetzt in aller Aufrichtigkeit tun, mein geliebter Herr und Gebieter, denn Dir verdanke ich es, daß ich nicht mehr weinen muß und daß ich voller Hoffnung bin. Und vor allen anderen verdanke ich Dir, was ich über die Liebe weiß, nicht die Liebe, die ich in anderen erwecke, sondern die Liebe, die ich geben kann. Ich bin so glücklich, daß ich endlich lieben kann, daß ich Dich liebe! … Nimm mein Herz, zerstreue mit Deiner feurigen Seele meine Traurigkeit, meine Zweifel. Öffne Dich, laß mich zu Dir herein, laß mich ganz Dein werden. Und mit diesem aus Erinnerung und Hoffnung geformten Kuß nimm entgegen, was ein Frauenherz an Poesie und Güte nur empfinden kann. Ich liebe Dich von ganzem Herzen.

Ich bette Deinen Kopf in meine Arme, ich küsse Deine Lippen, ich flüstere die Worte der Liebe.

Die Deine

Trotz der Liebesbeteuerungen waren es gerade Sarahs Briefe, die den Keim für Mounets Leid enthielten. Sein unstillbarer Drang, alles zu analysieren, mag ihn zu der Frage geführt haben, warum sie nur »beinahe glücklich« war und warum sie das Schicksal nicht herausfordern wollte, »nur um eine Caprice zu vertuschen«. Von welcher Caprice sprach sie?*

Doch vor allem die Erwähnung früherer Liebesverhältnisse machte Mounet zu schaffen. Ob mit Absicht, aus Koketterie oder aus Grausamkeit, Sarahs Worte öffneten seiner Eifersucht Tür und Tor. Seit diesem Brief wurde er von ihren verflossenen Liebhabern heimgesucht wie von Schreckgespenstern, die er weder fassen noch vergessen konnte. Wenn ihre Vergangenheit voller »fieberhafter« Affären gewesen war, war die Gegenwart anders? Mounet war von dem quälenden Wunsch besessen, jede ihrer Bewegungen und jedes ihrer Worte zu hinterfragen. Von seiner Eifersucht geschmeichelt, aber auch geängstigt, nannte Sarah ihn ihren Herrn und Gebieter und beschwor ihn, sich zu beruhigen. Selbst wenn sie ihm scherzend mitteilte: »Sobald Du fertig bist, pfeife, und ich werde zu Dir in die Garderobe eilen«, fügte sie ängstlich hinzu: »Sei nicht böse und laß diesen Brief nicht herumliegen.«

Mit der Zeit reagierte Sarah immer seltener auf Mounets Pfeifen. Aber halb verliebt, wie sie war, reizte es sie, ihn am Gängelband zu führen. Kaum sah sie ihre Macht über ihn schwinden, schickte sie ihm leidenschaftliche Briefe und erlaubte ihm wieder, sie zu lieben. Die Folge davon war, daß Jean kaum noch Wahrheit von Lüge und Liebe von Schauspielerei unterscheiden konnte. Was sollte er von ih-

---

* Der jüngere Dumas erklärt in seinem Roman *Die Kameliendame,* der Vorlage zu dem gleichnamigen Theaterstück, »Caprice« sei ein Codewort der Kokotten für jene nichtkommerziellen Liebesaffären, die ihnen von Zeit zu Zeit trostreiche Abwechslung böten.

ren ewigen Ausreden halten? Entweder war sie müde, oder sie mußte irgendwelche geschäftlichen Dinge erledigen, Maurice' Arzt konsultieren, die Spielkameraden des Sohnes beschäftigen oder Rollen einstudieren. Und wenn sie sonst keine Ausrede hatte, griff sie auf ihr ewiges »zu krank für die Liebe« zurück. Vielleicht war sie das ja wirklich.

Sarah hatte von Anfang an nie gezögert, irgendwelche Krankheiten vorzuschieben, wenn sie Mounet nicht sehen wollte.

Sarah an Mounet

Februar 1873

Es geht mir schlecht, mein lieber Freund, ausgesprochen schlecht. Ich möchte Dir dieses kleine, kranke Ding nicht zumuten. Ich schicke Dir also nur mein Herz, meine Seele und meine lieben und zärtlichen Küsse. Mein süßer Herr und Gebieter, weißt Du, daß ich immer an Dich denken muß und nur von Dir träume, daß ich mir einzig wünsche, Dir allein zu gehören, Dir niemals Kummer zu bereiten, Deine geliebte Frau zu sein, ganz die Deine? Alles, was mich an Dich erinnert, läßt mein Herz höher schlagen. Und weißt Du, daß ich Dich leidenschaftlich und von ganzem Herzen liebe, Dich liebe mit all dem Schmerz und den Tränen meiner unglückseligen Vergangenheit?

Ich möchte wieder leben, küssen, all diese verrückten Gefühle empfinden. Meine Seele soll wieder keusch und unberührt sein, wie mein Herz es war, als ich mich in Dich verliebte. Und zu guter Letzt sollst Du wissen, daß ich Dich liebe. Ja, wirklich. Meine Liebe ist groß wie die Liebe selbst. Meine Lippen berühren Deine Lippen, und jetzt höre gut zu, was dieses ungezogene Plappermäulchen Dir zu sagen hat!

Sarah

Sarahs Lippen waren nicht das einzige Plappermäulchen von Paris. Die Kollegen an der Comédie Française amüsierten sich darüber, wie sie ihren eifersüchtigen Liebhaber mit der Rolle der untreuen Geliebten quälte, und es bereitete ihnen Vergnügen, ihr Vorwürfe zu machen und zugleich ihn auf den Arm zu nehmen. Ein Ereignis am Theater sollte die allgemeine Heiterkeit noch steigern. Nach einer Matineevorstellung sah Mounet, wie Sarcey hinter den Kulissen nervös auf und ab ging. Mißtrauisch fragte er ihn, worauf er warte. Sarcey erklärte, er wolle Sarah zum Essen ausführen. Mounet war überzeugt, daß der gierige kleine Kritiker sich ein Extravergnügen nach Tisch erhoffte. Er schlug alle Vorsicht – und die Aussicht auf wohlwollende Kritiken – in den Wind, brüllte, Sarcey sei ein niederträchtiger Schurke, und forderte ihn zum Duell. Er pflege sich nicht mit Kindern zu duellieren, erwiderte der Journalist, nahm Sarah am Arm und ging ab.

Mounet führte seine Eifersuchtsszenen nicht nur im Theater auf. Als er und Sarah eines Abends in einem Fiaker zu seiner Wohnung fuhren, stritten sie sich heftig. Genüßlich schilderte Marie Colombier die Auseinandersetzung:

> Mounet, am Ende seiner Geduld und rasend vor Wut, wußte nicht mehr, was er tat. Um nicht über Sarah herzufallen, zerbrach er die Fensterscheibe des Fiakers und trat mit den Füßen die Vorderwand ein. Der Kutscher fluchte und hielt an. Eine Menschenmenge versammelte sich um den Wagen, und Sarah schlüpfte lautlos hinaus und verschwand. Mounet wurde auf die Wache geschleppt und mußte eine Strafe zahlen. Beschämt über sein Verhalten und wütend über seine Geliebte ging er nach Hause, wo er Sarah fest schlafend in seinem Bett vorfand.

Bei jedem anderen Mann wäre die Liebesglut längst erkaltet. Nicht so bei Mounet. Trotzdem war er sicher nicht über einen Brief wie den folgenden erfreut, den Sarah ihm in den Pausen zwischen den anstrengenden Proben in der Comédie Française und dem nervtötenden privaten Drama mit ihrem fordernden Liebhaber schrieb. Sarah war inzwischen am Ende ihrer Kraft.

Sarah an Mounet

Februar 1873

Sei bitte nicht böse, ich flehe Dich an, mein geliebter Jean. Ich muß jetzt wirklich brav sein. Sei so lieb, komm und gib mir einen Kuß. Aber dann mußt Du heim ins Bett. ... Ein Geheimnis: Mein Herz tut mir weh, weil ich Dich gestern unglücklich gemacht habe. Ich werde es ewig bereuen und liebe Dich doch um so mehr. Ich werde nie mehr ungezogen sein. Nein, niemals, ich schwöre es. Lache nicht, ich liebe Dich. Ach, wäre es nur schon morgen abend, denn ich bin wieder ganz wohlauf. Ich atme Deine Küsse ein und gebe mich Dir ganz hin.

Sarah hatte aber nicht nur mit Jean Probleme. Im Frühjahr 1873 setzte Perrin ihrem Selbstbewußtsein zu, als er die Rolle der lebenslustigen italienischen Prinzessin Falconieri in *Dalila* von Octave Feuillet mit der Bernhardt besetzen wollte. Sarah fürchtete, die Rolle könnte ein schlechtes Licht auf sie werfen. Feuillet war ein begabter Schriftsteller. Seine Gesellschaftsstücke, die von hochwohlgeborenen Sündern und deren mißlichen Schicksalsschlägen handelten, erfreuten sich großer Beliebtheit. Perrin durchschaute Sarahs doppeltes Spiel mit Mounet und sah in ihr gerade deshalb die Idealbesetzung für die Rolle der untreuen Femme fatale. Sarah glaubte merkwürdigerweise, daß ihr ein so schlechter Charakter gänzlich fremd sei, und bemühte sich um die Rolle der edlen Heldin. Doch die Rolle dieses viel ansprechenderen Charakters war bereits Sophie Croizette versprochen, der begabten und schönen Geliebten Perrins. Sie war eine hochgewachsene, entzückende Blondine und der Liebling des Ensembles, und sie war all das, was Sarah nicht war: Sie strotzte vor Gesundheit, war gutmütig und wußte sich zu benehmen. Dazu kam, daß Sarah ihre Rivalin schon seit ihrer Kindheit kannte und sehr mochte.

Erfolg ist zum Teil auch die Folge von Versagensängsten. Doch weder die Angst noch das Roßhaar, das Sarah sich ins Mieder stopfte, um ihre Figur abzurunden, konnten ihr das

Selbstvertrauen wieder zurückgeben. Völlig entnervt und überzeugt, daß Perrin ihr absichtlich die falsche Rolle gegeben habe, wandte sie sich an ihren »Herrn und Gebieter«.

Sarah an Mounet

März 1873

Mein geliebter Jean, auf der Probe bin ich zusammengebrochen, und ich hatte Hustenanfälle und spuckte Blut. Die Herren Perrin und Feuillet mußten mich zum Wagen tragen, und nun liege ich im Bett. Ich flehe Dich an, mein Angebeteter, mich zu besuchen. Es würde mir so viel Freude machen ... Bitte verzeih, daß ich Dir so viel Unannehmlichkeiten bereitet habe ... Ich weiß, Du mußt viel erdulden ...

Sarahs Schwächeanfälle beruhten zweifellos auf den durch ihre Liebesbeziehung hervorgerufenen, vielfältigen Belastungen, zu denen noch die feindselige Atmosphäre kam, von der sie sich im Theater umgeben glaubte. In den vier Monaten an der Comédie Française war sie außer in Racines *Britannicus* noch in *Mademoiselle de Belle-Ile* von Dumas dem Älteren, in *Le mariage de Figaro (Figaros Hochzeit)* von Beaumarchais und in *Mademoiselle de la Seiglière* von Jules Sandeau aufgetreten und hatte sehr unterschiedliche Kritiken bekommen. Und jetzt war ihre Prinzessin Falconieri, genau wie sie befürchtet hatte, ein Reinfall. Verzweifelt klammerte sie sich an Jean, fand aber zugleich immer neue Mittel und Wege, ihn zu quälen.

Sarah an Mounet-Sully

Erst um halb ein Uhr nachts konnte ich *Le passant* spielen, und ich war erst um halb zwei zu Hause. Ich hätte also erst gegen zwei Uhr morgens bei Dir sein können, und das wäre mein Tod gewesen. Als ich schließlich zu Hause war, verzweifelte ich fast, weil ich Dich nicht mehr benachrichtigen konnte. Ich wußte, Du würdest mir tausenderlei schlechte Dinge unterstellen. Das ist sehr, sehr gemein von Dir, mein Geliebter. Aber Dir kann ich ja nicht böse sein ... Liebe bedeutet für mich die Liebe zu Dir, und ich möchte Dich noch sehr, sehr lange lieben – denn »ewig« zu lieben ist Ironie. Schicke mir ein Wort der Ermutigung für die Vorstellung heute abend. Schicke mir einen Kuß, oder bringe ihn mir lieber persönlich in die Garderobe ... und ich werde Dich so lange umarmen, mein Angebeteter, bis Dein Mund von meinen Küssen schmerzt.

Sarahs Worte waren für Mounet nur ein schwacher Trost. Wenn sie schrieb, sie wisse, daß er ihr nur Schlechtes unterstelle, nährte sie sein Mißtrauen, anstatt ihn zu beruhigen. Und ihre zynische Bemerkung, ewige Liebe sei Ironie, konnte den Mann, der sie zu heiraten hoffte, kaum aufrichten. Das ganze Frühjahr über schickte Sarah Briefe an Jean, die ihn an sie binden, seine Eifersucht schüren und ihn mit der Vorstellung quälen sollten, er könne sie verlieren: Einmal war sie krank, sterbenskrank, liebte ihn aber leidenschaftlich, dann war sie zu erschöpft, um ihn zu besuchen, wollte ihn aber am folgenden Abend treffen, dann wieder war sie vom Fieber ans Bett gefesselt, oder ihr Sohn, der einzige Mensch, von dem sie sich wirklich geliebt fühlte, war krank. Sie schrieb Jean, sie wünsche sich ein Leben ohne all diese Sorgen, damit sie ganz so sein könne, wie er sie sehen wolle. Wenn er nur den leisesten Verdacht gegen sie hege, könne er sie zu jeder Tages- und Nachtzeit besuchen und ihr Tun und Lassen kontrollieren.

Ein Brief vom 2. April 1873 legt die Vermutung nahe, daß sie ihn wegen eines anderen Mannes verlassen hat. Später sollte sich herausstellen, daß dies tatsächlich der Fall war.

Sarah an Mounet

O Jean, ich flehe Dich an, weine nicht mehr ... Ich weiß nicht, wie mir geschieht, doch Deine Tränen verfolgen mich, brennen sich mir ein. Ich bin so unglücklich ... Mein süßer Freund, mein angebeteter Geliebter, mein Allerliebster, ich komme zu Dir zurück. Warte auf mich!!!

Jawohl. Warum zögere ich bloß, wo das Glück die Arme nach mir ausstreckt? Und wenn Du mich nicht mehr liebst, ist das Grab doch so nahe, und leicht fließt einem der Schwanengesang über die Lippen. Aber weil Du einem Wesen begegnet bist, dem Du Deine ganze Liebe geschenkt, dem Du das Mysterium des Lebens offenbart hast – weil das so ist, soll Deine wunderbare, treue Seele solche Todesqualen erleiden müssen? Nein! Tausendmal nein!

Morgen werde ich Dich besuchen. Ich wäre heute schon gekommen, hätten die Schmerzen mich nicht übermannt. Meine Augen sind von Tränen gerötet, und mein Herz pocht, wenn ich an Deine Tränen denke.

Schlafe! Liebe mich! Liebe mich und höre mein Weinen, meinen Schmerz, meine Reue, meine Leidenschaft ...

Jean schickte unverzüglich eine überschwengliche Antwort:

Mounet an Sarah

... Gerade wollte ich, wie so oft in diesen Tagen, laut rufen: »Mein Gott, was soll nur aus mir werden?«, denn ich rechnete nicht mehr mit Deinem Erscheinen – da fand ich Deinen lieben Brief auf meinem Nachttisch vor. Ich bin so glücklich, liebe Sarah, so glücklich und stolz, daß Du einem großzügigen Impuls gefolgt bist und mir geschrieben hast ... Wenn Du nur wüßtest, wie recht Du tatest, indem Du Deinem Herzen folgtest und Dich den beiden Armen anvertrautest, die sich Dir beharrlich entgegenstrecken. Ach, wie weit weg sind Tränen, Angst und Pein! All die leidvollen Erinnerungen sind von der Gegenwart verdrängt, und die Zukunft erstrahlt in neuem Licht.

Heute nachmittag sagtest Du, Du hättest Angst vor meiner Eifersucht, Du würdest fürchten, daß ich die Vergangenheit wieder aufwärmen könnte. Doch die Vergangenheit existiert nur so lange, als sie Widerhall in der Gegenwart findet. Nach diesem aufrichtigen Schrei der Leidenschaft jedoch, den Du nicht unterdrücken konntest, der Dein ganzes Wesen überschwemmte, der heiß und leuchtend in mein Herz traf, glaube ich Dir. Ich spüre wieder Zuversicht und Hoffnung! Oh, Sarah! Sarah! Meine Sarah! Endlich liebst Du mich! Es ist wahr, wirklich wahr! Nein, ich werde Dich nie mehr mit meiner Eifersucht quälen. Das wäre wahrhaftig eine Beleidigung gegenüber der Frau, die ich so liebe ... jener Frau, die ich nur in meinen Träumen zu begehren wagte, einer Frau, die mir wie ein Trugbild meiner unseligen Phantasie erschien und die sich doch in Deinem zerbrechlichen Körper verbarg, einer Frau ohne Vergangenheit (hörst Du mich?). Endlich, endlich kenne ich sie. Sie existiert. Heute konnte ich sie einen Moment lang sehen, und ich werde sie morgen und in alle Ewigkeit sehen! O Freude! Sie trägt Deine Züge, sie ist *Du!* Jetzt sehe ich Dich, erkenne ich Dich, besitze ich Dich. Du bist *wir!* Fürchte Dich nicht, Du sollst glücklich sein. Mit Küssen werde ich Deine Brauen schmücken und Deine Arme mit einem Band aus Küssen zieren, denn mein unartiges Mädchen kann auf Luxus nicht verzichten!!! Meine Liebste, meine Frau, meine geliebte Gebieterin, auch Du mußt glauben, vertrauen und hoffen. Die Zukunft gehört denen, die guten Willens sind!! Und wir sind jung und stark, und wir lieben uns!!

Mounet mußte bald einsehen, daß Sarah trotz ihrer überschwenglichen Reaktion auf seine Liebe immer noch so unberechenbar war wie eh und je. In der naiven Hoffnung, die Ehe sei eine Treuegarantie, machte er Sarah mehr als einmal einen Heiratsantrag, den sie jedoch jedes Mal ablehnte. Sarah wollte weder das Opfer seiner ständigen Eifersucht sein noch die Rolle der treuen, liebenden Gattin spielen.

Wochen eisigen Schweigens vergingen, und als das Eis schließlich brach, taten sich nur noch dunklere, stürmischere Wasser auf.

Mounet an Sarah

Samstag morgen, 26. Juli 1873

Meine liebe Sarah, keine Sorge, ich werde nicht versuchen, mich zu verteidigen. Ich will Dir keine Vorwürfe machen, nichts ungeschehen machen. Ich erwarte von

Dir nicht, daß Du vergißt, aber angesichts meiner Liebe und meines Leids bitte ich Dich um Vergebung für all das Leid, das ich Dir angetan habe. Du sagst, ich hätte Dich geschlagen, meine Geliebte, meine Angebetete. Ich kann mich daran nicht erinnern. Und doch sehe ich die dunklen Male auf Deinen Armen vor mir, die meine Hände Dir zugefügt haben. Und Deine Augen, von den Tränen jener Nacht rot und geschwollen, verfolgen mich wie ein schlechter Traum. Ich war grausam und hatte womöglich gar keinen Grund dafür. Ich sage mir, daß ich mich wohl von falschen Anzeichen habe irreführen lassen, daß meine ungerechten Vorwürfe allein verantwortlich sind für Deinen heftigen Kummer. Aber ich habe mich Dir doch zu Füßen geworfen, ich habe aus ganzem Herzen um Vergebung gefleht. Aber Du warst die ganze lange Nacht kalt wie Eis, taub für mein Flehen und blind für meine Tränen.

Wie ist das nur möglich? Sag es mir! Wenn Du es vor zwei Tagen ehrlich gemeint hast, als Du Worte fandest, mich von Deiner Liebe zu überzeugen, und mich toll und trunken machtest vor Freude und mich für einen Augenblick an eine mögliche Zukunft glauben ließest, wie, warum konntest Du mir gestern plötzlich sagen, daß Du schon vor einem Monat aufgehört hast, mich zu lieben? Vor einem Monat! Was soll das heißen? Was geschah vor einem Monat? Ich zerbreche mir den Kopf und kann nichts finden!

Ach, diese Wunden! Die Male auf Deinen Armen verheilen und werden in ein paar Stunden vergessen sein, aber wie kann die furchtbare Wunde, die Deine Worte mir zugefügt haben, jemals verheilen? Wann hast Du gelogen? War es davor? War es danach? Und warum die Lüge? Du wirfst mir vor, ich sei egoistisch und kleinlich – ich, der ich Dich so geliebt habe, ich, der Dich immer noch so liebt und Dich nur *um Deiner selbst willen* liebt, wie Du genau weißt! … Sarah! Sarah! Ich wollte Dir von meinen Plänen erzählen, meinen Plänen für unsere Zukunft. Ich hatte so viele und so wunderbare Pläne! …

Fast glaube ich, daß ich Dir letzte Nacht Unrecht getan habe. Vergib mir! Vor allem dies wollte ich Dir sagen, denn ich bin mir bewußt, ja, ich bin mir bewußt, daß ich mich vielleicht getäuscht habe, und es ist mir wichtig, daß Du das weißt ... Weintest Du nicht deshalb, weil ich Dich just in jenem Augenblick mit Vorwürfen überhäufte, in dem Du unseren Traum Wirklichkeit werden lassen und mir den endgültigen Liebesbeweis erbringen wolltest, auf den ich so lange gewartet und den ich mehr um Deiner als um meiner selbst willen erfleht hatte? Ach, würdest Du doch mit Ja antworten. Sei mir nicht mehr böse. Das wäre ungerecht ... Du sollst nur wissen, daß ich unsagbar unglücklich wäre, müßtest Du weiterhin in Furcht vor Deinem reuigen Bittsteller Jean leben.

Sarah an Mounet-Sully

Sonntag morgen, 27. Juli 1873

Ja, Jean, Du warst grausam und ungerecht, und Du bist zu weit gegangen. Ich spürte, wie Deine Tyrannei für immer meine Zukunftsträume zerstörten, denn auch ich hatte Träume ... Du darfst mir nicht die paar Lügen zum Vorwurf machen, Lügen, die nur Beweise meiner Zuneigung sind. Ich habe die Wahrheit gesagt, Jean. In diesem vergangenen Monat hat mir Deine unkontrollierte Eifersucht viele Male zugesetzt, die Dich immer und überall alle Regeln des Anstands vergessen läßt, egal, wo wir uns gerade befinden. Gestern nacht hast Du mich Qualen der Reue erleiden lassen. Ich vergoß Tränen der Trauer, der tiefsten Trauer darüber, daß sich der Traum meines Herzens und meine wohlgehüteten Zukunftspläne unter Deinen brutalen Händen auflösten. Schon bei der letzten Auseinandersetzung wäre es Dir beinahe gelungen, meine Luftschlösser zu zerstören, aber noch konnte meine Liebe sie bewahren. Doch gestern, in dieser traurigen Nacht, mein lieber Jean, sind sie endgültig eingestürzt, und ihre Trümmer wurden von meinen Tränen überflutet. Mögen die süßen Träume ruhen, ich möchte sie nicht wecken.

Nein, ich habe Dich vor zwei Tagen nicht angelogen,

denn noch einmal habe ich in Deinem Herzen den Widerhall meiner Trauer gefunden und in Deinen lieben Augen Tränen glänzen sehen. Ich war gerührt und *habe* Dich geliebt. Ich möchte Dir nicht unnötig weh tun, aber Du mußt begreifen, daß mein Herz verletzt ist und ich nicht weiß, ob es je wieder heilen wird. Ich hatte meine Freunde gebeten, draußen zu warten, bis ich umgezogen wäre, aber Du drängtest Dich an ihnen vorbei in meine Garderobe. Durch Dein Verhalten fühlte ich mich in meiner Würde als Frau verletzt. Es war gerade so, als wolltest Du sagen: »Aber ich kenne sie, sie ist meine Geliebte, ich sehe sie jeden Tag unbekleidet.« ... Ich mußte mich Deiner Gewalt fügen, um einen Skandal zu vermeiden. Du quälst mich mit Waffen, die ich Dir selbst in die Hand gegeben habe. Du hast meine Zuneigung und meine Liebe wie eine Fahne vor Dir hergetragen.

Ja! Du hast mich sehr verletzt, Jean, aber ich verzeihe Dir, wenn Du das wünschst. Doch verzeihen heißt nicht vergessen. Gib meinem Herzen Bedenkzeit, und dann wollen wir sehen, was aus den Trümmern unserer Liebe noch zu machen ist. Sei nicht unglücklich. In einigen Tagen wird uns die Kunst wieder zusammenführen. Wir wollen unsere Liebe nicht vergessen. Nimm hier meine Braue, die Du so feige geschunden hast. Vielleicht können Deine Küsse meine Liebe wiederbeleben. Doch ich bezweifle es.

In dieser aufgewühlten Zeit, als Sarah von Mounet geschlagen und von seinen leidenschaftlichen Briefen gemartert wurde, sollte sie an der Comédie Française ihr komödiantisches Talent in dem spritzigen, in freien Rhythmen verfaßten Bühnenwerk *Chez l'avocat* von Paul Ferrier unter Beweis stellen. Es war eine schwere Prüfung, denn Sarahs Bühnenpartnerin war ihre Jugendfreundin Constant Coquelin, die einmal Frankreichs größte Komödiantin werden sollte. Kein Wunder, daß Sarah unter diesen Umständen manche schlechte Kritik bekam.

Mounets Hochachtung vor Sarahs künstlerischem Können war eine seiner liebenswerten Eigenschaften. Bekam sie schlechte Kritiken, fühlte er sich genauso getroffen, wie wenn die Kritiken ihm gegolten hätten. Und sie war trotz allem gerührt, als er ihr zur Seite sprang.

Mounet an Sarah

(Ende) Juli 1873

Ich habe mir geschworen, Dir nie mehr zu schreiben. Die herablassende, kalte Art, mit der Du alle meine Fehler aufgezählt hast, die doch nur Ausdruck meiner allzu großen Liebe für Dich sind, hat mein Herz mit Trauer erfüllt ..., denn jetzt zweifle ich nicht länger, daß Du mich nicht mehr liebst, wenn Du mich überhaupt je geliebt hast. Ich schreibe Dir also nicht, um von *uns* zu reden, meine ewig Geliebte. Doch angesichts der Haltung einiger Zeitungen bezüglich Deiner letzten Rolle kann ich nicht anders, als über den uns trennenden Ozean aus Eis zu rufen: »Hab keine Angst!« Du bist auf dem richtigen Weg ... Laß Dich nicht entmutigen. Du hast eine wahrhaft große Leistung vollbracht ... Sollte es den Kritikern je einfallen, Dich noch einmal in dieser kleinen Rolle zu sehen, aus der Du den Inbegriff poetischer Weiblichkeit gemacht hast (und ich meine das ganz ernst!), wirst Du gerächt werden ... Denn dann werden ihnen die eigenen Worte schwer im Magen liegen, oder sie müssen mit schlechtem Gewissen weiterleben, und das ist das Schlimmste, was einem Menschen passieren kann – vor allem, wenn er Theaterkritiker ist.

Und nun, mein lieber Engel, küsse ich – so platonisch wie möglich – die Spitzen Deiner hübschen rosa Klauen.

Jean

Mounets Liebe mag blind gewesen sein, aber in seiner Loyalität gegenüber der Künstlerin war er weitsichtig. Die Bernhardt ließ sich nicht auf das Tragödinnenfach reduzieren, sie war auch eine sprühende Komödiantin. Das Publikum bewunderte sie in ihrer Rolle in *Chez l'advocat*. Einige Kritiker konnten sich Sarah nur als Tragödin vorstellen und akzeptierten sie nicht im Fach der lyrischen Komödiantin, andere dagegen sahen in ihr und der Coquelin ein unvergleichliches Duo, das mit außerordentlichem Charme und Schwung ein quirliges Paar spielte.

Als Sarah am 22. August in der Titelrolle von Racines *Andromaque* einen »ungeheuren Erfolg« hatte, bestand kein Zweifel mehr an ihrem Talent. Auch Mounet erntete Bewunderung, nicht zuletzt von Sarah, die ihn in ihren Memoiren anerkennend erwähnt: »Ich werde diese Premiere niemals vergessen, in der Mounet-Sully einen rauschenden Triumph feierte. Ach! Mounet-Sully – er war so schön in der Rolle des Oreste! Sein Auftritt, seine Raserei, sein Wahnsinn, die klassische Schönheit seines Körpers und seiner Bewegungen, wie herrlich war das!«

Als sie einen Monat später in *Phèdre* die Aricie spielte, eine Nebenrolle, vermerkte sie bescheiden, der eigentliche Erfolg des Abends sei ihr zugefallen.

Die Bernhardt und Mounet-Sully wußten durchaus, daß sie immer mehr als das führende Paar der Comédie Française galten. Gegen Ende des Jahres 1873 war Sarah endgültig als klassische Tragödin anerkannt. Vom Erfolg beflügelt, nahm sie keinen Urlaub und spielte die Aricie und die Andromaque den ganzen Sommer über. Trotz gemeinsamer Triumphe sah sie jedoch ihre Beziehung zu Mounet als gescheitert an. Fünf Tage nach der Premiere ihrer Aricie, einer Rolle, die sie Mounets Worten zufolge mit »unvergeßlicher Schönheit, Rhythmus und Zurückhaltung« spielte, schrieb sie ihm:

22. September 1873

> … Unser Glück hängt von unserer Trennung ab. Niemals könnte ich eine solche Tyrannei, eine so despotische Treue aushalten. Möge Freundschaft uns vereinen. Allein mit Dir und durch Dich habe ich die Liebe erfahren. Ich möchte Schluß machen, solange mein Herz noch entflammt ist … Möge die Kunst den Sieg davontragen. Um ihretwillen werden wir auf der Bühne ein Liebespaar bleiben. Bist Du damit einverstanden? Unser blühender Sommer ist vorüber. Traurig fallen die Blätter des Herbstes. Liebe, lebe wohl. Du hast ihr zum Leben verholfen, aber sie nicht sterben lassen können.

Bereits einige Stunden später erhielt Sarah Mounets Antwort:

> Ich verstehe nichts, nichts, nichts, meine Freundin, meine Geliebte, meine Gebieterin. Ich verstehe nichts, ich weiß nur, daß mir mein Herz noch nie so weh getan hat. Seit zwei Tagen warte ich nun schon auf Dich, die Seele angsterfüllt, die Augen voller Tränen, und so werde ich weiter auf Dich warten ... bis Du zu mir zurückkommst oder ich sterbe.
>
> PS. Dann bis morgen zum Mittagessen. Wenn Du es wünschst, werden wir nicht über uns sprechen, aber ich werde Dir wenigstens in die Augen sehen können.

Anfang Oktober kehrte Sarah zu Jean zurück, setzte aber das aus Sticheleien, Verletzungen und willkürlichen Gunstbeweisen zusammengesetzte qualvolle Drama fort. Obwohl sie »in die Liebe verliebt« und auf ihre Art auch in Jean verliebt war, konnte sie von diesem Spiel des Gewährens und Entziehens nicht lassen. Ein Grund dafür scheint ihren Briefen zufolge das gefühllose Verhalten des Prinzen de Ligne gewesen zu sein. Vielleicht war ihr gar nicht bewußt, daß sie andere Männer für ihr vergangenes Unglück büßen lassen wollte.

Im Herbst mußte auch Sarahs jüngere Schwester Régine die zwischen Zuneigung und Grausamkeit wechselnden, unbewußten Stimmungsschwankungen ihrer Schwester am eigenen Leib erfahren.

Sarah an Mounet-Sully

> Régine hat ihre Ankunft telegraphisch für fünf Uhr morgens angekündigt. Sie hat kein Zuhause, außer bei mir; ich muß hierbleiben, um sie zu empfangen ... Wenigstens kann ich auf diese Weise etwas für meine Familie tun.

Als Sarah ins Halbgeschoß in der Rue de Rome gezogen war, hatte sie Régine bei sich aufgenommen, um sie vor Youle zu schützen. Diese freundliche Geste war aber offenbar kein Ausgleich für die Vernachlässigung, die Régine als

Kind erlitten hatte. Das ehemals pummelige Schwesterchen hatte eine tragische Entwicklung durchgemacht und war jetzt eine ausgemergelte achtzehnjährige Hure im Endstadium einer Tuberkuloseerkrankung.

Sarah Bernhardt gibt in ihrer Autobiographie *Mein doppeltes Leben* einen düsteren Bericht der letzten Tage ihrer unglücklichen Schwester:

> Die Wohnung in der Rue de Rome war klein. Mein Schlafzimmer war winzig. Das große Bett aus Bambusrohr nahm den ganzen Platz ein. Am Fenster stand mein Sarg, in dem ich es mir oft bequem machte, wenn ich meine Rollen lernte. Als ich meine Schwester zu mir nahm, fand ich es auch ganz natürlich, jede Nacht in diesem kleinen Bett aus weißem Satin, das mein letztes Ruhelager werden sollte, zu schlafen. Meine Schwester dagegen mußte es sich in meinem großen Bett aus Bambusrohr in Bergen von Spitzen bequem machen. Sie fand das ganz einleuchtend, weil ich sie nachts nicht allein lassen wollte und in diesem Schlafzimmer unmöglich ein weiteres Bett aufgestellt werden konnte. Außerdem war sie an meinen Sarg gewöhnt.
>
> Eines Tages kam meine Maniküre in mein Schlafzimmer. Da ich noch schlief, bat meine Schwester sie, leise einzutreten. Diese Frau, die glaubte, ich würde in einem Sessel schlafen, drehte sich daraufhin um. Als sie mich aber in einem Sarg entdeckte, schrie sie wie eine Wahnsinnige und rannte davon. Von da an wußte ganz Paris, daß ich in einem Sarg schlief, und die Zeitungsenten flogen in alle Richtungen davon.

Nicht nur Klatsch und Tratsch trugen zur Verbreitung dieser Neuigkeit bei. Sarah Bernhardt machte sich die Situation zunutze und ließ sich von dem bekannten Pariser Fotografen Melandri in ihrem blumengeschmückten Sarg aufnehmen. Sie war ganz in Weiß gekleidet, die Arme hatte sie über der Brust gekreuzt, die Augen waren geschlossen, als habe sie sich zur ewigen Ruhe begeben. Schon bald gab es das Foto überall zu kaufen. Melandri vertrieb das Bild auch als Postkarte und machte damit kein schlechtes Geschäft, aber auch Sarah kam auf ihre Kosten und kassierte ein ansehnliches Honorar. Die Postkarte ist heute noch in Paris erhältlich. (Damals war es durchaus üblich, daß Größen des Theaters wie sogar der berühmte Ibsen ihr Einkommen mit dem Verkauf von Fotos aufbesserten.)

Woher der Sarg ursprünglich stammte, ist unklar. Sarah berichtet, sie habe ihn gekauft, um sich mit dem Tod vertraut zu machen. Recht unwahrscheinlich ist das Gerücht, ihre Mutter hätte ihn ihr geschenkt. Noch unwahrscheinlicher klingt die Behauptung Marie Colombiers, der Sarg sei das Geschenk eines nekrophilen Liebhabers, der sich darin mit Sarah vergnügte. Der Sarg war, so unglaublich es klingen mag, Ausdruck von Sarahs morbidem Wesen wie der mit einem düsteren Vierzeiler geschmückte Totenschädel auf ihrem Schreibtisch, ein Geschenk Victor Hugos, oder das Skelett in ihrem Atelier, das sie scherzhaft Lazarus nannte. Der Tod übte auf Sarah wie auf viele Künstler ihrer Zeit eine geheimnisvolle Faszination aus, den Zauber der Verderbtheit. Sarahs Sehnsucht war die Baudelaires, der für viele seiner Generation sprach: »Zum Schlund hinab, ob Höll ob Himmels Werke / Zum Unbekannten tauchend Neuem neuer.« *(Plonger au fond du gouffre, Enfer ou Ciel, qu'importe? / Au fond de l'inconnu pour trouver du nouveau.)*

Man könnte Sarahs Vorliebe für Makabres durchaus romantische Züge abgewinnen, wäre Régines Tod nicht so nahe gewesen.

Sarah an Mounet-Sully

26. November 1873

Ich leide ... Oft leide ich an den Nerven, aber nein, nicht jetzt! Meine Seele, mein Herz, mein Innerstes leiden. Alles sträubt sich in mir und schreit: »Welche Qual! Welcher Überdruß! Welche Bitterkeit!«

Vergib! Nimm diesen Kuß aus Tränen, der trüben Gischt stürmischer Tage. Es ist der liebende Kuß einer Frau, die um Deinetwillen liebt und die Deine ist.

Sarah Bernhardt

Und einige Tage später:

> Ich habe nicht geschrieben, weil ich völlig ausgelaugt bin. Seit vier Nächten ringe ich mit dem Tod um ihren armen kleinen Körper. Im Augenblick habe ich die Oberhand, aber wer weiß, wie lange noch? Küsse meine tränenroten Augen, ich umarme Dich, mein Freund ... Gute Nacht, Jean. Schlaf wohl, und laß Dich von diesem unruhigen, sonderbaren und morbiden Geist, genannt Sarah Bernhardt, nicht unglücklich machen.

»Unruhig, sonderbar und morbid«, Sarah hätte keine treffenderen Worte zu ihrer Charakterisierung finden können. Offensichtlich war ihr nicht klar, daß der Sarg die Todesängste des sterbenden Mädchens wohl noch verschlimmerte. Fast scheint es, als wolle Sarah, die immer geglaubt hatte, sie würde einmal jung an Tuberkulose sterben, mit ihrer Schwester konkurrieren. Bei aller Fürsorge versuchte sie auch jetzt, ihr nur eine Statistenrolle zuzuweisen. Marie Colombier meinte, Sarah hätte den verhaßten Kasten wenigstens in ein anderes Zimmer stellen können. Sie schreibt: »Das arme, schwindsüchtige Ding stand jedes Mal Folterqualen aus, wenn ihr Blick darauf fiel. Fand sie endlich ein wenig Schlaf, wurde sie von schrecklichen Alpträumen heimgesucht. Wenn sie allein war oder mit ansehen mußte, wie ihre Schwester in den Sarg stieg, fürchtete sie sich schrecklich. Der Doktor mußte Sarah schließlich auffordern, diese unheimliche Erinnerung an den Tod wegzuschaffen.«

> *Sarah an Mounet*
>
> 10. Dezember 1873
>
> Dieser lange und qualvolle Todeskampf ist eine Ironie des Schicksals, eine Ungerechtigkeit. Ihre achtzehn Jahre schreien nach Gnade. Ich sende Dir ein tieftrauriges Lächeln, Jean. Mehr kann ich Deinem Seelenfrieden und unserer Kunst nicht geben. Ich liebe Dich sehr, aber ich bin nicht mehr in Dich verliebt ...

Am 16. Dezember 1873 erhielt Mounet ein Foto von Régine und eine schwarzumrandete Traueranzeige mit den Worten: »Sie ist heute früh gestorben.«

Marie berichtet von einer prachtvollen Beerdigung. »Phèdre erstickte in Tränen. Und als der alte Perrin sah, daß ihr Schleier vor lauter Tränen die Form zu verlieren drohte, bemerkte er: ›Sie ist einfach großartig.‹ Noch nie zuvor hatte ein Mitglied seines Ensembles ein so mitleiderregendes Schauspiel geboten. Sarah stand am Eingang des Friedhofs Père Lachaise und nahm die Beileidsbezeugungen von ganz Paris entgegen. Ein Journalist drückte es so aus: ›Es war keine Beerdigung, es war eine Premiere.‹«

Es war vorauszusehen, daß Sarah ihren Schmerz so auskosten würde, aber auch, daß ihre Freunde sich über sie lustig machen würden. Sie erntete freilich nicht nur für ihre Tränen Spott. Einige Monate zuvor hatte sie gedroht, der Bühne für immer den Rücken zu kehren und sich ganz der Bildhauerei und Malerei zu widmen. Ihre Freunde hatten das für eine ihrer verrückten Übertreibungen gehalten. Doch diesmal hatten sie Sarah unterschätzt. Sie mietete ein Atelier, engagierte einen Lehrer und machte sich mit »leidenschaftlicher Begeisterung« an die Arbeit. Das Ergebnis konnte sich sehen lassen. Dreiundzwanzig Jahre lang, von 1874 bis 1896, wurden ihre Werke im Salon offiziell ausgestellt und erhielten, zum Ärger professioneller Künstler und der Kollegen vom Theater, hohe Auszeichnungen.

Sarahs sonniges Atelier auf dem Montmartre diente ihr nicht nur als Arbeitsplatz, sondern bot ihr auch die Möglichkeit, sich von den aufreibenden Rivalitäten an der Comédie Française zurückzuziehen. Sie war Realistin genug, um zu wissen, daß sie dort mehr Feinde als Freunde hatte. In dem hoch über der Stadt gelegenen Atelier umgab sie sich mit Künstlern, Schriftstellern und vertrauenswürdigen Freunden. Zu diesem Kreis gehörte auch Alphonse Daudet. Daudet war nicht nur ein Bewunderer der Bernhardt, er beobachtete sie auch mit den Augen des Schriftstellers: im Atelier, an seiner eigenen Tafel und im Salon des Verlegers Charpentier, wo sich jede Woche das Paris der Literatur und Kunst zusammenfand. Im Jahre 1876 veröffentlichte

Daudet einen Schlüsselroman mit dem Titel *Der Nabob*, der auf Anhieb ein Erfolg wurde. Das Buch handelt ganz offenkundig – einige meinten, zu offenkundig – von Sarah [im Buch Felicia Ruys] und dem Herzog de Morny [im Buch der Herzog de Mora]. In seiner Jugend war Daudet Sekretär beim Herzog de Morny gewesen, und jetzt zahlte er ihm auf diese Weise manche Unfreundlichkeit heim. Die Bernhardt, als Bildhauerin im Roman leicht wiederzuerkennen, wird als feinfühlige, wenngleich ungestüme Frau beschrieben, die ganz in der Kunst aufgeht, aber dem Leben mit Unduldsamkeit begegnet. Mit dichterischer Freiheit läßt Daudet den Herzog de Morny statt in den Armen Youles und Rosines in den Armen Sarahs liegen. Klatschmäuler waren natürlich davon überzeugt, daß der Herzog die Gunst aller drei Frauen genossen hatte. Für diejenigen, die sich mehr für das Privatleben der Schauspielerin als für ihre Kunst interessierten, waren Sarahs Bühnenauftritte seitdem von besonderer Pikanterie.

Sarahs Trauer war nicht nur theatralisches Getue, auch wenn ihre Freunde sich über sie lustig machten. Der Tod ihrer Schwester nahm sie so sehr mit, daß ihr Arzt ihr einen Urlaub in Südfrankreich verordnete. Wie es für Sarah typisch war, beschloß sie, statt dessen in die Bretagne zu reisen. Begleitet wurde sie von ihrem neuen Liebhaber, dem charmanten und gutaussehenden Maler Georges Clairin.

Im Januar 1874 wurde Sarah klar, daß sie nicht mehr zu Mounet zurückkehren und mit ihm Verführerin und Opfer spielen durfte. Sicher war es schwierig, ihn zurückzuweisen, nicht weniger schwierig jedoch war, ihn anzulügen. Sie entschloß sich also, ihm reinen Wein einzuschenken, zumindest so viel, wie sie selbst vertragen konnte.

Sie schrieb ihm, sie sei als Freundin wertvoller denn als Geliebte. Ob er den Mut habe, dies zu akzeptieren? Ob er mit seiner Zuneigung über ihr Leben wachen wolle – ein Leben, das »so chaotisch, so ruhelos und krank« sei?

Sarah war den diesem Brief folgenden Wutausbrüchen Mounets nicht gewachsen und schrieb ihm zwei Wochen später einen weiteren Brief, in dem sie überraschend offenherzig ihre sexuellen Probleme ansprach:

Soviel ich weiß, habe ich Dir keinen Anlaß für ein solches Verhalten gegeben. Ich habe Dir deutlich gesagt, daß ich Dich nicht mehr liebe. Ich habe Dir die Hand gereicht und Freundschaft anstelle von Liebe geboten. Warum machst Du mir Vorwürfe? Du kannst nicht behaupten, daß ich nicht offen zu Dir war. Ich war Dir immer treu. Ich habe Dich nie betrogen, habe Dir ganz gehört. Es ist Deine eigene Schuld, wenn Du nicht festhalten konntest, was Dein war.

Außerdem, mein lieber Jean, mußt Du wissen, daß ich für das Glück nicht geschaffen bin. Ich kann nichts dafür, daß ich unentwegt auf der Suche nach neuen Reizen, neuen Gefühlen bin. Ich werde mich bis an das Ende meiner Tage nicht ändern. Ich bin am Morgen danach genauso unbefriedigt wie am Abend davor. Niemand kann mir soviel bieten, wie mein Herz begehrt. Mein schwacher Leib ist ausgelaugt vom Akt der Liebe, aber niemals finde ich die Liebe, von der ich träume.

Ich befinde mich gerade in einem Zustand völliger Erschöpfung. Gerade als ob mein Leben erloschen sei. Ich kann weder Freude noch Trauer empfinden. Wenn Du mich doch vergessen könntest. Was soll ich denn tun? Du darfst mir nicht böse sein. Ich bin ein unvollkommenes Wesen, aber im Grunde meines Herzens bin ich gut. Ich würde alles tun, Dein Leiden zu stillen!!! Aber Du verlangst eine Liebe von mir, die Du doch selbst zerstört hast!

Jean, ich flehe Dich an, laß uns Freunde sein.

Daß Sarah immer wiederholte: »Ich habe Dich nie betrogen, habe Dir ganz gehört«, trug höchstens dazu bei, Mounets Unmut noch zu steigern. Zu erfahren, daß er sie sexuell nicht befriedigen konnte, zu erkennen, daß sie ihn hintergangen, ihn jedesmal »betrogen« hatte, wenn sie in vorgetäuschter Ekstase gestöhnt hatte, war zuviel für den Mannesstolz des großen Liebhabers. Wer glaubt, Verbitterung, Eifersucht und Gewalt reichten aus, die Liebe zu begraben, verkennt Mounets besessene Leidenschaft. Er brauchte ein halbes Jahr, bis er sich aus den Fängen befreit hatte, die er die »hübschen rosa Klauen« genannt hatte.

Als alles aus war, ordnete Mounet, der es im Leben genauer nahm als in der Liebe, Sarahs Briefe, verfaßte Protokolle seiner Antworten, verschnürte alles mit einem Band und verwahrte es in einer hübschen Schatulle aus Silber, die mit Sarahs Motto *Quand même* verziert war. Sarah dagegen versuchte, ihn aus ihrer Erinnerung, ja aus ihrem Leben zu verbannen. Das war jedoch nicht einfach. Bevor ihre Affäre noch zu Ende war, waren sie auf der Bühne geworden, was sie im wirklichen Leben nie gewesen waren: das ideale romantische Liebespaar. Auf der Bühne mußte Sarah nicht wie im Bett Ekstase vortäuschen. Hier konnte sie ihr »geliebtes Ungeheuer« verführen und Befriedigung geben und nehmen, hier konnte sie ihre vielschichtige Natur ausleben und wurde dafür gelobt, nicht getadelt. In dieser Lebensphase verschafften ihr die Schauspielerei, die Konzentration auf der Bühne und der donnernde Applaus, der ein nachhaltiges Gefühl der Zufriedenheit hinterließ, vielleicht mehr Freude als die frustrierende Suche nach sexueller Befriedigung.

Balzac sagt in seinem Roman *Vetter Pons* einmal, man strebe im Leben nur nach der Befriedigung, die man sich selbst verschafft. Sarah war derselben Meinung. Im Gegensatz zu Balzac gelang es der Schauspielerin aber nicht, aus ihrer künstlerischen Arbeit jedesmal die erwünschte Befriedigung zu schöpfen. Sie spielte gewöhnlich nur an zwei Abenden in der Woche, was in einem Theater, das sich eines großen Repertoires von hundert Stücken und eines erstklassigen Ensembles rühmte, für ausreichend erachtet wurde. Aber Sarah paßte es nicht, nach der Pfeife anderer zu tanzen. Sie mußte die Diva sein, der Star, der jeden Abend auf der Bühne glänzt, der sich seine Rollen und Mitspieler selbst aussucht und im Mittelpunkt steht. Doch wenn sie Perrin um eine bestimmte Rolle bat, bekam sie zur Antwort, er habe die Rolle schon einer anderen versprochen. Die nervenschwache, ehrgeizige Sarah verbrachte so manche Nacht in Tränen aufgelöst. Immer häufiger erlitt sie Ohnmachtsanfälle oder spuckte Blut. Ihre Freunde machten sich ernsthaft Sorgen um sie. Als sie merkte, daß die Comédie Française ihr nicht die Möglichkeit bot, ihre Kreativität auszuleben, zog sie sich immer mehr in ihr Atelier auf dem Montmartre zurück und widmete sich der Bildhauerei. Jeden Morgen um acht Uhr ließ sie ihr Pferd satteln und ritt aus. Ab zehn arbeitete sie dann in ihrem Atelier am Boulevard de Clichy Nr. 11.

Schließlich gab Perrin dem Druck der Presse und des Kulturministeriums nach und besetzte die zweite Hauptrolle in Octave Feuillets neuem Stück *Le sphinx* mit der Bernhardt. Es wurde das Erfolgsstück der Saison. Die Titelrolle hatte Perrin wie zu erwarten mit seiner Lieblingsschauspielerin, der begabten Sophie Croizette, besetzt. Obwohl die beiden Rivalinnen waren und das Publikum in zwei feindliche Fraktionen teilten, begannen die Proben in einer harmonischen Atmosphäre. Sarah war nach der neuesten Mode gekleidet, oder vielmehr dem, was sie dafür hielt und was ganz ihrem Wesen entsprach. Sie trug ein strenges schwarzes Samtkleid, das nur von einem weißen Rüschenkragen aufgelockert wurde, und hielt frische Blumen in der Hand. Sie arbeitete konzentriert und achtete auf jedes Detail. In den Pausen freilich verwandelte sie sich in eine ganz andere Person.

Feuillet erinnert sich, wie sie plötzlich »zu tänzeln begann, herumhüpfte, ans Klavier ging und sich zu einer bizarren Negerweise begleitete und mit ihrer hübschen Stimme dazu sang. Dann ging sie wie ein Zirkusclown mit Riesenschritten auf und ab, mampfte von der Schokolade, die sie in ihrer Handtasche aufbewahrte, und zog sich die Lippen mit einem Pinsel nach. Es gab keinen reizenderen Anblick als Sarah und die Croizette, wenn sie wie zwei aufgescheuchte Göttinnen mit ihren Müttern im Schlepptau das Theater verließen. Die Nase keck erhoben, den Strohhut auf die voluminösen blonden Perücken gedrückt, marschierten sie mit schlenkernden Sonnenschirmen und übermütig schwatzend und kichernd in die Konditorei Chibouste und stopften sich mit Kuchen voll.«

Alles ging gut bis zur ersten Hauptprobe. Der dritte Akt

von *Le sphinx* spielt auf einer Waldlichtung. In der Bühnenmitte liegt die Croizette in den Armen eines gutaussehenden Schauspielers, im Stück Sarahs Ehemann. Das Mondlicht zeigt die beiden bei einem gewagten Kuß, der spontanen Beifall hervorruft. Sarah betritt die Bühne über einen schmalen Steg und sieht das untreue Paar. Sie trägt ein Ballkleid und zieht eine Stola hinter sich her. Vom Mondlicht überflutet, bleibt sie stehen und nimmt eine so eindringliche Pose ein, daß wieder alle klatschen. Außer Perrin, der aufspringt und schreit: »Einmal Mondlicht reicht. Licht aus bei Mademoiselle Bernhardt!« Das konnte Sarah sich nicht bieten lassen. »Mit einem Satz war ich an der Rampe. ›Verzeihung, Monsieur Perrin, aber Sie haben kein Recht, mir meinen Mond wegzunehmen. Im Manuskript steht: ›Berthe erscheint, bleich, aufgewühlt, im Mondstrahl.‹ Ich bin bleich, ich bin aufgewühlt, ich will meinen Mond!«

Perrin bestand darauf, daß die Croizette für ihre Hauptrolle auch den Haupteffekt haben müsse. »Dann geben Sie der Croizette einen großen und mir einen kleinen Mond«, erwiderte Sarah.

Weder Perrin noch Sarah wollte einlenken. Sarah drohte sogar, aus dem Stück auszuscheiden, sollte sie ihren Willen nicht bekommen. Zwei Tage vergingen. Sarah blieb eigensinnig zu Hause, und Perrin probte mit einer anderen Schauspielerin. Schließlich suchte Feuillet Sarah auf. Eine Lösung sei gefunden, sagte er und küßte ihre Hand. »Ihr bekommt beide euren Mond.«

Die Premiere der *Sphinx* war für beide Schauspielerinnen ein triumphaler Erfolg. Die in »Croizettisten« und »Bernhardtisten« gespaltene Öffentlichkeit verhalf dem Stück zu so viel Popularität, daß es dreimal wöchentlich gespielt werden mußte. Das war an der Comédie Française noch nie dagewesen, denn normalerweise wurde das Programm täglich gewechselt.

Großes Aufsehen erregte die Croizette, als sie in der Sterbeszene eine Phiole mit Gift schluckte und ihr Gesicht sich mit Hilfe besonderer Beleuchtungs- und Maskeneffekte zu einem fahlen Grün verfärbte. Entsetzt beobachteten die Zuschauer, wie sie bebte und zitterte und sich in fürchterlichen Krämpfen wand. In den Zeitungen entspann sich über Wochen eine hitzige Debatte, in der zumeist Ärzte darüber stritten, ob dieser gräßliche lange Todeskampf authentisch oder maßlos übertrieben sei. Sarah spielte mit kraftvoller Ruhe gegen die Melodramatik ihrer Rivalin an und erntete den Beifall vieler Theaterkenner, zu denen auch Sarcey gehörte. »Im letzten Akt«, schrieb er, »zeigt die betrogene, doch verzeihende Ehefrau der Bernhardt eine so heftige, intensive Leidenschaft und Würde, daß die Zuschauer in Bravorufe ausbrachen. Und die Worte: ›Du willst wissen, ob ich deine Briefe habe?‹ kommen schneidend scharf wie zischende Pfeile über ihre bebenden Lippen.«

Vielleicht war die Intensität, mit der Sarah Bernhardt diese Worte rezitierte, von den verletzenden Briefen Mounets inspiriert, die sie damals erhielt und die sie trotz ihres beleidigenden, unangenehmen Inhalts aufbewahrte. Mounets hartnäckige Nachstellungen verdarben ihr jedenfalls so manches Mal die gute Laune. Benjamin Constant schreibt dazu: »Was für ein schreckliches Unglück ist es doch, zu lieben, ohne geliebt zu werden. Aber es ist ein weit größeres Unglück, leidenschaftlich geliebt zu werden, ohne selbst noch zu lieben.«

Sarah liebte Mounet nicht mehr, wenn sie, wie Mounet sagte, ihn überhaupt jemals geliebt hatte.

In ihrer Autobiographie *Mein doppeltes Leben* beschreibt Sarah sich als blutspuckende Schwindsüchtige, die unter häufigen Ohnmachtsanfällen und quälenden Erschöpfungszuständen litt. Manche ihrer Freunde glaubten ihr nicht und nannten sie einen hysterischen Hypochonder. Vielleicht hatten sie gar nicht so unrecht, denn Sarah führte bis zu ihrem Tod ein arbeitsreiches, intensives Leben.

In dem außergewöhnlich heißen Sommer des Jahres 1874, als die Liebesaffäre zwischen Sarah und Jean beiden furchtbare Opfer abverlangte, teilte Perrin sie für die Hauptrollen in Voltaires *Zaire* ein, einem Stück, das nach zwanzig Jahren wieder ins Repertoire genommen werden sollte. Sarah wollte sich aus gesundheitlichen Gründen einen Monat beurlauben lassen, aber Perrin mißtraute ihr, verweigerte ihr den Urlaub und setzte die Proben für Juni und Juli an. Premiere sollte im August sein. Sarah war wütend über »die Sturheit dieses intellektuellen Spießers« und schwor sich, zu spielen, bis sie tot umfalle.

Eine Begebenheit, die sie in *Mein doppeltes Leben* erzählt, läßt vermuten, daß sie tatsächlich Krankheiten vorschützte und notfalls sogar selbst verursachte, um ihren Willen durchzusetzen. Sie schildert, wie sie als Kind von ihrer Mutter angehalten wurde, zum Frühstück *panade* zu essen, eine aus Brot und Butter gekochte breiige Masse. Als die Mutter vom Dienstmädchen erfuhr, daß Sarah die verhaßte *panade* nicht aß, zwang sie sie in ihrem Beisein, eine ganze Schüssel voll zu essen. Kaum hatte die Mutter ihr den Rükken zugedreht, schluckte Sarah den Inhalt eines großes Tintenfasses. Wie zu erwarten, verursachte diese Speise furchtbare Magenkrämpfe. Sarah rannte zu ihrer Mutter und schrie: »Du hast mich umgebracht!« Youle, die nichts von der Tinte wußte, die ihr widerspenstiges Töchterchen geschluckt hatte, griff sich ans Herz und fiel in Ohnmacht. »Sie hat mich niemals mehr gezwungen, etwas zu essen, das ich nicht mochte«, schreibt Sarah, »und nach so vielen Jahren hatte ich wieder dieselben rachsüchtigen und kindlichen Gefühle. ›Ist mir doch egal‹, sagte ich mir, ›ich werde proben und bestimmt ohnmächtig zusammenbrechen und Blut spucken. Vielleicht werde ich daran sterben! Und das geschieht Perrin gerade recht! Er wird toben!‹ Ja, so dachte ich. Es gibt Augenblicke, da bin ich so dumm. Warum? Ich kann es nicht erklären, nur feststellen.«

Trotz der sommerlichen Hitze und ihrer ungeklärten Beziehung arbeiteten Sarah und Mounet gut zusammen. Sie stützten und ermutigten sich gegenseitig und ließen sich vom Können des anderen inspirieren.

Am Morgen der Premiere erhielt Jean einen Brief von Sarah:

6. August 1874

Mein lieber Mounet,

Du wirst heute abend großartig sein, das verspreche ich Dir. Nur flehe ich Dich an, das Keuchen wegzulassen, das ich gestern bemängelt habe. Ich habe die ganze Nacht an der Szene gearbeitet, von der Du gesprochen hast. Ich werde alles tun, was in meiner Macht steht, um das Entsetzen durch meine Worte auszudrücken. Ich schwöre Dir, daß ich mein Äußerstes geben werde. Ich möchte nur Dir gefallen.

Und bis heute abend – *Mut!*

Deine Kameradin
Sarah Bernhardt

Obwohl Sarah entschlossen war, auf der Bühne tot umzufallen, starb sie nicht. Im Gegenteil, sie fühlte sich lebendiger als je zuvor, vor allem, als Sarcey dem Publikum in seiner Kritik vor Augen führte, was eine Bernhardt und ein Mounet aus Voltaire machen konnten. »Welche Anmut, welch edle Haltung!« schrieb er. »Es war hinreißend. So bald werden wir nicht mehr ein Künstlerpaar zu sehen bekommen, das *Zaire* in so perfekter Harmonie spielt und die Rollen mit soviel jugendlichem Feuer und – wenn ich das sagen darf – Genie ausfüllt.«

Für Sarah wurde die Premiere von *Zaire* zu einem Markstein ihres Lebens:

> Ich begriff, daß ich mir mit meinen geistigen Kräften meine körperlichen Kräfte dienstbar machen konnte ... Und nachdem ich alles – und sogar mehr als das – gegeben hatte, fand ich mich vollkommen ausgeglichen wieder ... Bis zu dieser Aufführung hatte ich geglaubt, denn ich hörte es von allen und las es in allen Zeitungen, daß meine Stimme zwar schön, aber schwach war, daß meine Bewegungen anmutig, aber unentschlossen wirkten ... daß es mir an Sicherheit fehlte ... Ich hatte jetzt den Beweis dafür, daß ich auf meine physischen Kräfte zählen konnte, denn ich hatte die Aufführung von *Zaire* in einem so geschwächten Zustand begonnen, daß ohne weiteres vorauszusehen war, daß ich am Ende des ersten Aktes ohnmächtig zusammenbrechen würde. Außerdem mußte ich in dieser ... Rolle zwei- oder dreimal schreien, was den bei mir damals so häufigen Blutauswurf hervorrufen konnte ... ich hatte meine Schreie in wirklicher Raserei

und wirklichem Schmerz ausgestoßen und dabei in meinem albernen Wunsch, Perrin einen Streich zu spielen, gehofft, daß in mir etwas zerreiße. So ging diese Komödie, die ich ausgeheckt hatte, zu meinem Vorteil aus. Da ich nicht sterben konnte, wie ich wollte, drehte ich den Spieß um und beschloß, stark, zäh, lebhaft und lebendig zu sein – sehr zum Ärger meiner Zeitgenossen, die mich ... haßten, seitdem sie sicher waren, daß ich vielleicht länger leben würde.

Sarahs wunderbare Wiederauferstehung legt die Vermutung nahe, daß sie ihren Krankheitszustand entweder übertrieben hat oder daß Erfolg ein Wundermittel gegen Nervenleiden und Tuberkulose ist. Der Erfolg war beeindrukkend. Das Stück wurde dreißigmal gegeben, so oft wie noch nie zuvor.

Tatsächlich aber war die Bernhardt nach einer Woche so geschwächt, daß Perrin die Vorstellungen abbrechen mußte, bis sie wieder genesen war.

Sarah und Jean hatten sich erträumt, einmal das größte Liebespaar des französischen Theaters zu werden. Nach allem, was die Kritiker schrieben, war dieser Traum nun Wirklichkeit geworden. Beide Schauspieler waren freilich tief enttäuscht, daß sich dieser Traum für sie in einen Alptraum verwandelt und die perfekte Übereinstimmung auf der Bühne nie im Privatleben bestanden hatte. Wie zu erwarten, gaben sie sich gegenseitig die Schuld daran.

Mounet-Sully an Sarah

Sonntag morgen, ein Uhr

Du wirst nicht kommen. Das weiß ich jetzt sicher, und nach allem, was geschehen ist und gesprochen wurde, handelst Du vollkommen richtig ... Ja, es ist wahr. Nur weil Du mein Herz erobert hast, mußte eine Frau wegen mir weinen [Mounet bezieht sich hier wieder auf Marie Favart], eine Frau, die mich liebte und die besser und schöner war als Du. Aber ich war ehrlich zu ihr, und ich zwang sie fast, Mitleid für mich zu empfinden, weil ich mir der Gefahren und Risiken bewußt war, die mit meinem Wahn, Dich zu lieben, verbunden waren ... Ich glaubte schon lange nicht mehr an Deine Liebe, die Du mir so oft versichert und so wenig bewiesen hast. Trotzdem kam ich nicht von Dir los, weil ich verzweifelt hoffte, daß Deine Gefühle aufrichtig seien. Das ist nun vorbei. Ich weiß jetzt, wer Du bist. Du bist nicht mehr gefährlich für mich. Erst neulich hast Du mir einen unsittlichen Antrag gemacht, aber ich habe mir gesagt: ›Sie wagt das nur, weil sie sich meiner Ablehnung sicher ist. Sie liebt mich nicht mehr. Es ist nur ein Trick, damit es so aussieht, als ob die endgültige Trennung von mir ausgegangen sei ...‹ Ich würde mich nicht wundern, wenn Du mich trotzdem wieder zum Narren gehalten hast. Jemand, der so taktlos ist wie Du, der schreiben kann, was Du heute abend geschrieben hast, noch dazu anonym, täuscht sich selbst, wenn er glaubt, andere könnten genauso empfinden. Adieu, endgültig adieu, mein armes Mädchen. Der liebe Gott möge mir Gleichgültigkeit schenken, denn nichts ist schrecklicher für meine schwache Seele, als Verachtung zu empfinden.

Wir werden niemals erfahren, was Sarah Mounet in dem anonymen Brief vorschlug, ob ein Dreiecksverhältnis oder ein Verhältnis mit mehreren Partnern oder eine andere sexuelle Perversion. Was immer es auch gewesen sein mag, für Mounet war es unaussprechlich. Sarahs »unsittlicher Antrag« gab ihm die Kraft, sich endlich aus dieser unglücklichen Bindung zu lösen. Der Calvinist in ihm, der gehofft hatte, Sarah von ihren Sünden zu erlösen, war endlich wieder frei, seine Würde war wiederhergestellt.

Mounet an Sarah

8. November 1874

Meine arme Sarah,

Du hast mir großen Schmerz zugefügt, aber ich habe Dich ja so geliebt! Ich vergebe Dir Deine Untreue, weil ich glaube, daß Du unglücklich bist. Ich habe nur eine

Bitte. Wenn ich vielleicht manchmal taktlos gewesen bin, so glaube mir, daß dies nur dem Bemühen entsprang, aus Dir einen besseren Menschen, Dich Deiner selbst würdig zu machen. Das wolltest Du aber nicht. Vielleicht lag es einfach außerhalb Deiner Möglichkeiten. Wie auch immer, ich verzeihe Dir, und ich bedaure *uns*.

Mounet-Sully

Sarah an Mounet-Sully

10. November 1874

Ich danke Dir von ganzem Herzen, Jean. Ich danke Dir für Deine glückliche Einsicht und für Deine Vergebung. Das war sehr lieb und freundlich von Dir.

Ich werde Dir immer unendlich dankbar sein.

Sarah Bernhardt

Acht Monate später erhielt Sarah einen Nachtrag zu Mounets letztem Brief. Doch diesmal nagte der Haß an ihm wie ein krebskranker Zwilling der Liebe.

Mounet-Sully an Sarah

9. Juli 1875

... Du würdest mir einen großen Gefallen tun, wenn Du mir das Foto zurückgibst, das Du Dir *gegen meinen Willen* aus dem Album genommen hast. Dieses Foto ist für mich wie eine heilige Reliquie, denn im Krieg trug mein Bruder es zum Schutz vor den preußischen Kugeln auf seinem Herzen. Unerträglich der Gedanke, es in Deinen Händen zu wissen ... Dieser Gegenstand ist mir heilig. Du glaubst nicht an die Heiligkeit. Daß Du ihre Existenz leugnest, erscheint mir als entsetzliches Sakrileg. Schicke mir also bitte das Foto zurück ...

Ich habe keinerlei Rechte mehr auf Dich außer einem, das ich auch beanspruche: Ich möchte alle Bande zerschneiden, die uns mit der Vergangenheit verknüpfen ... Ich habe wegen Dir viel leiden müssen, doch das soll jetzt vorbei sein. Für mich bist Du bis zu dem Tag tot, an dem jener Körper einer Hure, der aussieht wie Du, stirbt. An diesem Tag wird vielleicht der bleiche Geist unserer verflossenen Liebe weinend in meine Arme zurückkehren. Doch bis dahin empfinde ich keine Liebe mehr für Dich und bedaure, Dich jemals geliebt zu haben! Du wirst also verstehen, daß Du kein Recht auf das Foto und nicht einmal auf meine Briefe hast. Du mußt mir alles zurückgeben.

Stehe also zu den Folgen Deiner teuflischen Phantasien. Benimm Dich wenigstens wie ein Kavalier, denn Du wirst niemals bereit sein, Dich wie eine Dame zu benehmen.

Gegen Ende des Jahres 1874 sollte die Bernhardt Gelegenheit bekommen, sich mit einer mächtigen Gegnerin zu messen – dem allgegenwärtigen Geist der Rachel. Einige Tage bevor die *Phèdre* aus Anlaß des Geburtstags von Racine gegeben werden sollte, wurde sie von Perrin gebeten, die Titelrolle zu übernehmen. Schon bei dem Gedanken daran glaubte Sarah »vor Angst sterben zu müssen«. Das Stück war zwar durch und durch eine Tragödie, die Umstände der Besetzung entbehrten jedoch nicht der Komik. Marie Favart, die alternde Schauspielerin, der Sarah den Liebhaber ausgespannt hatte, hatte die Rolle abgelehnt und nicht im Traum daran gedacht, daß Perrin sie ihrer dreißigjährigen Rivalin anbieten könnte. Mounet, der sich erst wenige Monate zuvor über Sarahs »unsittlichen« Antrag empört hatte, sollte den Hippolytos spielen, das ahnungslose Ziel ihres inzestuösen Begehrens. In Liebesdingen mag die Bernhardt allzu leichtfertig gewesen sein, sobald es jedoch um die Arbeit ging, war sie die Verantwortung selbst. Sie hatte nur wenige Tage Zeit, sich auf diese monumentale Rolle vorzubereiten, und suchte Rat bei ihrem alten Lehrer François Regnier. Er wußte, daß sie aus der Rolle etwas machen konnte, und beruhigte sie. Das wichtigste sei, die Stimme nicht zu überfordern und Leiden mit ihr auszudrücken, nicht Raserei. Das tue allen gut, auch Racine.

Als brave Absolventin des Konservatoriums konnte Sarah, wie auch viele Theaterbesucher, große Passagen der *Phèdre* auswendig. Trotzdem war es ein gewaltiges Unternehmen, die schwierigste Rolle des französischen Theaters in so kurzer Zeit aufführungsreif zu beherrschen. Aber Sarah war eben auch eine gewaltige Schauspielerin. Bis zur Premiere beherrschte sie ihren Text perfekt. Als sie in ihrer Garderobe auf den Beginn der Vorstellung wartete, stürzte ein aufgeregter Kollege herein und berichtete ihr, die Vorstellung sei restlos ausverkauft und zweihundert Zuschauer hätten sogar wieder weggeschickt werden müssen. Da spürte Sarah plötzlich die volle Last ihrer Verantwortung und begann zu schluchzen. Vergeblich versuchte Perrin, sie zu beruhigen. Schließlich nahm er mit dem Instinkt des Theatermannes die Puderquaste zur Hand und puderte Sarah mit so tölpelhafter Hingabe das Gesicht, daß sie in dankbares Gelächter ausbrach. Dann kam noch ein Schauspieler herein, der eine kleine Nebenrolle hatte, um ihr zu zeigen, wie komisch seine künstliche Nase aussah.

»Dieser Anblick gab mir meine ganze Heiterkeit zurück«, erinnert sich Sarah. »Und von da an war ich wieder im Vollbesitz meiner Kräfte.« Mit solch rührenden Scherzen hinter den Kulissen versuchten die Kollegen, Sarah aufzubauen. Trotzdem war sie nicht »im Vollbesitz ihrer Kräfte«. Wie so oft vor großen Premieren wurde sie von Lampenfieber geschüttelt. Ihre Nervosität zeigte sich immer auf dieselbe Art und Weise: Sie sprach zu hoch und zu schnell und betonte die Ds und Ts zu sehr. Leider wurde der ganze erste Akt der *Phèdre* davon in Mitleidenschaft gezogen. Das schlimmste war, daß sie sich die ganze Zeit dieser Mängel bewußt, aber unfähig war, sie zu korrigieren. Eine ihrer großen Stärken war freilich ihr eiserner Wille. Wann immer ihr Enttäuschung oder Feindseligkeit aus dem Zuschauerraum entgegenschlug, wuchs sie über sich hinaus und eroberte ihr Publikum allen Widrigkeiten zum Trotz. Ab dem zweiten Akt war sie an diesem Abend großartig.

Obwohl die Traditionalisten unter den Zuschauern nach wie vor der Meinung waren, diese Rolle gehöre der Rachel, war das Stück für Sarah ab dem zweiten Akt ein brillanter Einstieg. Sie erfüllte Racines Verse mit höchstem Ausdruck, und in den folgenden Jahren arbeitete sie immer wieder an dem Text, feilte daran und eignete sich ihn noch gründlicher an. An diesem 21. Dezember des Jahres 1874 konnte Sarah den Ruhm künftiger Tage noch nicht ahnen. Im Lauf der Zeit sollte sie infolge ihrer ständigen Arbeit, der ungezählten Aufführungen und ihrer menschlichen Reife schließlich auch diejenigen, die immer noch die bronzene Stimme der Rachel im Ohr hatten, davon überzeugen, daß sie mit ihrer »goldenen Stimme« genauso schön und poetisch spielen konnte und daß die Phädra ihre größte Rolle und sie die größte lebende Interpretin dieser Rolle war. Viele Zuschauer fanden beide Schauspielerinnen großartig. Die Rachel strahlte die monumentale Kraft einer Göttin aus, Sarah die tragische Zerbrechlichkeit einer Frau.

Der deutsche Dichter Heinrich Heine fand die Rachel intelligenter als die Bernhardt. Der englische Kritiker George Henry Lewes, der Lebensgefährte George Eliots, verglich, wie die beiden Schauspielerinnen den folgenden Vers rezitierten: *»C'est toi qui l'as nommé«* (»Du hast ihn genannt«). Der Vers ist an Oenone gerichtet, die die inzestuöse Beziehung Phädras zu ihrem Stiefsohn Hippolytos enthüllt hat. Sarah gefiel Lewes besser. Sie habe sich »mit einem heftigen Schauer des Entsetzens« von der hinterlistigen Oenone abgewandt, während die Rachel Oenone nur vorwurfsvoll angesehen habe.

Im Jahre 1908 sah Lytton Strachey von der Bloomsbury Group die Bernhardt als Phädra. Er beschreibt sie genauso leidenschaftlich, wie Charlotte Brontë die Rachel in derselben Rolle beschrieben hatte.

> Wer Phädras Worte aus dem Mund der Bernhardt hört, wer sieht, wie Verbrechen und Reue, Eifersucht und Raserei, Begehren und Verzweiflung auf den Höhepunkt zutreiben und die dunklen Kräfte des Schicksals sich auf diese große Frau stürzen, wie Himmel und Erde sie verstoßen und die Hölle sich vor ihr auftut und Minos' schreckliche Urne donnernd zu Boden stürzt – der bekommt eine Ahnung von Unsterblichkeit, versinkt schau-

> dernd in unendlichen Abgründen und sieht, wenn auch nur für einen Augenblick, das ewige Licht.

Sarah hat dieses leidenschaftliche Lob wahrscheinlich nie gelesen, aber zu jener Zeit war sie auf Bestätigung oder Lob nicht mehr angewiesen. Als sie im antiken Gewand der Phädra die erhabenen Verse von Racines gewaltigem Drama über Liebe und Tod rezitierte, hatte sie ihr Können bereits zur Genüge unter Beweis gestellt.

Aufbruch

Am 14. Februar des Jahres 1875 wurde die Bernhardt *Sociétaire* der Comédie Française. Am darauffolgenden Tag trat sie in der Titelrolle von *La fille de Roland* auf, einer freien Bearbeitung des mittelalterlichen Rolandsliedes von Henri de Bornier. Ihre Rolle enthielt einen kurzen Monolog mit einer Schilderung des siegreichen Zweikampfs ihres Verlobten gegen seinen sarazenischen Gegner. Die Rezitation dieser zwanzig Zeilen weckte beim aufgewühlten Publikum Erinnerungen an den Krieg von 1870/71. Die Niederlage Frankreichs lag erst wenige Jahre zurück, die Franzosen empfanden laut Henry James »einen geradezu morbiden Patriotismus«. Sarah sah in ihrem Kostüm aus wie eine Figur an der Fassade einer romanischen Kathedrale und hinterließ einen tiefen, nachhaltigen Eindruck. Mit dieser Rolle wurde sie erstmals zum Symbol ihres Landes. Die öffentliche Anerkennung, zwölf gutbesuchte Vorstellungen von *Phèdre*, Theaterproben, Kleider, Liebhaber und soziale und familiäre Verpflichtungen waren für diese unersättliche Frau freilich nicht genug. So verbrachte sie immer mehr Zeit in ihrem Atelier bei der Bildhauerei. Ihr Lehrmeister war bis dahin Mathieu-Meusnier gewesen. Sie hatte den bekannten Künstler kennengelernt, als er ihr eine Bronzeskulptur verehrte, die sie in ihrer Rolle in *Le passant* zeigte. In Gustave Doré lernte Sarah einen weitaus interessanteren Lehrer kennen. Ihm war sie drei Jahre zuvor begegnet; damals hatte er sie in der Comédie Française gesehen und ihr, von ihrem wunderbaren Auftritt bezaubert, eine seiner Illustrationen zur Bibel schicken lassen. Das Geschenk hatte eine Einladung in Sarahs Garderobe zur Folge, und da Sarah der Meinung war, der schnellste Weg zur Freundschaft führe über die Liebe, fand Doré sich bald in ihrem Bett wieder. Schon nach kurzer Zeit waren die Liaison und die romantische Reise des Paares an die bretonische Küste das Gesprächsthema der Pariser Gesellschaft. Die Reise in die Bretagne entflammte übrigens Mounets Eifersucht aufs neue.

Nach dem ewig leidenden Mounet muß Doré für Sarah eine willkommene Abwechslung gewesen sein. Der Schauspieler hatte sie bekehren wollen, der Maler, der sich schon mit so exzentrischen Divas wie Adelina Patti, Christine Nilsson und der Operettenkönigin Hortense Schneider eingelassen hatte, erwartete nichts anderes von ihr als Vergnügen. Mounet hatte ihr die häusliche Sicherheit seiner kleinen Dachwohnung und die enge Welt des Theaters geboten, Doré bot ihr das verlockende Leben der Pariser Bohème und die grenzenlose Freiheit der Kunst. Selbst sein Atelier entsprach ihrem Geschmack. An den Wänden hingen ausladende Bilder von Wäldern, Ruinen, einsamen Seen und täuschend echten Rheinlandschaften.

Doré war ein gutaussehender, wohlhabender Mann von vierzig Jahren, ein gefeierter Künstler, Träger der Ehrenlegion und Gast am englischen Hof. Er unterhielt einen geselligen musikalischen Salon und verkehrte mit den literarischen und künstlerischen Größen seiner Zeit. Kurz, er war ein Mann ganz nach Sarahs Geschmack. Er wurde nicht von allen bewundert. Die Gebrüder Goncourt, die sich oft über ihn äußerten, fanden ihn grobschlächtig, langweilig und prätentiös und nannten ihn »einen Bauern mit gelegentlichen Anfällen von schwülstigem Mystizismus«. Erst nach seinem Tod ließ sich Edmond de Goncourt in einer Art Nachruf widerwillig dazu herab, ihn als »treuen Kerl« zu bezeichnen, ein schwaches Lob für einen so großartigen Künstler. Für die Gebrüder Goncourt, deren Romane wie aus dem »wirklichen Leben« gegriffen waren, die aber vor der Konfrontation mit ebendiesem wirklichen Leben zurückschreckten, war Doré vielleicht zu bodenständig, zu sehr der Elsässer. Wahrscheinlich fühlten sie sich auch von seinen hemmungslosen Trink- und Tanzgewohnheiten und den selbstbewußt vorgeführten athletischen Kunststückchen abgestoßen. Wenn sie mit ansehen mußten, wie Doré auf einem Maskenball auf den Händen ging, waren sie sicher entsetzt. Vincent van Gogh, der besonders Dorés Londoner Stiche schätzte, bewunderte ihn dafür, daß er von sich selbst sagte, er arbeite »wie ein Ochse«. Und Gustave Courbet verkündete bescheiden: »Es gibt nur ihn und mich. Er hat Blut in seinen Adern.«

Für Sarah konnte ein Mann natürlich gar nicht genug Blut in den Adern haben. Sie konnte auch Dorés makabren Phantasien nicht widerstehen, der gequälten Todesstimmung, die aus den trostlosen Landschaften seiner Buchillustrationen und Gemälde sprach.

Sarahs Briefe an Doré sind ihren Briefen an Mounet leider sehr ähnlich. Sie wechselte ihre Liebhaber, aber nicht ihren Stil. Auch Doré war ihr Angebeteter, ihr Geliebter und der große Künstler, dem sie mit Leib und Seele gehörte. Sie gehöre ihm, schrieb sie, ganz und gar ihm. Er müsse wissen, daß sie solche Worte nicht leichtfertig in den Mund nehme. Das, beteuerte sie, sei die reine Wahrheit. Nach solchen Liebesbeteuerungen machte Sarah dann schnell wieder einen Rückzug. Sie könne die Verabredung am Montag nicht einhalten, aber Freitag, Samstag und Sonntag gehörten ihm. Wie habe sie nur vergessen können, ihn gestern abend zu treffen, schrieb sie in einem anderen Brief, wie habe es dazu kommen können? Dann wieder verfiel sie auf ihre alte Strategie und sagte eine Verabredung ab, weil Maurice oder sie selbst krank sei. Doré akzeptierte ihre Ausflüchte mit einer Gelassenheit, die Mounet wahrscheinlich mit Neid erfüllt hätte. Mounets Liebe war aber auch von melodramatischer Leidenschaftlichkeit gewesen und er selbst fast wahnsinnig vor Eifersucht, wogegen Doré Sarah liebte, wie man ein Haustier liebt: dankbar für dessen Zuneigung, aber auf der Hut vor Zähnen und Klauen. Dennoch verbrachten die beiden auch viele schöne Stunden miteinander, in denen Sarah aus sich herausging, oder sie arbeiteten Seite an Seite, sie ganz konzentriert auf die Anweisungen des Meisters und er gerührt von ihrem künstlerischen Ehrgeiz.

Nach einiger Zeit kam Sarah auf die Idee, sich Gustave auch für andere Zwecke nützlich zu machen. Ihr gemeinsamer Freund Charles Garnier, der Architekt der neuen, aufwendig gebauten Pariser Oper, plante gerade ein Kasinogebäude für Monte Carlo, das ein Theater und mehrere Spielsäle enthalten sollte. Wenn Sarah Doré dazu bringen konnte, eine Skulptur für die Fassade des Kasinos anzufertigen, dann würde sie, so versprach Garnier ihr, den Auftrag für eine zweite Skulptur erhalten. Sarah eilte an ihren Sekretär und schrieb Doré einen Brief, in dem sie die Fakten für ihre Zwecke ein wenig zurechtbog:

> Mein Freund, ich bin mit einer diplomatischen Aufgabe betraut. Ich will ganz offen sein und gleich auf den entscheidenden Punkt zu sprechen kommen. Es geht um folgendes: Garnier baut gerade ein großes Theater in Monaco. Zwei Skulpturengruppen sollen die Fassade schmücken. Er hat mich gebeten, eine davon zu machen, und äußerte die Hoffnung, Du würdest die andere machen. Er befürchtet freilich, Du könntest das Angebot ausschlagen. Sollte es wahr sein, lieber Freund, daß Du mich als Partner verschmähst? Ich wäre so stolz darauf! Schicke Deiner Freundin, die Dich von ganzem Herzen liebt, schnell eine Antwort! Sag mir gleich, ob Garnier Dir sein Angebot machen darf, ohne zu riskieren, von Eurer Hoheit versetzt zu werden!

Doré war über dieses Angebot verständlicherweise nicht erfreut. Er hatte ehrgeizige Pläne als Bildhauer, obwohl er dieses Metier erst vor kurzem aufgegriffen hatte. Garniers Angebot reizte ihn zwar, aber er hatte keine Lust, seine Arbeit neben die eines Laien zu stellen. Die Bernhardt war zwar eine Anfängerin in der Bildhauerei, aber eine meisterhafte Intrigantin. Ohne Doré vorher zu konsultieren, ließ sie bei der Presse durchsickern, daß sie beide dem Kasinoauftrag zugestimmt hätten, und brachte ihn so in Zugzwang. Als ihr »Angebeteter« die unerwartete Nachricht zu lesen bekam, beschuldigte er sie, ein doppeltes Spiel zu spielen. Wieder eilte Sarah an ihren Sekretär, diesmal in der Hoffnung, ihre Schliche verbergen zu können.

> Mein geliebter Meister,
>
> Du weißt genau, daß die Presse gerne Geschichten erfindet und immer alles durcheinanderbringt. Alles Lüge …

Nie würde ich etwas tun, ohne Dich vorher zu informieren. Ich liebe Dich.

Als Doré sich schließlich einverstanden erklärte, schickte ihm Sarah voll Stolz darüber, wie geschickt sie Kunst, Liebe und Geschäft verknüpft hatte, eine ihrer gedruckten Visitenkarten, die sie mit der folgenden Botschaft schmückte:

Du hast zwei Menschen glücklich gemacht, Garnier und
SARAH BERNHARDT
die Dir einen Kuß sendet.
S.B.
Garnier wird Dich, glaube ich,
morgen oder übermorgen aufsuchen.

Sarah lud Marie Colombier nach Monte Carlo zur Eröffnung des Kasinos ein. Den Argusaugen der Colombier entging nicht, daß Sarah »im Zug nach Süden ein Würstchen nach dem anderen verschlang, und als eine Schar Bewunderer sie zum Essen einladen wollte, lehnte sie mit dem entrückten Lächeln einer fastenden Nonne ab«. Als Sarah freilich ihre Skulptur in einer eigens dafür geschaffenen Nische der Fassade entdeckte, konnte sie mit Recht stolz sein. Die Figur *Le chant* (Das Lied), ein geflügelter Leierspieler, zu dessen Füßen hingebungsvoll ein Kind kauert, konnte sich mit Dorés Gruppe *La dance* (Der Tanz) durchaus vergleichen. Während Sarah Bernhardts *Le chant* noch heute dort steht, wenngleich etwas verwittert, ist Dorés *La dance* auf ungeklärte Weise verschwunden. Ermutigt durch den Erfolg, begann Sarah mit der Arbeit an *Après la tempête* (Nach dem Sturm), einer lebensgroßen Figurengruppe, bestehend aus einer bretonischen Bäuerin, die sich trauernd über die Leiche ihres ertrunkenen Enkels beugt. Die Arbeit beeindruckte das Publikum und brachte ihr eine ehrenvolle Erwähnung im Salon von 1876. Einige wollten nicht glauben, daß Sarah die Statue selbst geschaffen hatte, andere waren der Meinung, sie hätte lieber die Finger von der Bildhauerei lassen sollen. Rodin bezeichnete die Figurengruppe als »altmodischen Mist« und ihre Bewunderer als einen Haufen Idioten. Doré dagegen war stolz auf Sarahs Fortschritte, und er blieb bis zu seinem Tod elf Jahre später mit ihr befreundet. Die Freundschaft mit Doré bedeutete natürlich nicht, daß Sarah auf andere Männer verzichtet hätte. Nach einem Besuch Sarahs bei Victor Hugo notierte dieser am 2. November 1875 in sein Tagebuch: »Es wird kein Kind geben.« André Malraux zitiert in seiner Hugo-Biographie einen geheimnisvollen Brief aus dem Familienarchiv der Malraux, den Sarah im selben Jahr an ihren Hausarzt de Lambert schrieb. »Was England anbetrifft, habe ich die Reise abgesagt ... Der eigentliche Grund ist die Befürchtung, daß es im Zusammenhang mit Victor Hugo Probleme geben könnte. Ich bin krank, und meine Nerven sind zum Zerreißen gespannt ... diese selbstsüchtige Dummheit der menschlichen Rasse bringt mich zur Verzweiflung. Morgen werde ich es noch einmal versuchen.«

Malraux spekuliert darüber, ob Sarah sich ein Kind von dem damals bereits siebzigjährigen großen Dichter wünschte. Die Formulierung »es noch einmal versuchen« könnte sich aber genausogut auch auf eine Abtreibung beziehen.

Das skandalträchtige Leben der Bernhardt und ihr ungeheurer Erfolg zogen die Öffentlichkeit in ihren Bann. Obwohl Sarah erst Anfang Dreißig war, war sie auf dem besten Weg, eine Kultfigur zu werden, um die sich zahlreiche Legenden rankten. Ausländische Besucher waren auf ihr Spiel so neugierig wie auf das Lächeln der Mona Lisa. Tschaikowsky spricht von ihrer »brillanten Darstellung der Andromaque«. William James, der amerikanische Psychologe und Philosoph, war von ihr genauso bezaubert wie sein Bruder Henry. Er schrieb, Sarah sei die beste Schauspielerin, die er je gesehen habe, ihre Kunst sei »wie mit der Nadel gestochen – und sie ist insgesamt die rassigste, feurigste Frau, die ich je gesehen habe, wenngleich sie den Körper eines Skeletts hat«.

Journalisten verbreiteten per Telegraph Neuigkeiten über sie in alle Welt, Dichter nahmen sie als Vorbild für ihre Heldinnen, und Maler stellten Porträts von ihr aus. Die Öffentlichkeit war so fasziniert von dieser Gestalt, die sie nach Belieben vergöttern oder schmähen konnte, daß sie jede ihrer Bewegungen mit einer Aufmerksamkeit verfolgte, die sonst den Politikern oder Superreichen vorbehalten ist. Der Ruhm veränderte aber auch das Bild, das Sarah von sich selbst hatte, und die Haltung ihres Bekanntenkreises. Ihre Wutanfälle galten jetzt als Ausdruck von Autorität, ihre Arroganz als königlich und ihre Promiskuität als göttliches Vorrecht einer Königin. Mit einem Wort, Sarah war zum Übermenschen geworden. Natürlich galt ihre Geltungssucht als vulgär, was sie ja auch war, aber Vulgarität hat viele Gesichter. Ob die Bernhardt vulgärer war als der selbstbewußte Dumas, der extravagante Gautier oder die Hosen tragende und Zigarren rauchende George Sand, sei dahingestellt. Genau wie diese Persönlichkeiten erregte es Sarah, im Mittelpunkt des Interesses zu stehen. Doch man muß ihr immerhin zugestehen, daß sie in einem Almanach der Skandale ganz oben rangieren würde.

Für gewöhnlich scharen berühmte Schauspieler ergebene Anhänger um sich, die nach ihrer Pfeife tanzen, und Sarah war in dieser Beziehung keine Ausnahme. Nach klassischem Vorbild suchte sie sich zwei Freunde, die weder an ihr phänomenales Talent noch an ihren phänomenalen Erfolg herankamen. Louise Abbéma und Georges Clairin, beide begabte Maler, nahmen nach dem Tod von Sarahs Mutter im Mai 1876 deren Platz im Mittelpunkt des engsten Bekanntenkreises ein. Sarah hatte ihrer Mutter zwar nicht nahegestanden, aber die Mutter hatte zu den wenigen Menschen gehört, bei denen Sarah sie selbst sein konnte. Jetzt leistete sie sich den seltenen Luxus, eine Familie nach ihrem eigenen Geschmack zu wählen.

Louise Abbéma kam aus einer reichen, vornehmen Familie und war vierzehn Jahre jünger als Sarah. Schon als Jugendliche hatte die Schülerin Carolus Durans mit einem entzückenden Gemälde auf sich aufmerksam gemacht, das einen Familienausflug ans Meer darstellte. Zwei Jahre später porträtierte sie Sarah in einem Gewand mit modischer Schleppe. Das Bild wurde zusammen mit Clairins großartigem Porträt in Öl und Sarahs eigenem Werk *Après la tempête* auf dem Salon 1876 ausgestellt.

Die zunehmende Vertrautheit zwischen Louise Abbéma

und Sarah blieb natürlich nicht unbemerkt. Louise war eine maskuline junge Frau, die sich gern in Hemd und Schlips kleidete, die Haare kurz trug und ihre leidenschaftliche Zuneigung für Sarah offen zur Schau stellte. Es ist nicht bekannt, ob Sarah diese Liebe erwiderte oder gar eine Vorliebe für Frauen hatte, obwohl man allgemein annimmt, daß dies der Fall ist, da sie trotz ihrer verführerischen Weiblichkeit auf der Bühne wie im richtigen Leben gern den Mann spielte. Der Fotograf Melandri, der sie in ihrem Sarg aufgenommen hatte, verkaufte Postkarten, die sie in einem weißseidenen Hosenanzug zeigten, den sie für ihre Rolle als professionelle Bildhauerin eigenhändig entworfen hatte.

Die Bernhardt hatte bereits in *Le passant* und *Figaros Hochzeit* feurige Jünglinge dargestellt und sollte auch in Zukunft immer wieder Hosenrollen spielen wie den Lorenzaccio von Musset, den Hamlet von Shakespeare, den Pelléas von Maeterlinck und den L'Aiglon von Rostand. In Schlüsselromanen wie *Dinah Samuel* von Félicien Champsaur oder *Le tréteau* von Jean Lorrain wird angedeutet, daß sich die Bernhardt von Zeit zu Zeit auch Frauen zuwandte. Vielleicht war dies einer jener ersehnten »neuen Reize«, von denen Sarah Mounet geschrieben hatte. Welche Gunst sie Louise Abbéma auch immer gewährte, es gelang ihr, sie fast fünfzig Jahre lang zu ihrer Sklavin zu machen.

Auch ihre Freundschaft mit George Clairin stand unter einem günstigen Stern. Clairin war ein kultivierter, humorvoller Mann und strahlte Ruhe und Wärme aus. Wenn Sarah sich schlecht benahm, kritisierte er sie wie ein liebevoller Bruder. Anfangs waren sie ein Liebespaar, dann wurde aus dem Liebesverhältnis eine innige Freundschaft, wie so oft bei Sarah. Über Clairins Leben wissen wir wenig, aber durch seine zahlreichen Porträts von Sarah erfahren wir einiges über sie. Wir sehen sie privat, in ihren verschiedenen Rollen und, auf den vielen Zeichnungen für ihre Memoiren, in verschiedenen Stadien ihrer ereignisreichen Karriere. Clairin malte bezaubernde nordafrikanische Szenen, entwarf das Bühnenbild für die Uraufführung von Bizets *Carmen* und schuf die Deckengemälde für die Pariser Oper und das Kasino in Monte Carlo. Der Tag, an dem er das berühmteste Porträt von Sarah fertigstellte, markierte auch seine künstlerische Vollendung. Das Gemälde zeigt Sarah auf einem schillernden Kanapee mit goldenen Kissen. In der Hand hält sie einen Fächer aus Federn, bekleidet ist sie mit einer enganliegenden *robe d'intérieur* aus weißem Satin, die an der Halskrause, an den Manschetten und am Saum der schweren Schleppe, die zu dem eleganten Jagdhund zu ihren Füßen hinabfließt, mit weißen Federn geschmückt ist. Sie trägt rote Pantöffelchen und Strümpfe in einem leuchtenden Blau, das dem Blau ihrer Augen entspricht. Sarah ist mit ihrer fließenden Gestalt und dem undurchdringlichen Lächeln keineswegs die große Dame. Eine Dame der Gesellschaft hätte sich nie in einem so verführerischen Gewand oder einer so einladenden Pose porträtieren lassen, doch Sarah mußte auf derlei Regeln des Anstands keine Rücksicht nehmen. Sie spielte die Sphinx von Paris, die mehr Geheimnisse zu verbergen hat, als der Welt schicklich erscheint.

Auf dem Salon scharte sich ganz Paris um das Gemälde. Die Besucher waren fasziniert von der kultivierten Anzüglichkeit des Bildes. Der Name der Bernhardt war wieder einmal in aller Munde. Diesmal wurde über die Schauspielerin geklatscht, die es geschafft hatte, mit einer eigenen Skulptur im Salon vertreten zu sein, für einen Laien ein unerhörter Erfolg, und die gleich zweimal auf Porträts an den Wänden der Ausstellungssäle zu sehen war, gemalt von einem jungen Mann und einer noch jüngeren Frau, die angeblich beide in sie verliebt waren.

Als Henry James Anfang Dreißig war, lebte er einige Zeit in Paris und beschrieb seine Eindrücke vom Pariser Leben in einer Reihe von »Briefen« an die *New York Tribune*. Später wurden diese Briefe gesammelt und als Buch unter dem Titel *Parisian Sketches* veröffentlicht. In seiner Besprechung des Pariser Salons vom 6. Mai 1876 äußerte sich Henry James keineswegs begeistert über die Werke der Bernhardt und über die Bilder, die sie inspiriert hatte:

Eine Arbeit, die nicht wenige Betrachter anlockt, ist ein gigantisches Porträt von Mademoiselle Sarah Bernhardt, dem hellsten Stern der Comédie Française, gemalt von Monsieur Clairin. Bedenkt man, wie wenig Raum die junge Dame in natura einnimmt – sie ist ganz außergewöhnlich schlank –, so steht ihr Platz im Salon dazu in keinem Verhältnis. Monsieur Clairins Porträt ist riesig und auf den ersten Blick brillant, aber im Grunde halte ich es für ziemlich mittelmäßig. Schon von weitem fällt ein glänzender weißer Morgenrock aus Satin ins Auge, der sich kunstvoll und mit schlangenhafter Grazie um die Schauspielerin schlingt. Die Schauspielerin selbst räkelt sich auf einer Art orientalischem Diwan und ist umgeben von schweren Vorhängen und Pflanzen und Teppichen und einem großen schottischen Jagdhund. Das einzige, was fehlt, ist Mademoiselle Bernhardt selbst. Noch mehr fehlt sie auf einem zweiten Porträt, das Mademoiselle Louise Abbéma von ihr gemalt hat. Auf diesem Bild steht sie und trägt ein schwarzes Ausgehkleid. Das Bild ist beinahe ebenso groß wie das andere, enthält aber keinerlei Accessoires, weder passende noch unpassende, die seine Unzulänglichkeit überspielen könnten ... Der Vollständigkeit halber muß ich hinzufügen, daß Mademoiselle Sarah Bernhardt, die Schauspielerin, selbst eine riesige Skulptur ausgestellt hat. Sie zeigt eine alte Bäuerin, die in einer Pose wilder Verzweiflung die Leiche ihres ertrunkenen Enkelsohnes auf dem Schoß hält. Das Ganze ist höchst laienhaft, aber doch überraschend gut für eine junge Dame, die, wie das Publikum weiß, ihr künstlerisches Talent noch für viele andere Zwecke einsetzt.

James hatte offenbar das Gefühl, daß es Clairin nicht gelungen sei, Sarahs Wesen überzeugend zum Ausdruck zu bringen. Vielleicht hätte ihm das Porträt, das Philippe Parrot im Jahr zuvor gemalt hatte, besser gefallen. Auf Parrots Bild ist kein Gewächshaus zu sehen, kein Jagdhund, der den geschwungenen Bogen des Gewands vervollständigt, und kein hübscher, blau bestrumpfter Fuß. Sarah ist eine nach innen gekehrte Erscheinung, eine junge Frau, die über ihre Zukunft im ungewissen ist. Bei Clairin dagegen ist Sarah eine selbstbewußte Abenteurerin, bereit, sich die ganze Welt zu unterwerfen. Beide Porträts der zweiunddreißigjährigen Schauspielerin sind wahr.

Abgesehen vom Tod der Mutter war 1876 ein glückliches Jahr für Sarah. Ihr Ruf als Femme fatale festigte sich, als zwei Diplomaten zwei Journalisten zum Duell forderten, um zu verteidigen, was man Sarahs Ehre nennen könnte. Diese Torheit war die Folge eines bösartigen Artikels, der in einem obskuren Skandalblatt erschienen war. Nach dem ersten Duell war der Verfasser des Artikels immerhin so schwer verletzt, daß er das Bett hüten mußte. Nach dem zweiten war der Verleumder bereit, sich zu entschuldigen, obwohl er das Duell gewonnen hatte. »Madame«, schrieb er, »ich werfe mich Ihnen zu Füßen und bitte demütig um Vergebung.« Sarah antwortete: »Ich vergebe Ihnen, aber bitte bleiben Sie nicht zu meinen Füßen liegen.«

Während im Bois de Boulogne die Degen klirrten, probte Sarah *L'étrangère* (Die Fremde), eine turbulente Komödie von Alexandre Dumas dem Jüngeren. Die Ankündigung des Stückes sorgte für große Aufregung: Es war das erste Mal, daß der beliebte Autor für die Comédie Française geschrieben hatte. Eine glänzende Besetzung mit jungen Schauspielern wurde zusammengestellt, darunter Sarah Bernhardt, Croizette, Coquelin und Mounet-Sully. Die rührende Handlung thematisierte den Konflikt zwischen Liebe und sozialem Ehrgeiz und zwischen Armen, die reinen Herzens sind, und Reichen, die korrupt und abgestumpft sind. Abgesehen vom Thema bürgte schon allein der Name Dumas für gute Unterhaltung. Dumas war zweiundfünfzig Jahre alt und kannte alle Kunstgriffe seines Metiers, ausgenommen vielleicht das Geheimnis, wie man ein Meisterwerk schreibt. Ein Vierteljahrhundert lang hatte der gewitzte Autor sein Publikum mit spritzigen Dialogen, anstößigen Situationen und moralischen Urteilen gefüttert, eine Mischung, die seine Bewunderer erregte und ihnen zugleich ein Gefühl der Wohlanständigkeit gab. Das neue Stück folgte getreulich Dumas' erprobtem Muster, verblüffte das Publikum jedoch mit dem Charakter seiner zentralen Figur, Mrs. Clarkson, die von Sarah Bernhardt gespielt wurde. Perrin versuchte wieder, Sarah einen Streich zu spielen, indem er die sympathischere und glaubhaftere Rolle der Herzogin von Septmonts Sophie Croizette gab, und Sarah setzte sich wieder erbittert zur Wehr und drohte zu gehen. Seltsamerweise wollten beide, Sarah und Sophie, jeweils die Rolle der anderen.

Die Croizette war in einer verzwickten Lage und schrieb Dumas: »Mein Herz ist schwer, weil ich ins Unbekannte aufbrechen muß. Für mich ist das Unbekannte die Herzogin. Und wenn mir die Rolle danebengeht? Der Himmel sei mir gnädig!« Am Premierenabend zeigte sich, daß die Croizette zu Recht befürchtet hatte, die Rolle der Herzogin liege ihr nicht, und daß die Bernhardt zu Recht um die Rolle gekämpft hatte. Sowohl Alphonse Daudet als auch Henry James ergriffen für sie Partei.

»Wenn Mademoiselle Bernhardt die Herzogin von Septmonts gespielt hätte«, schrieb Daudet, »wäre sie besser gewesen als Croizette und hätte die gröberen Seiten der Rolle mit ihrem poetischen Charme ausgeglichen.«

James rezensierte *L'étrangère* mit bissigen Worten für die Leser der *New York Tribune:*

> ... Die Handlung ist äußerst unwahrscheinlich und höchst unerquicklich. Vor allem unerquicklich, denn im ganzen Stück gibt es keine einzige Person, die sich nicht auf die eine oder andere Weise drastisch danebenbenimmt. Alle sind im Unrecht, am meisten der Autor selbst. Außerdem enthält sein Schauspiel im Übermaß jenen Beigeschmack schlechter Gesellschaft und eines leichtfertigen Lebenswandels, der das kennzeichnende Element von M. Dumas' Muse ist ... Die Ausländerin, die dem Stück den Titel gibt und die von der interessanten Schauspielerin Madame Sarah Bernhardt gespielt wird, ist eine Tochter unserer Demokratie namens Mrs. Clarkson. Sie erklärt ... in einer endlosen Rede – der längsten, wie ein Blick auf die Uhr zeigte, der ich je gelauscht habe –, daß sie die Tochter einer Mulattensklavin und eines Pflanzers aus Carolina ist. Das klingt in ihren eigenen Worten so: »Meine Mutter war hübsch. Er entdeckte sie, und die Folge dieser Entdeckung war meine Geburt...« Mrs. Clarkson ist die schwächste Figur, die dieser Autor

28. Sarahs Bühnenpartner und anspruchsvollster Liebhaber, Mounet-Sully.

29. Der Maler, Bildhauer und Graveur Gustave Doré, Sarahs Lehrer und Liebhaber

30. Edouard de Max, der auch »der Sarah Bernhardt der Schauspieler« genannt wurde

31. Sarah und Clairin beim Essen.

32. Studioaufnahme von Georges Clairin, Sarahs Hofmaler, Liebhaber und lebenslanger Intimus

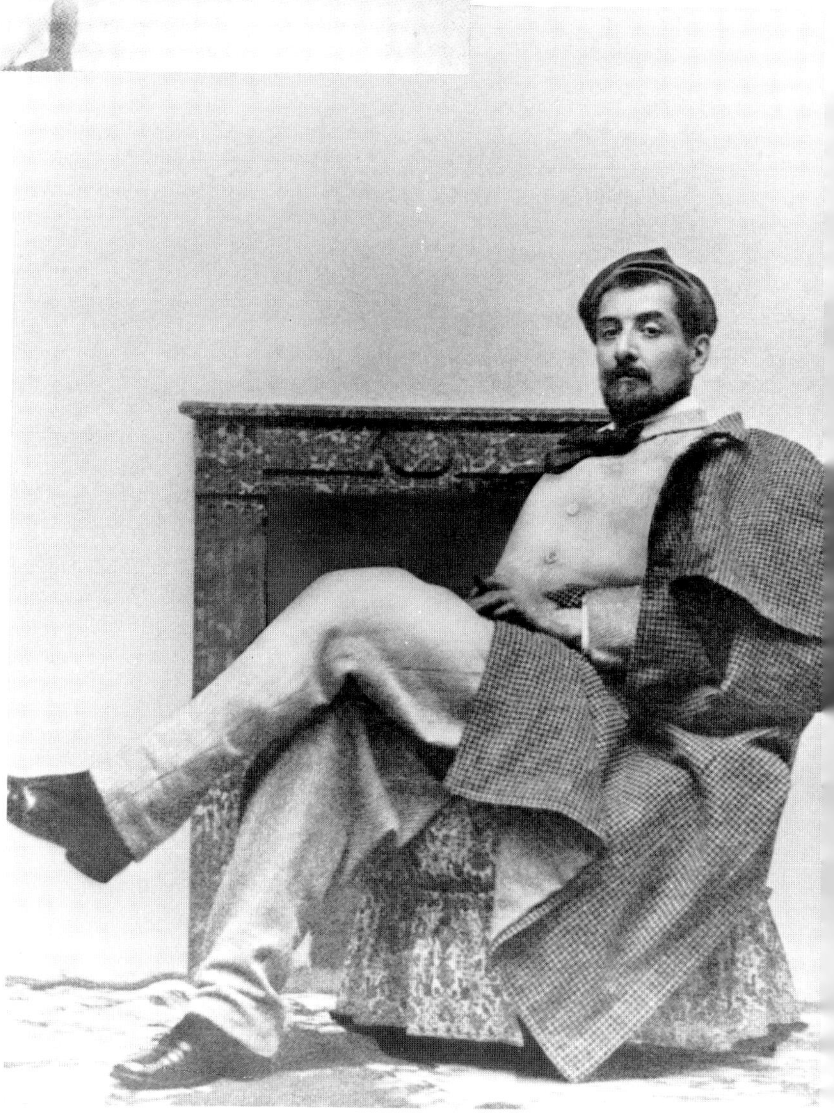

33. Jean Richepin. In Sarahs Auftrag verfaßte er eine neue Übersetzung von Shakespeares *Macbeth*

34. Louise Abbéma, eine hochbegabte Malerin, war bis zum Schluß Sarahs beste Freundin

35. Aristidis Damala, ein griechischer Diplomat und notorischer Frauenheld, wurde auf Sarahs Drängen ihr Liebhaber, Hauptdarsteller (unter dem Namen Jacques Damala) und Ehemann

36. In einem luxuriösen Sonderzug, dem »Sarah Bernhardt Special«, reist Sarah durch Amerika

37. Bei ihrer Ankunft in New York wird Sarah von Reportern interviewt. Zeichnung von Nevil

38. Sarah (vierte von rechts, sitzend) und
ihre Truppe an den Niagarafällen

39. Sarah tritt in der 5000 Menschen fassenden
Convention Hall in Kansas City, Missouri, auf

40. Auf Amerikatournee. Hier sieht man Sarah (Mitte) und ihre Truppe im Garden of the Gods, Colorado, auf einem Ausflug zwischen den Vorstellungen

41. Sarah vor dem 2000 Menschen fassenden Zirkuszelt, in dem sie in Kansas City, Missouri, auftritt

42. 1869 in *Le Passant* von François Coppée, ihrer ersten Erfolgsrolle

43., 44., 45. In der *Kameliendame* (1880) von Dumas, dem Jüngeren, der größten romantischen Rolle der Bernhardt

46. Als Doña Maria de Neuborg, Königin von Spanien, in Victor Hugos *Ruy Blas*

47. Mounet-Sully als *Hernani*

48. Als Doña Sol in Victor Hugos *Hernani* (1877) mit Mounet-Sully in der Titelrolle

49., 50. Die Rolle der Kaiserin von Byzanz
in Sardous *Théodora* war einer der aufsehenerregendsten
Erfolge der Bernhardt

51. In *Froufrou* (1880) als leichte Dame in dem gleichnamigen Stück von Meilhac und Halévy

> je geschaffen hat. Warum sie Amerikanerin ist, warum in ihren Adern das Blut von Schwarzen fließt, warum sie ein so unbezähmbarer Dämon ist, wie im Stück dargestellt, warum sie die melodramatische und endlose Tirade hält, die ich erwähnt habe, warum sie auf die Bühne kommt, warum sie abgeht, warum sie, kurz gesagt, überhaupt existiert – all das ist und bleibt ein völliges Rätsel ... Dumas hat mit ihr im Geschmack völlig danebengegriffen. Man muß jedoch zugeben, daß ihr erster Auftritt im Stück von meisterlicher Wirkung ist.

Man braucht nur eine Fotografie der Bernhardt als Mrs. Clarkson anzusehen, um zu begreifen, warum James von ihrem Auftritt beeindruckt war. Abgesehen von ihrer düsteren Ausstrahlung ist Sarah in ihrem prachtvollen Kleid in Gelb und Schwarz, dessen Schleppe in luxuriöser Fülle auf ihre Füße herabfällt, geradezu die Verkörperung theatralischer Eleganz. In einem Artikel, den James für die amerikanische Zeitschrift *The Galaxy* geschrieben hat, vergleicht er Sarah und die Croizette, ein dankbares Thema, denn die Rivalität der beiden war schon zu einer *cause célèbre* geworden.

> Die jungen Damen sind Vertreterinnen ... [einer] ausgesprochen zeitgenössischen Auffassung, nach der eine Schauspielerin kein anderes Interesse hat als zu faszinieren. Es wäre überflüssig, von Mademoiselle Croizette zu sprechen, denn obwohl sie große Vorzüge zu bieten hat, könnte man sie (mit der kalten Unparteilichkeit der Wissenschaft) als eine zweitklassige, weniger inspirierte und (um das große Modewort von heute zu gebrauchen) »brutalere« Sarah Bernhardt klassifizieren. (Diese »Brutalität« ist Mademoiselle Croizettes Trumpfkarte.) Was Mademoiselle Sarah Bernhardt betrifft, so zählt sie derzeit zu den gefeierten Größen von Paris. Man kann sich nur schwer eine brillantere Verkörperung weiblichen Erfolgs vorstellen; sie verdient ein eigenes Kapitel.

Nun ist klar, warum Sarah das Gefühl hatte, die Comédie Française würdige sie nicht genug. Abgesehen von den klassischen und romantischen Rollen, in denen sie einzigartig zur Geltung kam, erhielt sie fortwährend Rollen, die nicht zu ihr paßten, oder sie wurde ignoriert. Schließlich beschloß sie, zu beweisen, daß sie selbst dann, wenn sie »gegen ihren Typ« spielen mußte, alle anderen übertreffen konnte. Einige Monate nach *L'étrangère* produzierte Perrin, dessen Begabung eher darin lag, Stücke auf die Bühne zu bringen, als sie zu beurteilen, *Rome vaincue* (Das besiegte Rom), ein Versdrama von Alexandre Parodi. Der Autor hält, was sein Name verspricht. *Rome vaincue*, die bombastische Neuauflage einer antiken Legende, wirkt wie eine Parodie. Wie viele andere schwache Stücke bot es seinen Interpreten ungewöhnliche Möglichkeiten. Sarah hatte inzwischen so viele mittelmäßige Rollen gespielt, daß sie deren relativen Wert beurteilen konnte, und so bat sie zum Erstaunen aller nicht um die Rolle der jungfräulichen Vestalin, sondern um die Rolle von deren Großmutter, einer blinden Frau von über achtzig Jahren. Die Großmutter stößt (um die Atmosphäre des Stückes anzudeuten) ihrer Enkeltochter, der Vestalin, einen Dolch ins Herz, um sie davor zu bewahren, lebendig begraben zu werden, denn die Vestalin hat ihre Jungfräulichkeit verloren, ein gotteslästerliches Verbrechen. Unter Theatergängern besteht der stillschweigende Konsens, daß es zu den Prüfsteinen großer Schauspielkunst gehört, Gesicht, Stimme und Charakter so zu verändern, daß sie unkenntlich sind. Sarah bestand nicht nur diese Prüfung, sie übertraf sich selbst. Das Resultat war so eindrucksvoll, daß einige ihrer Bewunderer eigens jeden Abend gegen zehn ins Theater eilten, um pünktlich zur Stelle zu sein, wenn Sarah, wie James schrieb, »ihren großen Auftritt« hatte. Das war keine seiner ironischen Spitzen. »Mademoiselle Sarah Bernhardt«, schrieb er in *The Nation,* »spielt nicht, wie man vielleicht erwartet hätte, die schuldige Vestalin, sondern die heroische Ahne. Ihre Gestaltung dieser Rolle ist ein weiterer Beweis für ihre ungewöhnliche Intelligenz und Vielseitigkeit; sie wirkt höchst malerisch. Ihre Jugend und Schönheit verbirgt sie so vollständig unter langen Schleiern und grauen Zöpfen, daß sie ganz wie eine *mater dolorosa,* eine Schmerzensmutter, aussieht. Wie sie es fertigbringt, eine volle halbe Stunde lang nur das Weiß in ihren Augen zu zeigen, um Blindheit zu simulieren, bleibt ihr Geheimnis. Sie erzählt mit einer so schrecklichen Ruhe von dem Unglück, bei dem sie ihr Augenlicht verlor, daß danach ungeheurer Beifall aufbrandet ...«

James' Lob war noch zurückhaltend im Vergleich zu den euphorischen Hymnen, zu denen sich Sarcey hinreißen ließ. Drei Tage nach der Premiere schrieb der Kritiker, der mit einem Federstrich über das Schicksal eines französischen Schauspielers entscheiden konnte, Sarah sei »eine Naturgewalt, eine feurige Seele«. Sie habe »eine überragende Intelligenz ... Diese Frau spielt mit Leib und Seele. Sie ist ein Wunder, eine unvergleichliche Künstlerin, ein wahrhaft herrliches Geschöpf. Mit einem Wort, sie ist eine geniale Schauspielerin.«

Zu dieser Zeit gab Sarah ihre Wohnung in der Rue de Rome auf und zog in ein eigenes Haus Ecke Rue Fortuny und Avenue de Villiers. Sarah beeindruckte ihre Anhänger damit erneut, aber das Ganze war so kostspielig, daß viele sich fragten, woher sie das Geld dafür nahm. Sarah behauptete, sie habe eine große Summe von einer Großtante geerbt, aber kaum jemand schenkte ihr Glauben. In ihrer großzügigen Art scheute sie keine Kosten und machte riesige Schulden, aber ihr prachtvolles Haus war ein Zeichen des Erfolgs und machte sie glücklich. Selten hatte ihr etwas mehr Freude gemacht, als das Haus im damals zu Ansehen gekommenen Stadtteil Monceau aus dem Boden wachsen zu sehen. Hoch oben auf dem wackeligen Gerüst oder dem schwindelerregend hohen, noch unfertigen Dach stehend, pflegte sie über die erschreckten Warnungen ihrer Freunde am Boden zu lachen, mit den Arbeitern zu scherzen und Pläne mit dem Architekten zu besprechen. Als das Haus fertig war, fand Sarah es »hinreißend«. Tatsächlich war es eine jener Torheiten, die damals sehr in Mode waren, eine vage Mischung aus Renaissance-Festung und Märchenschloß. Die Innenausstattung war einfach. Doré, Clairin, Abbéma, Parrot, Duez und andere Malerfreunde kletterten voller Begeisterung auf Leitern und errichteten Gerüste, um die Wände mit allegorischen Gemälden zu schmücken.

Das Amüsanteste war über Sarahs Bett an der Decke Clairins Darstellung von Sarah als Aurora, Göttin der Morgenröte, umgeben von einer Schar ihrer Freunde, die als mythologische Figuren verkleidet waren. Schließlich war alles einigermaßen fertig, so daß ein Einweihungsfest gefeiert werden konnte, ein Fest ohne Ende mit langen, ausgelassenen Mahlzeiten in dem halbfertigen Speisezimmer, bei denen Sarah in ihrem Bildhauergewand den Vorsitz führte. In dem neuen Haus kreierte sie auch einen neuen Lebensstil. Von nun an war sie, den Jockey Club im Gefolge, Künstlerin unter Künstlern und die Königin einer extravaganten Boheme.

Doré hielt die Sarah der späten siebziger Jahre in einem um diese Zeit entstandenen Aquarell fest. Es ist zwar bedauerlich, daß sie – im Gegensatz zu Marie Colombier – nie für Manet oder einen anderen der großen Meister des Impressionismus saß, aber auch sie hätten kaum ein liebevolleres Bild von Sarah Bernhardt am Vorabend ihres internationalen Ruhmes zeichnen können. Dorés Bild fängt den ganzen zarten, zerbrechlichen, poetischen Charme einer Frau ein, die bald die ganze Welt erobern sollte.

Victor Hugo an Sarah

November 1877

> Madame, Sie waren großartig, und Sie waren charmant. Sie haben mich gerührt – mich, ein altes Schlachtroß, und einmal, als das Publikum Ihnen hingerissen und von Rührung überwältigt applaudierte, habe ich geweint. Diese Träne, die Sie mir entlockt haben, gehört Ihnen. Ich lege Sie Ihnen zu Füßen.

Die »Träne« des Dichters war ein tropfenförmiger Diamant an einem feingearbeiteten Armkettchen. Sarah erhielt das Geschenk und den überwältigenden Begleitbrief am Tag nach der Wiederaufnahmepremiere von Hugos *Hernani* mit Mounet in der Titelrolle und Sarah als Doña Sol.

Die Uraufführung des Stücks im Jahr 1830 hatte eine der bedeutendsten Auseinandersetzungen in der Geschichte des französischen Theaters zur Folge gehabt. Langhaarige Studenten und verdächtig aussehende Intellektuelle, angeführt von dem jungen Théophile Gautier in rosarotem Wams und zartgrünen Hosen, hatten die Comédie Française gestürmt und mit ihrem Ruf »Nieder mit den Kahlköpfen!« das bürgerliche Publikum in Angst und Schrecken versetzt. Seitdem hatte sich viel geändert. Hugos umgangssprachliche Ausdrucksweise, welche die Traditionalisten damals so schockiert hatte, galt jetzt als hohe Kunst. Die damals jungen Anhänger der Romantik wie Gautier, Dumas Père, Sainte-Beuve und Gérard de Nerval waren tot. Von den ruhmreichen Kämpfern von einst lebte nur noch Hugo. Das ehemals so aufrührerische Stück *Hernani* war ein harmloser Klassiker geworden, denn es hatte zwar eine geschwollene und phantastische Handlung, aber die schwungvollen, zarten Verse rührten an die Phantasie der Zuschauer und erweckten sehnsuchtsvolle Erinnerungen an eine von Rittern und Helden bevölkerte Vergangenheit.

Nur wenige kamen mit der klangvollen Sprache des Dichtergenies Hugo so gut zurecht wie Sarah. Immer an sich arbeitend, besuchte sie ihn von Zeit zu Zeit, befragte ihn zu seiner Figur Doña Sol und feilte an jeder Zeile ihres Textes. Die erste Leseprobe des Stücks rief einen Tumult hervor, und die Premiere wurde mit beinahe religiöser Andacht aufgenommen.

Alphonse Daudet schildert bewegt seine Verwunderung, zu sehen, wie »das blasierte, kritische Premierenpublikum, das sich so bereitwillig an den mittelmäßigen, banalen Abenteuern der modernen Komödien ergötzt, der Schönheit der Dichtung Hugos erlag«. Daudet war voll des Lobes für Sarah. »Niemals zuvor war sie so anrührend. Nie zuvor hat sie ihre einzigartige Begabung zum Ausdruck tiefer Gefühle mit solcher Meisterschaft gezeigt und ihren Gefühlen eine so persönliche Note aufgeprägt. Jene Verse, die uns allen vertraut sind und die der ganze Saal erwartungsvoll vor sich hin flüsterte, erhielten durch Sarah Bernhardts wohlklingende Aussprache eine aufregende, unerwartete Schönheit ... Der Text ist schon allein bewundernswert, aber welchen Zauber verleiht ihm erst diese Schauspielerin. Wir haben befürchtet, ihre reine, kristallklare Stimme

... würde der dramatischen Schlußszene nicht gewachsen sein, doch wir haben die künstlerischen Möglichkeiten der Schauspielerin unterschätzt. Trotz ihrer Zartheit brachte sie herzzerreißende Schreie hervor, die vollkommen zum düsteren Charakter des Stücks paßten ... Und wie gut sie es versteht, ihre Gefühle dem Tempo der Handlung anzupassen.«

Aus Daudets Worten geht hervor, daß die jugendliche Sarah auf einem Höhepunkt angelangt war. Sarah glaubte wie Hugo, daß Worte die geheimnisvollen Botschafter der Seele seien: *Les mots sont les passants mystérieux de l'âme.* Sie verstand es, dem Publikum die Schönheiten der Dichtung ganz unmittelbar zu vermitteln. Acht Jahre zuvor hatte sie in der Rolle von Coppées florentinischem Troubadour ein solches dichterisches Einfühlungsvermögen gezeigt, daß man von ihr nur noch als »Le Passant« gesprochen hatte. Diesmal drückte sie der Hugoschen Heldin so unverwechselbar ihren Stempel auf, daß man sie die »Doña Sol« nannte.

Zusätzlich zu den alle Rekorde brechenden einhundertsechzehn Vorstellungen von *Hernani* trat Sarah in Molières *Amphitryon* und Racines *Mithridate* auf. Und als ob das nicht genug wäre, arbeitete sie an Skulpturen und ausladenden Ölgemälden und unterhielt einen immer größer werdenden Freundeskreis. Gleichzeitig verursachte sie einen köstlichen Skandal. Zu jener Zeit war das Ballonfliegen in Mode gekommen. Jules Verne ließ in seinem Roman *Von der Erde zum Mond* Nadar unter dem Anagramm Ardan eine Luftfahrt machen. Auch Victor Hugo zollte den neuen Luftschiffern seine Anerkennung.

Audace humaine! effort du captif! sainte rage!
Effraction enfin, plus forte que la cage!
Que faut-il à cet être, atome au large front,
Pour vaincre ce qui n'a ni fin, ni bord, ni fond,
Pour dompter le vent, trombe, et l'écume, avalanche?
Dans le ciel une toile et sur la mer une planche!

Wagemut der Menschen! Aufstand der Sklaven!
Zorn der Heiligen!

Befreiende Kraft nun sprengt die Fesseln!
Was braucht der Mensch, Staubkorn
im göttlichen Antlitz,
Um die grenzenlose Unendlichkeit zu bezwingen,
Um Wind und Sturm, den Schaum der Wellen,
die Lawinen zu zähmen?
Ein Segeltuch für die Lüfte und eine Planke
für die Meere.

Die Worte Hugos galten wahrscheinlich dem Nationalhelden Léon Gambetta, der bei der Belagerung von Paris durch die Preußen die feindlichen Truppen in einem Ballon überflogen hatte. Er war der Führer der Republikaner und ein enger Freund Sarahs – ihr Liebhaber, wie manche behaupteten – und hatte sich freiwillig gemeldet, um dem Hauptquartier der französischen Armee in Tours Unterlagen zu überbringen, die der belagerten Stadt die erhoffte militärische Hilfe bringen sollten. Dort, wo heute die Kirche Sacré Cœur steht, hatte sich eine riesige Menschenmenge versammelt, um mitzuerleben, wie Gambetta mit seinem pelzbesetzten Mantel und dem romantisch blassen Gesicht in die brüchige Gondel aus Weidengeflecht stieg, das mit leichtentzündlichem Gas gefüllte Luftschiff unbehaglich betrachtete und schließlich das Signal zum Abheben gab. Eine Bodenmannschaft dirigierte den Ballon mit Hilfe von Seilen in die Luft, und Gambetta entrollte unter den Rufen *Vive la France! Vive la République!* die Trikolore. Nach einigen nervenaufreibenden Zuckungen und Drehungen begann das Luftschiff endlich aufzusteigen, und kurz darauf nahm es lautlos und majestätisch Kurs auf Tours.

Gambetta war in Sarahs »Menagerie« gern gesehen. Er zeichnete sich nicht gerade durch Bescheidenheit aus und unterhielt die Gäste gern mit Beschreibungen seines Abenteuers. Er vertrat die These, gefährliche Heldenstücke dieser Art seien nichts für Frauen. Sarah war anderer Meinung; für sie hatte Mut kein Geschlecht.

Bei der Weltausstellung 1878 konnte Sarah ihren Mut beweisen. Täglich stieg sie in einem in den Tuilerien stationierten Fesselballon auf, der mit Henry Giffard, dem Erfinder des ersten lenkbaren Luftschiffs, bemannt war. Aber es genügte ihr nicht, sicher am Boden verankert zu sein. Eines Tages bat sie Giffard, einen Flug für sie zu arrangieren. Eine Woche später bestiegen Sarah, Clairin und ein Neffe des Ballonpioniers Eugène Godard als Pilot die Gondel eines leuchtendorangen Ballons, der zu Ehren der unerschrockenen Schauspielerin den Namen Doña Sol trug. Es war wie eine Szene aus einer Komödie von Labiche. Sarah war in ein langes, flatterndes Kaschmirkleid gehüllt, dazu trug sie eine Jacke aus Marabuseide, einen hauchdünnen Seidenschal und ein mit Bändern geschmücktes Hütchen. Für den Notfall hatte sie ihre Fliegergarnitur noch durch einen schlanken Rohrstock und ein Paar lackglänzende Reitstiefel ergänzt. Clairin sah in seinem eleganten Anzug und Zylinder aus, als wolle er die Rue de la Paix entlangflanieren. Nur die Kleidung des jungen Godard entsprach der damaligen Ausstattung für Flieger: ein bodenlanger Mantel mit unzähligen Taschen und eine Art Alchimistenkappe. Das sonstige Zubehör bestand aus einem Fernrohr, einem üppig bestückten Picknickkorb und einem Skizzenblock für Clairin.

Eine Gruppe sportbegeisterter Zuschauer begleitete den Start der Doña Sol. Hüte wurden geschwenkt und Wetten abgeschlossen, und einige Freunde Sarahs riefen: »Paßt gut auf! Kommt bloß wieder! Bringt sie uns heil zurück!« Schon bald trieb der Ballon von den Tuilerien über die Place de la Bastille zum Friedhof Père Lachaise, wo Sarah aus vollen Armen Blumenblüten in Richtung der Gräber Youles und Régines ausstreute. Schließlich hatten die Flieger nur noch den unendlichen Himmel über sich und die grüne Landschaft unter sich.

»Es war wunderbar! Es war berauschend!« schreibt Sarah in ihren Erinnerungen. »Ich hatte ein nebliges Paris unter mir gelassen, und nun sah ich eine strahlende Sonne. Um uns herum waren undurchsichtige Wolkenberge, deren Kämme in allen Farben schillerten. Kein Laut, kein Hauch. Ein märchenhaftes Schauspiel begann. Große und goldgelbe wallende Tücher mit violetten Fransen wehten von der Sonne herab, um sich in unserem Wolkenteppich zu verlieren.« In ihrer Begeisterung begann Sarah Mussets Nachdichtungen mittelalterlicher Verserzählungen zu rezitieren, und dann stimmten sie und Clairin bretonische Volkslieder an. Als die Dämmerung hereinbrach, bereitete Sarah Gänseleberschnittchen zu, und Clairin entkorkte eine Flasche Champagner. Gläser wurden erhoben, und man trank auf die Zukunft der Luftschiffahrt und auf das Wohl aller Künstler der Gegenwart und Vergangenheit. Bei 2600 Höhenmetern bekam Sarah Nasenbluten und Ohrensausen. Es wurde dunkel, und Godard wies das übermütige Paar an, die Landung vorzubereiten. Zischend entwich das Gas aus den Ventilen, und als die Doña Sol sich dem Boden näherte, wurden die Schlepptaue über Bord geworfen. Auf fünfhundert Meter Höhe stieß Godard mit aller Kraft in sein Signalhorn. Ein schriller Pfiff antwortete ihm. Der Ballon schwebte über einen einsamen, kleinen Bahnhof, und einen Augenblick später packten fünf Männer das Seil und zogen die Doña Sol zu Boden. Sarah schaute nach oben, aber alles, was sie sehen konnte, war die Unterseite des Ballons. Der prallrunde, schöne Ballon war zu einem zerknitterten Sack aus Fliegerseide zusammengefallen. Kaum waren sie der Weidengondel entstiegen, als es heftig zu regnen begann. Das Abenteuer war vorüber. Jemand bot Sarah einen Regenschirm an, aber sie lehnte ab. Sie sei so schlank, sagte sie, daß sie zwischen den Tropfen hindurchlaufen könne. Nach einer ermüdenden Wartezeit im Bahnhof nahm das Trio den Zug nach Paris. Als Sarah spätnachts endlich in ihr Bett fiel, brachte ihr die Zofe noch einen Brief von Perrin. Er forderte sie auf, ihn am nächsten Morgen in seinem Büro aufzusuchen. Perrin war dem Grafen de Montesquiou begegnet, als die Doña Sol über Paris hinwegschwebte. »Sehen Sie«, sagte der Dichter, »da fliegt Ihr Stern dahin.« – »Welcher Stern?« fragte der Theaterdirektor mürrisch. »Nun, Sarah Bernhardt natürlich«, erwiderte der Dichter, worauf Perrin wütend brummte: »Schon wieder einer von Sarahs Späßen. Aber den wird sie mir büßen!« Am nächsten Tag hielt er Sarah eine ordentliche Standpauke. Sie sei launisch, überspannt und exzentrisch. Sie habe außerdem gegen die Hausordnung verstoßen und Paris ohne Erlaubnis der Direktion verlassen, und deshalb müsse sie eine Geldstrafe zahlen. Einige Jahre früher hätte Sarah noch mit Tränen reagiert. Jetzt lachte sie nur auf ihre wohleinstudierte, herablassende Art, sagte zu Perrin, ihr sei das alles zu dumm und sie könne ja kündigen. Zu dieser Zeit war die Comédie Française ohne die Bernhardt schon nicht mehr denkbar. Man bat um Entschuldigung, die Geldstrafe war vergessen, und schon bald war Sarah wieder bei der Arbeit.

Wie viele berühmte Bühnenstars behauptete Sarah von sich, sie lese niemals Zeitung, vor allem dann nicht, wenn über sie selbst geschrieben würde. Aber das war nur eine ihrer vielen kleinen Lügen, denn in jenem Jahr antwortete sie auf einen Zeitungsartikel, den sie offenbar sehr gründlich gelesen hatte.

»In ganz Paris und in den kulturinteressierten Kreisen des Landes wird nur noch über Mlle. Sarah Bernhardt und ihre spektakulären Aktionen gesprochen«, war in dem Artikel zu lesen. »Selbst die bosnische Frage ist in den Hintergrund getreten. Die Chefredakteure der Pariser Zeitungen denken an nichts anderes mehr als an Mlle. Bernhardt und ihren unlängst inszenierten Aufstieg im Ballon des Herrn Giffard. Sie ist eine ätherische, vollkommene Göttin, ein Traumwesen, ein Geist, der vom Blau des Himmels angezogen wird. In ihrer Schlankheit manifestiert sich die Auflösung der Materie ... Sie muß sich mindestens über den Turmspitzen von Notre-Dame befinden, bevor sie anfangen kann zu atmen.«

Hätte Sarah an diesem Punkt aufgehört zu lesen, hätte sie die Schilderung des Journalisten möglicherweise gnädig aufgenommen. Dem Schreiber war aber durchaus nicht nach Schmeicheln zumute, im Gegenteil, er gehörte zu jenen Unverbesserlichen, die sich einbilden, sie könnten den Kurs der Sterne ändern und ihnen beibringen, wo sie zu scheinen haben. Er war überzeugt, Sarah Bernhardt sei von lauter unfähigen Beratern umgeben, die ihrem Schützling mit ihrer Sucht nach Reklame und mit lancierten Klatschgeschichten zuletzt nur schadeten. Niemand, so der Schreiber weiter, wisse wie er Anmut, Geist, Bildung und edles Streben der jungen Schauspielerin zu würdigen. Warum wollten einige ihrer Höflinge unbedingt diesen Eindruck zunichte machen und Mademoiselle Bernhardt als sonderbar und exzentrisch darstellen? Er hoffe, sie lege auf einen solchen Ruf keinen Wert. Denn dann werde sie am Ende nur noch Sarah Bernhardt, die Ballonfahrerin, sein, Sarah Bernhardt, die Bildhauerin, Sarah Bernhardt und die sieben Zwerge ... Für ihn, Albert Millhaud, sei keine dieser Sarah Bernhardts mit der Sarah Bernhardt vergleichbar, deren großartiges Auftreten auf der Bühne er so bewundere.

Sarah nahm diese Kritik nicht widerspruchslos hin. Schon wenige Tage später veröffentlichte *Le Figaro* ihre Antwort:

> Da Sie der Schauspielerin wohlgesonnen sind, fühle ich mich berufen, die Frau zu verteidigen. Nicht meine ungeschickten Freunde setzen mich dem Gerede aus, sondern meine schlauen Feinde ... Die Ballonfahrt hat mir großen Spaß gemacht ... Ich kann Sie beruhigen, ich habe noch nie einem Hund bei lebendigem Leib die Haut abgezogen oder Katzen verbrannt. Und ich bedaure außerordentlich, Ihnen nicht beweisen zu können, daß meine Haare von Natur blond sind. Meine Schlankheit wird als Exzentrik verstanden. Mir wäre eine üppige, ausladende Figur viel lieber ... Mir wird vorgeworfen, ich würde mich mit allem möglichen beschäftigen, nur nicht mit der Schauspielerei: mit Bildhauern, Malen, Klavierspielen. Wen kann das stören, solange meine Arbeit am Théâtre Français nicht darunter leidet?

Als wolle sie einen weiteren Beweis ihrer vielfältigen Talente erbringen, schrieb Sarah Bernhardt ein wunderschönes Kinderbuch über ihre Ballonfahrt. Es trug den Titel *Dans les nuages. Impressions d'une chaise. Recit recueilli par Sarah Bernhardt* (In den Wolken. Eindrücke eines Stuhls. Nacherzählt von Sarah Bernhardt). Das von Clairin reich illustrierte Büchlein war nicht nur ein Verkaufsschlager, sondern auch eine willkommene Gelegenheit für Sarah, sich über die Kritiker lustig zu machen. Sie übertrieb deren lächerliche Behauptungen bis ins Groteske. Der Stuhl berichtet, die Leute würden sich von Doña Sol erzählen, »daß sie als besondere Leckerbissen Eidechsenschwänze und in Affenfett sautiertes Pfauenhirn verspeist und Menschenschädel mit Louis-XIV.-Perücken zum Krocketspielen benutzt«. Das schlichte, schelmische Büchlein fand allgemein Anklang, außer bei Gustave Flaubert.

Flaubert schrieb, sein Verleger Charpentier, der ihm immer und immer wieder versprochen habe, eine luxuriöse Neuausgabe seines *Saint Julian* herauszubringen, vernachlässige jetzt sein Werk zugunsten von Sarahs Unsinn. Noch mehr ärgerte ihn ein Artikel in der von Charpentier herausgegebenen Zeitschrift *La Vie Moderne*, in dem Sarahs Schauspielkunst mit den Werken der George Sand gleichgestellt wird. Wütend schrieb er: »Wohin soll diese Dummheit noch führen?« Hätte er Sarah in Victor Hugos *Ruy Blas* gesehen, wäre er vielleicht anderer Meinung gewesen. Doch der große Dichter ging schon seit vielen Jahren nicht mehr ins Theater. Schauspiel und Dichtung mögen ganz unterschiedliche Kunstgattungen sein, aber eine große Darstellung auf der Bühne kann ebenso tiefe und nachhaltige Gefühle wecken wie ein großer Roman. Und genau dies war Sarah mit *Hernani* von Hugo gelungen. Sieben Jahre zuvor hatte sie die Zuschauer im Odéon mit ihrem jugendlich frischen Talent mitreißen können. Jetzt, Mitte Dreißig, war sie eine vollendete Schauspielerin, die es verstand, alle Register ihres künstlerischen Könnens zugleich zu ziehen: Stimme, Körper und ihr einzigartiges Verständnis romantischer Dichtung. Und sie konnte dem Publikum etwas mitgeben, was Sarcey in seiner sprachlosen Bewunderung *je ne sais quoi* nannte: jenen unbeschreiblichen Eindruck, der noch nachwirkte, wenn das Stück schon längst vergessen war.

Normalerweise spielte die Comédie Française das ganze Jahr hindurch. Im Jahre 1879 wurde jedoch bekanntgegeben, das Theater müsse im Juni und Juli ausnahmsweise wegen dringender Reparaturarbeiten geschlossen werden. Sofort nach dieser Bekanntmachung erhielt Perrin von Hollingshead und Mayer, den Direktoren des Gaiety Theatre in London, ein Angebot für einen Vertrag, nach dem das gesamte Ensemble der Comédie Française sechs Wochen lang, vom 2. Juni bis zum 12. Juli, in London spielen sollte. Perrin war von der Aussicht auf eine Theatersaison in London hoch erfreut, denn er verprach sich zusätzliche Einnahmen für die Renovierung seines Theaters. Außerdem wollte er den Engländern die Wunder vorführen, die er in seinen acht Jahren als Theaterdirektor bewirkt hatte. Er war zu Recht stolz auf die, wie Henry James schrieb, »einzigartige Vollkommenheit« der Comédie, jener »heiligen, altehrwürdigen und vorbildlichen« Institution. Noch nie, meinte der zurückhaltende Kritiker James, habe er etwas so Ausgewogenes und künstlerisch Vollendetes gesehen, »eine hochentwickelte schauspielerische Leistung, wie sie dem englischen Theater fremd ist«.

Perrin schickte Hollingshead eine sorgfältig zusammengestellte Stück- und Besetzungsliste, aus der hervorging, daß Sarah am Eröffnungsabend noch nicht auftreten würde. Postwendend teilte ihm Hollingshead in einem Telegramm mit, daß das Haus allein wegen der Bernhardt schon zur Hälfte ausverkauft und ihr Auftritt bei der Premiere deshalb unverzichtbar sei. Perrin wollte die für den ersten Abend vorgesehenen Schauspieler nicht vor den Kopf stoßen und entschied sich, den zweiten Akt von *Phèdre* speziell für Sarah in das Programm aufzunehmen.

Sarah nutzte die Gunst der Stunde und weigerte sich, mit nach London zu gehen, wenn sie nicht zum *sociétaire à part entière*, der ranghöchsten Stellung im Ensemble, ernannt würde. Nach einigem Sträuben gab man ihr nach, und Sarah Bernhardt und Sophie Croizette wurden befördert und waren von nun an stärker am Gewinn des Unternehmens beteiligt. Dies war freilich nur der Beginn einer spektakulären Wende im Leben der Sarah Bernhardt.

Wenige Tage vor der Abreise nach London empfing Sarah in ihrem Atelier einen unerwarteten Besucher, den amerikanischen Theateragenten Edward Jarrett, der Büros in New York, Paris und London unterhielt. Sarah schreibt: »Er war ein hochgewachsener Mann mit hellen, harten Augen, silbergrauem Haar und einem gepflegten Bart. Er entschuldigte sich in aller Form, bewunderte meine Malerei, meine Bildhauerei so ausdauernd und überschwenglich, daß ich immer noch nicht wußte, wie er hieß. Als ich ihn nach zehn Minuten bat, Platz zu nehmen und mir den Zweck seines Besuches zu verraten, begann er mit starkem Akzent: ›Ich bin Monsieur Jarrett, Impresario. Bei mir können Sie ein Vermögen verdienen. Wollen Sie nach Amerika kommen?‹

›Nie im Leben!‹ rief ich heftig aus. ›Nie! Nie!‹

›Oh! Gut. Regen Sie sich nicht auf. Hier ist meine Adresse, verlieren Sie sie nicht.‹«

Als Jarrett sich verabschiedete, fragte er Sarah, ob sie in London ein »kleines Vermögen« machen wolle.

»Ja, wie?« fragte Sarah, die mehr als nur ein kleines Vermögen benötigte, um sich die Gläubiger vom Hals zu halten.

»Indem Sie Privatvorstellungen in den Salons geben«, antwortete Jarrett.

Im Nu war der Vertrag unterschrieben, und schon in der darauffolgenden Woche erschien in der Londoner *Times* folgende Bekanntmachung:

> Salonkomödien von Mademoiselle Sarah Bernhardt, unter der Leitung von Sir Benedict.
>
> Das Repertoire von Mademoiselle Sarah Bernhardt setzt sich zusammen aus Komödien, Epigrammen, Einaktern und Monologen, die speziell für sie und ein bis zwei Künstler, ebenfalls Mitglieder der Comédie Française, geschrieben wurden. Die Komödien können ohne Bühnenbild oder besondere Ausstattung gespielt werden und eignen sich in London wie in Paris für die Tages- oder Abendgesellschaften der vornehmen Gesellschaft. Wegen aller Einzelheiten und Bedingungen wende man sich an Herrn Jarrett (Sekretär von Mademoiselle Sarah Bernhardt) im Hoftheater.

Perrin war entsetzt, als er die Anzeige las. Unfaßlich, daß ein Mitglied der ehrwürdigen Comédie Française sich zu einem so billigen Handel herablassen konnte. Aber Sarah fühlte sich vollkommen im Recht und war nicht bereit, klein beizugeben. Schließlich hatten auch andere Mitglieder des Ensembles schon Privatvorstellungen gegeben. Schon bald wurde die Auseinandersetzung öffentlich, und schließlich mußte Perrin der Presse gegenüber einräumen, die Schauspieler des französischen Nationaltheaters könnten in ihrer Freizeit tun und lassen, was sie wollten.

Sarah Bernhardt war für alle Notfälle gerüstet, als sie in Le Havre die Fähre bestieg. Trotz des warmen Wetters trug sie einen dicken Mantel, und sie war ausgerüstet mit Lutschtabletten gegen Seekrankheit, Opiaten gegen Kopfschmerzen, Seidenpapier, um den Rücken zu schützen, Kompressen, die sie sich auf den Bauch legen konnte, und wasserfesten Korkeinlagen für die Schuhe, damit sie keine kalten Füße bekam. Ein junger Bewunderer, besorgt um das Wohlergehen seines Idols, ergänzte die Ausrüstung noch durch einen eigens für sie entwickelten Rettungsgürtel, den er kurz vor Ablegen der Fähre an Bord brachte. An dem sperrigen Ding waren zwölf eigroße Blasen befestigt. Elf dieser Luftkammern enthielten Zuckerwürfel, die zwölfte enthielt ein Fläschchen Cognac. Die Fähre hatte kaum abgelegt, als Sarah in eines ihrer berühmten *fous rires* ausbrach und den Rettungsring über Bord werfen ließ. In ihren Memoiren schreibt sie:

> Ein unvergeßliches Schauspiel war unsere Ankunft in Folkstone. Tausende von Menschen waren da, und dort hörte ich zum ersten Mal den Ruf: *Vive Sarah Bernhardt!* Ich wandte den Kopf und sah mich einem jungen, blassen Mann gegenüber – ein traumhafter Hamletkopf –, der mir eine Gardenie überreichte. Das brachte mich ein wenig in Verlegenheit, und ich freute mich doch. Eine boshafte Kollegin neben mir giftete: »Demnächst wird man dir noch einen Blumenteppich streuen.«
>
> »Da ist er!« rief ein junger Mann und warf mir dabei einen Arm voll Lilien vor die Füße. Ich blieb verwirrt stehen und wagte nicht, auf die Blumen zu treten, aber hinter mir drängte die Menge nach …
>
> »Ein Hipp, hipp, hurra für Sarah Bernhardt!« rief der feurige junge Mann. Sein Kopf überragte alle anderen Köpfe, seine Augen leuchteten, seine Haare waren lang,

er sah aus wie ein deutscher Student. Doch es war ein englischer Dichter, einer der größten des Jahrhunderts, ein genialer Dichter, doch später – leider – vom Wahnsinn gequält und vernichtet. Es war Oscar Wilde.

Der begeisterte Empfang machte Sarah bei ihren Kollegen nicht gerade beliebt. Diese unterstellten ihr im Gegenteil, sie habe wieder einen ihrer üblen Streiche inszeniert. Wenn man John Hollingshead glauben darf, hatten sie sich in diesem Fall jedoch getäuscht. »Die Menschenmenge war nicht bestellt worden, sondern hatte sich völlig spontan und begeistert zusammengefunden, um Sarah Bernhardt zu sehen. Fotografen lauerten ihr auf, und Chronisten und Sonderkorrespondenten porträtierten sie in Reportagen. Schon bevor sie die Londoner Bühne zum ersten Mal betrat, hatte die britische Öffentlichkeit aus Sarah Bernhardt einen Star gemacht – einen Star erster Güte.«

Solche Vorschußlorbeeren wirkten sich bei einer reizbaren Person wie Sarah natürlich verheerend auf das Nervenkostüm aus. Aus einem Spitzenensemble wie der Comédie Française dermaßen herausgehoben zu werden muß schmeichelhaft, aber auch erschreckend für sie gewesen sein, denn sie wurde dadurch besonders verwundbar. In den ersten Minuten nach ihrer Ankunft in der Victoria Station fühlte sie sich schon vernachlässigt. Statt einer jubelnden Menge wie in Folkstone warteten hier nur zwei Abgesandte Hollingheads, die die Schauspieler vom Zug abholen und in die Hotels bringen sollten. Ein roter Teppich weckte für einen Augenblick Sarahs Hoffnung. War er für sie da? Nein, klärte man sie auf, er sei für den Prinzen und die Prinzessin von Wales ausgerollt worden, die gerade nach Frankreich abgereist seien. Warum sie verreist seien, fragte Sarah gekränkt. Weil der Prinz Verpflichtungen in Paris habe. Er werde bei der Eröffnungsvorstellung also nicht in London sein? Nein, aber der Herzog von Connaught werde in der Königsloge sitzen.

»Ich war verzweifelt«, schreibt Sarah in ihren Memoiren. »Ich weiß nicht, warum, aber ich fand, daß sich alles schlecht anließ. Beklommenen Herzens fuhr ich durch London.«

Sarahs erster Eindruck des rußgeschwärzten viktorianischen London trug nicht zu ihrer Aufmunterung bei. Auch das reizende Haus am Chester Square, in dem sie sechs Wochen lang wohnen sollte, und die vielen Blumen, die ihr Freunde aus Paris geschickt hatten, verbesserten ihre niedergeschlagene Stimmung nicht. Selbst ein riesiges Rosenbukett Sir Henry Irvings, des berühmtesten englischen Schauspielers, ließ sie nichts Gutes ahnen. Alles, das Haus, die Blumen und die siebenunddreißig Journalisten, die sie am nächsten Tag interviewten, schienen zu sagen: »Du wirst vor einem fremden Publikum spielen. Jetzt mußt du beweisen, daß du so gut bist, wie sie sagen.«

Am 2. Juni 1879 eröffnete die Comédie Française ihr Gastspiel in London mit einer Galavorstellung, die dem besonderen Ereignis, daß das gesamte Ensemble sich ins Ausland begeben hatte, Rechnung tragen sollte. Als der Vorhang aufging und die gut fünfzig Ensemblemitglieder in ihren Kostümen sich verbeugten, brach tosender Beifall los. Rechts und links auf der Bühne standen Büsten von Shakespeare und Molière, und *Monsieur le doyen* Edmond Got rezitierte ein Gedicht zu Ehren dieser beiden berühmten Dichter. Nach Beendigung der Zeremonie begab sich Sarah, vom herzlichen Empfang bewegt, in ihre Garderobe. Die Verantwortung für ihren kommenden Auftritt zerrte an ihren Nerven. Dreimal schminkte sie sich, und dreimal wischte sie sich mit dem Schwamm alles wieder ab. Als sie ihre Stimme ausprobierte, klang diese in den tiefen Lagen rauh und in den hohen Lagen schrill.

> Ich heulte vor Wut. Ich bekam das Zeichen für den Beginn von *Phèdre*. Mein Schleier war nicht da. Mein Kameengürtel war noch nicht umgebunden ... Ich jagte allen mit meiner Nervosität einen Schrecken ein. Got hörte ich brummeln: »Sie schnappt über!« ... Ich hatte Lampenfieber, aber nicht das, das einen lähmt, sondern das, bei dem man durchdreht. Man macht zu viel, aber man tut wenigstens etwas. Das ganze Publikum hatte mich auf der Bühne mit Beifall begrüßt ... und als ich mich verbeugte, sagte ich innerlich zu mir: »Ja, ja – ihr werdet sehen – ich gebe euch mein Blut, mein Leben, meine

> Seele.« Aber bei Szeneneröffnung setzte ich mit meiner Stimme zu stark ein ... und kam nicht wieder davon weg.
>
> Ich litt, ich weinte, ich schrie – und alles echt ... meine Tränen flossen heiß und brennend. Die Liebe, um die ich Hippolyte anflehte, brachte mich um, und die Hände, die ich Mounet-Sully entgegenstreckte, waren die ringenden Hände der Phèdre im grausamen Verlangen nach der Umarmung des Geliebten. Ich war nicht mehr von dieser Welt. Als der Vorhang fiel, hob mich Mounet-Sully leblos vom Boden auf und trug mich in meine Garderobe.

Als sich der Vorhang wieder hob, bot das Publikum ein Spektakel, das der Vorstellung in nichts nachstand. Halb bewußtlos auf Mounet gestützt, gab die Bernhardt ein Bild der Schönheit und Erschöpfung ab. Mit stolz erhobenem Kopf und der ernsten Würde antiker Statuen nahmen die beiden die stehenden Ovationen der jubelnden Zuschauer entgegen, Ovationen, wie sie das englische Theater noch kaum erlebt hatte. Überwältigt von den Wogen der Bewunderung, die ihr vom Zuschauerraum entgegenbrandeten, wußte Sarah, daß sie ihren Platz unter den Göttern des Theaters eingenommen hatte.

Aber auch Götter haben ihre Probleme. Als am nächsten Abend *L'étrangère* gespielt wurde, war Sarah so erschöpft, daß sie zweihundert Zeilen ihres an die Croizette gerichteten Monologs einfach ausließ. Der Monolog war aber nicht nur für den Fortgang der Handlung, sondern auch für Sarahs Rolle sehr wichtig, und es blieb ihr nichts anderes übrig, als zu improvisieren. »Wenn ich Sie zu mir gebeten habe, Madame, dann deshalb, um Sie über die Gründe für mein Handeln aufzuklären ...« (Langes Zögern.) »Aber ich habe es mir anders überlegt. Ich werde sie Ihnen heute nicht sagen.« (Eiliger Abgang.) Sophie Croizette verstummte vor Schreck und ging zitternd von der Bühne ab, und dann trat der gute Coquelin auf und spielte den Akt so gut es ging zu Ende. Die drei Schauspieler kamen noch nach Jahren gern auf diesen unangenehmen Vorfall zu sprechen. Man kann sich vorstellen, daß jeder von ihnen mit dem ihm eigenen Charme seine eigene gehässige Version der denkwürdigen Panne hatte.

In den Besprechungen der Londoner Zeitungen wurde Sarahs Gedächtnisschwund mit keinem Wort erwähnt, vielleicht weil die Kritiker genauso wie das Publikum vorbehaltlos und blind in die neue Rachel verliebt waren. Henry James schreibt: »Nur mit äußerstem Erfindungsreichtum könnte man einen Eindruck jener Intensität und Verzükkung, jenes Wahnsinns, wie manche Leute sagen, und jener Neugier und Begeisterung vermitteln, die Mlle. Bernhardt bei den Zuschauern hervorruft.«

Unter den Zuschauern der Eröffnungsvorstellung war wohl keiner begeisterter als der junge Oscar Wilde. Er berichtet: »Erst als ich Sarah Bernhardt als Phädra gesehen hatte, wurde mir der süße Wohlklang der Verse Racines bewußt.« Er widmete ihr ein Sonett, das am 11. Juni in *The World* veröffentlicht wurde, überschüttete sie mit Blumen und Einladungen und machte sich überhaupt nützlich. Die Bernhardt schreibt über ihn: »Wenn Männer Schauspielerinnen gegenüber zuvorkommend sind und ihnen ihre Dienste anbieten, haben sie meistens Hintergedanken. Nicht so Oscar Wilde. Er war ein treuer Diener und versuchte, mir das Leben in London so angenehm wie möglich zu gestalten, aber er machte mir nie den Hof.« Sarah war natürlich Menschenkennerin genug, um zu wissen, daß Oscar Wilde möglicherweise ganz andere Hintergedanken hatte, nämlich die vage Hoffnung, einmal Stücke für sie zu schreiben. (Wildes Pläne sollten zwölf Jahre später teilweise in Erfüllung gehen, als die Bernhardt nach London kam, um sein Stück *Salomé* zu proben, das er für sie geschrieben hatte.) Von der Londoner Gesellschaft wurde Sarah Bernhardt ganz anders gefeiert als in Paris. In Paris wurden ihr gewöhnlich von Schriftstellern und anderen Künstlern Verehrung und Schmeichelei entgegengebracht, und ab und zu teilte sie auch gern deren Bett, las ihre Stücke und saß ihnen Modell. Kam jedoch einmal ein Herr der feinen Gesellschaft hinter die Bühne, ein Rothschild oder ein Polignac, so bedeutete dies fast unweigerlich den Beginn einer Affäre. Dabei war es natürlich undenkbar, daß sie von dem Herrn nach Hause zum Essen eingeladen wurde. Schließlich war sie nur eine Schauspielerin. Das aristokratische London hätte sich wohl ebenso verhalten, hätte sich nicht der Prinz von Wales ihrer angenommen. Die Aufmerksamkeiten Seiner Königlichen Hoheit gaben der Schickeria das Stichwort. Die Türen Mayfairs öffneten sich, und schon bald konnte man Sarah in Begleitung von Lord Dudley durch den Hyde Park reiten oder bei der Herzogin von T., der Marquise von R. und anderen untadeligen Hofdamen dinieren sehen. Daneben begegnete Sarah aber auch steifer Zurückhaltung. Lady Cavendish zum Beispiel vertraute ihrem Tagebuch an: »London ist ganz aus dem Häuschen wegen der Hauptdarstellerin der Comédie Française. Sie heißt Sarah Bernhardt und ist eine Frau von üblem Leumund. Man begnügt sich nun nicht damit, ihr auf der Bühne Ovationen zu bringen, sondern lädt sie auch in ehrbare Häuser, wo sie rezitiert, ja, man bittet sie gar zu Tische, und niemand nimmt daran Anstoß. Wahrlich, ein unerhörter Skandal.«

Sarah nahm die Einladungen der Mächtigen und Reichen mit zwiespältigen Gefühlen an. Obwohl sie ihre englischen Gastgeber »bezaubernd und geistreich« nannte und das englische Volk »das gastfreundlichste Volk der Welt«, konnte sich ihr Hochmut mit dem ihrer Gastgeber messen. Sie wußte, daß ihr Benehmen »abscheulich« war, aber wenn eine Einladung unmittelbar bevorstand, hatte sie plötzlich keine Lust mehr und wollte keine Entschuldigung schreiben oder sich mit Leuten unterhalten, die kein Französisch sprachen, oder sie langweilte sich, weil sie selbst nicht Englisch sprach. Sie war sogar von der Vorstellung gelangweilt, daß sie durch ihr Fehlen mehr Aufmerksamkeit erregen könnte als durch ihre Anwesenheit. Von Anfang an war klar, daß die Bernhardt die Hauptattraktion der Comédie Française war. Stand sie auf dem Programm, stiegen die Einnahmen der Abendkasse auf fünfhundert Pfund und mehr. Spielte sie nicht, fielen die Einnahmen auf unter vierhundert Pfund. Die Franzosen sahen darin eine traurige Bestätigung des englischen Geschmacks. Sie verachteten ein Publikum, das die Schauspielkunst der Bernhardt so offensichtlich dem Können der berühmten älteren Mitglieder der Truppe vorzog. Die Engländer waren jedoch durchaus in der Lage, die hervorragende Ensembleleistung anzuerkennen, nur paßte der formale französische Deklamationsstil nicht ins Gaiety Theatre. Er war wie ein großer Wein, der sich nicht entfalten konnte. Die Londoner Wochenzeitung *The Truth* meinte, »abgesehen von der Bernhardt und von Coquelin verbinden die Schauspieler jeden Satz mit einer Geste, die früher vielleicht einmal angemessen war. Diese Geste wird aber nicht nur während einer Rede, sondern mindestens noch eine Minute länger beibehalten. Die Stimme variiert zwar, aber sie klingt stets theatralisch oder deklamatorisch.«

Am dritten Samstag der Tournee fühlte Sarah sich nicht wohl. Sie sollte an diesem Tag zweimal spielen und bat, von der Matineevorstellung befreit zu werden. Edmond Got, der für solche Fragen verantwortliche Schauspieler, nahm die Nachricht gelassen auf. Sicher würden eine hervorragende Ersatzschauspielerin und die glänzende übrige Besetzung für die kranke Schauspielerin entschädigen. Er hatte jedoch nicht damit gerechnet, was für ein Kassenmagnet die Bernhardt war. Als ihre Absage bekannt wurde, stürmten die Zuschauer die Kasse und verlangten ihr Geld zurück. Sarah freute sich natürlich diebisch, aber ihre Kollegen fühlten sich und Frankreich von ihr betrogen.

Als ob sie es darauf angelegt hätte, ihre Kollegen zu verärgern, lud sie zu einer Ausstellung ihrer Gemälde und Skulpturen in einer eleganten Galerie in Piccadilly ein. Gerüchten zufolge wollte der Prinz von Wales persönlich der Ausstellungseröffnung beiwohnen. Es war inzwischen ein offenes Geheimnis, daß Sarah zum künftigen König von England nicht nur in einem höflichen Verhältnis stand. Gab es irgendwelche Zweifel darüber, so bewies ein Brief, den sie dem rangältesten Schauspieler der Truppe schickte, das Gegenteil:

Bernhardt an Edmond Got

Gerade bin ich von einem Besuch beim Prinzen von Wales zurückgekommen. Es ist 1 Uhr 20, und ich kann um diese Zeit nicht mehr proben. Der Prinz hat mich seit elf Uhr in Beschlag genommen. Ich bitte Sie um Verzeihung, lieber Monsieur Got. Ich mache morgen alles wieder gut, und bis dahin habe ich meine Rolle gelernt.

Sarah Bernhardts »Gastspiel bei Hof« und Spekulationen über dessen Dauer gaben idealen Stoff zum Tratschen ab und forderten den derben Spott der Kollegen und den Neid der Kolleginnen heraus, die sich empört über Sarahs unwürdiges Verhalten ausließen. Trotzdem kamen sie alle zur Vernissage, um wie Hunderte weiterer Gäste einen Blick auf Prinz Edward und Prinzessin Alexandra werfen zu können, aber auch auf Prinz Leopold, den späteren Leopold II. von Belgien, Premierminister Gladstone, die Maler John Millais und Lord Leighton und natürlich die Schauspielerin selbst. Die meisten ihrer Werke wurden verkauft, darunter eine Marmorkopie ihrer Figurengruppe »Nach dem Sturm«. Bei der Ausstellungseröffnung gab es Champagner, damals eine gewagte Neuerung. Sarah war in ihrem Element. Sie trug ein schlichtes, aber elegantes Kostüm, stützte sich auf den kostbaren Rohrstock, den der Prinz von Wales ihr geschenkt hatte, und unterhielt sich mit Gladstone über die Moral der *Phèdre* und das Übel der Todesstrafe. Die Einnahmen aus der Ausstellung hatte sie natürlich schon bald ausgegeben. Sie behauptete sogar, sie habe die Ausstellung nur deshalb organisiert, weil sie sich einige Tiere anschaffen wollte. An einem spielfreien Tag fuhr sie nach Liverpool und suchte den Zoo eines gewissen Mr. Cross auf. Warum Sarah, die sich in London bereits die drei Hunde Minniccio, Bull und Fly, einen Papagei namens Bizibouzon und einen Affen namens Darwin zugelegt hatte, noch mehr Tiere brauchte, ist unbekannt. Jedenfalls kehrte sie als stolze Besitzerin eines Gepards, eines Wolfhundes und sechs glotzäugiger Chamäleons zum Chester Square zurück. Ein Chamäleon hatte sie mit einem Goldkettchen an ihrem Kleid befestigt. Als Sarah vor ihrem Haus vorfuhr, wurde sie von Gustave Doré, Georges Clairin, Louise Abbéma und Madame Guérard empfangen, die nach London gekommen waren, um für Sarahs Wohl zu sorgen. Beim Anblick der neuen Menagerie wich der Butler entsetzt zurück, und Madame Guérard floh kreischend auf ihr Zimmer. Der gefährlich dreinblickende Gepard machte am meisten Eindruck. Kaum hatte man ihn aus seinem Käfig befreit, verzog er sich schnaubend und zischend auf den nächsten Baum. Die Hunde heulten auf, der Papagei schrie, Darwin rüttelte an den Gitterstäben seines Käfigs, und die Freunde, entzückt von Sarahs immer neuen, unerwarteten Einfällen, bogen sich vor Lachen. Noch nie hatte man in dieser ruhigen Gegend ähnliches gesehen.

»Alle Fenster gingen auf«, schreibt Sarah, »und über der Mauer meines Gartens erschienen über zwanzig neugierige, ängstliche oder wütende Gesichter.«

Am nächsten Tag wurde in London von nichts anderem gesprochen als vom Tumult am Chester Square. (Am Ende ist das Schild mit der Aufschrift »Kein Lärm nach zehn Uhr abends!«, das heute dort angebracht ist, die Folge von Sarahs ungestümem Benehmen.) Monsieur Got wies Sarah darauf hin, daß ihr verrücktes Gebaren die Presse gegen sie aufbringen werde. Die Korrespondenten der französischen Zeitungen verübelten ihr, daß sie der Comédie Française die Schau stahl, und schlossen sich gegen sie zusammen. Sie behaupteten, man könne die Bernhardt für einen Schilling in Männerkleidung besichtigen und sie rauche auf dem Balkon ihres Londoner Hauses riesige Zigarren, lasse bei ihren privaten Engagements ihre Zofe mitspielen, lerne in einem Pierrotkostüm fechten und habe ihrem Boxlehrer bereits zwei Zähne ausgeschlagen. Sogar ihr alter Freund Francisque Sarcey, der die Comédie Française auf ihrem Londoner Gastspiel begleitete, schrieb gehässige Artikel über die Bernhardt. Dies mag daran gelegen haben, daß die Engländer keinen Hehl aus ihrer Bernhardt-Begeisterung machten, den Kritiker Sarcey aber, der vor den Vorstellungen für ein üppiges Honorar über die Überlegenheit des französischen Theaters referierte, für anmaßend und belehrend hielten.

Natürlich hätte Sarah diesen ganzen Unsinn ignorieren können, aber das entsprach nicht ihrer Natur. Im Gegenteil, sie antwortete mit einem offenen Brief an Albert Wolff, ihren Hauptwidersacher von *Le Figaro*, in dem sie ihn fragte, wie er dieses alberne Geschwätz überhaupt ernst nehmen könne. Sollten ihre Landsleute angesichts der Albernheiten, die über sie verbreitet würden, verärgert sein und ihr gar bei ihrer Rückkehr einen schlechten Empfang bereiten, so werde sie ihren Austritt aus der Comédie Française erklären. Und sollte das Londoner Publikum, des

Klatsches überdrüssig, seine Gunst in Mißgunst verwandeln, so werde sie England verlassen, um der Comédie weitere Peinlichkeiten zu ersparen. Sarahs Schauspielerkollegen erklärten sich mit ihr solidarisch, als sie den Brief zu lesen bekamen. Sarah war überrascht, als viele von ihnen sie unter vier Augen baten, die Comédie Française nicht zu verlassen.

Trotzdem kehrte sie nach ihren einzigartigen Erfolgen in London mit einem unbehaglichen Gefühl nach Paris zurück. Sie war auf einer Welle der Popularität nach London gefahren, und nun ertrank sie fast in einem Meer von Ablehnung. Was hatte sie verbrochen? Sicher, sie hatte die ganze Comédie Française in den Schatten gestellt, aber nicht, weil sie anders gespielt hatte als in Paris. Sie war der Croizette vorgezogen worden, aber was konnte sie dafür, daß diese Schauspielerin den Engländern zu plump und vulgär war? Sie hatte ihre Kunstwerke verkauft, aber sie war eben die einzige Bildhauerin der Comédie.

Nur Emile Zola verteidigte sie. Wie nicht anders zu erwarten, hatte er eine tolerantere Sicht der Dinge als Sarcey oder Wolff. In einem Artikel in der Zeitschrift *Voltaire* fragte er, warum die Presse Madame Bernhardt den Krieg erklärt habe. Warum fühlten sich die Pariser Journalisten von Sarah Bernhardts Gemälden, Skulpturen und Schriften provoziert? Warum glaubten sie, Madame Bernhardt sei nur aus Reklamegründen künstlerisch tätig, und warum sollte sie ihre Bilder und Statuen nicht wie alle anderen Künstler verkaufen dürfen? Die ständigen primitiven Witze über ihre schlanke Figur seien vulgärer als alles, was sie getan habe. Man greife sie an, weil sie ihren Namen in der Zeitung lesen wolle, aber es seien die Journalisten, nicht sie, die die Presse mit frei erfundenen Schreckensnachrichten versorgten. Wer glaube schon, daß sie sich in London ausgestellt oder für einen Penny Eintritt als Mann verkleidet, daß sie Affen gegrillt und mit Skeletten geschlafen habe. Und selbst wenn diese lächerlichen Geschichten über Sarah Bernhardt wahr wären, gehe das niemanden etwas an außer sie selbst. Der ekelhafte Rummel um die Schauspielerin, die gestern noch von der Presse hochgejubelt worden sei, sei ein Machwerk der Journalisten. Diese verursachten die Skandale, nicht die großartige Schauspielerin, deren Talent man am besten für sich selber sprechen lasse.

Die jährlich stattfindende Gedenkfeier zu Ehren Molières war für Sarah die erste Gelegenheit nach der Englandreise, dem Pariser Publikum gegenüberzutreten. Perrin hatte ihr anfänglich abgeraten, an der Zeremonie teilzunehmen, weil er öffentliche Mißfallensäußerungen gegen sie befürchtete. Sarah zeigte ihm einen Drohbrief, der seine Bedenken bestätigte:

> »Mein armes Skelett, Du wirst gut daran tun, Deine abscheuliche jüdische Nase bei der Feier nicht blicken zu lassen. Ich fürchte, daß sie sonst nur als Zielscheibe für all die Äpfel dienen wird, die in diesem Augenblick in Deiner guten Stadt Paris für Dich gebraten werden. Laß in den Tageszeitungen schreiben, daß Du Blut gespuckt hast, und bleib in Deinem Bett, dort kannst Du über die Folgen übertriebener Reklame nachdenken.«

Angewidert ließ Perrin den Brief fallen. Sarah berichtete, es gebe noch andere Briefe, die aber so grob seien, daß man sie niemandem zeigen könne. In diesem Fall, sagte Perrin außer sich, müsse sie an der Zeremonie teilnehmen.

Ein eindrucksvolles Publikum hatte sich im Theater eingefunden, den Dichter zu ehren und die Rückkehr der Schauspieler zu feiern. Nach altem Brauch traten die Schauspieler paarweise auf die Bühne und legten vor der Büste Molières Palmzweige nieder. Als die Reihe an Sarah kam, ging ein Raunen durch die Menge, denn sie war allein vorgetreten.

> Ich ging langsam zur Rampe, und anstatt mich wie meine Kollegen zu verbeugen, blieb ich aufrecht stehen und schaute mit beiden Augen in all die Augen, die auf mich gerichtet waren. Mir war der Kampf angekündigt worden, ich wollte ihn nicht herausfordern, aber ich wollte ihn auch nicht fliehen. Ich wartete einige Sekunden, ich spürte das Zittern, die Erregung im Zuschauerraum; dann, mit einem Schlag, brach ein Jubel von Beifall und

> Bravorufen los. Das war sicher einer der schönsten Triumphe in meiner Laufbahn.

In der Spielzeit 1879/80 erwarteten die Bernhardt noch viele schöne Triumphe. Dazu trugen vor allem zwei ihrer markantesten Rollen bei: die Königin in *Ruy Blas* und die Doña Sol in *Hernani*. Zur 15-Jahr-Feier dieses epochemachenden Stücks von Victor Hugo fand am 25. Februar 1880 ein Fest statt, auf dem die Bernhardt eine eindrucksvolle Rezitation des Gedichts *La Bataille d'Hernani* von Coppée vortrug. Im Anschluß daran wurde im Hotel Continental ein Bankett gegeben. Die Leuchten der Literatur und Politik hatten sich zu Ehren des großen Victor Hugo eingefunden. Dieser wiederum zollte seiner großen Doña Sol Tribut, indem er sie zu seiner Rechten Platz nehmen ließ.

Die Bernhardt hatte es wieder einmal geschafft. Schon bald gab es jedoch neue Probleme. Im Frühjahr 1880 gab Perrin ihr eine Rolle in *L'Aventurière* von Emile Augier. Sarah verabscheute Stück und Autor gleichermaßen. Normalerweise arbeitete sie sorgfältig und konzentriert, egal ob ihr die Rolle lag oder nicht. Doch diesmal reagierte sie merkwürdig gereizt, ließ Proben ausfallen oder vergaß, zur Kostümprobe zu erscheinen. Am Vortag der Premiere kam ihr ein starker Husten gerade recht. Sie bat Perrin, die Vorstellung zu verschieben. Perrin weigerte sich. Sarah, die nach ihren eigenen Worten aussah »wie eine englische Teekanne«, spielte ihre Rolle an diesem Abend nur widerstrebend, und der Kritiker Auguste Vitu verglich sie mit einem vulgären Flittchen aus einem Roman von Zola. Dieses Urteil lieferte ihr einen guten Vorwand, endlich zu tun, was sie für richtig hielt. »Also warf ich meine Lorbeeren und meine Blumen in alle Winde und brach rücksichtslos den Vertrag, durch den ich an die Comédie Française und damit an Paris gebunden war.«

Bernhardt an Perrin

18. April 1880

Sehr geehrter Herr Direktor,

Sie haben mir nur acht Bühnenproben zugestanden, und das Stück wurde nur dreimal im Durchlauf gespielt. Ich konnte mich nicht entschließen, vor das Publikum zu treten. Sie haben unbedingt darauf bestanden. Was ich vorausgesehen habe, ist eingetreten ... Dies ist meine erste Niederlage an der Comédie, und es wird meine letzte sein. Ich habe Sie am Tag der Generalprobe gewarnt. Sie haben sich darüber hinweggesetzt. Ich halte Wort. Wenn Sie diesen Brief bekommen, werde ich Paris bereits verlassen haben. Ich bitte Sie, meinen sofortigen Austritt anzunehmen.

Um weitere Diskussionen mit Perrin und dem Verwaltungsausschuß der Comédie Française zu vermeiden, schickte die Bernhardt Abschriften ihres Briefes an den *Figaro* und den *Gaulois*. Am nächsten Tag hielt sie sich in Saint-Adresse bei Le Havre auf, wo sie einen verregneten Nachmittag lang am Strand spazierenging und nachdachte. Sie hatte dem Ausschuß mitgeteilt, daß der Grund für ihren Austritt die schäbige Behandlung durch die Theaterleitung und die Presse sei. Was sie verschwieg und was erst in dem Prozeß herauskam, den die Comédie Française gegen sie anstrengte, war, daß sie trotz des Hustens, der sie angeblich daran gehindert hatte, zu den Proben von *L'Aventurière* zu erscheinen, eine eigene Truppe für ein Gastspiel am Gaiety Theatre in London zusammengestellt hatte. Einen entsprechenden Vertrag mit Hollingshead und Mayer hatte sie bereits unterzeichnet, ohne die Comédie Française vorher in Kenntnis zu setzen. (Das Gastspiel in London sollte dann zur gleichen Zeit stattfinden, in der ihr Prozeß in Paris verhandelt wurde.) Außerdem beschuldigte sie der Anwalt der Comédie, Maître Allou, die Hausordnung verletzt zu haben, nach der kein Schauspieler ohne Erlaubnis der Verwaltung Urlaub nehmen durfte. Sarah Bernhardt habe das englische Publikum mit ihrem künstlerischen Können, ihrer femininen Eleganz, ihrer bildhauerischen Begabung und ihren literarischen Fähigkeiten verführt. Habe es eine solche Frau nötig, einen Vertrag mit einem amerikanischen Schausteller zu schließen (wiederum ohne Benachrichtigung der Comédie Française), nur um nach Amerika reisen zu können? Das gehöre bestraft. »Dort drüben in England und Amerika«, sagte Allou, »wird sie an der Seite zweitklassiger Schauspieler auftreten, und niemand wird auch nur ein Wort von dem verstehen, was sie sagt. Sie kann ihren großartigen Ruf wie eine exotische Fracht mit nach Übersee nehmen, aber in dem Maß, wie ihr Vermögen wächst, wird ihr Ruf schrumpfen.«

Am Ende des Prozesses mußte die Bernhardt auf ihren Pensionsanspruch von 43000 Franc verzichten, der ihr nach zwanzigjähriger Zugehörigkeit zum Theater als *Sociétaire* und nach einem Austritt in gegenseitigem Einvernehmen zugestanden hätte. Außerdem wurde sie zu einer Strafe von 100000 Franc verurteilt. Sie zahlte die Strafe nie. Statt dessen stellte sie der Comédie Française gratis ihr eigenes Theater zur Verfügung, als diese ihr Haus einige Jahre später wegen eines Brandschadens vorübergehend schließen mußte.

Ende Mai 1880, ungefähr einen Monat nach dem Bruch mit dem französischen Nationaltheater, trat Sarah wieder am Gaiety Theatre in London auf. Das Gastspiel war, wie alle Wiederholungen, eine besondere Herausforderung. Sarah wußte, daß sie ihren früheren Triumph übertreffen mußte, und sie wußte auch, daß die Zuschauer bei allem Wohlwollen in ihrer Bewunderung bestätigt werden wollten. Sarah eroberte London mit fliegenden Fahnen. Und sie benahm sich wie ein Engel.

Hollingshead, der sich mit der Comédie Française schwergetan hatte, fand nur lobende Worte für ihre Aufrichtigkeit, ihre Zuverlässigkeit und ihr Pflichtgefühl. Vor allem aber fand er ihr Durchhaltevermögen bemerkenswert – sie gab achtundzwanzig Vorstellungen in dreißig Tagen. Ebenso bemerkenswert war die Anwesenheit von Sarcey, Vitu und Lapommeray in London. Die drei Kritiker hatten Sarah im Jahr davor verrissen, und Sarah mußte annehmen, sie seien ihr jetzt nach London gefolgt, um ihre

Niederlage mitzuerleben. Sie atmete auf, als alle drei sie verführerischer fanden denn je. Die Verstimmung zwischen ihnen war nur vorübergehend gewesen. Nach der Eröffnungsvorstellung ihres ersten unabhängigen Gastspiels am 24. Mai kabelte Sarcey nach Paris: »Die Bernhardt war großartig. Niemals habe ich ein so ergriffenes Publikum erlebt. Wie schade, daß sie unbedingt zurücktreten will ... Nichts, gar nichts wird uns an der Comédie Française jemals diesen letzten Akt aus *Adrienne Lecouvreur* ersetzen können. Wieviel besser hätte sie daran getan, an der Comédie zu bleiben! Verlieren wir nicht genausoviel wie sie? Schade! Schade!« Und acht Tage später schrieb Sarcey über ihren glänzenden Erfolg mit *Froufrou* von Meilhac und Halévy: »Ich glaube nicht, daß im Theater je so erschütternde Gefühle dargestellt worden sind. Wir durften jenen besonderen Augenblick erleben, in dem ein Künstler aus sich heraustritt, über sich hinauswächst. Nach der Vorstellung sagte ich zu Sarah Bernhardt: ›Nach einem solchen Abend werden sich, wenn Sie nur wollen, die Tore der Comédie Française wieder für Sie öffnen.‹ – ›Sprechen wir nicht mehr davon,‹ erwiderte sie, ›sprechen wir nicht mehr davon.‹ Nun gut. Aber wie schade!«

Während ihres Aufenthalts in London stattete Edmond Got ihr einen offiziellen Besuch ab. Die Comédie sei bereit, sie wieder aufzunehmen, auch wenn sie zuerst noch nach Amerika gehen wolle. Sie müsse wissen, daß Amerika sie vernichten werde und daß sie, sollte dann überhaupt noch etwas von ihr übrig sein, bei ihrer Rückkehr froh sein werde, wieder bei der Comédie Française unterzukommen, und daß nicht die Comédie, sondern sie dabei profitieren werde. Aber dieses Angebot war für die Bernhardt unannehmbar. Ihre Taschen waren zum Bersten voll (ihre Einnahmen am Gaiety Theatre waren höher als die der Comédie Française im Jahr zuvor), ihr Selbstbewußtsein war wieder aufgebaut und ihre Eitelkeit befriedigt. So gestärkt, konnte Sarah leicht ablehnen. Sie teilte Monsieur Got mit, sie sei froh, sich auf Lorbeeren ausruhen zu können, die sie sich selbst erworben habe, und außerdem schlafe sie jetzt auch besser.

»Weil ich besser schlief, fing ich auch an, mehr zu essen«,

schreibt Sarah in ihren Memoiren. »Und mein kleiner Hofstaat staunte nicht schlecht, als er sah, daß sein Idol bei der Rückkehr aus London rund und rosig war.«

In Paris ließ Sarah sich nur kurz blicken. Die neue Theaterdirektorin blieb nur wenige Tage, um den Fortschritt ihres Hausbaus zu begutachten, und machte sich dann auf nach Brüssel und Kopenhagen, um die nötigen Mittel für den Bau zu verdienen. Ihr viertägiges Gastspiel am Théâtre de la Monnai in Brüssel unterschied sich kaum von einem erfolgreichen Gastspiel in der Provinz, Kopenhagen jedoch war eine Offenbarung, denn in dieser Stadt merkte sie, daß sie tatsächlich ein Weltstar war. Als ihr Zug im Bahnhof einlief und sie sich aus dem Fenster lehnte, hörte sie »ein so fürchterliches Hurra«, daß sie Angst bekam. Zweitausend Dänen säumten die Straßen vom Bahnhof zu ihrem Hotel, überschütteten sie mit Blumen, warfen ihr Kußhände zu, schwenkten die Hüte und riefen *Vive Sarah Bernhardt*. Sarah glaubte schon, niemals diese hohen Erwartungen erfüllen zu können. Noch am selben Abend jedoch wurde sie im Hoftheater ihrem Ruf gerecht. Zufrieden las sie am 16. August im *Figaro*, daß ihre Vorstellung der *Adrienne Lecouvreur* ein Riesenerfolg vor einem erlesenen Publikum gewesen sei. Unter anderem hatte das dänische Königspaar samt Tochter Alexandra, der Prinzessin von Wales, und Sohn König Georg I. von Griechenland mit seiner russischen Frau Olga der Aufführung beigewohnt. Die Königinnen hatten der französischen Künstlerin inmitten des tosenden Beifalls Blumengebinde zugeworfen. Laut *Figaro* hatte es einen solchen Triumph noch nie gegeben.

König Christian IX. verlieh Sarah den mit Diamanten besetzten Verdienstorden und stellte ihr seine Jacht für einen Ausflug nach Helsingör zur Verfügung. Prinz Hamlets Grab mit der traurigen kleinen Säule deprimierte sie, denn in ihren Augen hatte Hamlet ein romantischer Held zu sein.

Als Sarah Bernhardt sich auf der Rückfahrt von Helsingör

über die Reling beugte und ins Meer starrte, sah sie zu ihrer Überraschung Rosenblätter auf dem Wasser schwimmen:

> Dann Tausende von Blättern. Und dann, während die Sonne geheimnisvoll unterging, klangen die melodiösen Gesänge der Söhne des Nordens wie eine ferne Fanfare zu uns herüber. Vor uns schaukelte, vom Wind getrieben, ein hübsches Boot mit geblähten Segeln. Etwa zwanzig junge Männer warfen Arme voll Rosen ins Wasser und sangen die wundervollen Sagen vergangener Jahrhunderte. Und alles für mich: all die Rosen, all die Liebe, die ganze klingende Poesie. Und die untergehende Sonne hätte ich auch für mich haben wollen. In dieser flüchtigen Minute, in der mir die ganze Schönheit des Lebens dargeboten wurde, fühlte ich mich Gott ganz nahe.

Auf einem Souper zu ihren Ehren war Sarah in weniger göttlicher Stimmung. Das Essen verlief ungestört, bis der preußische Botschafter Baron Magnus einen Trinkspruch ausbrachte. Mit kräftiger Stimme rief er: »Ich trinke auf Frankreich, das uns so große Künstler schenkt! Auf Frankreich, das wir alle lieben.« Die Bernhardt hatte den Verlust von Elsaß und Lothringen durch den Krieg 1870/71 immer noch nicht verwunden. Bleich und nervös erhob sie sich und rief mit ihrer volltönenden Stimme: »So sei es. Trinken wir auf Frankreich, aber auf das ganze Frankreich, Herr Minister von Preußen.« Bei diesen Worten schmetterte das Hoforchester die Marseillaise. Sarahs patriotischer Fehltritt schadete ihr nicht. Als sie Kopenhagen verließ, wurde sie von dem leidenschaftlichen Ruf *Vive la France!* begleitet, und sie spürte, daß die Begeisterung nicht nur ihrer Person, sondern auch ihrem Land galt.

Félix Duquesnel, der Sarah längst verziehen hatte, daß sie dem Odéon abtrünnig geworden war, organisierte eine Gastspielreise durch die französische Provinz, die Sarah noch vor ihrer Amerika-Tournee in achtundzwanzig Tagen durch fünfundzwanzig verschiedene Städte führen sollte – das war etwas ganz anderes als die Arbeit an der Comédie Française, wo sie nur ein- bis zweimal die Woche hatte auftreten dürfen. Sarah kam die Tournee sehr gelegen. Sie freute sich über die ständige Aktivität und die hohen Gagen und nutzte die Gelegenheit, die beiden Stücke *Adrienne Lecouvreur* und *Froufrou* für New York einzuspielen. Ihre Freunde wollten sie in den verschiedenen Städten treffen, und Duquesnel hatte Ausflüge und Feste für sie vorbereitet. Nur eines trübte ihr Glück: Duquesnel hatte ihr eine Freude machen wollen und in jeder Stadt eine Besichtigungstour unter der Führung eines Honoratioren der Stadt arrangiert. Doch allein der Gedanke an eine Kirche langweilte Sarah Bernhardt. »Ich kann nichts dafür«, schreibt sie. »Allein die Vorstellung, in kalten Sälen herumzugehen, während mir eine sinnlose und endlose Geschichte erzählt wird, mit steifem Hals zur Decke schauen zu müssen, die Wiederherstellung des linken Seitenflügels bewundern zu müssen, während es mir lieber gewesen wäre, man hätte ihn zu Staub zerfallen lassen; selbst die Tiefe eines Grabens bewundern zu müssen, der einst voller Wasser war ... das alles finde ich zum Schreien langweilig! Überhaupt hasse ich seit meiner Kindheit Häuser, Schlösser, Kirchen, Türme, kurz, alle Bauten, die höher sind als eine Mühle. Nichts gegen die Pyramiden, aber es wäre mir hundertmal lieber gewesen, man hätte sie nicht gebaut.«

Sarah hatte offenbar ihren eigenen Geschmack, und das war gut so. Denn seit sie nicht mehr von Perrin abhängig war, war sie auf ihren Geschmack und ihr Urteil angewiesen. Oberste Priorität hatte die Auswahl der Stücke für Amerika. Mit dem ihr eigenen sicheren Instinkt wählte sie Stücke, in denen sie ihr Können am besten zeigen konnte: *Phèdre, Adrienne Lecouvreur, Hernani, Froufrou* und eines, das sie noch nie zuvor gespielt hatte, die *Kameliendame* von Dumas dem Jüngeren. Außerdem mußte sie sich um die Kostüme kümmern. Diese Aufgabe fiel ihr leicht, denn sie war eine meisterhafte Modezeichnerin, kannte sich mit historischen Kostümen aus, konnte zuschneiden und nähen, wußte, was ihr am besten stand, und achtete auf die Kosten so wenig wie eine Königin. In Lyon ließ sie besondere Seidenstoffe weben, aus Italien ließ sie Samt und aus Rußland Zobel und Chinchilla herbeischaffen. Auf den Kostümen glitzerten kostbare Kristallkügelchen, Perlmuttbesatz und handgearbeitete Teerosen aus Satin. Ohne mit der Wimper zu zucken, zahlte sie 10 000 Franc (damals etwa 25 000 Dollar) für das Ballkleid der Kameliendame.

Die Qualität der Kostüme stellte die Qualität des Ensembles leider weit in den Schatten. Sarah hatte bei den Schauspielern nicht viel Auswahl. Im Jahre 1880 zog es kaum einen Franzosen nach Amerika, außer er wollte dort sein Glück versuchen oder sich dem Gesetz entziehen. Die spannenden Bücher James Fennimore Coopers wurden zwar gern gelesen, aber kein Mensch war so verrückt, sich freiwillig solchen Abenteuern auszusetzen. Sarah mußte deshalb auf der Bühne mit einem Schauspieler namens Edouard Angelo vorliebnehmen, einem hübschen, nicht sonderlich begabten Mann, mit dem sie seit ihren Tagen im Odéon immer wieder das Bett geteilt hatte. Angelo war »stark wie Herkules« und beinahe ebenso mutig. In gefährlichen Situationen würde er einen zuverlässigen Beschützer abgeben, und sollte ihr die Zeit einmal lang werden, würde er ein ebenso zuverlässiger Liebhaber sein. Sarahs Schwester Jeanne wurde für Nebenrollen engagiert, mußte aber wenige Tage vor der Abreise in ein Sanatorium eingewiesen werden, weil sie eine Überdosis Drogen genommen hatte. In ihrer Ratlosigkeit wandte Sarah sich an Marie Colombier und bat sie, Jeannes Platz einzunehmen. Es war eine unangenehme Situation. Die beiden kannten sich seit ihrer Mädchenzeit, und damals hatte sich Marie Sarah ebenbürtig gefühlt. Jetzt war Sarah unvorstellbar berühmt und Marie nur eine jener enttäuschten Schauspielerinnen, die dicker, nervöser, gehässiger und listiger war, als ihr guttat.

Marie hat beschrieben, wie ihre »beste Freundin«, wie sie Sarah nannte, sich ihr an den Hals warf und sie bat, die Koffer zu packen. Warum, fragte Marie, wohin sollte die Reise gehen?

> »Nach Amerika«, antwortete Sarah. »Ich frage Dich, weil ich weiß, daß niemand sonst mir so kurzfristig einen solchen Gefallen tun würde. Ich weiß, daß Du mich trotz unseres Zankes immer noch gern hast.«

Und was sei mit ihren Kostümen, fragte Marie weiter, und wann solle sie ihre Rollen lernen? Dafür würde gesorgt werden, sagte Sarah. Sie atmete auf, als die Colombier zusagte. Während die Tournee vorbereitet wurde, prophezeiten die Zeitungen die schlimmsten Katastrophen bis hin zum Schiffbruch. Sie erinnerten an den Mißerfolg der Rachel und an die vielen Wilden Amerikas, die kein Wort Französisch könnten und lieber Zirkuselefanten begafften. Wahrer Reichtum lasse sich nicht in Dollars messen, sondern nur an der Anerkennung und dem Beifall des einzigen zivilisierten Volkes der Erde, der Franzosen. Aber Sarah, »gepackt von dem vor ihr liegenden Abenteuer, von der Vorstellung, ans andere Ende der Welt zu reisen«, nahm von den düsteren Prophezeiungen keine Notiz.

Am 15. Oktober 1880 um sechs Uhr morgens betrat Sarah Bernhardt, bis zu den Ohren in Hermelin gewandet, die Gangway der *Amérique*, eines klapprigen, alten Kahns, der halb Segelschiff, halb Dampfer war und sie nach New York bringen sollte. Am Kai standen Freunde und Bewunderer, die ihr zum Abschied zujubelten, darunter Clairin, Abbéma, Duquesnel und andere Mitglieder ihres Hofstaates. Der Abschied von den Freunden stimmte sie traurig, besonders der Abschied von ihrem fünfzehnjährigen Sohn, der immer wieder zu neuen tränenreichen Abschieden aufs Schiff zurückrannte. Schließlich wurde die Gangway hochgezogen, Kanonen donnerten, Pfeifen trillerten, und die *Amérique* glitt langsam aus dem Hafen hinaus in den Kanal. Es gab kein Zurück mehr. Sarah war auf dem Weg in die Neue Welt.

England und Amerika

Sarahs Überseereise eröffnet ein neues Kapitel ihrer künstlerischen Entwicklung. Bis zu diesem Zeitpunkt war sie trotz ihrer Originalität unverwechselbar vom Konservatorium und der Comédie Française geprägt. In ihrer jetzigen Doppelrolle als Schauspielerin und Intendantin konnte sie sich ungehindert entfalten und ein Theater nach ihren Vorstellungen schaffen. Zugute kam ihr dabei sicher, daß ihre Mitarbeiter großen Respekt vor ihrem Urteilsvermögen, ihrem schauspielerischen Können und ihrer Fähigkeit hatten, auch schwierigste Szenen vorzuspielen und zu erläutern, sei es aus *Phèdre* oder aus *Froufrou*. Der stürmische Nordatlantik war allerdings kaum der richtige Ort für die erste Bewährung ihres Regietalents. Die ersten Tage verbrachte sie in ihrer Kabine und war, wie sie schreibt, »furchtbar verzweifelt, weinte bittere Tränen, Tränen, die auf den Wangen brennen. Dann wurde ich ruhig, mein Wille war stärker als mein Schmerz.« Weniger dramatisch ausgedrückt hieß das, daß Sarah Bernhardt seekrank war und an Heimweh litt und daß nichts, nicht einmal die zärtliche Fürsorge der Guérard und der Zofe Félicie, sie dazu bringen konnte, das Bett zu verlassen. Schließlich verordnete ihr der Schiffsarzt einen ausgiebigen Spaziergang im Freien. An Deck traf sie Marie Colombier im Flirt mit dem Kapitän. Allein die Vorstellung, daß die Colombier ihr die Schau stehlen könnte, verlieh Sarah neue Lebenskräfte, und sie hob die Arme zum Himmel und deklamierte ein Dankgebet an Wind und Wellen. Dann warf sie dem Kapitän einen verführerischen Blick zu, starrte auf die üppige Taille der Colombier und bemerkte, es ginge doch nichts über eine schlanke Figur, um sich gegen *mal-de-mer* zu schützen. In ebendiesem Moment wurde das Schiff, das Sarah an Gehässigkeit nicht nachstand, von einer gewaltigen Welle hochgehoben; zögernd hielt es am Scheitelpunkt inne, dann stürzte es zitternd wieder nach unten. An diesem Tag bekam niemand mehr Sarah zu Gesicht. Aber einmal aufgestanden, ließ sie sich nicht mehr bremsen. Sie repetierte mit Angelo einzelne Szenen, setzte Ensembleproben an, beriet sich mit ihrem Manager, lernte stundenlang ihre Rollen und versuchte, Marie Colombier zu beruhigen, der nicht ohne Grund unwohl dabei war, daß sie keinen schriftlichen Vertrag abgeschlossen hatte.

In Sarahs Memoiren erscheint die Überfahrt mindestens ebenso romantisch wie eine Zeichnung Dorés: In einem abenteuerlichen Sturm kommt die *Amérique* fast zum Kentern; die *Amérique* gleicht einem schneebedeckten Geisterschiff, an dessen Reling eine in Pelz gehüllte Gestalt steht – natürlich Sarah Bernhardt – und verzückt das Naturschauspiel betrachtet; Sarah hilft einer Emigrantin, ihr Kind zur Welt zu bringen; eine Schurkenbande droht, die Passagiere der ersten Klasse umzubringen. Am eindrucksvollsten ist die Szene, in der Sarah eine verschleierte Frau davor bewahrt, die Treppe hinunterzustürzen, als das Schiff ins Schlingern kommt.

»Sie hätten sich den Hals brechen können, Madame«, sagt Sarah. »Ja«, entgegnet die Fremde. »Gott hat es nicht gewollt.« Dann wirft sie ihrer Retterin einen verzweifelten Blick zu und fragt sie nach ihrem Namen. Sarah Bernhardt, lautet die Antwort. »Und ich bin Mary Todd Lincoln«, sagt die Frau.

»Ein tiefer Schmerz erfüllte mich«, erinnert sich Sarah, »denn ich hatte der unglücklichen Frau den einzigen Dienst erwiesen, den man ihr nicht hätte erweisen sollen. Ihr Mann, Präsident Lincoln, war vom Schauspieler Booth ermordet worden, und von einer Schauspielerin wurde sie daran gehindert, den lieben Toten wiederzusehen.«

In den elf Tagen auf See waren Sarah und ihr Impresario unzertrennlich. »Der schreckliche Mr. Jarrett«, wie sie ihn nannte, war ein nüchtern denkender Mann, der eiserne Nerven hatte und den nichts erschüttern konnte. Die Geschichten, die er erzählte, waren dafür der Beweis. Einmal fragte Sarah ihn nach einer Narbe in seinem Gesicht. Jarrett sagte, er habe sie sich bei einer Auseinandersetzung um die Unterzeichnung eines Vertrags für Jenny Lind geholt.

»Sehen Sie sich dieses Auge genau an«, hatte er zu seinem Gesprächspartner gesagt. »Es kann alles, was Sie mir verschweigen, aus Ihren Gedanken herauslesen.«

»Dann liest es schlecht«, schimpfte der Konkurrent und feuerte mit seinem Revolver auf Jarretts Kopf.

»Ein schlechter Schuß, Monsieur!« beschimpfte Jarrett den Konkurrenten. »Wenn Sie ein Auge für immer schließen wollen, müssen Sie so schießen.« Und er erschoß ihn.

Natürlich war Sarah von Jarretts Geschichten begeistert. Sie schilderte ihn immer als einen aufrechten Kavalier, eine Charakterisierung, die ein Manager sicher selten von seinen Künstlern zu hören bekommt. Glücklicherweise war Jarrett nicht nur ein aufrechter Kavalier, sondern auch ein glänzender Agent. Er bewunderte Sarahs Begabung rückhaltlos und vermittelte ihr Hunderte von Auftritten zu beispiellosen Gagen. Und er sorgte dafür, daß seine kostbare Fracht jeden erdenklichen Komfort genoß. Dies also war der Mann, der Sarah mit Amerika bekannt machte. Er hatte die Zeitungen bereits Monate im voraus mit reißerischen Artikeln über Sarahs Erfolge und exzentrische Eigenheiten versorgt. Als die *Amérique* im Hafen von New York vor Anker ging, kamen einige Bootsladungen Journalisten und französische Beamte an Bord, um »*die* Bernhardt« zu begrüßen. Ihr erster Eindruck entsprach wohl kaum den angelesenen Erwartungen. Keine männermordende Femme fatale aus der Metropole der Mode und des Lasters erwartete sie, sondern eine ausgesprochen blasse junge Frau, die anmutig, vornehm und bescheiden der Begrüßungsrede des französischen Konsuls zuhörte. Mit gespannter Aufmerksamkeit lauschte sie dann der Marseillaise und versenkte mit entrücktem Lächeln ihr Gesicht in ein Blumenbukett, das man ihr überreicht hatte. Ein endloser Strom begeisterter Anhänger ergoß sich in den Schiffssalon, und die Menschen schüttelten ihr die Hand, bis ihr die Ringe in die Finger schnitten. *»Le handshake«*, wie sie es nannte, und ihre Unkenntnis der englischen Sprache erschöpften sie, und sie kam sich lächerlich vor, wenn sie murmelte: *»Oh! Combien je suis charmée!«* Schließlich konnte sie nicht mehr.

»Ich fühlte, daß ich wütend werden oder weinen mußte. Lieber wurde ich ohnmächtig. Ich vollführte die Geste einer Hand, die zwar will, aber nicht kann ... ich öffnete die Lippen ... ich schloß die Augen ... und ließ mich in Jarretts Arme fallen.« Die Bernhardt war darin geübt, die Tote zu mimen. Ausgestreckt lag sie auf dem Sofa und hörte um sich herum das aufgeregte Geschnatter der Leute. Dann erschien ein Arzt und befahl den Besuchern zu gehen. Kaum waren sie fort, sprang sie auf, warf sich an Jarretts Hals und tanzte mit ihm durch den Raum. Als Jarrett ihr jedoch mitteilte, daß er die Reporter noch für denselben Tag in ihr Hotel geladen hatte, verwandelte sich ihre Ausgelassenheit in Verzweiflung.

Diese Haltung der sonst so publicitysüchtigen Sarah scheint ungewöhnlich; sie wird erst verständlich, wenn man sich klarmacht, daß es in Europa damals noch nicht wie in Amerika üblich war, sich *en masse* auf Berühmtheiten zu stürzen. Sarah war verärgert, daß sie an diesem Tag noch mehr Reporter treffen sollte. Aber richtig entsetzt war sie, als sie die brodelnde Menschenmenge sah, die an der Landungsbrücke auf sie wartete. Das war etwas anderes als ein englischer Dichter mit Lilien im Arm oder ehrfürchtige Dänen, die dem Bühnenstar den Weg freimachten. Diese Menschen wichen keinen Zentimeter zurück, und sie gafften und johlten, als käme ein Zirkus in die Stadt. Jarrett, sein Partner Henry Abbey, den Sarah immer mit *Monsieur Abbé* ansprach, und ein furchteinflößender Mitarbeiter der Detektei Pinkerton hatten alle Mühe, ihrer zarten Fracht den Weg zu bahnen. In einer geschlossenen Kutsche fuhren sie in das elegante Hotel Albermarle in der Fifth Avenue. (Wenn sie weiter nach Norden gefahren wären, hätten sie, eine merkwürdige Vorstellung, in kurzer Zeit das offene Land erreicht.)

Die von Abbey angemieteten Räume fanden Sarahs Billigung. Der Kunsthändler Knoedler hatte Büsten von Molière, Racine und Hugo aufstellen lassen, damit sie sich ganz zu Hause fühlen sollte. Der Salon war eine Kopie ihres Wohnzimmers in Paris und mit Bärenfellen, türkischen Ottomanen, Topfpalmen und einem Diwan mit Bergen von Seidenkissen ausgestattet, über dessen Rückenlehne ein persischer Wandteppich gebreitet war. Nur eines trübte den Eindruck: In dem Zimmer drängten sich fünfzig Reporter, die auf ein Interview mit Sarah warteten. Als diese ihrer ansichtig wurde, schlüpfte sie in ein angrenzendes Zimmer, verbarrikadierte die Tür mit einem Möbelstück, streckte sich auf einem Fell aus und schlief ungeachtet des Klopfens an der Tür und der verärgerten Aufforderungen Jarretts ein. Ihre trotzige Haltung machte mehr Schlagzeilen als die Antworten auf die Fragen, die sie später schließlich gnädig beantwortete: Welche Schuhgröße und was für eine Taille sie habe, was sie zum Frühstück esse, ob sie ihren jungen Löwen wirklich mit lebenden Wachteln füttere, wie ihr New York gefalle, wieviel ihre Juwelen und Kleider wert seien. Die ganze Zeit über war ein junger Mann eifrig dabei, sie zu porträtieren. Ein Künstlerkollege, dachte Sarah und bat den Mann, ihr sein Werk zu zeigen.

»Und er schämte sich nicht, mir seine grauenhafte Zeichnung zu überreichen: ein Skelett mit einer gekräuselten Perücke. Ich zerriß die Zeichnung und warf sie ihm ins Gesicht. Und am nächsten Tag erschien diese Scheußlichkeit mit einer unerfreulichen Unterschrift in den Zeitungen.« Während ihres Aufenthalts in Amerika entstanden zahllose Karikaturen von ihr: Sarah Bernhardt als dürrer Drache, der einen Reporter tritt, als bühnenreif kostümiertes und geschminktes Skelett, als von einem Schwamm gekrönter Stecken, als verführerische Boa constrictor, als Seil, das sich in gefühlvolle Knoten verschlungen hat. Jarrett und Abbey glaubten beide an die Macht der Werbung und führten den Reklamefeldzug mit schreienden Sensationsmeldungen über Sarahs ungestüme Launen an, wobei ihnen der Wahrheitsgehalt der Meldungen nicht so wichtig war. Mit billigen, schrillen Mitteln wurde hier zum ersten Mal eine Öffentlichkeitskampagne durchgeführt, um einen Star zu lancieren. Sarah reagierte darauf mit philosophischem Gleichmut. »Nichts bringt uns um, außer der Tod.« Und mit Oscar Wilde war sie der Meinung, daß nur eines schlimmer sei als Klatsch: kein Klatsch.

Zwei Tage nach ihrer Ankunft besichtigte Sarah das Booth Theatre Ecke 23rd Street und Sixth Avenue, wo sie auftreten sollte. Für einen Schauspieler ist es ein besonderes Vergnügen, ein Theater durch den Bühneneingang, *seinen* Eingang, zu betreten und sich dem dunklen, leeren Zuschauerraum gegenüberzufinden. Sarah war dieses Vergnügen nicht vergönnt. Statt dessen sah sie sich einer Horde schmuddeliger, zigarrenrauchender Zollbeamter gegenüber, die ihre zweiundvierzig Seekisten mit den Kostümen und Kleidern durchwühlten, die sie hatte vorausschicken lassen. Auch zwei »abscheuliche Schneiderinnen« waren zugegen, um den Wert jedes einzelnen Kleidungsstückes zu schätzen. »Wieviel haben Sie für dieses Kleid bezahlt?« fragte die eine der beiden Damen und hielt Sarahs perlenbesticktes Kostüm für die *Kameliendame* hoch.

»Ich knirschte mit den Zähnen und weigerte mich, eine Antwort zu geben ... es war mittlerweile halb sechs. Ich hatte eiskalte Füße. Ich war halb tot vor Erschöpfung und unterdrückter Wut. Die Bande erbot sich, alles wieder in die Koffer zu packen, aber das erlaubte ich nicht.« Statt dessen ließ Sarah fünfhundert Meter Musselin kaufen, um den über die Bühne verstreuten Kleiderberg zuzudecken, und stellte den Mann ihrer Zofe Félicie als Wächter mit einem Revolver daneben. Dann hatte sie das Bedürfnis nach Zerstreuung und ließ sich »das Wunder von Manhattan« zeigen, die halbfertige Brooklynbrücke. Nach den gewalttätigen Zollbeamten, die ihr zuletzt auch noch Unsummen an Zollgebühren abverlangten, ließ sie sich bereitwillig von der modernen Konstruktion der Brücke verführen. »So unglaublich, wunderbar, grandios! Ja, man muß stolz auf das Menschenhirn sein.«

Sarahs Stolz auf die menschliche Größe bekam allerdings einen Dämpfer, als sie Clara Morris sah, die beliebteste Schauspielerin von New York. Clara Morris trat in *Alix* auf, einer bereinigten Version der frivolen französischen Komödie *La Comtesse de Sommerive* von Théodore Barrière. Abbey hatte der Presse mitgeteilt, Sarah weigere sich, in New York aufzutreten, bevor sie nicht ihrer großen amerikanischen Kollegin Respekt erwiesen habe. Kein Wunder, daß das Theater brechend voll war.

Marie Colombiers Schilderung des Abends zeigt, daß auch andere Schauspielerinnen als Sarah keine Gnade vor ihren Augen fanden.

Acht Uhr. Das Haus ist brechend voll. Um neun Uhr erscheint Sarah in Begleitung von Jarrett und Abbey gerade rechtzeitig zum Beginn des zweiten Akts. Kaum haben sie in der mit französischen Fahnen geschmückten Loge Platz genommen, schmettert das Orchester die Marseillaise. Tosender Applaus. Sarah dankt dem Publikum mit königlicher Geste. Der Vorhang teilt sich, und heraus tritt Clara Morris. Man stelle sich eine Frau vor, die so dünn ist, daß Sarah daneben geradezu pummelig wirkt ... Undenkbar, daß diese Frau je schön gewesen sein soll, und wenn ja, dann muß das sehr, sehr lange her sein. Ihr Mund gleicht einem schwarzen Loch und ihre Zähne braunen Gewürznelken. Es heißt doch immer, Amerika sei die Heimat der Zahnärzte! Sichtlich bewegt hält sich die Morris am Vorhang fest und wirft Sarah eine Kußhand zu. Der Beifall schwillt an. Sarah möchte nicht zurückstehen, löst das weiße Blumengebinde von ihrem Kleid und wirft es der Schauspielerin vor die Füße. Die Künstlerinnen applaudieren einander! Ich muß ehrlicherweise zugeben, daß Sarah sich dabei ins Fäustchen lachte. Sicher hat Jarrett seinen Schützling auf dem Rückweg ins Hotel für sein Wohlverhalten gelobt.

Am 8. November 1880 gab die Bernhardt ihr Amerikadebüt in Booths Temple of Dramatic Art mit der *Adrienne Lecouvreur*, einem Stück, das von Ernst Legouve und Eugène Scribe ursprünglich für die Rachel geschrieben worden war. Das Stück, seinerzeit ein großer Erfolg, spielt im 18. Jahrhundert und handelt von einer gefeierten Schauspielerin und ihrer unglücklichen Liebe zu dem ausschweifenden Baron de Saxe. Dramaturgisch gekonnt wird am Anfang ein leichter Ton angeschlagen, dann erfährt das Stück eine Steigerung durch Zitate aus La Fontaine und Racine und eine heftige Auseinandersetzung zwischen Adrienne und ihrer Rivalin, der Prinzessin von Bouillon. Der dramatische Höhepunkt gipfelt in Verrat und Tod durch Gift. Zur turbulenten Handlung kommt eine Überfülle von Requisiten, die die Zeit Ludwigs XIV. beschwören und die in der Inszenierung der Bernhardt besonderes Aufsehen erregten. Das hatte natürlich auch den Vorteil, daß den Zuschauern, die meist kein Französisch verstanden, auch etwas fürs Auge geboten wurde, wenn sie die englische Zusammenfassung gelesen hatten und Zeit blieb, einen Blick auf die Bühne zu werfen.

Der Abend hatte für Sarah auch vergnügliche Seiten. So war die *Adrienne Lecouvreur*, ein Stück, das in Paris scharenweise von Schulklassen besucht wurde, für amerikanische Jugendliche verboten. Die Liebesgeschichte einer unverheirateten Schauspielerin mit einem adeligen Lebemann durfte unschuldigen Ohren nicht zugemutet werden. Erheiternd war ferner, daß ein aufgebrachter Zuschauer sein Geld zurückverlangte, weil die Bernhardt erst im zweiten Akt auftrat. Am meisten aber amüsierte sich Sarah über die Zwischenmusik des Orchesters, herrlich unpassende Cancans im Stil Offenbachs und Xylophon-Solos. Es bestand kein Zweifel, Booths Temple of Dramatic Art war nicht die Comédie Française. Trotzdem hatte sich der Abend gelohnt. Sarah freute sich über die siebenundzwanzig Vorhänge, über die riesigen Blumenkörbe, die von den Platzanweisern nach vorn getragen wurden, über das Kranzgebinde, auf dem in goldenen Buchstaben zu lesen war: »Die Maler und Bildhauer von Paris ihrer Sarah.« Und natürlich war sie auch von den vielen Menschen gerührt, die draußen in der Kälte auf sie warteten und »Gute Nacht, Sarah!« riefen.

Die Begeisterung der New Yorker kannte keine Grenzen. Am Albermarle Hotel hatten sich Hunderte von Bewunderern unter Sarahs Balkon versammelt, der dank amerikanischen Erfindergeists elektrisch beleuchtet war. Als die Schauspielerin auf den Balkon hinaustrat und der unter ihr versammelten Menge Kußhände zuwarf, spielte eine Blaskapelle die Marseillaise. Anschließend gab es einen festlichen Empfang, auf dem ihr ein amerikanischer Verehrer versicherte, nicht einmal der Kaiser von Brasilien habe einen solchen Aufruhr verursacht. Aber *der* sei ja auch nur ein Kaiser gewesen, meinte ein anderer Verehrer. Wenn Sarah in ihrer Unersättlichkeit noch mehr Anerkennung wollte, brauchte sie nur die Kritiken zu lesen. Die *Times* fand ihre Adrienne »feinfühliger und natürlicher als die der Rachel«. Eine andere Zeitung schrieb, Szenen, »die Clara Morris in einem Strom von Tränen ertränkt oder durch die heftige Art ihres Vortrags zerstückelt, werden von Sarah Bernhardt durch eine schlichte Geste, eine kleine Beugung des Tonfalls oder einen Blick vollkommen dargestellt«. Die schönste Kritik aber stammte von William Winter vom *New York Herald*, der in Sarah Bernhardts leidenschaftlicher Hingabe »eine Befreiung der Seele von allem Menschlichen, eine Erlösung von der Banalität alles Sterblichen« sah.

Sarah ruhte sich nicht auf ihren Lorbeeren aus. In den siebenundzwanzig Tagen, die sie in New York verbrachte, gab sie siebenundzwanzig Vorstellungen. Und was vielleicht noch beeindruckender ist, sie spielte in dieser Zeit sieben verschiedene anspruchsvolle Rollen, von denen zwei gänzlich neu für sie waren. Heutzutage würde sich ein Schauspieler wohl kaum einen solchen Kraftakt zumuten. Sarah wurde für ihre Bemühungen freilich auch reichlich belohnt. Nach der Eröffnungsvorstellung wurden für 3-Dollar-Plätze 15 Dollar geboten, und Abonnements, die sonst 60 Dollar kosteten, wurden jetzt für 120 Dollar gehandelt. Jarrett und Abbey verstanden es geschickt, den Erfolg wirtschaftlich zu nutzen. Auf ihr Betreiben stellte Sarah ihren Namen für diverse Produkte wie Konfekt, Parfüms, Handschuhe, Kleider, Lockenwickler und sogar Zigarren zur Verfügung. Frauenzeitschriften druckten Entwürfe ihrer Pariser Kleider ab, schrieben über ihr Leben, über ihre Wohnung in Paris und über ihre Ansichten zu allem und jedem, von Make-up bis Molière.

Ein solcher Erfolg bringt schnell die Spötter auf die Szene. Spottverse auf die Bernhardt zeugen davon. Einer macht sich über ihre extravagante Garderobe lustig:

Kleider hat sie wundervoll,
Speziell für sie gemacht, jawohl,
Verziert und schön bestickt mit feinem Faden.
Und es heißt in dieser Stadt,
Jedes Kleid, das diese hat,
Kostet so viel wie ein ganzer Laden.

Ein anderer Vers nimmt ihre gewaltigen Einnahmen aufs Korn:

Wenn ich diesem Land adieu sag',
Werd' ich blind vor Tränen sein;
Doch die Koffer voller Dollars
Sind ein Souvenir gar fein.

Verglichen mit den galligen Haßtiraden des Predigers Dr. Crosby waren solche Verschen freilich geradezu liebevoll. Er schrieb, Sarah Bernhardt sei eine Hure, die die Moral der Amerikaner untergraben wolle. Die religöse Zeitschrift *The Methodist* schlug in dieselbe Kerbe und warf den Engländern vor, einer sündhaften Schauspielerin die Türen geöffnet zu haben, einer verderbten Kokotte, die sich auch noch ihres unehelichen Sohnes rühme. Die Stücke, in denen Sarah auftrat, galten als verwerflich, fremdartig und gottlos. Auch die vornehme Gesellschaft mied die ausländische Künstlerin. Ein gutes Beispiel dafür war James Stebbins, ein reicher, angesehener Geschäftsmann. Dieser Gentleman hatte in Paris Himmel und Erde in Bewegung gesetzt, um der Bernhardt vorgestellt zu werden, und als es ihm endlich gelungen war, hatte er sie mit schmeichlerischen Briefen und prunkvollen Geschenken überhäuft. Jetzt weigerte er sich, sie zu empfangen, mit dem Argument, dies sei New York, nicht Paris, und Sarah mußte sich wohl oder übel damit abfinden. Auch James Gordon Bennett, der Eigentümer des *New York Herald*, zeigte wenig Takt, als er Sarah zu Ehren ein Essen im Delmonico gab und dabei die Herren ohne ihre Ehefrauen einlud.

Sarah, zu deren Freunden George Sand, Victor Hugo, Flaubert, Doré und der Prinz von Wales zählten, war von diesem Benehmen abgestoßen. Jarrett versuchte, Sarahs Ansehen durch eine Ausstellung ihrer Kunstwerke im exklusiven Union Club aufzuhelfen. Auch hier waren keine Frauen zugelassen, ein Umstand, der Sarah zu anthropologischen Betrachtungen über die Stammesbräuche der steifen, sittenstrengen amerikanischen Männer veranlaßte, die ihre Frauen nicht der Gefahr aussetzen wollten, eine französische Schauspielerin zu Gesicht zu bekommen.

Die *grandes dames* von New York, die Sarah auf dem gesellschaftlichen Parkett auswichen, konnten es allerdings kaum abwarten, sie als sündige, leidende Marguerite in der

Kameliendame zu sehen. Die *Camille*, wie sie das Stück nannten, war ihnen nicht ganz unbekannt. Die New Yorker hatten bereits eine gereinigte Fassung unter dem Titel *Heart's-ease* kennengelernt. In dieser Fassung ist Marguerite ein harmloses, kokettes Mädchen und Armand ein anständiger, wenn auch launischer junger Mann, der Marguerite einfach sitzenläßt, worauf sie sich hinlegt und stirbt. Mit Sarahs Inszenierung lernten die New Yorker nun erstmals die Originalfassung des Stückes kennen, und es war auch das erste Mal, daß Sarah die Rolle der Marguerite spielte. Es war eine Glanzrolle! Dumas hat die Geschichte dieser kapriziösen Frau, die liebt, sich opfert und stirbt, mit allen dramaturgischen Mitteln ausgestaltet. Henry James hat treffend gesagt:

> *Camille* ist und bleibt ein erstaunliches Stück. Obwohl es schon an so vielen Theatern in aller Welt gespielt wurde, hat es nichts von seiner jugendlichen Leichtigkeit verloren, hat sein Zauber sich nicht abgenützt. Es besteht immer noch aus Champagner und Tränen – die Verderbtheit und Leichtgläubigkeit, die Leidenschaft und der Schmerz sind unverbraucht ... Unter den Liebesgeschichten der Weltliteratur nimmt diese einen vorrangigen Platz ein.

Das war hohes Lob für einen Mann, der den jüngeren Dumas eigentlich nicht mochte. Der Erfolg des Stücks beruhte aber nicht nur auf Champagner und Tränen, auf Verderbtheit und Leidenschaft, sondern gerade auch auf der Rolle der Marguerite, die den großen Divas des Theaters Gelegenheit gab, ihr ganzes Können zu zeigen und die Zuschauer mitfühlen und mitleiden zu lassen und ihr kritisches Urteilsvermögen unter einer Welle von Gefühlen zu begraben. Es wäre eine maßlose Untertreibung zu sagen, Sarah habe mit dieser Rolle Erfolg gehabt. Sarah *war* die Marguerite, und dreißig Jahre lang konnte keine Schauspielerin ihr diese Rolle streitig machen. Sarcey schrieb: »Nur eine kluge und schöne Frau, eine gebürtige Pariserin, die es so vortrefflich versteht, Prosa in Lyrik umzusetzen, kann Beherrschung, fieberhafte Fröhlichkeit und tragische Liebessehnsucht mit dem grenzenlosen Zynismus und der sorglosen Überheblichkeit verbinden, die das Leben einer Kokotte ausmachten.«

Sarah verabschiedete sich von New York mit einer Galavorstellung der *Kameliendame*. Inzwischen war sie zum »beliebtesten Mädchen der Stadt« avanciert. Diese Beliebtheit bekam sie unangenehm zu spüren, als sie vor der Vorstellung am Bühneneingang des Theaters ankam, wo Hunderte von Verehrern auf sie warteten, um ihr Lebewohl zu sagen. Sie ließ sich von deren Begeisterung mitreißen, bis sie begriff, daß die jubelnden Bewunderer nicht die Absicht hatten, ihr den Weg ins Theater freizugeben. Im Gegenteil, sie versuchten, sich an sie heranzudrängen, ihr die Hand zu schütteln und ihren Pelz zu berühren. Alle wollten Sarah ihre Zuneigung versichern und ihre Hoffnung ausdrücken, daß sie bald wiederkommen werde. Eine Frau mit wild verdrehten Augen warf Sarah bei dem Versuch, ihr eine Brosche anzustecken, beinahe zu Boden. Eine andere schnitt eine Feder von Sarahs Hut ab. Dann kam jemand auf den Gedanken, Sarah um ein Autogramm zu bitten, eine ihr unbekannte Form der Verehrung. Plötzlich wollten alle Autogramme, und schon kämpfte sich eine »Gruppe junger Rabauken« nach vorn, begrapschten ihr Gesicht und bettelten, sie möge ihre Manschetten signieren. Die aufdringliche Bewunderung – oder was immer es ist, was die Menschen dazu treibt, einen Star so zu belästigen – steigerte sich zu Hysterie. Als schließlich die Polizei eintraf, um die Menge zu zerstreuen, war Sarah in Tränen aufgelöst. Sie wurde von den Polizisten »sehr brutal« durch den Bühneneingang hinter die schützenden Mauern des Theaters gezerrt und stand eine halbe Stunde später im geheimnisvoll schimmernden Kostüm der Kameliendame auf der Bühne. Die ersten Worte der Marguerite sind seltsamerweise an einen Verehrer gerichtet, der sie fragt, ob er daran schuld sei, wenn er sie liebe. Sie antwortet ihm: »Mein Lieber, wenn ich alle erhören wollte, die mich lieben, dann bliebe mir nicht einmal Zeit zum Essen.« Vielleicht hat Sarah diesen Satz nach der unangenehmen Erfahrung am Bühneneingang mit besonderer Emphase gesprochen.

Nach einer glorreichen Aufführung und zahlreichen Vorhängen war Sarah dem Zusammenbruch nahe. Als sie erfuhr, daß vor dem Theater Tausende von Menschen auf sie warteten, sagte sie, sie werde sich in ihre Garderobe einschließen und den Schlüssel wegwerfen. Henry Abbey, der mit solchen Problemen besser fertig wurde als Jarrett, hatte eine bessere und weniger dramatische Idee. Kurz zuvor war Sarahs Schwester Jeanne, die bei der Abreise aus Paris krank gewesen war, in New York eingetroffen. Warum sollten sie sich nicht die Familienähnlichkeit zunutze machen und Jeanne an Sarahs Stelle der Fangemeinde ausliefern, während Sarah zum Vordereingang hinausschlüpfte? Am Spätnachmittag tauchte Jeanne, zerzaust und glücklich, im Albermarle auf. Es hatte ihr königlichen Spaß gemacht, die Rolle ihrer berühmten Schwester zu spielen, abgeschirmt durch einen Schleier aus Boas, Tüchern und Blumenbuketts. Vielleicht hatte Jeanne sogar die beste Vorstellung ihres Lebens gegeben.

Der schlagzeilensüchtige Jarrett besuchte mit Sarah noch am selben Abend Thomas Alva Edison in dessen Haus in Menlo Park in New Jersey. Es war eine absurde Begegnung, denn Sarah verstand von Duplextelegrafie und Telefonen so wenig wie Edison von La Fontaine oder Racine. Für Sarah war Edison ein Hexenmeister, ein amerikanischer Cagliostro, und für Edison war die Schauspielerin, wenn man sein Erröten so interpretieren darf, eine Märchenfee, die im Seidengewand und in Samtpantoffeln der Winternacht entstiegen war. Zunächst ging es steif zu. Der »König des Lichts« war verlegen, und die Schauspielerin überlegte, wie sie die Atmosphäre auflockern konnte.

»In seinen herrlichen blauen Augen, die noch heller als seine Glühlampen strahlten, konnte ich alle seine Gedanken lesen, und mir wurde klar, daß ich ihn erobern mußte; mein kampflustiger Geist rief alle meine Verführungskünste zu Hilfe, um diesen vortrefflichen und schüchternen Wissenschaftler zu besiegen.«

Auf ganzer Linie »besiegt«, nahm Edison Sarahs Arm und führte sie durch sein Laboratorium. Es war ein überwältigender Anblick: glühende Kessel, riesige Räder, die sich ratternd drehten, blitzende Lichter, grün und zischend wie Schlangen aus Feuer. Edison, der sich wie die Bernhardt auf Effekte verstand, hatte das Beste bis zum Schluß aufgehoben. Ohne ein Wort zu sagen, stellte er sich neben seine neueste Erfindung, den Phonographen, und sang *John Brown's Body.* Wenige Augenblicke später kam seine Stimme wie durch Zauber als Echo zurück. Sarah konnte es kaum erwarten, selbst etwas aufzunehmen. Und so kam in der Abgeschiedenheit New Jerseys die erste Tonaufnahme der Schauspielerin zustande, einige Zeilen aus *Phèdre.* Zum Abschluß der historischen Stunde sang Edison, der seine Schüchternheit mittlerweile überwunden hatte, mit zittriger Stimme das Lied *Yankee Doodle Dandy.* Auf dem Rückweg nach New York lachte Sarah Tränen bei dem Gedanken an die Begegnung der inzestuösen Heldin Racines mit dem kleinen puritanischen Yankee inmitten der eisigen Wildnis von New Jersey. Am nächsten Tag fuhr man weiter nach Boston. Vor der Abreise mußten natürlich noch die Schlagzeilen gelesen werden: »Berühmtester Mann der Vereinigten Staaten trifft berühmteste Frau Frankreichs.«

Erleichtert ließ Sarah die hektischen Wochen in New York hinter sich. Nicht nur sie war erleichtert. Für viele Ausländer war New York der Inbegriff amerikanischer Arroganz, Spießigkeit und Habgier, und ihre Bürger galten als europafeindlich und unkultiviert, besessen von der Gier nach Geld, Macht und sozialem Ansehen. In Boston galten andere, vornehmere Tugenden. Oder wie Mark Twain sagte: »In New York fragt man: ›Was kostet er?‹ In Boston fragt man: ›Was weiß er?‹«

Als Sarah Bernhardt ihr zweiwöchiges Gastspiel mit Hugos *Hernani* eröffnete, entdeckten die Bostoner, daß die Bernhardt eine ganze Menge »wußte«, womöglich mehr als jede andere Schauspielerin, die sie kannten. In ehrfürchtigem Ton sprachen die Kritiker von der Vollkommenheit ihrer Schauspielkunst, die sich jeglicher Analyse entziehe. Sarah war für solche Worte dankbar, sie war aber auch dankbar für all die anderen Annehmlichkeiten, die Boston zu bieten hatte. Da war zunächst die komfortable Suite im Hotel Vendome – für eine Künstlerin auf Tournee von unschätzbarem Wert. Die Zimmer waren nicht nur komfortabel, sondern auch mit allerlei Kunstwerken, kostbarem Porzellan und Unmengen von Teppichen ausgestattet, die alteingesessene Bostoner Bürger ihr zur Begrüßung geschickt hatten und denen Visitenkarten und Einladungsschreiben beigefügt waren. Die Bostoner zeichneten sich nicht nur durch gute Manieren und Großzügigkeit aus. Sie waren allem Neuen aufgeschlossen und hatten einen Sinn für alles Schöne. Die Bernhardt war für sie deshalb nicht der skandalumwitterte Star, sondern eine überragende Vertreterin ihrer Kunst. Sarah wiederum war von der, wie sie sagte, »Bostoner Rasse« eingenommen, vor allem von den älteren ledigen Damen, die alles zu wissen und alles zu verstehen schienen und die, verglichen mit den lauten New Yorker Frauen, unabhängig, aufrichtig und erfreulich zurückhaltend waren. Und sie schienen auch alle Französisch zu sprechen. Sarahs Zuneigung wurde zehnfach erwidert. In den folgenden Jahren ließen diese kultivierten Damen keine einzige Vorstellung aus. Ein Lächeln genügte, und die Damen erfüllten der göttlichen Sarah wie die Dienerinnen der Terpsichore jeden Wunsch. Marie Colombier dagegen sah in den hingebungsvollen Jüngerinnen bedauernswerte Vertreterinnen des weiblichen Geschlechts, unweibliche, vertrocknete und frustrierte Geschöpfe. Aber selbst sie mußte zugeben, daß die Damen einen wesentlichen Anteil an der toleranten Aufnahme Sarahs durch die Bostoner Gesellschaft hatten.

Andere Frauen waren in ihrer Bewunderung Sarahs weniger fanatisch. Zu ihnen gehörte die ungewöhnliche Lillie Moulton, eine hochbegabte Laiensängerin, die zur Zeit des Zweiten Kaiserreichs in Paris gelebt hatte. Beim Schlittschuhlaufen im Bois de Boulogne hatte sie die Aufmerksamkeit Napoleons III. auf sich gezogen, und von diesem Augenblick an kannte sie alle und jeden. Sogar europäische Adlige suchten ihre Gesellschaft, was für eine Amerikanerin eine große Auszeichnung bedeutete. Ihre Briefe geben einen lebendigen Eindruck vom Kaiser, seinem Hof und den Zerstreuungen in Compiègne.

Für Mrs. Moulton war Sarah nur eine der ungezählten Berühmtheiten, denen sie täglich begegnete. Eines Abends im Mai 1875 besuchte Lillie mit ihrer kleinen Tochter Nina eine Vorstellung mit der Bernhardt. Begleitet wurden sie von Mrs. Bradley, einer Witwe, und deren Sohn George, einem tugendhaften, gutaussehenden jungen Mann. Während des zweiten Akts ließ Mrs. Moulton Nina vorne in der Loge stehen, damit das Kind besser sehen konnte.

> Und da könnt ihr sehen, wie Tugend belohnt wird! Eine *ouvreuse* trat ein und bat, Monsieur sprechen zu dürfen. Man kann sich vorstellen, was der keusche George empfand, als die berühmte Sarah ihn zu sehen wünschte, ja, ihn sogar in ihre Garderobe bat. Was für eine Situation! Er errötete bis auf die Wurzeln seines roten Haarschopfes, und sein helles Gesicht nahm die Farbe der untergehenden Sonne an. Aber entweder man ist ein Mann, oder man ist keiner. George jedenfalls bewies, daß er einer Gefahr männlich ins Auge blicken konnte. Er zitterte bei der Vorstellung, die tugendhafte Bostoner Gesellschaft könnte Kunde von der Einladung bekommen. Vor seinem geistigen Auge sah er bereits die puritanischen Brauen seiner ehrbaren Familie in die Höhe schnellen, weil die Nachricht die Runde durch die Stadt machte. Eine bestimmte biblische Szene fiel ihm ein, dann strich er mit einer letzten eindrucksvollen Geste über seinen zitronengelben Schnauzbart, summte »Heil dem Eroberer« vor sich hin, schnallte den Degen um und schritt mit fliegenden Fahnen von dannen.

Wie sich herausstellte, hatte Sarah keine finsteren Absichten mit dem galanten jungen Herrn aus Boston. Sie wollte nur herausfinden, ob Mrs. Moulton sich eventuell vorstellen könne, daß Sarah von dem hübschen Töchterchen eine Büste anfertigte. Mrs. Moulton konnte sich das nicht nur vorstellen, sie war begeistert. Einige Tage später beschrieb sie die Sitzungen in einem Brief an ihre Mutter:

> Es war bezaubernd, die Künstlerin bei der Arbeit zu beobachten. Sie war gekleidet wie ein Mann, trug weiße Hosen und eine weiße Jacke, und um den Kopf hatte sie kunstvoll einen weißen *foulard* geschlungen ... Während sie arbeitete, rauchte sie eine Zigarette nach der anderen ... Um das Kind still zu halten, übte sie manchmal ihre Rollen mit jener berühmten goldenen Stimme, die wahr-

scheinlich deshalb so genannt wird, weil sie Goldstücke für sie abwirft. Am artigsten war Nina aber, wenn Sarah ihr von dem Album erzählte, das sie für sie machen wollte. Alle Künstler, die sie kenne, würden etwas dazu beisteuern, und sobald es fertig sei, solle Nina es bekommen. Meissonier zum Beispiel male gerade an einer Szene aus dem deutsch-französischen Krieg, Gounod komponiere ein Musikstückchen, das dem *charmant modèle* gewidmet sei, und so weiter.

Bei jeder Sitzung fragte Nina: *»Et mon album?«* Aber sie bekam es nie zu sehen. Es existierte nur in Madame Bernhardts lebhafter Phantasie und diente keinem anderen Zweck als dem, das Modell bei Laune zu halten. Eigentlich war es gemein, das Kind so hinters Licht zu führen. Noch als Nina ein letztes Mal fragte: »Und bekomme ich heute mein Album?«, antwortete Sarah, daß es immer noch nicht ganz fertig sei, daß der Einband noch nicht stimme und ähnliches. Wenn es auch nicht stimmte, was sie erzählte, so hatte es doch die gewünschte Wirkung, und sie konnte die Büste vollenden. Die Ähnlichkeit war nicht sehr groß, aber das Werk war hübsch anzusehen. Es wurde in die nächste Ausstellung übernommen und erhielt eine »achtbare Erwähnung«, eine achtbarere Erwähnung wahrscheinlich, als Sarah bei uns bekam.

Natürlich bekam Nina das geheimnisumwitterte Album nie zu Gesicht, aber Sarah schenkte ihrer Mutter einen Tonabguß der Büste.

Als die Bernhardt Anfang Januar 1881 in Boston spielte, war Mrs. Moulton gerade zu Besuch bei Verwandten und Freunden in der Stadt.

Ich suchte sie in ihrem Hotel auf. Sie sah bezaubernd aus und war in der für sie so typischen Weise gekleidet, in ein weißes Gewand mit Pelzbesatz ... Sie ist zum ersten Mal in Amerika. Sie sagte, sie sei erstaunt, wie viele Amerikaner Französisch sprächen. »Tatsächlich?« gab ich zur Antwort. »Ich hatte nicht diesen Eindruck, als ich Sie neulich in der *Kameliendame* sah.« – »Ich meine natürlich nicht die Zuschauer. Die verstehen wirklich kaum etwas.

Wenn sie die Seiten umblättern, lenkt mich das so ab, daß ich zuweilen meinen Text vergesse. Jedenfalls spreche ich erst weiter, wenn das Rascheln aufgehört hat …

Als ich mich verabschieden wollte, fragte sie: »*Chère* Madame, kennen Sie Mr. Longfellow?«

»Ja, sehr gut sogar.«

Vielleicht könnten Sie für mich arrangieren, daß er mir Modell sitzt? Sie können ihm ja sagen, daß Sie meine Arbeiten kennen und daß Sie mir durchaus zutrauen, ihn zu porträtieren, wenn er mich nur machen läßt.«

Ich versprach ihr, mein Bestes zu tun. Sie dankte mir überschwenglich. Als ich jedoch mit Longfellow darüber sprach, zeigte er sich von der Idee nicht besonders angetan. Er bat mich, der Bernhardt auszurichten, daß er nichts lieber tun würde, als ihr Modell zu sitzen. »Aber«, fügte er mit einem scherzhaften Zwinkern hinzu, »in ein paar Tagen reise ich nach Portland, und ich fürchte, daß sie bei meiner Rückkehr nicht mehr in Boston sein wird …« Seine Ablehnung bedauernd, sagte er dann noch: »Sagen Sie ihr, daß ich mich freuen würde, sie morgen zum Tee zu empfangen, falls sie kommen kann. Und Sie müssen sie begleiten. Es geht nicht an, mich mit einer so gefährlichen, bestrickenden Besucherin allein zu lassen.«

Er lud noch William Howells und Oliver Wendell Holmes zu dem Treffen ein … Am darauffolgenden Nachmittag traf ich Sarah im Haus Longfellows wieder. Wir tranken gerade Tee, als sie sagte: »*Chèr* Monsieur Longfellow, ich hätte ja so gern eine Büste von Ihnen angefertigt, aber leider bin ich so beschäftigt, daß ich einfach keine Zeit dafür finde.« Und er entgegnete höchst zuvorkommend: »Ich wäre entzückt gewesen, für Sie Modell sitzen zu dürfen, aber bedauerlicherweise reise ich morgen aufs Land.« Wie geschickt manche Leute doch sind!

Longfellow spricht fließend Französisch. Er sagte: »Neulich habe ich Sie in *Phèdre* gesehen. Vor fünfzig Jahren sah ich die Rachel in dieser Rolle, doch Sie übertreffen sie noch. Sie sind großartig, viel lebendiger, *plus vivante …* Könnte ich Ihnen doch vermitteln, was ich empfunden habe.«

»Das können Sie, Sie sprechen durch Ihre Verse.«
»Sie können meine Gedichte lesen?«
»Ja. Ich habe Ihr ›He-a-vatere‹ gelesen.«
»Mein – ach ja – mein ›Hiawatha‹. Aber sicher verstehen Sie es nicht?«
»Aber ja doch, *chaque mot.*«
»Sie sind eine wunderbare Frau«, sagte er, und bevor sie sich aufgefordert fühlen konnte, »jedes Wort« seines »Hiawatha« zu rezitieren, machte er sie mit Holmes bekannt, der auch gleich in die Bresche sprang. Als die Teegesellschaft endlich zu Ende war, begleiteten wir Sarah Bernhardt hinaus an die Kutsche. Sie wollte schon einsteigen, da drehte sie sich noch einmal um, warf sich Mister Longfellow an den Hals, sagte: *»Vous êtes adorable«* und küßte ihn auf die Wange. Er schien nicht ungehalten darüber, aber als sie abgefahren war, sagte er zu mir: »Wie Sie sehen, habe ich wirklich eine Anstandsdame gebraucht.«

Schwer zu sagen, wen diese Zusammenkunft mehr erheiterte: die Bernhardt, wenn sie sich den greisen Poeten vorstellte, der sich vor ihren Ränken schützen mußte, oder den bärtigen Longfellow, wenn er daran dachte, wie knapp er entkommen war.

Obwohl Boston der Bernhardt unendlich viel kultivierter vorkam als New York, wurde sie ausgerechnet hier in den wohl billigsten Werbetrick ihrer ganzen Laufbahn verwikkelt. Ein gewisser Mr. Henry Smith, Besitzer einer Fischereiflotte, machte Sarah seine Aufwartung. Einer seiner Männer hatte einen Wal harpuniert und lebendig in den Hafen von Boston geschleppt. Unglückseligerweise konnte Mr. Smith die abenteuerlustige Sarah dazu überreden, den verdächtig ruhig daliegenden Wal zu besichtigen und auf seinem Rücken zu promenieren. Und damit begann eine Werbekampagne, die sie nicht mehr im Griff hatte.

Nach einer glanzvollen Abschlußvorstellung mit der *Kameliendame* reiste Sarah mit ihrer Truppe nach New Haven und Hartford weiter. Zu ihrem Entsetzen wurde ihr der Wal, der ganz offensichtlich nicht mehr lebte und dick eingesalzen war, auf einem Güterwaggon nachgeschickt. Auf großen Plakatwänden war zu lesen:

BESICHTIGEN SIE DEN GIGANTISCHEN WAL, DEN SARAH BERNHARDT ERLEGT HAT UND AUS DESSEN KNOCHEN DIE STANGEN FÜR IHRE KORSETTS GEFERTIGT WERDEN.

Und immer war Mr. Smith zugegen und nahm von all jenen Frauen Bestellungen an, die sich aus den Knochen von Sarahs Lieblingswal ein Korsett anfertigen lassen wollten. Sarah war außer sich vor Wut, doch die Aktion konnte nicht mehr gestoppt werden, und Jarrett riet ihr, keine Gelegenheit der Reklame auszulassen, sei sie auch noch so unseriös. In Hartford ereignete sich noch ein anderer Zwischenfall. Bei einer Vorstellung von *Froufrou* wurde den Zuschauern versehentlich die englische Zusammenfassung der *Phèdre* ausgehändigt.

Trotzdem verfolgten die Zuschauer die Vorstellung mit größter Zufriedenheit, anscheinend war ihnen gar nicht aufgefallen, daß der Text auf dem Papier und das Stück auf der Bühne nicht übereinstimmten.

»Ist ja auch egal«, meinte Marie Colombier. »Sie haben gezahlt, sie haben geweint. Mehr kann man nicht verlangen.«

In der französischsprachigen Stadt Montreal, dem nächsten Gastspielort, waren die Zuschauer nicht so leicht zufriedenzustellen. In einer Zeitung wurde Sarahs Ankunft geschildert:

> Gestern reiste eine Abordnung führender französischer Bürger in einem Sonderzug nach St. Albans, um Sarah Bernhardt an der kanadischen Grenze willkommen zu heißen. Kurz nach dem Eintreffen der Delegation fuhr der Zug der berühmten Künstlerin im Bahnhof ein. Mr. Louis Frechetta, Poeta laureatus der Académie Française von Quebec, verlas ein Gedicht, das er der gefeierten Schauspielerin widmete. Die göttliche Sarah war in einen blaugrünen, pelzbesetzten Plüschmantel gehüllt und trug ein in denselben Farben changierendes Kleid. Ihren Hut aus Robbenfell zierte ein fledermausähnlicher Aufsatz.
>
> Die Fahrt von St. Albans nach Montreal verlief ohne weitere Zwischenfälle, außer daß Madame Colombier

> den Salonwagen mit ihrer Anwesenheit beehrte und sich scherzend mit den Herren aus Montreal unterhielt. Am Hauptbahnhof hatte sich eine riesige Menschenmenge versammelt, und als der Zug einrollte, intonierte die Stadtkapelle schwungvoll die Marseillaise. Die Menge wurde schon ungeduldig, als endlich das Objekt ihrer Begierde erschien und mit begeisterten Rufen *Vive la Bernhardt! Vive la France!* begrüßt wurde. So viele Menschen drängten sich heran, daß der Schauspielerin nur unter größten Schwierigkeiten ein Durchgang gebahnt werden konnte.
>
> Das Gedränge war so groß, daß Mlle. Bernhardt, erschöpft von der Reise und geschwächt von allzu harter Arbeit, beinah ohnmächtig wurde und einmal sogar in Tränen ausbrach. Nur mit Mühe gelang es der Schauspielerin und ihren Begleitern, den Herren Jarrett und Abbey, dem Pöbel zu entkommen. Die Menge zählte mindestens fünftausend Köpfe, einschließlich der Menschen, die auf das Dach des ausfahrenden Zuges geklettert waren. Die Bernhardt bestieg einen Pferdeschlitten und wurde ins Windsor Hotel gefahren. Ecke Bonaventura Street und Cathedral Street hatten sich wieder viele Menschen eingefunden, um dem vorbeifahrenden Schlitten zuzujubeln.

Allerdings jubelte nicht die ganze Stadt Sarah zu. Seit Wochen schon drohte der Bischof von Montreal, jeden zu exkommunizieren, der die Vorstellungen der teuflischen Schauspielerin besuchte. Damit nicht genug, wollte er auch Sarah, ihre Truppe und die Autoren des »abscheulichen« Stückes *Adrienne Lecouvreur*, Scribe und Legouve, exkommunizieren. Damit ging er freilich in seinem Eifer zu weit, denn Scribe hatte sich schon einige Jahre zuvor in himmlische Gefilde oder vielleicht auch ins Fegefeuer begeben. Ein Reimeschmied kommentierte in der Zeitschrift *Chic* die Situation mit folgenden Versen:

> *Ein Bischof – und das ist wirklich wahr –*
> *Rief zu sich seiner Schäfchen Schar.*
> *Er sagte: Wenn ihr geht*

Und Sarah Bernhardt seht,
Seid gänzlich ihr verloren
Und müßt im Höllenfeuer schmoren.
Die Schafe weinten, doch alsbald
Waren die Worte des Bischofs verhallt,
Und Sarah trat auf,
Und sie strömten zuhauf.
Da sagte Sarah: »Gott segne ihn.
Ich bin dem Bischof nicht gram,
Denn wie sollte der Bischof auch wissen,
Daß seine Flüche für mich sind Reklam'!
Und der Bischof sagte düster,
Zu Torquemadas Zeit, da wüßt' er,
Wie man solche Frauen duckte.
Auf dem Scheiterhaufen müßten sie stöhnen –
In einem Autodafé, einem schönen!

Sarahs Auftritt in Montreal war mehr als nur ein Theaterereignis. Die Französischkanadier fühlten sich ermutigt zu zeigen, daß sie zwar britische Untertanen waren, ihr Herz jedoch Frankreich gehörte. Bei der Eröffnungsvorstellung führte ein volltönender, zweihundertstimmiger Chor die Marseillaise auf. Den ganzen Abend lang folgte Ovation auf Ovation. Das Publikum applaudierte dem Text, dem Star, den Nebendarstellern und den Kostümen aus der Zeit Ludwigs XIV., die an eine glorreiche Vergangenheit in der fernen Heimat erinnerten. Mit unverminderter Stärke klatschten die Zuschauer die Schauspielerin immer wieder vor den Vorhang. Weiße Tauben flogen durch den Raum, Blumenkörbe wurden von der Decke heruntergelassen, und ein ausladender, mit der französischen Fahne geschmückter Lorbeerkranz wurde überreicht. Ehrerbietig lächelnd preßte Sarah die Fahne an ihre Lippen und schwang sie dann hoch über ihren Kopf. An diesem und allen folgenden Abenden warteten Studenten in der weihnachtlichen Kälte vor dem Bühnenausgang, um *Notre Sarah* zu ihrem Schlitten zu tragen und sie in Pelze zu hüllen und den vereisten Hang zum Windsor Hotel hinaufzuziehen.

Nach Montreal spielte die Truppe in Springfield in Massachusetts. Dort verbrachte Sarah einen ganzen Nachmittag mit dem Kauf einer Pistole, deren Griff mit Silber beschlagen war und mit der sie sich vor den Gefahren des Wilden Westens schützen sollte. Während des viertägigen Gastspiels in Baltimore wurde die Waffe jedoch nicht benötigt und blieb in ihrem Etui. In der Stadt war es ungewöhnlich kalt, nicht nur draußen, sondern auch im Hotel. Davon abgesehen, verbreitete Baltimore eine Atmosphäre üppigen Wohlstands. Bei der Silvestervorstellung fiel den Schauspielern auf, daß die Damen des amerikanischen Südens den Europäerinnen in nichts nachstanden, wenn es darum ging, Geschmeide und *décolletages* zur Schau zu stellen. Zur Silvesterfeier lud Sarah Marie, Jeanne und zwei Herren von der französischen Botschaft aus Washington zum Souper. »Einen Augenblick lang«, erinnert sich Marie, »vergaßen wir Amerika und seine Dollars. Wir genossen es, über die Heimat und die Freunde in Paris zu plaudern!« In der Nacht mußte Sarah weinen. Sie war nun schon zwei Monate unterwegs, und die Vorstellung, den Neujahrstag »fern von meinen Lieben zu Hause« zu verbringen, deprimierte sie.

Am nächsten Tag bat Marie, nach New York reisen zu dürfen, um Einkäufe zu machen. Sarah war einverstanden. Sie wußte, daß ihre Freundin Paris so kurzfristig hatte verlassen müssen, daß sie sich nicht auf die inzwischen endlos scheinende Tournee hatte vorbereiten können. Marie versprach, in Philadelphia wieder zur Truppe zu stoßen, und machte sich auf den Weg. In der Eröffnungsvorstellung in Philadelphia sollte sie die Prinzessin Bouillon spielen, die zweite Hauptrolle in *Adrienne Lecouvreur.* Alles verlief planmäßig, bis der Zug, der sie in die Stadt der Quäker bringen sollte, plötzlich anhielt und nach einer endlosen Pause in die entgegengesetzte Richtung fuhr. Als Marie fragte, was los sei, bekam sie eine niederschmetternde Antwort: Ein Zugunglück habe sich ereignet, und die Gleise würden erst in einigen Stunden geräumt sein. Marie sah auf die Uhr, es war halb sieben.

»Ich bekam es mit der Angst zu tun. Was sollte aus der Vorstellung werden? Ich trat ja in der ersten Szene auf! Was sollte ich bloß tun?«

Ein französischer Mitreisender erbot sich schließlich, am nächsten Bahnhof ein Telegramm aufzugeben. Es lautete: »Zugunglück. Abendprogramm ändern.«

Als Marie endlich im Theater ankam, stand Sarah als Phädra auf der Bühne. »Sobald sie mich erblickte ... Nein! Ich kann ihre Wut nicht beschreiben. Sie rief mit einer solchen Theatralik Gott, die Heiligen, Himmel und Hölle an, daß ich nicht zu Wort kam. ›Du bist nicht einmal tot!‹ schrie sie. ›Du kannst nicht einmal einen gebrochenen Arm oder ein Bein vorweisen. Du bist ... das verzeihe ich dir nie!‹«

Diese Schilderung gibt die Colombier in *Sarah Bernhardt en Amérique* zum besten, einer Sammlung der Artikel, die sie alle paar Wochen an die Zeitschrift *L'Événement* schickte. Als Buch veröffentlicht, hatten die Artikel großen Erfolg und markierten den Beginn ihrer schriftstellerischen Laufbahn. Arsène Houssaye, einer der gescheitesten Köpfe der Pariser Kulturszene, schrieb das Vorwort und verschaffte dem Buch damit besonderes Ansehen. Houssaye war von 1849 bis 1856 Direktor der Comédie Française gewesen. Er war ein notorischer Hedonist, hatte erfolgreich seine Memoiren herausgegeben und war mit jedermann befreundet, mit de Morny genauso wie mit der Rachel, mit Marie und mit Sarah. In seinem Vorwort findet er freundliche Worte für das schriftstellerische Talent der Colombier und läßt sich nicht nehmen, die Autorin auch persönlich vorzustellen. Mit einem Seitenhieb auf Sarah schreibt er:

> Marie hat das Abenteuer des Lebens in vollen Zügen genossen. Sie hat dabei aber nicht das große Geld gemacht wie gewisse Schauspielerinnen, die sich heute teure Villen in Paris leisten können. Das würde auch gar nicht zu ihr passen, denn sie weiß genau, daß ein großer Besitz auch anbindet. Und das hieße Abschied nehmen von allen Eskapaden. Ihr Leben wäre an feste Regeln gebunden wie die Noten eines Musikstücks. Sie könnte nicht nach Lust und Laune Engagements kündigen, sondern wäre eine jener ehrbaren Damen, die am Odéon die Klassiker spielen müssen. Nein, lieber lebt sie in den Tag hinein und versucht sich in den Spielen der Liebe und des Glücks. Aus diesem Grund hat Marie Colombier sich

> spontan entschlossen, mit ihrer Freundin Sarah Bernhardt die Neue Welt zu bereisen. Ich sage Freundin und sollte doch lieber Feindin sagen. Zwei so hitzige Charaktere können sich nicht der süßen Teilnahmslosigkeit der Freundschaft hingeben. Sie sind wie Sturmwinde und schleudern Blitze aufeinander. Zum Glück folgen auf Gewitter manchmal auch Regenbögen. Ich kenne beide Frauen von ihren dunklen wie ihren hellen Seiten und muß gestehen, daß sie mich immer bezaubert haben – selbst dann, wenn sie vor Wut rasen.

In einem versöhnlichen Augenblick beauftragte Marie ihren Verleger, das Frontispiz mit einem Porträt Clairins von Sarah zu schmücken. Die Widmung darunter lautete: »Von Sarah Bernhardt ihrer besten Freundin Marie Colombier.« Für die Titelseite ließ Marie sich von Edouard Manet porträtieren.

Der nächste Gastspielort war Chicago. Der zweiwöchige Aufenthalt dort bescherte Sarah Bernhardt einen Erfolg, der »alle Erwartungen übertraf«. Die Vorstellungen waren immer ausverkauft, die Presse berichtete voller Ehrfurcht, obwohl auch hier der Erzbischof aufs heftigste gegen die Schauspielerin Partei ergriff. Seine Predigten sorgten für so viel Reklame, daß Henry Abbey ihm einen Brief schrieb, den er auch allen Zeitungen zukommen ließ:

> Exzellenz!
>
> Wenn ich in diese Stadt komme, gebe ich gewöhnlich 400 Dollar für Reklame aus. Da Sie die halbe Reklame bereits für mich gemacht haben, erlaube ich mir, Ihnen 200 Dollar für Ihre Armen beizulegen.
>
> Henry Abbey

Die strengen Verwarnungen der Kirche konnten die Damen der Gesellschaft nicht davon abhalten, um Sarahs Gunst zu wetteifern. Bei der letzten Vorstellung überreichten sie ihr ein gemeinsames Abschiedsgeschenk: ein Diamantkollier, in das Kamelien eingeflochten waren. Sarah erfreute sich zudem der Begleitung eines jungen Adligen, der nur wegen ihr von England nach Amerika gekommen war. Gemeinsam entdeckten sie Chicago, für Sarah »die amerikanischste Stadt unter den amerikanischen Städten«. Sie war beeindruckt von der »Lebendigkeit der Stadt, in der die Männer aneinander vorbeieilen, ohne stehenzubleiben, mit gerunzelter Stirn und nur einem Gedanken: wie sie ihr Ziel erreichen können«. Dann gab es in Chicago die Hochbahnen, die wie Ungeheuer mit großem Getöse über den Menschen dahinstoben, Rauch spien und Funken sprühten. Die Spitzen der Hochhäuser verloren sich im Schneetreiben, die Straßen wurden von Bankgebäuden gesäumt, die so groß waren wie der Louvre, die Luft stank nach Kohlenqualm, und der Michigansee war ein Meer aus Eis. Sogar das Hotel Palmer House war für Sarah eine Überraschung. Sie hatte noch nie ein Hotel gesehen, das Schneidereien, Schuhgeschäfte, Restaurants, reichverzierte Aufenthaltsräume und eine Apotheke beherbergte und Fahrstühle hatte, die zehn Personen fassen konnten. Sarahs Suite war in einem ägyptischen Phantasiestil eingerichtet: ägyptische Sofas, Lampen mit massiven Bronzesphinxen als Füße, Uhren, die in schwarze Marmorpyramiden eingelassen waren, und Bilder, die das träge Leben am Nil illustrierten. Sarah und ihr englischer Begleiter mußten natürlich wie alle Touristen unbedingt auch den Schlachthof besichtigen, die *stockyards*. Es war ein ekelerregender Anblick, und Sarah konnte die Massenabschlachterei, den üblen Gestank und die grauenvollen Schreie, die das Abstechen und Aufschlitzen der hilflosen Tiere begleitete, kaum ertragen.

Erregt von den Eindrücken dieses Tages, fiel sie am Abend bei der Aufführung von *Phèdre* in Ohnmacht. Der Vorhang wurde heruntergelassen, und als Sarah sich wieder erholt hatte und weiterspielen wollte, stellte sich heraus, daß das Publikum ihren Ohnmachtsanfall für das Ende des Stückes gehalten hatte und nach Hause gegangen war.

Die Aussicht auf weitere dreißig Gastspielorte, an denen die Zuschauer kaum ein Wort Französisch verstanden, war nicht besonders erhebend. Aber sie mußte durchhalten, nicht wegen der Verträge, die gebrochen werden konnten, und auch nicht aus Verantwortung für ihre Truppe, denn sie hatte genug verdient, um sie auszuzahlen, sondern weil sie, wie so viele, die in Amerika ihr Glück gemacht hatten, eine Goldader aufgetan hatte, die immer, wenn ihr extravaganter Lebensstil es erforderte, ausgebeutet werden konnte. Und so zwang sie sich zum Durchhalten, obwohl sie unter schrecklichem Heimweh litt.

Einen Trost zumindest hatte sie. Da Jarrett und Abbey wußten, daß die kleineren Gastspielorte nur einfachste Unterkünfte anbieten konnten, hatten sie für Sarah und die Truppe einen luxuriös eingerichteten Sonderzug angemietet. Der »Sarah Bernhardt Special« wäre eines Königs würdig gewesen. Sarah wohnte als Königin der Schauspieler im Palace Car, einem Salon auf Rädern, der mit Holztäfelungen, bunten Glasfenstern, Messinglampen, Chaiselongues, einem Klavier und einem Holzofen ausgestattet war, der zum Verdruß der Mitreisenden selbst bei wärmstem Wetter geheizt wurde. Eine zusätzliche Attraktion war der Aussichtswaggon mit offener Plattform. Hier pflegte die Bernhardt, bis an die Ohren in Pelze und Tücher gewickelt, gelegentlich zu sitzen und die vorbeieilende Landschaft zu betrachten.

Der Speisewagen war nicht weniger edel. Er enthielt einen Tisch für zehn Personen und Tischtücher, Servietten und Tafelsilber, das mit Sarahs Motto *Quand même* versehen war. An den privaten Speiseraum schloß sich die Küche an. Hier walteten zwei schwarze Köche, die Sarah in die Geheimnisse der amerikanischen Kochkunst einweihten. Auch das Schlafzimmer ließ nichts zu wünschen übrig. In ihm stand ein breites Bett, das ihr und ihrem stets bereiten Angelo genügend Platz bot, ein Toilettentisch aus Mahagoni, ein goldgerahmter Spiegel und ein mit Schleifen verzierter Korb für den unvermeidlichen Hund, einen unangenehmen und wahrscheinlich schwermütigen Griffon namens Hamlet. Nebenan befand sich das Schlafzimmer von Madame Guérard, dahinter kam ein Doppelabteil für Jarrett und Abbey.

»Drei Pullmanwagen«, schreibt Marie Colombier, »waren für gewöhnliche Sterbliche wie mich reserviert.« Allerdings fügt sie hinzu, daß die Unterbringung weit luxuriöser war als alles, was sie je in Europa gesehen hatte. Angesichts dieses hochherrschaftlichen Fortbewegungsmittels entschloß Sarah sich zu einer besonderen Geste. Vor der Abfahrt aus Chicago ließ sie den Lokomotivführer zu sich kommen, schüttelte ihm die Hand und erkundigte sich nach seiner Frau, seinen Kindern und seiner Gesundheit. Beruhigt, daß die vor ihr liegende Reise sicher verlaufen würde, entließ sie ihn mit einem üppigen Trinkgeld und Geschenken für seine Familie.

Marie Colombier beschreibt das Leben im Sarah Bernhardt Special: »Wir lesen, plaudern und diskutieren. Die Gebildeteren unter uns übersetzen aus amerikanischen Zeitungen, die Spieler spielen wie besessen *baccarat* und *piquet,* die Gewissenhaften lernen ihre Rollen, und an den kleinen Tischen, die die schwarzen Diener aus dem Nichts herbeizaubern, wird so mancher Brief an die Angehörigen oder Freunde in der fernen Heimat geschrieben. Dann und wann erzählt einer einen Witz, und der ganze Wagen schüttelt sich vor Lachen. Ab und zu schaut Sarah herein. Aber normalerweise schließt sie sich mit Angelo ein, mit dem sie ununterbrochen probt.«

Manchmal lud Sarah die Truppe zu einem Fest in ihre Gemächer ein. Dann wurden Varieténummern, Lieder und Scharaden gespielt und all die harmlosen Späße aufgeführt, die Schauspieler so mögen. Trotzdem war die Tournee kein Zuckerschlecken. Wenn alles gutging, kam die Truppe eine Stunde vor der Vorstellung an, eilte zum Theater, warf sich in die Kostüme, spielte das Stück und kehrte zum Zug zurück, der die Nacht hindurch zur nächsten Stadt fuhr. Allerdings kam der Zug oft mit Verspätung an, und die Schauspieler mußten rußverschmiert, ungewaschen und mit leerem Magen auf die Bühne. An solchen Tagen mußten sie sich zu ihrem Entsetzen (immerhin handelte es sich um Franzosen) mit Zwieback und

Sardinen abfinden und das für solche Gelegenheiten aufgesparte Obst essen.

Natürlich ereigneten sich auf der langen Fahrt auch manche Zwischenfälle. Einmal versuchte jemand, Sarahs Juwelen zu rauben. Sie hatte ihren Schmuck in St. Louis öffentlich ausgestellt, weil sie hoffte, die Juwelen würden das Publikum ins Theater ziehen. Statt dessen zogen sie eine Räuberbande an. In ihren Memoiren macht Sarah aus dieser Begebenheit ein melodramatisches Ereignis: »Ein Hüne von einem Mann« hatte sich unter dem Wagen versteckt; er wollte erst den Waggon der Bernhardt abkoppeln und dann seine Komplizen herbeirufen; der Missetäter wurde gehängt, und die Bernhardt quälte sich mit Gewissensbissen, weil sie ihn mit der Ausstellung ihrer Juwelen überhaupt erst in Versuchung geführt hatte.

Marie Colombier schickte ihre Version des »Überfalls« an *L'Événement:*

> Einige Stunden hinter der Stadt bemerkte ich zu meinem Erstaunen, daß unseren Männern Pistolen ausgehändigt wurden. Ich fragte mich, was dies wohl zu bedeuten habe. Wollte Sarah etwa ein Soldatenstück einstudieren? Aber nein, es war weitaus komischer. Der Polizeichef von Cincinnati hatte Abbey telegraphisch mitgeteilt, unser Zug solle irgendwo draußen in der Wildnis überfallen werden. Die Bande habe es auf den Tresor mit den von Sarah ausgestellten Diamanten abgesehen. Abbey engagierte einen Privatdetektiv, der uns auf der Weiterfahrt begleitete. Man stelle sich uns bis an die Zähne bewaffnet vor; ich muß sagen, wir sahen wirklich zum Fürchten aus. Wer kein Schießeisen bekommen hat, trägt eine Art Schlagstock mit sich herum, wie ihn die Polizisten in New York oder Chicago haben. Sarah hat einen wunderschönen Revolver in der Hand. Ich selbst habe einen, der mit sechs Kugeln geladen ist. Mitten in einem Wald legt der Zug eine Pause für Schießübungen ein. Schade, daß es keine Preise gibt! Wir hätten alle unsere Medaillen verdient. Wir steigen wieder ein, es ist inzwischen zehn Uhr nachts und immer noch keine Spur von den Banditen. Wie ärgerlich. Der Zug nimmt Fahrt auf, und wir warten

auf den Überfall. Der Zug kommt zum Stehen. Da sind ja endlich die Banditen!! Aber leider ist es nur der Gepäckwagen, in dem ein kleines Feuer ausgebrochen ist. Wir begeben uns zur Ruhe. Die Nacht weicht dem Tag. Immer noch kein Überfall. Der Zug schnauft stetig weiter. Beim nächsten Halt sind wir im Bahnhof von Mobile angelangt. Ein vom Konsul angeführtes Begrüßungskomitee erwartet uns. Bei seinem Anblick verliert Sarah die Nerven. »Sagen Sie ihnen, ich sei nicht da, ich sei krank – oder besser, ich sei tot. Liebster Jarrett, sagen Sie irgendwas, nur halten Sie mir diese Leute vom Hals.« Inzwischen klopfen ein paar ganz Unverzagte an den Zug und rufen nach der Bernhardt. Das ist zu viel. Sarah stößt das Fenster nach oben auf und schüttet ihnen einen Krug Wasser über den Kopf.

Von da an wurde die Tournee für die unermüdliche Bernhardt noch anstrengender. Zu den Gastspielen in den großen Städten kamen jetzt auch noch die Einzelvorstellungen in zahlreichen Kleinstädten. Die Truppe spielte in Atlanta, Nashville, Memphis, Louisville, Columbus, Dayton, Indianapolis, St. Joseph, Leaveworth, Quincy, Springfield, Milwaukee, Detroit, Cleveland, Pittsburgh, Toledo, Erie, Toronto, Buffalo, Rochester, Utica, Albany und Troy. Vier Monate nach ihrem ersten Besuch war die Bernhardt wieder in Boston. Dort konnte sie sich endlich »ausruhen«, denn sie gab nur sechs Vorstellungen hintereinander. Zum Abschied gab sie zum ersten Mal *La Princesse George* von Alexandre Dumas dem Jüngeren. Sie hatte das Stück auf der Tournee einstudiert, hatte aber kaum Zeit, die begeisterte Aufnahme des Stücks zu registrieren, denn schon war sie wieder unterwegs nach Worcester, Providence, Newark, Washington und zu einem zweiten Gastspiel in Baltimore und Philadelphia.

Schließlich kehrte sie nach New York zurück, wo sie eine Reihe von Abschiedsvorstellungen gab. Zur Eröffnung spielte sie *La Princesse George* und zum Abschluß am 3. Mai 1881 die *Kameliendame*. Beide Dumas-Stücke ernteten Ovationen, und die Zuschauer riefen: »Komm wieder, Sarah! Komm wieder!«

Sarah Bernhardt sollte tatsächlich noch viele Male nach Amerika zurückkehren. Die nächste Tournee fand 1886/87 statt, die letzte 1916/17 im Ersten Weltkrieg. Mit ihrer ersten, sechseinhalb Monate dauernden Amerikatournee verdiente sie nach heutigem Geldwert ungefähr eine Million Dollar. Sie verstaute das Geld in einer messingbeschlagenen Truhe, die sie nie aus den Augen ließ. Sie hatte einhundertundfünfzig Vorstellungen in einundfünfzig großen und kleinen Städten gegeben.

Wie viele Schauspieler, die oft auf Tournee sind, erinnerte Sarah Bernhardt sich lieber an die kleinen Zwischenfälle und Abenteuer, die eine solche Reise mit sich bringt, als an die Abende, an denen sie sich vor einem unkritischen Publikum prostituieren mußte. In Georgia mußte sie eine Ordnungsstrafe von einem Dollar zahlen, weil sie sonntags gejagt hatte. In New Orleans überredete sie den Lokomotivführer, über eine Brücke über den Mississippi zu fahren, die einsturzgefährdet war. Kaum hatten sie die Brücke überquert, stürzte sie hinter ihnen zusammen. In Louisiana kaufte sie sich einen kleinen Alligator, den sie Ali Gaga nannte und der die mißliche Angewohnheit hatte, zu ihr ins Bett zu kriechen. Sarahs ständiger Bettgenosse, Angelo, war sicher froh, als Ali Gaga erkrankte und starb, wahrscheinlich weil er von seiner fürsorglichen Herrin ausschließlich mit Milch und Champagner gefüttert worden war.

Bei den Niagarafällen kletterten Sarah, Marie und einige weitere unerschrockene Kollegen aus der Truppe auf einen Eisblock, um die Wasserfälle besser besichtigen zu können. Zu ihrer aller Belustigung mußten sie dann auf dem Hintern wieder hinabrutschen.

So frönte die Bernhardt ihrer Abenteuerlust, und gleichzeitig gelang es ihr, das amerikanische Publikum immer wieder in Bann zu schlagen. Eine Patti oder Melba hatten es im Vergleich zu ihr leicht. Sie mußten nur mit großer Orchesterbegleitung bekannte Melodien trällern, um beim Publikum anzukommen. Sarahs Leistung ließ sich auch nicht mit der einer Pawlowa vergleichen, die das Publikum mit der stummen, aber doch verständlichen Sprache des

Tanzes beeindruckte. Sicher, die Produktionen der Bernhardt faszinierten durch die reichhaltige Zurschaustellung von Kostümen und Requisiten, und die Zuschauer konnten sich an englischen Übersetzungen und Zusammenfassungen orientieren. Doch dies allein hätte kaum genügt, das Publikum zu fesseln. Der Grund für ihren Erfolg lag im »schillernden Glanz ihrer Persönlichkeit«, wie Oscar Wilde es ausdrückte. Die Bernhardt verstand es, mit hypnotischer Kraft und durch ihr geheimnisvolles Wesen, die Schönheit ihrer Stimme, die Ausdruckskraft ihrer Gesten und die Anmut ihrer Bewegungen die Gefühle des Publikums anzusprechen.

Nicht alle gönnten ihr den finanziellen Erfolg. Eine Karikatur im *Puck Magazine* zeigt sie mit einer häßlichen Hakennase, während Gold auf sie herunterregnet. Die Bildunterschrift lautet: »Die jüdische Danae.« Trotzdem lud sie zur Abschiedsmatinee mit der *Kameliendame* Schauspieler- und Künstlerkollegen aus der ganzen Stadt ein. Es wurde ein bewegender Nachmittag. Sarah bekam von ihren Bewunderern über einhundert Blumenbuketts. Das Publikum reagierte wie jedes Publikum, das hauptsächlich aus Kollegen besteht, besonders herzlich und verständnisvoll und brachte ihr stehende Ovationen. Tommaso Salvini, für die Bernhardt der größte Schauspieler seiner Zeit, betrat die Bühne und überreichte ihr ein Schmuckkästchen aus Lapislazuli. Dann eilte eine schüchterne junge Frau namens Mary Anderson auf sie zu, die selbst einmal eine bedeutende Schauspielerin werden sollte, und überreichte dem scheidenden Star eine Brosche mit Vergißmeinnicht aus Türkis, Symbol der Treue und Freundschaft.

Zwei Tage später, am 5. Mai 1881, schiffte Sarah Bernhardt sich nach Frankreich ein. Die Reise schien endlos lang, die rauhe See rücksichtslos und die Zukunft ungewiß. Sarah wußte genau, daß ihre zahllosen Feinde in ihrer Abwesenheit einen Krieg gegen sie angezettelt hatten. Sie sei »am Ende«, hieß es, sie sei »bankrott, ausgebrannt«. Sogar der *Figaro* hatte einen geschmacklosen Hetzartikel des vielgelesenen J. J. Weiss abgedruckt:

> Arme Sarah Bernhardt, die sich so leidenschaftlich nach Ruhm verzehrt! Wenn es eine Sünde war, die Öffentlichkeit so zu lieben, so hat sie in Amerika bitter dafür büßen müssen. Sie glaubte, daß man in den Salons von New York und Washington um ihre Gunst buhlen würde. Aber in den Vereinigten Staaten hat die Gesellschaft noch mehr Geschmack als hier in Paris. Die marktschreierisch angekündigten Vorstellungen fanden vor halbleerem Haus statt. Für diesen dürftigen Erfolg hat sie vor den Augen Perrins ihren Vertrag mit der Comédie Française zerrissen. Arme, arme Sarah Bernhardt!

Solche Lügen kränkten die »arme Sarah Bernhardt« natürlich, und sie sah ihrer Rückkehr nach Frankreich mit Sorge entgegen. Erst als die *Société des Sauveteurs du Havre*, ein Verein zur Rettung Schiffbrüchiger in Le Havre, telegrafisch anfragen ließ, ob Sarah bei ihrer Rückkehr eine Benefizvorstellung zugunsten des Seenotrettungsdienstes veranstalten wolle, sah sie wieder Licht am Ende des Tunnels.

»Es war mir eine unbeschreibliche Freude zuzusagen. So würde ich in mein geliebtes Vaterland mit einer Geste der Tröstung zurückkehren.« Den Rest der Reise verbrachte Sarah »leichten Herzens, lächelnd und voller Verachtung für die scheußliche Übelkeit«, die ihr die Schiffsreise verursachte. Als nach zwölf Tagen das Festland in Sicht kam, machte ein kleiner Dampfer an der *Amérique* fest. Es waren Maurice und Clairin, die es nicht mehr hatten erwarten können, sie zu begrüßen.

Augenzeugin dieser Szene war wieder einmal Marie Colombier. Sarah schluchzte und umarmte ihren Sohn, dann schob sie ihn auf Armeslänge von sich und rief bewundernd aus, wie groß er geworden sei. Maurice errötete und sagte, er könne nichts dafür. Zu Sarahs Freude hatten sich Hunderte von Menschen am Kai versammelt, um ihre Heimkehr zu feiern. Marie Colombier schildert die bewegende Begrüßungsszene in ihrem Buch:

> Plötzlich schlägt mein Herz schneller. Ich lehne mich über die Reling und lasse meine Augen suchend über die

Menge schweifen, denn ich glaube meine Mutter und meine Schwester entdeckt zu haben. Ich rufe Sarah herbei. Und dann werde ich vom Schluchzen übermannt. Ach, es war nur ein Traum, ich hatte Louise Abbéma und *ihre* Mutter für die Meinen gehalten. Sarah erfaßt die Situation mit einem Blick. Behutsam schließt sie mich in die Arme und flüstert: »Ich liebe dich doch, meine arme Kleine.« Diese Wärme und Großzügigkeit sind wahrscheinlich der Grund, warum ihr immer alles verziehen wird.

Ein paar Tage danach gab Sarah *Die Kameliendame* als Benefizvorstellung für den Seenotrettungsdienst von Le Havre. Abbéma, Clairin und viele andere aus Paris herbeigeeilte Freunde waren zugegen, denn sie spielte das Stück ja zum ersten Mal in Frankreich. Alle sahen der Vorstellung mit gespannter Erwartung entgegen, und manche befürchteten, sie könne übertriebene Effekte anbringen, wie es wohl in Amerika der Fall gewesen war. Würde es ihr gelingen, die Rolle mit der gewohnten Zurückhaltung, Feinfühligkeit und Konzentration auszufüllen? Die Sorge war unnötig, Sarah war in Hochform. Die Zuschauer tobten vor Begeisterung, und selbst Marie, die in der Schlußszene keinen Auftritt hatte und in den Kulissen stand, mußte bei der Sterbeszene »weinen wie ein kleines Kind«. Am Schluß der Vorstellung wurde Sarah mit einer Ehrenmedaille und einer Urkunde des Rettungsdienstes ausgezeichnet. Sie reagierte in typisch Bernhardtscher Manier. Sie breitete die Arme aus, als wolle sie die ganze Welt umarmen, und rief: »Ich werde jemanden retten! Das verspreche ich! Ich kann zwar nicht schwimmen, aber das macht nichts. Ich werde es lernen!«

Sarah konnte keine Ertrinkenden retten, aber dafür war sie wild entschlossen, sich selbst zu retten. Zum Glück war sie eine Kämpfernatur, vor allem, wenn sie gute Aussichten auf den Sieg hatte. Mit ihrem Einsatz für die mutigen Fischer, die täglich im rauhen Atlantik ihr Leben aufs Spiel setzten, hatte sie bereits Pluspunkte gesammelt, aber sie hatte noch mehr Trümpfe in der Hinterhand. Einer davon war London. In Windeseile schloß sie einen Vertrag für ein dreiwöchiges Gastspiel am Londoner Shaftesbury Theatre ab. Dort gab sie die beiden Stücke von Dumas dem Jüngeren, die sie erstmals in Amerika so erfolgreich gespielt hatte: *La Princesse George* und *Die Kameliendame*. Letzteres Stück war bis zu diesem Zeitpunkt in England verboten gewesen, und nur ihre guten Beziehungen zum Prinzen von Wales ermöglichten es Sarah, das Stück in London aufzuführen. Anders als die Pariser verübelten die Londoner ihr die Amerikatournee nicht. Dickens, Thackeray und Trollope waren selbst schon in Amerika gewesen, Henry Irving und Ellen Terry planten eine Amerikareise, und auch der junge Oscar Wilde sollte dem fernen, rauhen Land bald zeigen, was Schönheit war. Die Briten standen ihrem rebellischen Ableger aufgeschlossen und geschäftsmäßig gegenüber. Warum sollte man nicht Gewinn aus diesem reichen Land ziehen, das den Einfluß der zivilisierten Welt so bitter nötig hatte? Sarah lag da genau richtig. Die Londoner Gesellschaft fand sie unterhaltsam, die jungen Leute erhoben sie zum Idol, und die Schauspieler verehrten sie.

Die große englische Schauspielerin Ellen Terry, eine Freundin Sarahs, nannte Sarah liebevoll »Sally B«. Jahre später erinnerte sie sich an die Bernhardt der frühen achtziger Jahre: »Wunderschön sah sie damals aus! Sie war durchsichtig wie eine Azalee oder noch durchsichtiger. Sie war wie eine Wolke, nur nicht so dick. Noch treffender ist es, sie mit Rauch zu vergleichen, der von brennendem Papier aufsteigt! Ihre Augen lagen tief in den Höhlen, sie sah beinahe schwindsüchtig aus. Ihre Seele war nicht im Körper gefangen, sondern der Körper spiegelte die Seele wider. Sie ist ein Wunder.«

Sarah sagte gern, sie ziehe sämtliche Exzentriker der Welt an, vor allem in England. Das war keine Übertreibung. Wenn sie das Theater verließ, warfen Frauen sich ihr zu Füßen, junge Mädchen legten Alben mit Fotos und Zeitungsartikeln über sie an, angehende Schauspielerinnen lernten ihre Rollen auswendig, ahmten ihre Gesten nach und versuchten, in unverwechselbarem britischem Akzent die ihr eigentümliche nasale Sprechweise zu kopieren. Eine alte Jungfer errichtete einen Altar zur Verehrung der Göttlichen Sarah, auf dem neben Postkarten allerlei Reliquien wie Handschuhe der Bernhardt, Kämme und Haarnadeln lagen. Als Sarah von der Alten erfuhr, sagte sie: »Macht euch nicht über sie lustig, ich habe sie sehr lieb.« Und nach einer Pause fügte sie lachend hinzu: »Wahrscheinlich trinkt sie.«

Nachdem Sarah die Herzlichkeit der Briten einige Wochen genossen hatte, kehrte sie endlich nach Frankreich zurück. Wieder warf man ihr Verrat an ihrem Land und ihrer Kunst vor. Wie konnte sie beweisen, daß diese Vorwürfe nicht zutrafen? Da endlich tat sich eine Chance auf. Zur Feier des 14. Juli und des zehnten Jahrestages des Abmarsches der Preußen aus Frankreich war ein Galaabend in der Oper geplant. Der Präsident der Republik Jules Grévy und Gambetta und viele andere wichtige Persönlichkeiten des *grand monde* wurden erwartet. Auf dem Programm standen drei Akte von Meyerbeers *Robert le Diable* und verschiedene Rezitationen und Einzelszenen, dargebracht von den Schauspielern der Comédie Française. Zum Abschluß sollte Sarahs alte Bekannte, die Agar, die in der Uraufführung von *Le passant* die Silvia gespielt hatte, die Marseillaise rezitieren.

Die Agar hatte eine Garderobiere, Hortense, welche die Bernhardt sehr verehrte, so daß sie ihr jederzeit einen Dienst erweisen würde. Sarah wußte das und ließ sie kommen. Ob sie ihr einen Gefallen tun wolle und der Agar ausrichten könne, daß ihr gegenwärtiger Liebhaber, ein in Tours stationierter Dragonerhauptmann, bei einem Sturz vom Pferd das Bein gebrochen habe? Hortense war nur zu gern Sarahs Komplizin. Die Agar brach Hals über Kopf zu ihrem Liebsten auf und beauftragte Hortense, die Oper von ihrer plötzlichen Abreise zu unterrichten. Gemäß Sarahs Instruktionen sagte Hortense jedoch kein Wort, so daß kein Ersatz beschafft wurde. Die Vorstellung begann, und die Agar kam nicht. Die Kollegen hinter den Kulissen wurden immer nervöser. Mounet-Sully hatte gerade die Rezitation eines Gedichts von Hugo beendet, als zu jedermanns Erstaunen Sarah erschien, eingehüllt in einen weiten Kapuzenmantel. Als Mounet abging, reichte ihm Sarah den Mantel und betrat zielstrebig die Bühne. Sie trug ein fließendes weißes Gewand und hatte eine dreifarbige Schärpe umgebunden. Ruhig wartete sie auf den Einsatz des Orchesters. Beim ersten Ton der Nationalhymne erhoben sich der Präsident und das erlauchte Publikum, bewegt von der Bedeutung des Augenblicks, aber auch irritiert durch das überraschende Erscheinen der ungeladenen Renegatin. Mit fester, eindrücklicher Stimme begann Sarah: »*Allons, enfants de la patrie.*« Dann wurde ihre Stimme immer lauter und ausdrucksvoller, und als sie die letzten Zeilen rezitierte, entrollte sie eine große französische Fahne. Bewegungslos stand sie da, den Kopf hoch erhoben und mit blitzenden Augen, die Personifikation des glorreichen Frankreich. Ihr Auftritt hatte eine unglaubliche Wirkung. Die Männer griffen nach ihren Taschentüchern, die Frauen schluchzten hemmungslos, der Präsident klatschte ununterbrochen, und Gambetta brüllte, bis er heiser war. Die Leute schüttelten verwundert den Kopf und sagten, so etwas Bewegendes hätten sie noch nie erlebt, die Bernhardt sei großartig, einzigartig, wunderbar. Sarah hatte wieder einmal eine Schlacht gewonnen. Sie hatte die Niederlage, die sie bei ihrer Rückkehr hatte einstecken müssen, in einen ruhmreichen Sieg verwandelt. Es wird berichtet, daß die Agar den Streich ihrer Freundin mit der ihr eigenen Gutmütigkeit aufnahm. In ihrem Alter kannte sie die am Theater üblichen Intrigen nur allzugut und wußte, daß Erfolg nicht immer mit integren Mitteln erstritten werden konnte.

Liebschaften und Ehe

Anfang 1882 lernte Sarah den jungen Griechen Aristide Damala kennen. Damala war fünfundzwanzig Jahre alt, zwölf Jahre jünger als Sarah. Er stammte aus der Hafenstadt Piräus, wo sein Vater ein vermögender Reeder gewesen war. Die Familie siedelte nach Marseille um, als er noch ein kleiner Junge war. Dort besuchte er das Gymnasium Louis-le-Grand und meldete sich nach Schulabschluß tatendurstig zur griechischen Armee. Er war der beliebteste Dragonerhauptmann in ganz Athen. Er war großzügig, sah gut aus und liebte sich selbst wie Narziß. Ein Jahr später ging er, der Duelle, Spiele und griechischen Frauen überdrüssig, nach Paris und diente an der griechischen Gesandtschaft. Doch der diplomatische Dienst erfordert Diskretion, eine Eigenschaft, an der es Damala völlig mangelte. Skandale lagen ihm mehr. Er war morphiumsüchtig, ruinierte das Leben mehrerer hochstehender Damen und soll auch Knaben nicht abgeneigt gewesen sein. Wie dieser herablassende, arrogante, byronsche Korsar, dem die Gefühle seiner Mitmenschen völlig gleichgültig waren, mit Sarah bekannt wurde, bleibt ein Rätsel. Manche sagen, Sarahs Schwester Jeanne, die sich selbst in Morphinistenkreisen bewegte, habe die beiden zusammengeführt. Andere behaupten, Damala habe Schauspieler werden wollen und Sarah um Rat gefragt. Wie auch immer, als er sich das erste Mal zum Handkuß zu ihr herabbeugte, hat Sarah offensichtlich den Kopf verloren. Nicht, daß es ihr an Verehrern gemangelt hätte. Die Post brachte ihr täglich leidenschaftliche Liebeserklärungen ins Haus. Angelo wollte sie heiraten, und auch ein anderer, weitaus begabterer, glänzend aussehender Schauspieler ihres Ensembles, Philippe Garnier, war hoffnungslos verliebt in sie. Aber diese Männer waren ihr zu unterwürfig, ließen sich allzu widerstandslos von ihr gängeln. Vielleicht wollte sie erobert werden und den mit einer unsicheren Beziehung verbundenen Nervenkitzel auskosten, und das konnte Damala ihr anscheinend bieten. Unsicherheit sollte sie bald mehr als genug haben.

Als die Bernhardt und Damala sich kennenlernten, bereitete Sarah mit ihrer Truppe gerade eine große Tournee vor, die sie in die französischen Provinzen, nach Italien, Griechenland, Ungarn, Österreich, Schweden, England, Spanien, Portugal, Belgien und Holland führen sollte. Auch Damala war im Begriff, Paris zu verlassen. Von seinem skandalösen Benehmen entsetzt, hatte die griechische Regierung ihn auf einen fernen Außenposten nach Sankt Petersburg versetzt. Als Sarahs Korsar den Wunsch äußerte, sie in Rußland zu treffen, handelte sie unverzüglich. Telegramme wurden durch Europa geschickt, Termine geschoben und Verträge storniert. Schließlich war alles organisiert, und Sarah teilte Damala mit, sie könnten sich im März während ihres einmonatigen Engagements in Sankt Petersburg sehen.

Sie eroberte Europa wie eine siegreiche Heroine. Die Presse feierte sie, die Zuschauer zahlten den doppelten Eintrittspreis, um sie zu sehen, und die Geschichte ihres Lebens wurde, bereinigt und glorifiziert, für die Öffentlichkeit ausgeschlachtet. Ohne ihr Wissen zogen sich jedoch dunkle Wolken über ihr zusammen.

In Turin besuchte, oder besser, erlebte eine junge, vielversprechende Schauspielerin von vierundzwanzig Jahren namens Eleonora Duse die Vorstellungen der Bernhardt. Sarah eröffnete ihr Gastspiel mit der *Kameliendame.* Wie so oft legte sie ihre ganze Persönlichkeit in diese Rolle und eroberte die Sympathie der Zuschauer. Während des ersten Akts riß jemand aus Versehen – vielleicht auch mit Absicht – ein Loch in die Papierfüllung der Kulissentür, durch die sie auftrat und abging. Andere Schauspielerinnen mögen solche Vorkommnisse übersehen, nicht aber Sarah. Als sie von der Bühne abging, steckte sie die Hand durch das Loch und riß das Papier mit einer heftigen Bewegung herunter. So etwas gefiel dem Turiner Publikum natürlich. Sie sahen eine temperamentvolle Tigerin vor sich, eine Primadonna ganz nach dem Geschmack der Italiener. Die Duse erinnert sich, daß während des Gastspiels der Bernhardt »in den Salons und im Theater von nichts anderem gesprochen wurde als von ihr, an diesem und an allen folgenden Abenden. Eine Frau allein konnte so etwas fertigbringen! Dieses Erlebnis wirkte auf mich befreiend. Niemand sollte mir mehr das Recht absprechen, zu tun und zu lassen, was mir gefiel ... Ich besuchte sämtliche Vorstellungen, lauschte ihr und weinte. Diese Frau adelt die Schauspielkunst, und sie bringt das Publikum dazu, die Schönheit zu achten und den Künsten zu huldigen.«

Niemand konnte damals ahnen, daß die kleine italienische Provinzschauspielerin der Bernhardt eines Tages den ersten Platz in der den schönen Künsten huldigenden Gemeinde streitig machen würde. Aber das war noch weit weg. 1882 wurde die Bernhardt wie eine Monarchin behandelt, sie wurde von Königen empfangen, die ihr zu Ehren große Abendgesellschaften gaben und sie mit Geschenken überhäuften. König Umberto von Italien schenkte ihr einen erlesenen venezianischen Fächer, Alfons XII. von Spanien überreichte ihr eine Diamantbrosche, und der österreichische Kaiser Franz Joseph bat darum, ihr nach einer Vorstellung der *Phèdre* ein antikes Kameenhalsband umlegen zu dürfen. Erzherzog Friedrich bestand darauf, daß sie während ihres Aufenthalts in Wien in einem seiner Paläste wohnte, da es sich für Königinnen nicht gezieme, in Hotels abzusteigen. Wir wissen nicht, was die königlichen Herren für ihre Großzügigkeit bekamen, aber man nimmt allgemein an, daß ein gegenseitiger Austausch von Gefälligkeiten durchaus üblich war. Und da Sarah eine Frau war, die solche Konventionen achtete und das Abenteuer liebte, ist es durchaus denkbar, daß sie diese erlauchten Namen ihrer Sammlung von *Souvenirs de voyage* hinzufügte.

In einer kleinen skandinavischen Stadt erlebte sie eine Ehrung, die vielleicht gesellschaftlich nicht so hochkarätig, dafür aber um so bewegender war: Die Bewohner baten den Lokomotivführer, die Fahrt zu verlangsamen, damit sie sich vor der vorüberfahrenden Sarah Bernhardt verbeugen könnten. Und in allen Städten standen Menschen, die keine Eintrittskarten mehr bekommen hatten, stundenlang vor ihrem Hotel, um wenigstens einen flüchtigen Blick auf sie zu erhaschen.

Sarah sah dem Gastspiel in Rußland aus zwei Gründen mit besonderer Freude entgegen. Zum einen würde Damala dort sein, zum anderen hatte die Rachel viele Jahre zuvor dort ihren größten Triumph gefeiert. Auf einer in der Zeitschrift *La Vie Parisienne* veröffentlichten Zeichnung ist zu sehen, wie Sarah in einer kaiserlichen Kutsche und eskortiert von furchterregenden Kosaken durch die Steppe fährt. Diese Karikatur kam der Wirklichkeit sehr nahe. In Sankt Petersburg entrollten livrierte Diener einen langen roten Teppich zwischen Bühneneingang und ihrer dreispännigen Kutsche, damit die in Pelze gehüllte Sarah mit ihren Füßen nicht den schneebedeckten Boden zu berühren brauchte. Abend für Abend applaudierten ihr Mitglieder der Zarenfamilie und des Hofes. Im Winterpalast gab sie ein Gastspiel für den Hof. Sie spielte *Le passant,* die Sterbeszene aus *Adrienne Lecouvreur* und zwei Akte aus *Phèdre.* Nach der Vorstellung trat Zar Alexander III. tief bewegt auf sie zu, um ihr zu gratulieren. Mit einem tiefen Hofknicks sank die Bernhardt zu Boden. »Nicht doch, nicht doch«, protestierte der Herrscher aller Reußen. »Ich bin es, der sich vor Ihnen zu verneigen hat.« Großfürst Wladimir verhielt sich weniger galant. Durch seinen Stallmeister ließ er Sarah nach der Vorstellung zu einer ganz anderen Art von Hofgastspiel einladen – einem intimen Souper zu zweit. Sarah nahm die Einladung unter der Bedingung an, daß auch Monsieur Damala eingeladen würde. Kurz darauf kam der Stallmeister mit der Nachricht zurück, Seine Kaiserliche Hoheit bedaure, es bestehe leider schon eine ältere Verabredung, die er einhalten müsse.

Früher hätte die Bernhardt ein mitternächtliches Tête-à-tête mit einem Großfürsten verlockend gefunden, zumindest hätte es ihr Vergnügen bereitet, damit die Eifersucht eines Liebhabers zu schüren. Jetzt war die Situation genau umgekehrt: Damala hatte Sarahs Part übernommen, und Sarah war diejenige, die vor Eifersucht fast verzweifelte. Und das mit gutem Grund, denn ihr »ganzer Mann«, wie die Colombier ihn charakterisierte, gab sich kaum die Mühe, seine Affäre mit einer jüngeren Schauspielerin des Ensembles vor Sarah zu verbergen. Das brachte Sarah durcheinander, und sie verlor ihr künstlerisches Urteilsvermögen.

52. Als *Fédora* in dem gleichnamigen russisch-nihilistischen Melodrama von Sardou

53. *La Tosca* wurde von Sardou für die Bernhardt geschrieben, lange bevor Puccini seine gleichnamige Oper komponierte

54. *La Tosca*

55. Mit de Max in Sardous *Gismonda* (1894)

56. In *Jeanne d'Arc* von Jules Barbier

57. In *Izéïl* von Eugène Morand und Armand Sylvestre

58. Als Cordelia im *König Lear*

59. Als *Hamlet*, eine ihrer umstrittensten Rollen

60. Als Kleopatra in Shakespeares *Antonius und Kleopatra*

61., 62., 63. Als Lady Macbeth in der Bearbeitung des Shakespeare'schen *Macbeth* von Jean Richepin.

64. Als Lady Macbeth im »Schottischen Kostüm«

65., 66. Als *Phèdre*

67. Als Pierrot in der Pantomime *Pierrot Assassin* von Jean Richepin.

68. Als Pierrot mit der Réjane als Kolumbine

69. Mit Lillie Langtry, die, sehr zu Sarahs Verdruß, ein höheres Honorar für diese Postkarte erhielt als Sarah

70. Sarah als Pelléas mit Mrs. Patrick Campbell als Mélisande

71. Als L'Aiglon

Aristide Damala, entschied sie, hatte das Zeug zum Schauspieler. Er bekam die Hauptrollen, die bis zu diesem Zeitpunkt Philippe Garnier vor und hinter der Bühne gespielt hatte. Garnier verließ daraufhin hocherzürnt das Ensemble, und von nun an sah man neben der göttlichen Sarah den wenig begabten Damala, der sich jetzt nicht mehr Aristide, sondern Jacques nannte. Sarah wollte mit dieser Verzweiflungstat vielleicht erreichen, daß Damala aufgrund des Rollenstudiums und der abendlichen Vorstellungen nicht mehr soviel herumstreunen konnte.

Es gab auch andere Schwierigkeiten. In Odessa und Kiew warf der Pöbel mit Steinen auf ihre vorbeifahrende Kutsche und brüllte antisemitische Parolen. In Moskau war sie den Angriffen eines armen einundzwanzigjährigen Medizinstudenten namens Anton Tschechow ausgesetzt. Seine Angriffe waren zwar differenzierter und interessanter, aber er hatte noch keinen großen Einfluß, war ein Anfänger mit unzeitgemäßen Ideen und schrieb für eine Satirezeitung, die bevorzugt Würdenträger und berühmte Gäste der Stadt aufs Korn nahm. Jedenfalls gingen seine Worte unter angesichts der überschwenglichen Lobeshymnen, die Sarah bekam, als sie ihr Gastspiel am Bolschoitheater mit der *Kameliendame* eröffnete.

Der führende Kritiker der Stadt schrieb: »Statt einer pompösen Heldin haben wir gestern den Inbegriff einer innig liebenden und schwer geprüften Frau aus zweifelhaftem Milieu gesehen, welche unweigerlich die Sympathie des Publikums erregte.« Dann pries der Kritiker ihre Technik, Stimme und Diktion und ihre Liebe zum Detail. Ein anderer Kritiker klagte, die Marguerite der Sarah Bernhardt verkörpere zwar das ewig Weibliche, sei aber eben doch vom Scheitel bis zur Sohle eine *parisienne.* Aber die Marguerite war ja eine *parisienne,* und man fragt sich, ob der Kritiker vielleicht, wie einer seiner unglückseligen Kollegen in Amerika, das falsche Stück gelesen hatte.

Tschechow oblag es, den Verriß zu schreiben. Schon vor der Ankunft der Bernhardt ließ sich der angehende Dichter über die »schreckliche Reklame« aus, die Sarahs Eintreffen begleitete. »Wenn alles, was über sie geschrieben wurde, zusammengetragen und für 150 Rubel die Tonne verkauft würde und wenn die Einnahmen aus dem Verkauf dem Tierschutzverein gespendet würden, dann ... und dafür wette ich meinen Federkiel, könnten Pferde und Hunde dort im vornehmen Restaurant Olivier speisen oder auch im Tatar, dieser Bruchbude.« Am Ende des Artikels zieht Tschechow über das amerikanische Abenteuer der Bernhardt her, macht sich über ihre Begegnung mit Edison lustig und kommentiert ihre Einnahmen, die seiner Meinung nach übertrieben hoch waren und die sie nicht verdient hatte. Voreingenommen schreibt er: »Als Gast werden wir sie mit der gebotenen Höflichkeit empfangen, aber als Schauspielerin werden wir sie mit aller Schärfe beurteilen.«

Tschechow hielt Wort. »Was zum Teufel ist hier los?« fragte er, nachdem er sie zum ersten Mal gesehen hatte. »Ach, Sarah Bernhardt, dieser ganze Firlefanz strapaziert unsere Reporternerven noch bis zum Zerreißen.« Was seine Nerven anbetraf, übertrieb er offenbar nicht, denn er klagte, ihr Anblick beschwöre Assoziationen wie »den Bois de Boulogne, die Champs-Élysées, den Trocadero, Daudet mit seinen langen Haaren und Zola mit seinem runden Bart und sogar unseren eigenen Turgenjew«. Das waren eigentlich keine zu verachtenden Assoziationen, aber im weiteren Verlauf des Artikels wird der Grund für seine ablehnende Haltung klarer: Tschechow verachtete wie viele Slawophile die Franzosen, die er für dekadent und oberflächlich hielt.

Als 1853 die Rachel in Rußland gastiert hatte, hatte der Kritiker Pawel Annjenkow sie in Grund und Boden verdammt. Jetzt übernahm Tschechow diese Aufgabe. Er gestand der Bernhardt Klugheit, Geschmack, Herzensbildung und »was auch immer« zu. Letztlich aber sei alles an ihr künstlich und einstudiert. »Wir anerkennen, wir verbeugen uns vor diesem Fleiß. Wir haben nichts dagegen einzuwenden, wenn unsere erst- und zweitklassigen Künstler von unseren Gästen lernen, wie man arbeitet. Nichts für ungut, aber unsere Künstler sind furchtbar faul. Arbeit schmeckt ihnen nicht!« Doch Tschechow konnte von seinem Opfer nicht lassen. Er kritisierte, daß die Bernhardt auf der Bühne nicht die Natürlichkeit, sondern das Außergewöhnliche, die

Effekthascherei in den Vordergrund stelle. »Wir haben Sarah gesehen«, fügt er in etwas versöhnlicherem Ton hinzu, »und ihre Schwerarbeit hat uns unbeschreibliches Vergnügen bereitet. An einigen Stellen hätte sie uns beinahe zu Tränen gerührt, wäre der Zauber ihres Spiels nicht in lauter Künstlichkeit erstickt. Würde sie nicht so dekadent und künstlich spielen, nicht so kalkulierend und überbetont, dann wären wir tatsächlich in Tränen ausgebrochen.«

Tschechow schließt seinen letzten Artikel über die Bernhardt mit den Worten: »Morgen ist die Bernhardt schon wieder dran ... Oje! Aber ich weigere mich, noch mehr über sie zu schreiben, auch wenn der Verleger mir 50 Kopeken die Zeile zahlen würde! Ich kann nicht mehr! Ich gebe auf!« Tatsächlich schrieb Tschechow nur noch selten über das Objekt seiner Verachtung. Die Worte des jungen Schriftstellers aber wiesen in die Zukunft des russischen Theaters, das die französische Schule nicht übernehmen und auch keine Rachel oder Bernhardt hervorbringen sollte. Dafür brachte es freilich eigene große Schauspieler hervor und entwickelte einen eigenen, großartigen Stil, der die Poesie des Alltags in den Mittelpunkt stellte, die der größten Schauspielerin Frankreichs ebenso fremd war, wie die französische *grandeur* dem größten Bühnenautor Rußlands fremd war.

Sarah war während ihres Rußlandaufenthalts von dem unwiderstehlichen Drang besessen, ihren wilden griechischen Liebhaber zu zähmen und zu beherrschen. Aber es war ein hoffnungsloses Unterfangen. Damala betrog Sarah ganz offen, nahm weiterhin Drogen, verspielte große Summen ihres Geldes und versäumte so manche Vorstellung. Dazu kam, daß er Frauen gleichgültig und verächtlich behandelte, sie benutzte und demütigte, ein Verhalten, das wenig Gutes für die Zukunft verhieß. Für Sarah, die gewohnt war, daß sie verfolgt wurde, war Damala eine Herausforderung. In Neapel trug sie ihm schließlich die Ehe an. Für Damala war der Antrag der Theaterkönigin schmeichelhaft, deshalb nahm er an. Sarah schmiedete das Eisen, solange es heiß war. Da sie der römisch-katholischen Kirche und er der griechisch-orthodoxen Kirche angehörte, konnten sie weder in Italien noch in Frankreich, wohin die Tournee sie als nächstes führte, eine Heiratserlaubnis bekommen.

Das ungleiche Paar machte sich also ins protestantische England auf. Der Zeitplan war äußerst knapp: Abfahrt aus Neapel am Samstagmorgen, den 2. April, Ankunft in London am frühen Montagmorgen, den 4. April, Eheschließung am selben Vormittag in der St.-Andrews-Kirche, unmittelbar danach Abfahrt nach Nizza und dort gleich nach der Ankunft eine Vorstellung.

Die Reise verlief hektisch, wie alles in dieser Beziehung. Die Hinreise dauerte sechzig Stunden, die Rückreise sechsunddreißig Stunden. Der Zug nach London hatte einige Stunden Verspätung, und in London vergaß Damala seine Papiere im Hotel (weil er eigentlich gar nicht heiraten wollte?) und mußte noch einmal durch die ganze Stadt, um sie zu holen. Wegen der Verspätung verpaßte Sarah die Vorstellung in Nizza, aber dafür hatte sie jetzt ihren Damala. Die Nachricht von der Heirat verbreitete sich wie ein Lauffeuer. Niemand war begeistert. Clairin, Abbéma und die anderen Mitglieder von Sarahs Hofstaat hielten sie für verrückt. Sardou, der gerade ein neues Stück für Sarah schrieb, fürchtete, seine Hauptdarstellerin verloren zu haben. Und Maurice sagte zutiefst verletzt: »Jetzt haben wir auch noch einen *Monsieur* Sarah Bernhardt.« Für die Presse war Sarahs Beziehung zu ihrem levantinischen Liebhaber ein gefundenes Fressen.

Am 26. Mai konnten die Pariser »Monsieur Sarah Bernhardt« als Liebhaber von Madame Sarah Bernhardt zum ersten Mal auf der Bühne sehen. Man gab die *Kameliendame.* Der Abend wurde mit Spannung erwartet, denn Sarah war seit zwei Jahren nicht mehr in ihrer Heimatstadt aufgetreten, und ihre Neider hätten nur allzugerne festgestellt, das Talent der untreuen, käuflichen und reklamesüchtigen Schauspielerin habe während ihrer Auslandstourneen gelitten. Außerdem ärgerten sie sich über die Unverfrorenheit, dem Publikum einen Laienschauspieler wie Damala zuzumuten. Als Sarah die Bühne des Théâtre de la Gaîté betrat, spürte sie die giftigen Blicke aus dem Zuschauerraum. Stimme und Nerven ließen sie im Stich, und es wird berichtet, daß sie während der ersten zwei Akte wie ein verängstigtes Kind sprach. Aber dann fing sie sich wieder und spielte, wie nur sie es konnte, und niemand konnte sich ihres Zaubers erwehren. Bei der letzten Verbeugung strahlten die besorgten Freunde durch einen Schleier von Tränen, und selbst ihre Feinde mußten das Taschentuch herausziehen.

Damala jedoch bekam keine guten Kritiken. Edmond Stoullig, der Kritiker von *Le Rappel*, schrieb:

> Eine Hauptattraktion des Abends war wie erwartet der Ehemann der Bernhardt. Sein Auftritt erregte großes Aufsehen. Damala! Das ist er! Operngläser richteten sich auf den gutaussehenden, schwarzäugigen Burschen, der die Ehre hat, von der großen Schauspielerin vor dem Gesetz als Ehemann auserkoren worden zu sein. Rein äußerlich gesehen eroberte er als Armand Duval die Herzen der Zuschauer im Sturm, künstlerisch gesehen kann man das allerdings nicht behaupten. Es mangelt ihm völlig an Erfahrung, er hat eine tiefe, aber monotone Stimme, seine Aussprache wird durch den starken ausländischen Akzent gestört, und seine Gesten sind durchweg langweilig und fürchterlich. Im vierten Akt schlägt er ein paarmal einen ergreifenden, aufrichtigen Ton an. Wenn er hart an sich arbeitet, wird er vielleicht einmal ein Schauspieler, jedenfalls hat er in Madame Bernhardt eine große Lehrerin, die ihm einiges beibringen kann.

Seine Lehrerin brachte ihm tatsächlich so viel bei, daß Damala nach und nach als passabler Schauspieler Anerkennung fand. Victorien Sardou freilich weigerte sich, Damala in seinem neuen, speziell für die Bernhardt geschriebenen Stück *Fédora* mitspielen zu lassen, obwohl Sarah die männliche Hauptrolle unbedingt mit ihrem Gatten besetzen wollte.

Sardous Heldin *Fédora* ist ein Abbild der Bernhardt. Er beschreibt sie mit den Worten:

> Sie ist die Weiblichkeit in Person – launisch und widersprüchlich ... Einmal anschmiegsam und zärtlich, dann

> schmeichlerisch wie eine Katze! Sie ist zart und anmutig und bewegt sich schlangengleich wie eine Natter. Sie ist ganz Verrat, ganz Hingabe! Eine Mischung aus männlicher Vernunft und kindischem Aberglauben. Ein Blick in ihre tiefen Augen macht einen schwindeln. Ihre Stimme erzeugt in uns unbekannte Schwingungen. Unlösbar verbindet sich in ihr die Schwermut der Orientalin mit der Anmut der Pariserin. Eine einzigartige Frau. Daran besteht kein Zweifel!

Um seine Heldin in Szene zu setzen, strickte Sardou ein kunstvolles Melodrama voller Intrigen, Verwicklungen und überraschender Enthüllungen. Der Prinzessin Fédora wird eingeredet, ein gutaussehender Nihilist habe ihren geliebten Bräutigam ermordet. Um sich zu rächen, will sie die Liebe des Nihilisten gewinnen und ihn dann der Geheimpolizei ausliefern. Doch sie verliebt sich selbst in den schrecklichen Mörder Loris Ipanoff. Und siehe da, es stellt sich heraus, daß Loris nicht der Mörder, sondern ein anständiger, rechtschaffener Bursche ist. Vielmehr erweist sich ihr Bräutigam als ehebrecherischer Schurke. Das ist zuviel für Fédora. Von der Enthüllung überwältigt, nimmt sie Gift – und bekommt die Gelegenheit, eine großartige Sterbeszene vorzuführen. Während der Vorhang sich senkt, zieht Loris den schlaffen Körper in seine Arme, drückt der Geliebten einen letzten Kuß auf und verliert das Bewußtsein.

Sarah stürzte sich auf das saftige, wenngleich blutrünstige Stück. Auch Pierre Berton, der den Loris Ipanoff spielte, war mit Leib und Seele dabei; er war nicht nur ein begnadeter Schauspieler, sondern auch ein früherer Liebhaber Sarahs aus der Zeit am Odéon. Die Bernhardt arbeitete hart an der *Fédora*, und Damala saß schmollend zu Hause. Er war in keiner beneidenswerten Lage. Drei Monate zuvor hatte er die berühmteste Schauspielerin der Welt geheiratet und gehofft, an ihrem Erfolg teilhaben zu können. Stattdessen fielen die Kritiker über ihn her, die Freunde seiner Frau sahen auf ihn herab, und sein Stiefsohn verabscheute ihn. Nur Sarah schien ihn zu mögen – aber nur, wenn sie frei hatte. Damala merkte nicht, wie sie sich um ihn bemühte. Einmal gab sie ihm ein Stück ihres alten Freundes, des Dichters und Kritikers Catulle Mendès, zu lesen. Es hieß *Les mères ennemies* (Die verfeindeten Mütter) und enthielt eine Rolle, die ihrem Aristide den sicheren Erfolg bringen sollte. Als sie ihn fragte, ob es ihm gefalle, bejahte Damala mürrisch und löste damit eine von Sarahs extravaganten Unternehmungen aus. Sie pachtete das Ambigu-Theater und ließ es aufwendig renovieren. Um ihren siebzehnjährigen Sohn versöhnlich zu stimmen, taufte sie das Theater auf seinen Namen und setzte ihn auch als Theaterdirektor ein. Sie hatte nur eine Bedingung: Maurice mußte den Posten mit Auguste Simon teilen, der, wie sie ihm freundlich erklärte, mehr von geschäftlichen Dingen und vom Theater verstehe.

Mendès' Stück sollte im Dezember 1882 Premiere haben. Sarah Bernhardt führte Regie, Damala und die Agar spielten die Hauptrollen. Sarah, die an alles gedacht hatte, konnte jetzt behaupten, ihr Gatte habe den Sardou wegen einer früheren Verpflichtung ausgeschlagen. Sie arbeitete mit Damala, bis sein Talent, an das nur sie allein glaubte, zum Vorschein kam. Sie erreichte immerhin, daß nach der Premiere von *Les mères ennemies* niemand mehr behaupten konnte, der junge Mann der Bernhardt habe am Theater nichts zu suchen. Eine so fragwürdige Anerkennung konnte Damalas verletzte Eitelkeit freilich nicht besänftigen.

Fédora dagegen wurde einer der größten Triumphe der Bernhardt und markiert eine Wende in ihrer Karriere. Vor drei Jahren war sie noch die Königin der Comédie Française gewesen. Jetzt war sie Königin des kommerziellen Theaters, unter anderem dank Victorien Sardou, der mit *Fédora* zwar ein zweitklassiges Stück, aber ein erstklassiges Melodrama mit einer explosiven Handlung geschrieben hatte, in dem eine aufdringliche Polizei, Sadismus, Tod und alles mögliche vorkam. Sardou war ein glänzender Regisseur. Er hatte Sarahs spezielle melodramatische Begabung erfaßt und verstand es, sie auf der Bühne zur Geltung zu bringen. Sarah hatte schon immer mit unvergleichlicher Konzentration ihren Partnern auf der Bühne zuhören können. In *Fédora* mußte sie nicht nur zuhören, sondern lange Passagen mit stummen Gesten füllen, denen sie mehr Ausdruck verlieh, als Worte es können. Selbst ihr unerbittlichster Kritiker, Vitu, mußte zugeben, daß »ihr Schweigen eine höchste Form der Kunst« war. Ansonsten urteilte er über ihre Leistung: »Sie versteht es, dem Zuschauer ein Gefühl wie ein Messer mitten ins Herz zu stoßen.« Dieselbe Wirkung hatte Sarahs Erfolg auf ihren unglücklichen Gatten. Rachsüchtig und verbittert beschimpfte er sie als »langnasige Jüdin«, kaufte Schmuck für seine Freundinnen, schickte Sarah die Rechnung dafür und war bei jeder Gelegenheit beleidigt. Wenn Sarah sich wehrte, quälte er sie, indem er so tat, als stünde er über solch kleinlichem weibischen Unfug.

Ohne Ankündigung kaufte er eines Tages einen roten Soldatenrock, kündigte im Ambigu und reiste nach Algerien ab, wo er sich den Spahis anschloß. Mit Damalas plötzlicher Abreise war auch die erfolgreiche Aufführung von *Les mères ennemies* beendet, und das Theater, das seine Frau gekauft hatte, um ihn glücklich zu machen, sah einer Reihe schmählicher Mißerfolge entgegen. Um das Publikum ins Ambigu zu ziehen, probierte Sarah verschiedene Kassenknüller aus. Aber von fünf Inszenierungen war nur eine erfolgreich: das eindrucksvolle Drama *La glu* (Die Falle) von Jean Richepin. Die Hauptrolle spielte die Réjane, eine glänzende junge Schauspielerin, deren unbeschreiblich charmantes, gefühlvolles Spiel den grauen Theaterhimmel über Paris erleuchtete. *La glu* hatte einen gewissen Erfolg, obwohl die Zuschauer durch die düster-realistische Handlung abgeschreckt wurden. Auch dieses Stück mußte bald wieder abgesetzt werden. Die Produktion des Stückes trug zu Sarahs finanziellem Ruin bei, aber für ihr Privatleben bedeutete sie eine Bereicherung. Mit der Réjane hatte Sarah eine von ihr bewunderte Freundin fürs ganze Leben gewonnen, und auch Richepin verehrte sie, und er wurde ihr Liebhaber, wenn auch nur für kurze Zeit.

Im Februar 1883 hatte die Bernhardt fast eine halbe Million Franc Verlust gemacht. Aus Furcht, auch noch ihr Haus zu verlieren, ließ sie ihren Schmuck versteigern. Drei Tage lang drängten sich im Hôtel des Ventes Sammler, Mitglieder der feinen Gesellschaft, Schauspielerinnen und Damen der Halbwelt. Jeder versuchte den anderen zu überbieten, alle wollten sich damit schmücken, Perlen und Diamanten der Bernhardt zu besitzen. Um ihre Verluste weiter wettzumachen, unternahm Sarah mit ihrem Ensemble eine Tournee nach Skandinavien und Großbritannien. Mit ihr ging Richepin, wie wir aus einem Brief des Kritikers George Brandès, eines Freundes von Ibsen, erfahren: »Die göttliche Sarah war hier in Kopenhagen, begleitet von ihrem Schatten, dem Dichter Richepin. Die beiden waren stets zusammen, sie dinierte und schlief mit ihm.« Der Tratsch verfolgte Sarah weiter nach London, wo sie zwischen den umjubelten Vorstellungen der *Fédora* ihren Liebhaber stolz herumzeigte.

Sie mochte allen Grund haben, die Ehe mit Damala zu bereuen, aber auf ihren neuen Liebhaber konnte sie mit Recht stolz sein. Der fünf Jahre jüngere Richepin war ein ganz anderer Typ als die Männer, die sie sonst zu ihrer »Menagerie« zählte. Er war als Sohn eines Militärarztes in Algerien geboren und in Paris aufgewachsen, wo er die École Normale besuchte. Im Jahr 1870 diente er als Scharfschütze im deutsch-französischen Krieg. Danach führte er das Leben eines Abenteurers. Er fuhr zur See und arbeitete als Schauermann, Ringer und Boxer. Dann trat er in einem Zirkus als Artist und Gewichtheber auf. Vielleicht dachte Goncourt daran, als er Richepin als eine »kraftvolle, lächelnde Persönlichkeit« schilderte, als »Akrobaten, der soeben eine erstaunliche Leistung vollbracht hat«.

Im Jahr 1876 veröffentlichte Richepin den Gedichtband *Chansons des queux* (Vagabundenlieder), in dem er sich in feurigen Versen auf die Seite der Armen und Vergessenen, der Landfahrer und Verbrecher stellte. Das Buch brachte ihm gleich nach Erscheinen nicht nur Ruhm als Schriftsteller, sondern auch einige Monate Gefängnis ein, weil er in seinen Gedichten die Versäumnisse der Regierung in bezug auf die Armen zu heftig kritisiert hatte. Als Sarah ihn kennenlernte, war er eine Art Hippie *avant la lettre:* ein gutaussehender, bärtiger Faun, ein Bohemien, der auf einem damals neuen, verrückten zweirädrigen Ding, einem Fahrrad, durch Paris raste und durch sein hautenges Trikot, unter dem sich die schwellenden Muskeln abzeichneten, seine Verachtung der bürgerlichen Konventionen zum Ausdruck brachte.

Sarah nahm sich Richepin zum Liebhaber, als Damala sich zur Armee nach Nordafrika absetzte. Das Soldatenleben schien Damala freilich nicht so zu liegen wie das faule Nichtstun und die Lust, seine Frau zu quälen. Als Sarah von ihrer Tournee zurückkehrte, fand sie ihn jedenfalls auf ihrem Bett liegend vor, wo er in aller Ruhe Zeitung las. Der Anblick muß seine Reize gehabt haben, denn sie forderte ihn zum Bleiben auf und entließ Richepin – und damit auch ihr Glück. Ein düsteres Kapitel ihres Lebens folgte. Damala hatte schon immer Morphium genommen, aber jetzt war er der Droge hoffnungslos verfallen. Er gab sich eine Spritze nach der anderen und stieß sich die Nadel sogar durch die Hose hindurch, wenn er es nicht mehr aushalten konnte. Sarah verprügelte ihre Schwester Jeanne mit einer Reitgerte, weil sie die Drogen für Damala ins Haus schmuggelte. Mit Gewalt kam sie dem Übel jedoch nicht bei. Am Ende ihrer Weisheit angelangt, beantragte sie die gerichtliche Aufhebung der ehelichen Gemeinschaft, ließ ihren unglücklichen Mann in eine Klinik bringen und kehrte zu Richepin zurück. Ein halbes Jahr später tauchte Damala wieder bei ihr auf. Richepin war natürlich eifersüchtig. Sarah bat ihn um Nachsicht, versicherte, daß sie nicht Damala, sondern nur ihn liebe und daß sie ihren Gatten nur vor sich selbst schützen wolle. Zum Beweis ging sie eines Tages zu der Apotheke, aus der Damala seine Drogen bezog, und zerschlug ihren Regenschirm auf dem Kopf des Apothekers. Alles, was sie damit erreichte, war, daß sie einen Regenschirm weniger hatte.

In dieser unglückseligen Lebensphase pachtete Sarah das Theater Porte Saint-Martin, einen riesigen Bau aus dem 18. Jahrhundert. In ihrer doppelten Funktion als Schauspielerin und Theaterdirektorin führte sie *Froufrou* und die *Kameliendame* auf. Auch bei der Arbeit blieb sie von ihren häuslichen Sorgen nicht verschont. Damala hatte die entnervende Angewohnheit, den Proben von den Seitenkulissen aus zuzusehen. Mit der dümmlichen Überheblichkeit des Laien – seine schauspielerischen Kenntnisse stützten sich auf gerade fünf Monate Bühnenerfahrung – maßte er sich an, Ratschläge, Kritik und Spott auszuteilen. Dann bekam Sarah einen ihrer Wutanfälle, überschüttete ihn mit

Beschimpfungen und ließ ihn aus dem Theater werfen. Die Klatschkolumnisten waren begeistert. *L'Événement* berichtete ausführlich über die »lärmende und streitende Gesellschaft in der Avenue de Villiers«. In einer anderen Klatschzeitung erschien eine Karikatur, auf der zu sehen war, wie Damala tiefbetrübt auf Sarahs Diwan lag. Die Bildunterschrift lautete: *La Damala aux camélias.*

Während Damala nichts tat, schrieb Richepin an einem Stück für Sarah. Es war nicht das erste Stück, das er für sie verfaßte. 1883 hatte Sarah am Trocadero-Theater seinen *Pierrot assassin* gegeben, mit ihr als Pierrot und der Réjane als Kolumbine. Die makabre Pantomime hatte trotz der kurzen Laufzeit einen bleibenden Eindruck hinterlassen, und Paul Nadar verdankte ihr eine seiner besten Fotografien Sarahs: Sarah als weißgeschminkter Clown, dazu verdammt, die Komödie von Liebe und Intrige bis zum bitteren Ende zu spielen. In seinem neuen Stück versuchte Richepin, die dramatischen Ereignisse in Indien im Jahr 1857 nachzuzeichnen, als die Bevölkerung sich gegen die britische Herrschaft erhob. Das französische Publikum sah darin leider lediglich ein exotisches Spektakel mit seltsamen Personen, die in wehende Gewänder gehüllt waren und seltsame Dinge taten. Das Stück hieß *Nana Sahib* und machte keinem der Beteiligten Ehre, am allerwenigsten Richepin, der einsprang, als der Hauptdarsteller krank wurde. Seine schauspielerischen Fähigkeiten erwiesen sich als ebenso schlecht wie sein unverständliches Exotendrama.

Ausgerechnet als *Nana Sahib* fehlschlug, raffte sich Damala ganz unerwartet auf und zeigte eine beachtliche Leistung in *Maître des forges* von Georges Ohnet. Sein Benehmen besserte sich mit dem Erfolg jedoch nicht. Bei einer Nachmittagsvorstellung setzte er sich einmal in die erste Reihe des Theaters Porte Saint-Martin und sah Sarah und Richepin auf der Bühne zu. Das Haus war halb leer, und die Zuschauer dösten vor sich hin. Dem half Damala bald ab, indem er, sooft seine Gattin an die Rampe trat, mitleidig den Kopf schüttelte und vernehmlich stöhnte: »Arme Sarah.« Als er das Theater verlassen wollte, fing Richepin ihn ab, schlug ihn halb tot und machte ihm drohend klar, daß auf dieser Welt nur Platz für einen von ihnen sei. Richepins

Worte sollten sich bald erfüllen, denn über kurz oder lang landete Damala wieder in der Klinik, und Richepin hatte Sarah wieder für sich allein. Zumindest wollte Sarah ihn das glauben machen. Aber wenn er an sie oder zumindest an ihre Treue geglaubt hätte, hätte er ähnliche Qualen auszustehen gehabt wie Mounet-Sully zehn Jahre zuvor. Richepin war aber nicht Mounet, und er war nicht gewillt mitzuspielen. Im Gegenteil, jedesmal wenn Sarah anderen schöne Augen machte, zog er sich zurück.

Ein Brief Sarah Bernhardts, der den Briefen, die sie Mounet und Doré schrieb, allzusehr gleicht, gibt einen Eindruck der Situation.

Sarah Bernhardt an Jean Richepin

Mein Angebeteter, mein verwegener Gebieter,

Ich bitte Dich, mir zu vergeben. Ja, mir richtig zu verzeihen. Was ich zu Dir gesagt habe, muß unaussprechlich gemein gewesen sein, sonst hättest Du mir nicht so wutentbrannt geschrieben. Ich bin wie betäubt. Deine Worte bohren sich mir ins Herz und martern meine Seele. Ich habe Deinen acht Seiten langen Brief gelesen, jede Seite beleidigender als die vorige. Deine Vorwürfe haben mich ausgelaugt, und doch bin ich mehr denn je die Deine. Ich brauche Dich. Ich kann ohne Dich nicht leben. Komm zurück, ich flehe Dich an, komm zurück, denn allein um Dir zu gehören, bin ich geboren worden. Mein angebeteter *seigneur*, ich schwöre Dir, daß ich Dich nie betrügen könnte. Ja, ich weiß, daß ich oft untreu werde, daß gemeine Gedanken und Verrat in mir wohnen. Ich verdiene all Deine Beschimpfungen, sie treffen auf mich zu. Ich bin aber nur deshalb so, weil ich mich allen um mich überlegen fühlte. Doch das ist vorbei. Denn Du bist in mein Leben getreten und hast mit Deinem starken Atem meine Lügen, meine ausweichenden »Vielleichts« und »Weils« hinweggefegt. Von Deinen Lippen habe ich die wahre Liebe getrunken, bebend habe ich in Deinen Armen die wahren, ekstatischen Gefühle des Körpers erfahren und in Deinen Augen Deine überlegene Persönlichkeit gesehen. Ich habe mich Dir ganz hingegeben, ich habe mich Dir geschenkt, als ein neues Wesen, das Dir, Dir allein gehört. In Dir habe ich mich neu gefunden.

Jean, Du mußt Nachsehen mit meinem heftigen Temperament haben. Du bist gegangen, ohne mir Zeit zum Nachdenken zu geben. Ich war noch feucht von Deiner Umarmung, roch noch den berauschenden Duft Deines Körpers auf mir. Ich sah unser Bett und dachte an die gemeinsam verbrachte Nacht, unser gemeinsames Erwachen, unsere Umarmungen, unser ... Schon gut, ich werde nicht weiter davon sprechen. Ich umarme Dich und bitte Dich um Verzeihung, es tut mir so leid, daß ich Dich angeschrien habe. Ach Jean, halte mich ganz fest. Trage mich hinauf in den Himmel Deiner zärtlichen Liebe, stoße mich in schwarze Zorneswolken hinein, laß Deine rasende Wut an mir aus, aber liebe mich, mein Angebeteter.

Meine Krallen mögen scharf sein, aber sie können Dir keine tiefen Wunden zufügen, denn Dein Herz ist aus Liebe gemacht. Zerreiße meinen dummen Brief, sag mir, daß Du weißt, daß ich Dich nicht betrüge, daß ich Dich nicht betrügen kann, daß es feige und dumm wäre, Dich zu betrügen.

Ich habe nach Rache geschrien – und Du hast mir geglaubt! Dabei war ich doch nur wütend und verletzt. Du machst Dir einfach keine Vorstellung davon, mein Angebeteter, mein Gebieter, wie nah Du mir immer bist, wie Du mich mit Deinen goldenen Augen ansiehst. Beruhige Dich wieder, sieh mit Mitleid auf meine dummen Launen herab. Es ging mir nicht gut, und ich war im Unrecht. Ich füge mich Deinem Willen und schlucke meinen Stolz hinunter. Ich wäre grausam bestraft, wenn Du mir Deine Lippen zum Kuß verweigertest. Schreibe mir einen lieben Brief, Dein letzter hat mich tief verletzt. Du bist nicht mehr böse, Dein hämisches Lachen ist verschwunden, nicht wahr? Ich drücke einen zarten Kuß auf Deine kleinen, wunderschönen Füße.

Wir wollen unseren wahnsinnigen Flug wieder aufnehmen! Ich werde ihn nie mehr unterbrechen. Wenn das Leiden unerträglich wird, stürze ich mich einfach aus der Höhe herab, und ich schwöre Dir, mein Liebster, daß ich den Sturz nicht überleben werde.

Ich streichle Deinen angebeteten Leib, ich küsse jedes Deiner Härchen – und meine Lippen flehen darum, daß Deine Lippen mir tausendmal vergeben.

Richepin verzieh Sarah mehr als einmal, aber im Jahr darauf machte er mit ihr Schluß. Anders als bei Mounet schlug seine Liebe nicht in Haß um. Er wußte, daß sie zwar keine treue Geliebte, wohl aber eine treue Freundin sein konnte.

Im Dezember 1883 kamen *Die Memoiren der Sarah Barnum* auf den Markt. Es war das zweite Buch der Colombier über Sarah Bernhardt. Das erste, *Sarah Bernhardt in Amerika,* hatte die Titelheldin offensichtlich nicht getroffen, obwohl es in respektlosem Ton geschrieben war und beißenden Spott enthielt. In *Sarah Barnum* war der Ton noch viel schärfer. Warum war Marie Colombier so unbarmherzig gegenüber Sarah? Wenn man ihr glaubt, war ganz allein Sarah schuld daran, die sie für die monatelange Amerikatournee mit einem Hungerlohn abgespeist hatte. Dazu mag noch Neid gekommen sein. Die beiden Frauen hatten als ebenbürtige Schauspielerinnen begonnen. Beide waren begabt und ehrgeizig gewesen, hatten gemeinsam auf der Bühne gestanden, ihre Geheimnisse einander anvertraut, über ihre zahlreichen Eroberungen gelacht und von zukünftigem Ruhm geträumt. Jetzt hatte die Zukunft sie eingeholt, und die Colombier war weit hinter ihre berühmte Gefährtin zurückgefallen. Marie hatte sich in diesen fünfzehn Jahren kaum verändert, auch wenn sie korpulent geworden war und die Schauspielerei mehr oder weniger an den Nagel gehängt hatte. Sie verkörperte immer noch die unverwüstliche Kokotte des Zweiten Kaiserreichs, die für ihre Freunde köstlich kochte, immer den neuesten Tratsch wußte, in geistreichen Zirkeln verkehrte und ihre Liebhaber so häufig wechselte wie ihre Haarfarbe. Wäre sie eine

Heilige gewesen, hätte sie Sarahs herausragende Stellung vielleicht ohne Groll akzeptieren können. Noch eine andere, wichtigere Überlegung mag sie zu dem Buch verleitet haben. Marie benötigte Geld und hoffte, durch den Erfolg eines solchen Buches gut zu verdienen. Sarah selbst trug unabsichtlich zu diesem Erfolg bei. Das Buch erregte bei seinem Erscheinen zunächst kaum Aufsehen. Die Presse berichtete nicht darüber, da es allzusehr nach schmutziger Wäsche und strafbarer Verleumdung roch. Erst Octave Mirbeau, der erst seit kurzem zu Sarahs »Menagerie« gehörte, lenkte die Aufmerksamkeit der Öffentlichkeit darauf. Der hitzige Schriftsteller liebte harte Auseinandersetzungen, und in einem Artikel der satirischen Zeitschrift *Les Grimaces* griff er die *Sarah Barnum* an. In seinen Mitteln war er dabei nicht wählerisch: »Wenn ich Maurice Bernhardt wäre, würde ich einen Hammer nehmen und Monsieur Bonnetain den Kopf einschlagen. Dann würde ich Marie Colombier auf die Straße zerren, ihre Röcke hochheben, der Menge ihren alten, schmutzigen Hintern zeigen und ihr dann eine ordentliche Tracht Prügel verabreichen.«

Paul Bonnetain, der damalige Liebhaber Marie Colombiers, hatte den Roman *Charlot s'amuse* geschrieben, der von den Gefahren exzessiver Masturbation handelte. Mirbeau beschuldigte ihn, auch *Die Memoiren der Sarah Barnum* verfaßt zu haben. Gekränkt forderte Bonnetain ihn zum Duell. Mirbeau nahm unter der Bedingung an, daß Bonnetain schwöre, nichts mit dem Buch zu tun zu haben. Bonnetain schwor, das Duell wurde ausgetragen, und Mirbeau wurde zum Sieger erklärt, nachdem er seinen Gegner verletzt hatte – an der Schreibhand, wie er hoffte. Während die beiden Männer parierend und stechend aufeinander losgingen, spielte sich zur gleichen Zeit an einem anderen Ort eine nicht minder gewalttätige Szene ab. Maurice stürmte in Begleitung seines Freundes Jean Stevens in die Wohnung der Colombier und traf sie dort ganz ruhig beim Tee mit einem Journalisten namens Jehan Soudan an. Sie sei eine Hure, schrie Maurice. Und er, erwiderte Marie lachend, sei der Sohn einer ... Sarah Bernhardt. Angesichts dieser Unverschämtheit riß Maurice ein Porträt Maries von der Wand und zerstampfte es auf dem Boden. Im Gefühl, der Ehre Genüge getan zu haben, zog er wieder ab. Aber schon Augenblicke später stürmten Sarah mit Dolch und Reitpeitsche und Richepin mit einem Tranchiermesser zur Tür herein. Geistesgegenwärtig zog Marie sich zurück. Im Handumdrehen glich ihre Wohnung einem Trümmerfeld. Und am nächsten Tag konnte man in der *London Morning News* lesen: »Monsieur Soudan wurde von Monsieur Richepin angegriffen, der sehr erregt war. Madame Bernhardt zerschnitt Kissen und Vorhänge und zerbrach bedeutende Mengen Porzellan. Monsieur Richepin bot dem Dienstmädchen tausend Franc für einen Hinweis auf den Verbleib ihrer Herrin, doch vergeblich. Danach eilten die beiden wieder davon.«

Die Nachricht verbreitete sich schnell. Der *New York Herald* veröffentlichte einen ausführlichen Artikel, und die *Police Gazette* schmückte das Ereignis mit einer schauerlichen Zeichnung, auf der man Sarah und Richepin mit flackernden Augen und geblähten Nüstern beim Vergeltungsangriff sieht. Marie mußte zwar für ihre Sünden büßen – sie wurde zu zweitausend Franc und drei Monaten Gefängnis auf Bewährung verurteilt –, machte aber mit dem Buch ein gutes Geschäft. Zehntausend verkaufte Exemplare der *Memoiren der Sarah Barnum* in den nächsten Wochen brachten ihr mehr Geld ein, als sie jemals besessen hatte. Einige Spötter hielten die ganze Episode für gespielt und unterstellten Sarah, Maries Wohnung nur um der Publizität willen gestürmt zu haben. Einige behaupteten sogar, Sarah und Marie steckten unter einer Decke und hätten sich eine verkaufsfördernde Strategie für Maries Buch ausgedacht und dabei gleichzeitig die Aufmerksamkeit auf Richepins Theaterstück *Nana Sahib* lenken wollen, das gerade angelaufen war und wenig ermutigende Kritiken bekommen hatte. Der Kritiker Albert Woolf erteilte nachträglich noch gute Ratschläge: »Es hätte Sarah Bernhardt besser angestanden, wenn sie um ihrer Künstlerehre willen zu Hause geblieben wäre und es der öffentlichen Meinung überlassen hätte, dieses fürchterliche Buch mit Mißachtung zu strafen.«

Im Winter des Jahres 1884 strömten die Pariser zum Theater Porte Saint-Martin, um die Bernhardt als *Kameliendame* zu sehen. Sarah war unbeschreiblich beeindruckend. Sarceys Versuch, sie anhand ihrer schauspielerischen Techniken zu porträtieren, läßt ihre Leistung nur erahnen. Ihre Darstellung der Marguerite riß die Zuschauer mit, und sie erlagen dem hypnotischen Zauber dieser einzigartigen Künstlerin. Der Erfolg der *Kameliendame* verschaffte Sarah viel Befriedigung und entlastete sie auch von finanziellen Problemen. Mit den Einnahmen konnte sie, wenn auch nicht klaglos, die beträchtlichen Spielschulden ihres Sohnes begleichen und die großen Verluste aus Richepins *Nana Sahib* wettmachen.

Sarah hatte große Zukunftspläne. Schon immer hatte sie *Macbeth* auf die Bühne bringen wollen, und jetzt beauftragte sie Richepin mit der Übersetzung. Es war ein ehrgeiziger Plan, der sich leider nicht bezahlt machte. Das Stück mußte nach knapp einem Monat wieder abgesetzt werden. Trotzdem reiste die Bernhardt im Juni damit nach Schottland und London. Wenn das Stück dem Pariser Publikum trotz Sarahs beachtlicher Leistung als Lady Macbeth nicht gefallen hatte, so gefiel es den Londonern noch weniger.

Eine bemerkenswerte Ausnahme war Oscar Wilde. Er verbrachte die Flitterwochen mit seiner Frau Constance in Paris und gab am 9. Juni 1884 in seinem Zimmer im Hotel Wagram an den Tuilerien ein Interview. Zunächst erzählte er dem Reporter der *Morning News*, wie schnell ihm langweilig würde, dann sagte er:

> Paris ist eine Stadt von unerschöpflichem Reichtum, vor allem, wenn Sarah Bernhardt dort spielt. Ich habe mir den *Macbeth* immer und immer wieder angesehen. Unsere Theater können nichts Vergleichbares vorweisen. *Macbeth* ist ihre gelungenste Schöpfung. Ich sage absichtlich Schöpfung, weil es meiner Meinung nach unverschämt wäre, von Shakespeares *Macbeth* oder Shakespeares *Othello* zu sprechen. Shakespeare hat nur einen Teil dazu beigetragen. Den anderen Teil trägt der Künstler mit seiner Interpretation des Werkes bei. Und ich erwarte nichts weiter, als daß mir die beiden zusammen einen ordentlichen Helden präsentieren.
>
> Was Shakespeare sagen wollte, ist sein Geheimnis. Wir

können nur über das urteilen, was wir vor Augen haben …

Sarah Bernhardt ist eine unvergleichliche Künstlerin. Sie bringt in die Rolle ihre ganze Intelligenz ein und ihr angeborenes und erworbenes schauspielerisches Können. Sie beherrscht den Macbeth mit weiblichem Charme und mit Willenskraft – bei uns wird immer nur das letztere betont. Macbeth ist von ihr verzaubert, er sündigt, weil er sie liebt. Sein Ehrgeiz spielt dabei eine untergeordnete Rolle. Er muß sie einfach lieben. Sie bindet ihn mit allen Mitteln an sich, sogar mit Koketterie. Man sehe sich ihr Kostüm an – diese enganliegende Tunika und die wie in Stein gehauenen Falten ihres Gewandes darunter. Das ganze Stück ist eine bewundernswerte Leistung.

Wilde äußert sich im folgenden lobend über Richepins Übersetzung, die nach den Worten Ernest Proniers, des schweizerischen Biographen der Bernhardt, »sehr literarisch ist, nicht vor einfachen, derben Ausdrücken zurückscheut, lebhafte Bilder benützt und dem Original sehr nahe kommt«, alles Eigenschaften, die vom französischen Publikum nicht unbedingt geschätzt wurden, wenn es um den großen Shakespeare ging.

Sarah verbrachte den Sommer in gedrückter Stimmung auf ihrem Landsitz an der Küste von Sainte-Adresse. Sie fühlte sich krank, und der Mißerfolg von *Macbeth* machte ihr zu schaffen. Richepins Verschwinden half ihr über den Kummer nicht hinweg.

Sarah Bernhardt an Jean Richepin

Jean,

ich habe meine verzweifelten Briefe überall hingeschickt, wo ich Dich vermutete. Wahrscheinlich hat kein einziger Dich erreicht. Ob diesen Brief dasselbe Schicksal ereilen wird? Ich weiß es nicht. Ich schreibe Dir trotzdem, und Dein Freund Ponchon hat sich bereit erklärt, Dir den Brief zu überbringen. Auf Knien flehe ich Dich an … schicke mir ein einziges Wort.

Ich bin rasend vor Kummer. Ich kann die tödliche Stille um mich nicht mehr ertragen. Ach Jean, ich leide, leide. Wo bist Du, was machst Du, und wenn Du gekränkt bist, wenn Du – mein Gott, nichts rechtfertigt diese Marter. Ja, ja, ich habe mich neulich schlecht benommen. Wenn du wüßtest, wie sehr ich über meine Schlechtigkeit weine, wie sehr ich die bösen Worte bereue, an die Du jetzt in Deiner Einsamkeit denkst. Ach, mein Angebeteter, mein vergötterter Geliebter, mein Gebieter, erinnere Dich doch der süßen, zärtlichen Worte, mein Prinz, erinnere Dich meiner unendlichen Leidenschaft, meiner Verehrung und Hingabe. Ich kenne keinen Stolz mehr. Ich bin gebändigt! Reumütig und unterwürfig liege ich Dir zu Füßen. Niemals, niemals wieder werde ich unartig sein. Meine stürmische Liebe gilt allein Dir und Deiner Stimme. Mein Gott, Jean, was habe ich getan, daß ich diese Behandlung verdiene?

Doch Du kannst ja nicht wissen, welche Qualen ich seit Deiner Abreise leide. Als ich Deine Nachricht erhielt, brach ich zusammen und habe seitdem das Bett nicht mehr verlassen. Ponchon wird Dir berichten, daß nur er mich besänftigen kann ... denn mit ihm kann ich von Dir sprechen ...

Höre! Da Du Dich so gut zu verbergen verstehst und niemand weiß, wo Du bist, darf ich vielleicht zu Dir kommen? Nichts hat mehr Bedeutung für mich, weder das Theater noch Maurice, nur Du allein. Ich will Dich. Ich werde nicht zurückblicken. Ich werde feige und verabscheuungswürdig sein, aber ich werde Dir zu Füßen liegen. Oder sag, daß ich mich töten soll, daß Du von mir genug hast, daß Du mich nicht mehr liebst, daß meine Liebe Dir lästig ist.

Dachtest Du denn im Ernst, ich könnte schweigend abwarten? Hast Du mich denn niemals angesehen, niemals mich verstanden, wenn wir uns geliebt haben? Ich weine unaufhörlich, ich weine, und Weinen macht häßlich. Wenn Du meinen Stolz brechen, meinen Willen unterwerfen wolltest, mich zwingen wolltest, Dich als meinen Gebieter anzuerkennen, dann ist Dir das gelungen ... Ich bin mir völlig im klaren darüber, daß Du stärker bist als ich, denn sonst könntest Du mich nicht so leiden machen ... Nur meine Liebe zu Dir erfüllt mich noch mit Stolz. Mach mich zu Deiner Sklavin, zu Deinem Eigentum, aber bewahre mir Deine Liebe. Die Nächte sind fürchterlich! Ich suche Dich, ich drücke Dein Kissen an mich, küsse es und flehe es an, sich mir zu erkennen zu geben, mir die Gedanken anzuvertrauen, die Dich mir so weit entfernt haben. Wie tief ist der Graben, der uns trennt! Das Kissen antwortet mir nicht, ich bin allein und weine.

Erbarmen! Habe Erbarmen mit mir, mein Gebieter. Ich flehe um Gnade. Ich kann so nicht weiterleben. Alles um mich herum fällt zusammen, und die Meinen sehen ratlos und traurig zu, wie ich aus Liebe zu Dir zugrunde gehe. Aber das ist alles unwichtig ... Und wenn Du mich nun nicht mehr liebst? Erlaube mir, Dich zu besuchen und Dich anzusehen. Ich werde kein Wort sagen, nichts. Ich werde nur Deine Lippen küssen, und im Rausch der Liebe werde ich mir Dein Messer aus Elfenbein langsam ins Herz stoßen. Und dann wirst Du den Körper Deiner Geliebten auf die Straße werfen, niemand wird wissen, was geschehen ist, aber Du wirst ihnen diesen Brief zeigen und sagen: »Da seht, sie war verrückt.« Und auch Ponchon wird ihnen die wahnsinnigen Briefe zeigen, die ich ihm geschrieben habe, und auch er wird sagen: »Sie war verrückt.«

Das wäre sicher das Beste, Jean, denn ich halte dieses Leiden nicht länger aus. Ich kann nicht mehr! Ich ersticke. Vielleicht ist das Leben nicht das Wichtigste, vielleicht hätte ich sterben sollen, um Dich zu besänftigen. Oh, mein Liebster, laß Dich berühren. Du hast mir die allergrößten Qualen bereitet. Ich flehe Dich an, hab Erbarmen mit Deiner Sklavin, Deiner Geliebten. Ich wage nicht, Deine Lippen zu küssen, wenn Du es nicht willst.

Ich liebe Dich

Endlich erhielt Sarah eine Antwort von Richepin. Aus einem Brief Sarahs an den gemeinsamen Freund, den Dichter Raoul Ponchon, geht jedoch hervor, daß sie nicht mehr auf Richepins Rückkehr zu hoffen wagte.

Bernhardt an Ponchon

... Jean hat mir einen unerhörten Brief geschrieben, ich weiß vor Verzweiflung weder ein noch aus. Er unterstellt mir die größten Unverschämtheiten, ich weiß nicht mehr, wie ich mich dagegen wehren soll. Sein Brief macht mich krank, ich bin durcheinander, schwindlig, wütend ... Ach! Es ist so schlimm, und er hat sich wie ein Schurke benommen. Ich schwöre Dir, mein lieber Ponchon, daß ich ihm jetzt nicht mehr schreiben könnte. Meine Arme sind wie gelähmt, meine Augen vom Weinen geschwollen. Als ich ihm schrieb, fürchtete ich schon, daß er sich über alle Maßen aufregen würde, gleichzeitig war ich einfältig genug zu glauben, er würde sofort herbeieilen. Ach, ich Arme, er liebt mich nicht mehr! Ich bete ihn an, ich liebe ihn, ich weine, ich leide, ich bin in tiefster Seele verwundet, meine Würde als Geliebte, mein Stolz als Frau und mein Glaube an die ideale Liebe sind dahin.

Ich werde ihm niemals mehr schreiben, außer er bittet mich, seine unverschämten Anschuldigungen zu vergessen. Schreibe mir, hab Erbarmen mit mir, ich bin so unglücklich, daß ich mich umbringen könnte. Wenn Du wüßtest – ach, wenn Du wüßtest, was er zu mir gesagt hat. Zu mir, die nur noch einen Gedanken kannte: ihn und die Angst, alt und häßlich zu werden und ihm nicht mehr gefallen zu können. Ach, was für ein armseliger, verabscheuungswürdiger Charakter.

Wozu ist ein Mensch fähig, der so denkt? Ich bin traurig, Ponchon, traurig und ohne Hoffnung für die Zukunft.

Auch wenn dieser Brief hysterisch, verzweifelt und masochistisch klingt, Sarah übertrieb nicht. Das Verschwinden Richepins hatte sie wirklich krank gemacht.

Mme. Guérard an Duquesnel

Saint-Adresse

Madame leidet seit Tagen unter sehr hohem Fieber. Der Arzt war hier. Er glaubt, daß sie sehr wahrscheinlich die galoppierende Schwindsucht hat. Bitte versuchen Sie herzukommen. Es geht ihr sehr schlecht.

Im September übernahm Félix Duquesnel die Leitung des Theaters Porte Saint-Martin. Wider besseres Wissen bestand Sarah auf der Wiederaufnahme von Richepins *Macbeth*. Diesmal lief das Stück nur zwei Wochen lang. Richepin sollte später ein erfolgreicher Bühnenautor werden, die Zusammenarbeit mit Sarah jedoch schien zum Scheitern verurteilt. Deprimiert über das Ende der Affäre, hoffte Sarah auf *Théodora*, das neue Stück von Victorien Sardou, das alle Anforderungen an einen Kassenschlager erfüllte. Es spielt im Konstantinopel des 6. Jahrhunderts. Die ausufernden, blutrünstigen Verse triefen vor Grausamkeit, Lust und Gewalt. Duquesnels Inszenierung setzte alles ein, was auf der Bühne möglich war. Émile Perrin schreibt: »*Théodora* war die größte Errungenschaft der *mise-en-scène* im 19. Jahrhundert.« Nach Meinung vieler Kritiker waren die von den führenden Kostüm- und Bühnenbildnern der Oper und der Comédie Française entworfene Ausstattung und die Kostüme sorgfältiger gearbeitet als das Stück selbst. Der weite Bühnenraum erstrahlte in byzantinischer Pracht. Ein Bild zeigte etwa das Zimmer eines Palastes mit massiven Pfeilern und hohem Gewölbe, ausgestattet mit orientalischen Teppichen, Friesen und Mosaiken, Statuen und märchenhaftem Mobiliar, das mit Silber und Edelsteinen eingelegt war. Im Hintergrund sah man die kaiserlichen Gärten und die goldenen Dächer der Stadt. In einem anderen Bild war eine den ganzen Bühnenraum ausfüllende Platane zu sehen, dahinter ein gemalter Kulissenwald und der ferne blaue Streifen des Bosporus. In wieder einem anderen Bild überwog Schmuck aus Gold und Edelsteinen.

Sarah spielte natürlich die Théodora, eine flatterhafte Tänzerin und Kokotte mit ausschweifendem Leben, die zur Kaiserin von Byzanz aufsteigt. Das Stück war ein unglaubliches Machwerk. Das Publikum jedoch war, wie später von den Filmen Cecil B. De Milles, begeistert, und wer sich in der Geschichte auskannte, amüsierte sich köstlich. Außerdem enthielt das Stück wie später die großen Filmepen Rollen, um die Schauspielerinnen sich reißen. Bernhardt und ihr Stückeschreiber machten es sich mit dem exotischen Drama nicht leicht. Sardou war ein Verfechter historischer Treue und unschlagbar, wenn es darum ging, die Geschichte für seine Zwecke zurechtzustutzen. Tag und Nacht saß er über den Geschichtsbüchern, und Sarah fuhr bis nach Ravenna, um das Mosaikporträt der Théodora so lange zu studieren, bis sie sich deren düsteren Charakter ganz zu eigen gemacht hatte. Dann zeichnete sie die Gewänder der Kaiserin ab und eilte nach Paris zurück. Dort gab sie Krone und Kostüme in Auftrag, die mit Tausenden von Halbedelsteinen bestickt wurden. Auf der Bühne trug sie die schwere Last mit kaiserlicher Würde.

Die Handlung der *Théodora* ist genauso verschlungen wie die Intrigen am Hof Kaiser Justitians. Die von Sardou gekonnt eingeflochtenen Verwicklungen gaben Sarah Gelegenheit, ihr unendliches Repertoire an schauspielerischen Tricks auszuspielen. Der erste Akt fängt langsam an. Das Publikum soll sich erst einmal zurücklehnen und die Ausstattung bewundern. Dann ertönt plötzlich ein Fanfarenstoß. Die Orgelmusik von Massenet schwillt explosionsartig an und kündigt den Auftritt Théodoras an, die, von ihren Dienerinnen und Eunuchen gefolgt, die Bühne betritt. Sie trägt ein goldenes Gewand mit aufgestickten Engeln und darüber einen hellen, golddurchwirkten Satinmantel mit schimmernden Topasen. Vervollständigt wird das Kostüm durch die juwelengeschmückte Krone. Wie eine geheimnisvolle Priesterin schreitet sie zur Bühnenmitte und bleibt dort bewegungslos stehen. Der gesamte Hofstaat sinkt auf die Knie. Théodora läßt sich auf den Pfauenthron nieder und streckt die Hand aus, damit das Gefolge sie küssen kann. Dann streckt sie auch noch den Fuß aus! Nachdem Sarah oder Théodora – für die Zuschauer sind sie ein und dieselbe Person – ihren königlichen Rang so unter Beweis gestellt hat, führt die Handlung sie in die finsteren Gassen Konstantinopels, wo sie im Kostüm der verführerischen Sklavin, die sie ehemals war, Andreas kennen- und liebenlernt, jenen Mann, der den Umsturz des Kaisers vorbereitet. Die Handlung wird immer dramatischer, und Théodora bekommt Gelegenheit, immer prachtvollere Kostüme und eine immer breitere Gefühlsskala vorzuführen.

Nach unsäglichem, unverdientem Leid vergiftet sie zum Schluß versehentlich den eigenen Liebhaber. Wahnsinnig vor Schmerz stürzt sie sich über seinen am Boden liegenden Körper. Ein finsterer Henker mit einem Strick aus roter Seide nähert sich ihr.

»Kommt«, schluchzt sie, »ich bin bereit.« Während sich die scharlachrote Schlinge um ihren Hals schließt, fällt der Vorhang.

Bei der Premiere am 26. Dezember 1884 wurden Stück, Inszenierung und vor allem die Bernhardt mit donnernden Ovationen gefeiert, wie sie das Theater bis dahin noch nicht erlebt hatte. Sarah ließ *Théodora* das ganze Jahr 1885 auf dem Spielplan. Allein in Paris wurde es über dreihundertmal, in London über hundertmal gegeben. In den Sommermonaten bereiste sie damit Brüssel, Genf und die französische Provinz, obwohl die Kritiker die Handlung höchst unwahrscheinlich, den historischen Hintergrund unscharf und die märchenhafte Romanze einfältig fanden. Bei aller Kritik erkannten sie jedoch bereitwillig an, daß selbst der größte Humbug in den Händen der Bernhardt zu etwas Unvergleichlichem wurde. Für Jules Lemaître war sie »eine Salome, eine Salambô, eine ferne, traumhafte Gestalt, priesterlich und schlangenhaft, ein faszinierender und sinnlicher Mythos«.

Die meisten Zuschauer verlangten nicht mehr, als von Sarahs Schauspielkunst in den Bann geschlagen zu werden. Manche aber verspürten das fieberhafte Verlangen, ihr nahezukommen, um herauszufinden, wer sie wirklich war. Einer dieser Verehrer war der bisexuelle Schriftsteller Pierre Loti. Er hieß eigentlich Julien Viaud und war 1850 in dem nüchternen Hafenstädtchen Rochefort-sur-mer an der Atlantikküste geboren worden. Loti wuchs in einem streng protestantischen, von Frauen geführten Haushalt auf und wurde von seinen Erzieherinnen maßlos verwöhnt. Er lernte Klavierspielen und sammelte die Schlangenhäute, Schmetterlinge, Muscheln und Federn, die ihm sein seefahrender Onkel aus den Tropen mitbrachte, bis er ein regelrechtes Museum zusammenhatte. Trotz dieser beschaulichen Beschäftigungen ließ ihn das rauhe Matrosenleben, das er von seinem Schlafzimmer aus beobachten konnte, nicht unberührt. Vielleicht waren der Lockruf des Meeres und die Abenteuergeschichten, die sein Bruder ihm erzählte, für seinen Entschluß verantwortlich, die Marineakademie zu besuchen. Nach drei Jahren war er jedenfalls Seeoffizier auf einem nach Tahiti und zu den Osterinseln segelnden Schoner.

Pierre war kein gewöhnlicher Seemann. Es drängte ihn, sich in Worten auszudrücken, und bereits Anfang Zwanzig begann er, Artikel und Zeichnungen an die Zeitschriften *L'Illustration* und *Le Monde Illustré* einzuschicken. Mit fünfundzwanzig lernte er Sarah kennen, die damals einunddreißig Jahre alt war. Er hatte schon viel von der Welt gesehen, hatte stürmische Affären mit Männern und Frauen gehabt und war von den exotischen, verbotenen Reizen des Eingeborenenlebens besessen.

Loti sah die Bernhardt zum ersten Mal in der Comédie Française von einem Platz in der ersten Reihe ganz vorn am Orchestergraben. Seinem Tagebuch vertraute er an: »Ich werde niemals den Augenblick vergessen, als sie an die Rampe trat und mich mit diesen großen, melancholischen Augen ansah, den Kopf wie ein Todesengel nach vorn gereckt. Zweimal sah ich in diese Augen ...«

In einem heitereren Ton beschreibt der junge Loti die Begegnung in einem Brief an seinen Schiffskameraden Lucien Jousselin (der »Pierre«, von dem er spricht, ist natürlich er selbst):

> Stell Dir vor ... Mitte Juni fiel ich in die sonderbaren Fänge der Sarah Bernhardt. Eines Abends beschloß der Seemann Pierre, der bis dahin keinen einzigen Gedanken an eine Dame namens S. B. verschwendet hatte, in seinem bescheidenen blauen Matrosenanzug in die Comédie Française zu gehen und einen guten Platz zu ergattern ... Die wunderschöne Doña Sol hatte bereits die Bühne betreten und lächelte ihm, zum Erstaunen der Zuschauer, höchst freundlich zu.
>
> Am nächsten Tag ging der Seemann Pierre zum Haus der S. B. und wurde äußerst charmant empfangen. Sie überreichte ihm eine Rose, nahm das Porträt entgegen, das er von ihr gezeichnet hatte, und bat ihn, wiederzu-

kommen. Am darauffolgenden Tag kleidete sich Loti in sein reichbesticktes, golddurchwirktes Türkenkostüm und suchte die S. B. zum zweiten Mal auf. Der Besuch dauerte vier Stunden, vier Stunden, in denen viele Verrücktheiten gesagt und getan wurden. Man besichtigte das Haus, und Loti wurde dem Personal, einem Affen, verschiedenen Jagdhunden und riesigen Doggen vorgestellt. Zwei äußerst komische Stunden wurden auf einem gewissen Kanapee zugebracht, während der die S. B. ein recht seltsames, nervöses Benehmen an den Tag legte. Zur Essenszeit verabschiedete sich der törichte Loti und reiste nach Rochefort ab.

Seitdem hat der arme Loti nie mehr etwas von *la belle dame sans merci* gehört. Er schickte ihr kistenweise Rosen, hübsche Zeichnungen und wunderschöne, leidenschaftliche Liebesbriefe. Die Dame war aber nicht interessiert und versäumte es, zu antworten. Loti hat zu wenig Mut und Kühnheit gehabt. Er hat einen unverzeihlichen Fehler begangen, als er den psychologisch entscheidenden Augenblick verstreichen ließ – jenen Augenblick, der niemals wiederkehrt. Die unvermeidliche Folge und die Moral der Geschichte ist: Loti, der nie auch nur einen Gedanken an die S. B. verschwendet hat, steht jetzt unter dem Bann dieses Geschöpfes und begehrt sie entgegen allen Erwartungen wie wahnsinnig ...

Loti sagte einmal von sich, sein eigenes Äußeres entspreche nicht seinem Geschmack. Es entsprach auch nicht Sarahs Geschmack. Sie hatte bekanntlich eine Schwäche für große, stramme Burschen wie Mounet oder Richepin, und Loti entsprach absolut nicht diesem Typ. Er war ein schmächtiger Mann mit sanften Rehaugen, schminkte sich stark, liebte hohe Absätze und war den »Sünden von Sodom« verfallen, wie er sich ausdrückte. Nach seinem ersten Besuch schenkte Sarah ihm keine weitere Beachtung. Er schien nichts weiter als einer ihrer vielen wunderlichen Verehrer, aber sie hatte sich in ihm getäuscht. Eines Tages lieferten zwei stämmige Männer einen großen Teppich bei ihr ab. Sie entrollten ihn, und aus dem Teppich stieg Loti, schelmisch lächelnd und verführerisch wie Kleopatra, als sie sich bei Caesar eingeschlichen hatte. Offensichtlich fand Sarah Vergnügen an Lotis Streichen, denn schon bald wurden die beiden enge Freunde.

Bald wagte Loti es sogar, Sarah die Fotografie eines nackten Matrosen zu schicken, und er widmete ihr seinen ersten Roman *Aziyadé*. »Madame«, schrieb er, »der merkwürdige Junge, den Sie *Pierre le fou* nennen, widmet diese Geschichte ergebenst Ihnen, dem strahlenden Stern unter den erlauchten Geistern dieser Welt. Ihr Name wird diesen bescheidenen Blättern Poesie und Zauber verleihen.« Lotis Verleger mußte »Pierre dem Narren« leider mitteilen, daß das Buch bereits als Fahne vorlag und es für eine Widmung zu spät war. Das machte freilich nichts, denn wie zu erwarten fand Sarah *Aziyadé* auch ohne Widmung bewundernswert. Loti mag kein großer Seemann gewesen sein, aber er war jedenfalls ein begnadeter Schriftsteller, der es verstand, in farbenprächtigen Bildern von der stürmischen See, den Matrosen, den Eingeborenen und seiner Liebe zu ihnen zu erzählen. Tief beeindruckt von der Begeisterung, mit der Sarah sein Buch aufnahm, schrieb er: »Sie versteht jedes Detail meiner Geschichten.« Als ihre freundschaftliche Beziehung intensiver wurde, stellte Loti fest, daß Sarah noch viel exzentrischer war, als er zunächst angenommen hatte. In einem Brief an seinen Freund Jousselin beschreibt er ihr Schlafzimmer:

> Ein großer Raum von aufwendiger, düsterer Pracht. Wände, Decken, Türen und Fenster sind mit schwerer schwarzer Chinaseide verhangen, die mit Fledermäusen und allerlei mythischen Ungeheuern bestickt ist. Auf einem großen, ebenso verkleideten Podest steht halbverborgen ein aus duftenden Hölzern gezimmerter Sarg, der mit bauschigem weißen Satin ausgeschlagen ist. Ein wuchtiges Himmelbett aus Ebenholz mit schwarzen Vorhängen, darauf eine Überdecke, bestickt mit einem riesigen zinnoberroten Drachen mit goldenen Flügeln und Klauen. In einer Ecke steht ein bodenlanger, von schwarzem Samt umrahmter Spiegel, auf dessen Rahmen ein ausgestopfter Vampir thront, ein echter, mit weit ausgebreiteten, haarigen Flügeln. Und inmitten dieser morbi-

den Pracht stehen drei Gestalten Hand in Hand und betrachten sich gegenseitig im Spiegel. Die eine ist »das Skelett eines hübschen jungen Mannes, der an Liebeskummer gestorben ist«; das Skelett heißt Lazarus, seine weißen Knochen glänzen wie poliertes Elfenbein. Es ist ein Meisterstück anatomischer Kunstfertigkeit, kann aufrecht stehen und sogar verschiedene Haltungen einnehmen. In der Mitte vor dem Spiegel steht eine junge Frau in einem weißseidenen Kleid mit langer Schleppe, eine junge, wunderhübsche Frau mit großen dunklen Augen, ein anmutiges, unverwechselbares, höchst zauberhaftes und exotisches Wesen: Sarah Bernhardt selbst. Die dritte Gestalt ist ein junger Mann in einem goldbestickten orientalischen Kostüm, als sei er für ein Fest in Istanbul verkleidet: Pierre Loti, oder auch Ali Nyssim, wenn Dir das besser gefällt. Wie viele Verrücktheiten haben wir drei in diesem Zimmer einer Kokotte schon angestellt! Es ist ein Zimmer, das in der Welt seinesgleichen sucht!

In einer Tagebucheintragung schildert uns Loti die Bernhardt bei sich zu Hause, kurz vor der Abreise nach London mit der Comédie Française.

28. Mai 1879

Um vier Uhr spreche ich in meinem blauen Matrosenanzug bei Sarah vor. Sie ist im großen Salon, der mehr denn je mit fremdartigen, orientalischen Kostbarkeiten vollgestopft ist. Überall stehen Rosen und seltene Blumen herum. Sarah trägt ein schwarzes Kleid mit einem Gebinde aus roten Rosen. Mit ihr ist eine ganze Horde von Künstlern und Schriftstellern, in deren Gesellschaft mein Matrosenanzug höchst seltsam anmutet. Sarah Bernhardt tritt auf mich zu und reicht mir mit größter Anmut die Hand. Sie äußerst sich lobend über mein Buch, das sie in ihrem Gefolge herumgereicht hat. Die anderen preisen es als »das Werk eines Dichters«. Kaum bin ich angekommen, schenkt sie mir genausoviel Aufmerksamkeit wie den anderen Anwesenden, die mich neugierig mustern. Ich frage sie, ob ich sie morgen unter vier Augen sprechen kann. Sie ist einverstanden. An den Fingern zählt sie die Stunden ab, geht flink ihre Termine für den nächsten Tag durch und setzt unser Tête-à-tête auf halb zwei an. Beim Abschiednehmen halte ich ihre Hand ein wenig zu lang in der meinen und zeige für diesen öffentlichen Rahmen unangemessen viel Gefühl. Der Gedanke an unser Rendezvous verwirrt mich.

Punkt halb zwei läute ich an ihrem Haus in der Avenue de Villiers. Eine Zofe führt den armen Matrosen Pierre lächelnd in den bizarren Salon. Madame tritt mit verträumtem Blick herein, sie ist immer noch in Schwarz gekleidet. Sie hat durch ein Telegramm erfahren, daß die Abreise nach England um einen Tag nach vorne verschoben worden ist. Scharenweise treffen Besucher ein, um sich von ihr zu verabschieden – Prinzen, Gräfinnen, Schriftsteller und Künstler. Ich habe die Szene immer noch vor Augen: eine Gruppe von Künstlern und eleganten Frauen, der Maler Bastien Lepage, Mlle. Abbéma, Mlle. [Jeanne] Samary, die alte *dame de compagnie* [Guérard], die Zimmermädchen, die große Dogge und der von Clairin porträtierte Jagdhund. Alle sind mit Reisevorbereitungen beschäftigt, es herrscht ein unbeschreibliches Chaos. Sarah Bernhardt selbst sitzt völlig gelassen am Schreibtisch in ihrem großen, gotischen Stuhl, in den ihr Motto *Quand même* eingeschnitzt ist, und erteilt Befehle. Inmitten des Trubels werden Unmengen von Briefen und Abschiedsgrüßen hereingetragen. Sarah erhebt sich huldvoll und überreicht mir eine Fotografie, die sie als Doña Marie de Neubourg zeigt.

»Schreiben Sie mir nach London«, sagt sie. »Chester Square Nr. 77 – und vergessen Sie mich nicht!«

Diese Sorge war unbegründet. Loti, der in Paris neu und unbekannt war, war sehr interessiert daran, Sarahs Hofstaat anzugehören. Er sollte schon bald aus seiner Anonymität heraustreten.

Pierre Loti an Sarah Bernhardt

9. Juli 1879

Mir scheint, in meinem Leben ist eine Veränderung eingetreten. Ich habe erreicht, was ich nicht zu hoffen wagte und was mir unerreichbar schien: Sie bekennen sich offen zu mir als Ihrem Freund. Ich will Ihnen aus den fernen Ländern schreiben, in die ich bald wieder reisen werde. Ich werde schreiben, wie ich lebe, so fern von Ihnen. Ich werde schreiben, wie es ist, einsam zu sein ... Wenn meine Briefe Sie erreichen, werden Sie kaum einen Blick darauf werfen. Sie werden sie Lazarus, dem Skelett, zu lesen geben, und dieser wird sie der Fledermaus vorlesen.

Noch immer bin ich wie verzaubert von den kurzen Augenblicken, die ich mit Ihnen sein konnte. Doch mich verfolgt die Vorstellung, daß ich in meinem türkischen Aufzug lächerlich auf Sie gewirkt haben könnte ... Es wäre mir lieber, wenn Sie sich an den Seemann Pierre erinnerten, der Sie zu später Stunde eine Weile unterhalten konnte. Ich wollte Ihnen nicht schmeicheln, das wäre auch banal, da Sie soviel Schmeicheleien zu hören bekommen. Ich möchte Ihnen aber ein für allemal sagen, daß Sie für mich ein hohes Ideal verkörpern, daß Sie ein einzigartiges, wunderbares Wesen sind, das weit über allen anderen Frauen schwebt. Sie besitzen eine geheimnisvolle, rätselhafte Anziehungskraft. Und die dunkle Seite Ihres Wesens zieht mich womöglich genauso an wie Ihr Charme.

Ein verrückter Wunsch von mir wäre, ein Schiff zu befehligen, auf dem ich mit Ihnen über die Meere segeln könnte und auf dem meine Freunde die Besatzung wären. Mit Freunden meine ich eine Bande furchtloser Piraten, die vor nichts zurückschrecken und nur auf mein Kommando hören. Wie gut würden Sie zu uns passen! Wir würden so viele wunderbare Dinge erleben! Bitte verzeihen Sie mir diesen unsinnigen Brief.

Hochachtungsvoll
Ihr Pierre, 2. Marinekompanie
Rochefort

Aus Pierre Lotis Tagebuch (acht Monate später)

Montag, 29. März 1880

Besuch bei Alphonse Daudet. Ein äußerst einnehmender Mann. Etwas Besonderes haftet ihm an. Er sagt, er habe in den letzten Jahren nichts gelesen, was meinem Buch *Le Mariage de Loti* vergleichbar gewesen wäre.

Um drei Uhr Besuch bei Sarah Bernhardt. Sie ist unpäßlich. Sie empfängt niemanden, nur ich werde vorgelassen. Ich werde in den großen Salon geführt, man bittet mich zu warten. Eine gesprächige, geistreiche alte Dame – zweifellos auch eine Schauspielerin – kommt herein, um mir Gesellschaft zu leisten. Pausenlos feuert sie witzige Bemerkungen auf mich ab. Das Zimmermädchen kommt herein und erlaubt mir, zu Sarahs Schlafzimmer hinaufzugehen. Sarah liegt in ihrem imposanten, schwarzverhangenen Sterbezimmer in ihrem imposanten Bett mit den Vorhängen aus schwarzer Seide. Sie liegt unter einem Berg weißer Seidendecken, die mit Stickereien von Schwänen gesäumt sind. Nie zuvor habe ich sie so jugendlich, so ausgeruht erlebt, haben ihre Augen so gefunkelt. Sie wirkt wie jemand, der nur krank spielt.

Auch das Skelett ist da, es steht ganz in ihrer Nähe. Die Anwesenheit der geistreichen alten Frau ist fast noch peinlicher als die des Skeletts. S. B. ist in bezaubernder Stimmung. Mit einer ausgesucht graziösen Geste reicht sie mir die Hand zum Kuß – gerade so wie im zweiten Akt des *Ruy Blas.* Trotzdem hat sich ihr Ton mir gegenüber verändert, verglichen mit dem vor zwei Jahren, als ich sie in meinem türkischen Anzug aufsuchte. Die Zeit, da ich mich in ihrem Licht sonnen durfte, ist unwiderruflich vorbei. Die alte Anstandsdame hat Anweisung, uns nicht allein zu lassen. Sehr freundlich bringt sie mich wieder an die Tür und überschüttet mich auf eine urkomische, ironische Art mit Höflichkeiten.

Aus Pierre Lotis Tagebuch, 1884

Zehn aufregende Tage in Paris. Ich bin jetzt eine Berühmtheit, werde umringt und gefeiert.* Ich muß aber immer noch an das hinreißende skandinavische Geschöpf denken, das ich wahrscheinlich nie mehr wiedersehen werde. Ich fühle mich wieder von Sarah Bernhardt gefangengenommen, vor allem seit ich sie neulich abends vor dem ersten Akt der *Kameliendame* in ihrer Garderobe aufsuchte. Sie zieht sich gerade für den ersten Akt um und ist noch im Unterrock. Madame Guérard und die *femme de chambre* richten mir aus, daß ich rückwärts mit geschlossenen Augen ins Zimmer treten soll. Ihre Stimme klingt verführerisch und erregt. Die Garderobe ist mit weißer Chinaseide ausgeschlagen, die mit Kobolden und Teufelchen bestickt ist. Der Duft eines köstlichen Parfüms hängt in der Luft.

»Heute abend«, sagt sie, »werde ich für Renan spielen [Ernest Renan war der Autor von *Das Leben Jesu*] und auch für Sie, weil Sie aus Tonking zurückgekehrt sind. Sie werden sehen, es wird besonders gut werden.« Und sie war in der Tat unvergleichlich gut. Ihre Begeisterung für Renan ist wirklich köstlich!

»Es macht mir überhaupt nichts aus, daß er nicht gut riecht«, sagt sie, »oder daß er wie eine Kröte aussieht. Es ist mir ganz egal, was die Leute sagen, ich bewundere ihn.«

»Ich tue mein Bestes«, sagt sie zu den Verehrern, die sich nach der Vorstellung um sie versammelt haben, um ihr zu gratulieren. Als sie das Theater an diesem Abend verläßt, wirft sie lediglich einen langen Fuchspelz über das ärmellose Batisthemd. Und so schreitet sie durch die Reihen der vor dem Theater auf sie wartenden namenlo-

* Versnobte Pariser, die sich noch Ende der siebziger Jahre über den kleinen Matrosen in Sarahs Salon mokiert hatten, rühmten sich jetzt, den Autor von *Le mariage de Loti* und *Mon frère Yves* zu kennen. Der letztgenannte, 1883 veröffentlichte Roman handelt von den Reisen eines Seemanns rund um die Welt. Im selben Jahr nahm Loti als Marineoffizier an der Schlacht von Tonking in Vietnam teil. Er schickte dem *Figaro* eine Reihe höchst kontroverser Artikel, in denen er skandalöse Vorkommnisse aufdeckte, die sich nach dem Fall von Hué ereignet hatten.

sen Bewunderer zu ihrem abfahrtsbereiten großen Landauer und streckt die Hand nach mir aus.

Auch der Dichter Graf Robert de Montesquiou gehörte zu Sarahs literarischem Zirkel. Homosexuell, mager wie seine Gedichte, imposant wie sein Name und edel wie die graue Perle an seiner Krawattennadel, war er sicher eine der ungewöhnlichsten Persönlichkeiten in ganz Paris. Sarah umschwärmte ihn und nannte ihn »meinen Bruder, meinen Seelengefährten, mein ewiges Alter ego«. Sie trieb es sogar noch toller und verführte ihn, ein Akt, der den armen Grafen das Abendessen kostete. Nachdem diese Tortur überstanden war, setzte Sarah die Beziehung auf einer mehr geistigen Ebene fort.

»Ich liebe Sie mit süßer, unendlicher Zärtlichkeit«, zwitscherte sie. »Ich liebe Sie mit der erhabenen Innigkeit einer Mutter, und ich bin sicher, daß unsere Leben aneinandergekettet sind.«

Um ihre platonische Liebe zu feiern, posierten die beiden für ein Scherzfoto: die Bernhardt als feuriger junger Troubadour Zanetto aus Coppées *Le passant* und Montesquiou im selben Kostüm neben ihr. Der adelige Dichter war wahrscheinlich der affektierteste Mann seiner Generation, eine Eigenschaft, die die manierierte Bernhardt in vollen Zügen genoß. Es war wirklich das reine Theater, wenn die Schauspielerin mit ausgebreiteten Armen und vor Anbetung leuchtenden Augen auf ihren *poète adoré* zuging und er sich fast dabei überschlug, ihr in einer verzückten *fin de siècle*-Geste die beringte Hand zu küssen und ihr silbernes, mit Iriskränzen besticktes Gewand zu bewundern. Noch theatralischer war die Pose der Bernhardt. Kunstvoll lehnte sie am Kamin irgendeines aristokratischen Salons und rezitierte Montesquious neueste Gedichte, während dieser ihr in der Pose des *Denkers* von Rodin versunken lauschte.

Gesellschaftsspiele dieser Art verloren ihre Bedeutung für die Bernhardt, als Victor Hugo im Mai 1885 dreiundachtzigjährig starb. Sein Tod war ein schwerer Schlag für Sarah. Der große Dichter war Teil ihrer Jugend gewesen, und mit seinen Stücken war sie berühmt geworden. Jetzt war ihr alter Freund tot, und mit ihm war auch die romantische Leidenschaft vergangen, von der sie künstlerisch gezehrt hatte. Zwei Millionen Menschen folgten dem Armensarg, den Victor Hugo sich gewünscht hatte. Inmitten der Menge, die sich durch die mit Trauerflor geschmückten Straßen vom Étoile zum Panthéon schob, ging Sarah – eine anonyme, verschleierte Gestalt in Schwarz. Irgendwann wurde sie erkannt, und die Menschen machten ihr ehrfürchtig Platz: Sie war Doña Sol, die um ihren verlorenen Schöpfer trauerte. Zum Gedenken an Hugo nahm sie gegen Ende dieses Jahres das Stück *Marion Delorme* in den Spielplan auf. Leider geleiteten die Pariser ihren Nationalhelden lieber ans Grab, als daß sie Eintrittskarten für sein Stück gelöst hätten.

Ende Februar 1886 ließ sie sich Philippe Garnier zuliebe dazu überreden, neben seinem Hamlet die Ophelia zu spielen. Philippe Garnier war der Liebhaber gewesen, dem sie in Rußland den Laufpaß gegeben hatte, als sie aus Damala einen Schauspieler hatte machen wollen. Die Aufführung war eine Katastrophe. Das Stück lief nur zehn Tage lang, Garnier wurde ausgepriffen und ausgebuht, und obwohl ihre Ophelia viel Beifall und Lob erntete, erging es Sarah auch nicht viel besser, denn schließlich war sie es, die am Theater Porte Saint-Martin die Rechnungen bezahlen mußte. Da sie in großen Geldnöten war, ließ sie ihr Hab und Gut versteigern, verkaufte das luxuriöse Haus in der Avenue de Villiers und mietete sich eine spärlich möblierte Absteige in der Rue Saint-Georges.

Im April des Jahres 1886 startete sie eine vierzehn Monate dauernde Tournee durch Großbritannien, Nordamerika und Südamerika. Vor der Abfahrt aus Paris setzte sie für eine begrenzte Spieldauer noch einmal Sardous Kassenschlager *Fédora* aufs Programm. Eines Abends tauchte ein unerwarteter Besucher an ihrer Garderobentür auf: der Fürst de Ligne. Zwanzig Jahre waren vergangen, seitdem sie sein Kind zur Welt gebracht hatte, bewegte Jahre, in denen Sarah unerwartete Höhen erklommen hatte, während de Ligne das geblieben war, was er immer gewesen war: der Nachfahr eines reichen, vornehmen Geschlechts. Nach einem gemeinsamen Mittagessen mit Sarah und Maurice bot der Fürst ihnen am nächsten Tag an, seinen

Sohn offiziell anzuerkennen und ihm einen größeren Geldbetrag zu überschreiben. Freundlich, aber bestimmt lehnte Maurice das Angebot ab; seine Mutter habe ihn ganz allein und oft unter großen Schwierigkeiten großgezogen, er verdanke ihr alles und wolle deshalb ihren Namen behalten.

Maurice war nicht der Mann, sich darüber Gedanken zu machen, wie sein unerschöpflicher Bedarf an Geld verdient wurde. Vor lauter Vornehmheit vergaß er, daß er der Mutter, die mit einundvierzig Jahren in höchst peinlichen finanziellen Schwierigkeiten steckte, seine Dankbarkeit wirksamer hätte zeigen können, wenn er seinem Vater erlaubt hätte, sie von der Last, den Sohn aushalten zu müssen, zu befreien. Der Fürst de Ligne war wahrscheinlich deshalb aufgetaucht, weil er Sarah helfen wollte.

Noch am selben Nachmittag brachte Maurice den lang verlorenen Vater zum Zug nach Brüssel. An der Gare du Nord drängten sich die Menschenmassen, und de Ligne, besorgt, den Zug zu verpassen, bat einen Schaffner, ihn vorzulassen. Er unterstrich sein Anliegen durch eine Münze, die er dem Schaffner in die Hand drückte, und nannte seinen fürstlichen Namen. Als beides keine Wirkung zeigte, trat Maurice hervor und verkündete, er sei der Sohn von Sarah Bernhardt, ob man nicht irgend etwas tun könne. Kaum war der magische Name gefallen, wurden sie durch die Menge gewinkt und zum Abteil des Fürsten geleitet. Als Vater und Sohn sich zum Abschied die Hände reichten, konnte sich Maurice eine spitze Bemerkung nicht verkneifen: »Wie Sie sehen, ist es nicht so schlecht, ein Bernhardt zu sein.« Ein wahres Wort, jedenfalls was Maurice betraf. Mit seinen einundzwanzig Jahren war er der »Dauphin« der Sarah Bernhardt, ihr verhätschelter Liebling. Erwies er sich unfähig, ein Theater zu leiten, zuckte sie nur mit den Schultern und verzieh ihm, verspielte er Unsummen ihres Geldes, wünschte sie ihm für das nächste Mal mehr Glück, verplemperte er riesige Beträge für Kleider, Kutschen und Pferde, war das in ihren Augen das angestammte Recht des Fürstensohnes, und sie lächelte stolz, wenn ihr hübscher, extravaganter junger Dandy zum Bois de Boulogne abzog. Mit einem Wort, sie liebte ihren Sohn bedingungslos und belohnte seine Ergebenheit mit immerwährender Verzärtelung. Es muß aber auch gesagt werden, daß Maurice im Gegenzug für sein behütetes Dasein immer bereit war, ihr seine Ergebenheit zu demonstrieren.

Ende April 1886 schifften die Bernhardt und ihre Truppe sich in Bordeaux nach Rio de Janeiro ein, wo sie im Juni für ein einmonatiges Gastspiel engagiert waren. Bei der ersten Amerikatournee hatte Sarah ihren fünfzehnjährigen Sohn bei Tante Henriette und Onkel Fauré gelassen. Jetzt war Maurice zweiundzwanzig und konnte die Mutter zu deren großer Freude auf dem ersten Teil der Reise begleiten. Sarah lud auch seinen gleichaltrigen Freund Jean Stevens ein, damit Maurice nicht allein war. Jean war der Sohn ihres Freundes, Liebhabers und Lehrmeisters Alfred Stevens, eines belgischen Malers. Ferner engagierte Sarah für die Reise Saryta, die Tochter ihrer Schwester Jeanne. Sarytas Vater war Oscar Planat, ein Pariser »Salonlöwe«, der in denselben Kreisen verkehrte wie Charles Haas und der Fürst de Ligne. Sarahs Nichte war eine begabte Schauspielerin und machte später unter dem Namen Saryta Bernhardt Karriere an der Comédie Française.

Sarahs erstes Gastspiel in Brasilien war ein einziger Triumph. Zu ihrer Freude besuchte der brasilianische Kaiser Dom Pedro II. sämtliche ihrer Stücke. Aus ihren Briefen geht jedoch hervor, daß seine Geschenke nicht so üppig waren wie die der europäischen Monarchen.

Wollte man die Reise der Bernhardt von Brasilien nach Argentinien, Uruguay, Chile, Peru, Kuba und Mexiko und dann von Texas quer durch die Vereinigten Staaten bis nach New York im einzelnen schildern, wäre dies kaum weniger anstrengend als die Reise selbst. Das Heimweh, die schwere Arbeit und die tausende Meilen lange unbequeme Reise wurden für Sarah jedoch durch rote Teppiche, Feste und Ehrungen, kostbare Geschenke, exotische Herrscher und eindrucksvolle Gagen wieder wettgemacht.

Diese Amerikatournee wird in Sarah Bernhardts Autobiographie *Mein doppeltes Leben* nicht mehr beschrieben, denn das Buch endet mit der Rückkehr von der ersten Amerikareise 1881. Sarah beschreibt die zweite Reise aber in ihren Briefen, die sich von den Memoiren unterscheiden wie ein privates Gespräch von einer öffentlichen Rede.

Die Briefe waren hauptsächlich an ihren Sohn Maurice und an Raoul Ponchon gerichtet. Ponchon hätte der Oper *La Bohème* von Murger und Puccini entsprungen sein können. Er war eng befreundet mit Richepin und Paul Bourget, machte das Quartier Latin unsicher, veröffentlichte einen Gedichtband mit dem Titel *Die Muse des Kabaretts* und rühmte sich wie Richepin seiner Liebe zum einfachen Volk. Für Sarah war er der ideale *petit ami* und Ansprechpartner. Mit ihm konnte sie offen über Richepin sprechen, der ihr, so versuchte sie sich einzureden, ihre Untreue verzeihen und zu ihr zurückkehren würde.

Bernhardt an Ponchon

An Bord, 4. Mai 1886

... Trotz der Schmerzen, der Schmach und des Kummers, die mir die *liaison amoureuse* mit Jean bereitet hat ... bleibt mir doch ein angenehmes Andenken: Sie zu kennen und zu wissen, daß Sie für immer einen Platz in meinem Herzen haben werden. Ich liebe Sie sehr, Sie kommen in meinen Träumen für die Zukunft vor. Mein lieber Freund, bleiben Sie immer mein Freund, bewahren Sie den Platz, den ich in Ihrem Herzen habe. Ich fühle mich dort so wohl ...

Rio de Janeiro, 27. Mai 1886

Mein lieber Ponchon, mein Ponchinot,

Nach zweiundzwanzig Tagen auf See endlich angekommen. Welch großartige Reise, welch bezauberndes Land! ... Alles Schöne hat aber auch seine Kehrseite. Das Land ist einzigartig, aber das Klima fürchterlich. Die phantastische Vegetation ist auf die extreme Hitze und schreckliche Luftfeuchtigkeit zurückzuführen ... Alle fühlen sich unwohl ... Ich werde Ihnen nach der ersten Vorstellung wieder schreiben ...

Ich umarme Sie von ganzem Herzen

... Einer meiner Leute, der arme Berthier, ist fast am Gelbfieber gestorben, und auch Jarrett geht es gar nicht gut. Maurice spuckt Blut. Die Ärzte hier behaupten, es sei das Herz. Aber sollte es wirklich das Herz sein und nicht die Lunge, mache ich mir nicht weniger Sorgen. In ein paar Tagen fahren wir zu einem kleinen Ort namens São Paulo, vierzehn Stunden von Rio entfernt. Die Leute hier nennen die Gegend dort brasilianische Schweiz und sagen, es sei dort sehr kalt.

Fürchterliche Diebe gibt es hier! Ach! Sollen sie doch am Gelbfieber sterben. Ich würde ihnen keine Träne nachweinen ... Am Montag werde ich die *Phèdre* geben, jawohl. Natürlich werden die Leute kein Wort verstehen ... Meine Reisegefährtin ist Marie Jullien [eine Schauspielerin des Ensembles]. Wir speisen zusammen und schlafen in angrenzenden Zimmern. Wir lassen die Verbindungstür offen und reden, bis der Schlaf uns übermannt. Worüber reden Frauen normalerweise? Über Kleider. Aber wir, wir sprechen über die Liebe. Marie betet ihren Offizier an, mit dem sie seit sechs Jahren befreundet ist. Glückliches Mädchen, sie vertraut ihm, und er vertraut ihr! Neidisch höre ich ihr zu, und während sie sich mir anvertraut, denke ich an meinen geliebten Richepin und an Ponchon, den traurigen Clown, der niemals lacht.

Das Leben hier ist trüb und häßlich – furchtbar häßlich. Die Menschen hier sind durchaus freundlich, und ich habe einen Riesenerfolg. Aber das Theater! Überall Ratten und Mäuse. Die Beleuchtung ist so schlecht, daß eine morgendliche Szene aussieht, als spiele sie um Mitternacht. Es gibt keine Requisiten außer einem harten Kanapee, das mir fast den Rücken bricht, und einem winzigen Teppich, nicht größer als ein Halstuch, den ein Bühnenarbeiter ausgebreitet hat, um Tabak zu trocknen. Trotzdem gibt es auch viel zu lachen. Ich habe ein paar gelungene Vorstellungen gegeben, und jetzt reisen wir bald ab.

Ich umarme Sie und küsse Sie von ganzem Herzen

... Seine Majestät, der Kaiser von Brasilien, kann sich anscheinend nicht einmal ein Abonnement leisten. Jeden Abend fährt er in einer von vier keuchenden Maultieren gezogenen Kutsche am Theater vor. Und was für eine Kutsche! Gerade so verrückt wie seine heruntergekommenen Wachen. Diese gallanten Brasilianer machen alle den Eindruck, als ob sie nur spielten. Sie tun so, als ob sie Häuser bauten, Straßen bauten, Feuer löschten oder begeistert seien.

Ziemlich hoch in den Bergen gibt es eine wundervolle Gegend, einen herrlichen Urwald mit von beindicken Bambusstämmen gesäumten Pfaden und riesigen Bananenpalmen voller Früchte. Yuccapalmen gibt es dort, groß wie Eichen, und Kamelien mit gigantischen, verschlungenen Stämmen. Direkt gegenüber befindet sich ein von den verschiedensten blühenden Bäumen und Unmengen von Kamelien überwucherter Berg, wo inmitten seltenster Pflanzen Wasserfälle plätschern. Kolibris, so klein wie Schmetterlinge, schwirren um uns herum. Es gibt goldgefiederte Reiher, Wasserrallen mit riesigen Schnäbeln und rosarote Ibisse: einfach zauberhaft.

Möchte man in den Lagunen jagen, muß man eine aus einem einzigen Stamm gehauene Piroge besteigen. Vorne steht ein schwarzer Schiffer, der Jäger sitzt in der Mitte. Eine plötzliche, unbedachte Bewegung, ein Niesen, und die Piroge kentert. Ich habe eine solche Bootsfahrt noch nicht ausprobiert, aber das nächste Mal, wenn wir herkommen, werde ich es tun ... Wie interessant wäre es, eine solche Fahrt mit Ihnen zu unternehmen. Ich umarme Sie mit aller Kraft, ich liebe Sie sehr.

Schreiben Sie mir ins Hotel de la Paix in Buenos Aires.

Buenos Aires, 17. August 1886

Hören Sie, Graf Ponchinot, an diesem 17. August um vier Uhr nachmittags bin ich im Besitz von zweihunderttausend Franc. Alle meine Ausgaben sind bezahlt, alle Kleider, die Rechnungen von Maurice – alles! Gratulieren Sie mir, und erzählen Sie es Richepin, ich weiß, es wird ihn freuen. Ich werde insgesamt eine runde Million mit nach Hause bringen. Eine ganze Million! Bei allem Erfolg muß ich gestehen, daß ich wie ein Sklave arbeite und froh bin, wenn wir nach Chile weiterreisen, obwohl die zwölftägige Überfahrt furchtbar gefährlich sein soll. Schreiben Sie zu Händen meines Onkels ans Hotel Colón, Valparaiso.

Meinem Maurice geht es gut, im Oktober kehrt er nach Europa zurück. Seit meiner Ankunft hier werden neben Fotos von mir auch Fotos von Jean Richepin verkauft. Das ist natürlich ärgerlich, aber solche dummen Belästigungen werden mich wohl mein Leben lang begleiten, und ich muß mich daran gewöhnen. Außerdem sieht er auf den Fotos so häßlich aus, daß ich mich darüber fast noch mehr ärgere. Wenn mir ein hiesiger Verehrer mit vor Aufregung bebender Stimme sagt: »In dem und dem Laden liegt Ihr Foto neben dem von Richepin«, antworte ich: »Ja, aber er sieht in Wirklichkeit viel besser aus.«

Ich habe hier zwei Verehrer, und beide sind total verliebt in mich. Der eine ist zweiundzwanzig und sehr elegant, sehr kokett, sehr stark und, wie ich glaube, auch sehr verdorben. Seine Leidenschaft ist so ungestüm, daß ihm alle paar Tage Blutegel hinter die Ohren gesetzt werden müssen, um etwas von seinem kochenden Blut abzulassen! Er ist blind vor Begierde und unglaublich dumm, aber er läßt sich nicht entmutigen. Der andere ist ganze vierundzwanzig Jahre alt. Er ist ein aufrichtiger Junge und hat Augen und einen Mund wie ein empfindsames Mädchen. Er ist auf eine unaufdringliche Art leidenschaftlich und würde sich mir am liebsten zu Füßen werfen. Der erste ist ein bedeutender Anwalt und politisch der Gegner des zweiten, der Privatsekretär des Präsidenten ist. Ich glaube, ich verlasse die Stadt lieber, bevor es Ärger gibt. Seit meiner Ankunft hat es wegen mir ständig Duelle gegeben, weil alle sich einbilden, in mich verliebt zu sein. Ach, mein lieber Ponchinot, wieviel lieber ist mir Ihre Zärtlichkeit!

Die niederträchtigen französischen Zeitungen haben mich in Erstaunen versetzt. Noch nie habe ich so feige Lügen gelesen und eine so unverhohlene Schadenfreude erlebt! Sie berichten, ich sei bankrott und krank. Diese widerwärtigen Kreaturen! Diese abscheulichen Narren! Nichts davon ist wahr, außer, ich gebe es zu, der Geschichte der verrückten Frau, die mich angriff und die ich mit der Reitgerte geschlagen habe ...

Bevor Sarah sich auf die gefährliche Reise um die Südspitze Amerikas begab, schickte sie ihren Sohn und seinen Freund nach New York, wo »Maurice sich nach Kräften amüsiert«, wie sie Ponchon schrieb. »Er ist der Held der Saison, der Liebling der vornehmen Gesellschaft und der Halbwelt, und er ist stolz wie ein Pfau.« Maurice war offensichtlich auch so egoistisch wie ein Pfau, zumindest geht das aus einem Brief hervor, den Sarah aus London schrieb, der letzten Station der anstrengenden, dreizehn Monate langen Tournee:

Sollten Sie Maurice sehen, sagen Sie ihm, daß ich mich zu Tode langweile und daß es ein Akt der Nächstenliebe wäre, wenn er mir ein paar Tage Gesellschaft leisten würde. Er sagt, er wolle am Achtzehnten kommen, aber ich glaube ihm nicht. Bitte schreiben Sie ihm in diesem Sinne, aber *schimpfen Sie nicht mit ihm, und zwingen Sie ihn nicht zu kommen.*

Ein Brief an Maurice, in dem Sarah die Reise von Argentinien nach Chile schildert, offenbart einen ganz anderen Aspekt ihrer Persönlichkeit: die verwegene Weltreisende, die gar nichts mit dem dekadenten und künstlichen Geschöpf zu tun hat, das Pierre Loti in seinen Tagebüchern beschreibt.

Sarah an Maurice

An Bord der Cotopaxi, 11. August 1886

Mein lieber, allerliebster Maurice,

soeben erhalte ich das Telegramm von Deiner Ankunft in Paris ... Ach, wie weit sind wir doch voneinander getrennt, mein lieber Sohn. Wie schmerzvoll ist es für mich, die Stunden zu zählen, die uns trennen! Als Dein Schiff nach Frankreich abfuhr, trug das meine mich immer weiter von Dir weg ...

Die ersten zwei Reisetage waren stürmisch, aber dann kam die Sonne heraus, und wir fuhren ohne Schwierigkeiten und mit eigener Kraft in die Magellanstraße hinein. Der Kapitän strahlte über das ganze Gesicht, als das Schiff eines herrlichen Morgens bei ruhiger See plötzlich – bums! – einen Ruck machte, sich auf die Seite lehnte, sich heftig wieder aufrichtete und auf Grund lief ... Durch das Bullauge sah ich in Schußweite ein weißes Haus und – fast in Reichweite – Rinder, die von dieser Riesenmaschine wohl etwas verängstigt waren. Ich schwöre Dir bei meiner Ehre, bei rauher See wären wir auf das Haus gekracht. Das Anwesen gehört zwei Engländern, die ganz allein auf dieser merkwürdigen, öden Insel leben. Die Insel ist topfeben, und es gibt dort keine Bäume, nur hartes, gelbes Gras. Die Engländer kamen an Bord, um zu erfahren, wer die unerwarteten Gäste waren. Als sie hörten, daß Madame, Deine Mutter, unter den Passagieren war, erzählten sie, daß sie eine Viertagesreise nach Montevideo gemacht hätten, nur um mich zu sehen. Sie luden mich zum Bleiben ein und wollten mit mir den Puma erlegen, der in der Ferne auf den flachen Sanddünen zu sehen war. Aber der Kapitän bat mich dringend, nicht an Land zu gehen, und so blieb ich nicht ohne Bedauern an Bord. Den ganzen Tag spielten wir Bakkarat, ich gewann tausend Franc, die ich von dem Betrag abziehe, den Du Grau schuldest.* Mit Garniers Winchester schoß ich auf Seemöwen, ich traf aber nur eine Boje. Um vier Uhr nachmittags tauchte am Horizont ein großes deutsches Schiff auf. Es hielt eine Meile von uns entfernt an, dann kam der deutsche Kapitän in einer Barkasse zu uns herüber ... Unser Kapitän Hayes machte

* Sarah war tief betrübt, als ihr Impresario Jarrett erkrankte und auf der Fahrt von Rio nach Buenos Aires starb. An seine Stelle trat ihr Sekretär Maurice Grau, der in den nächsten zwanzig Jahren alle ihre Tourneen organisierte. Grau organisierte auch die Tourneen der New York Metropolitan Opera Company in ihren erfolgreichsten Jahren.

einen recht nervösen Eindruck. Er nahm mich beiseite und sagte: »Der deutsche Kommandant hat angeboten, uns auf offene See zu schleppen, aber vielleicht schafft er es nicht. Was meinen Sie? Haben Sie Angst, daß wir hier für immer festsitzen, oder wollen Sie mir vertrauen?«

»Kapitän«, sagte ich, »bitte schicken Sie ihn wieder fort. Ich vertraue Ihnen und meinem guten Stern.« Dann berührte ich den Talisman von Dir, den ich an einem Kettchen um den Hals trage. Sichtlich gerührt dankte mir der Kapitän. Beim Abendessen tranken wir auf sein Wohl und auf die Fluten, von denen unser Schicksal abhing. Am nächsten Tag richtete sich nach stundenlanger harter Arbeit von Maschine und Mannschaft der Dampfer wieder auf, und wir legten ab. Das, mein Liebling, ist die Geschichte meiner kleinen Odyssee.

12. August 1886

... Heute morgen möchte ich mit der Geschichte unserer Seereise weitermachen. Von der Magellanstraße hatten wir einen großartigen Blick auf begrünte und schneebedeckte Berge. Zuweilen scheinen wir von den Bergen eingeschlossen ... aber dann findet sich doch ein Ausschlupf, ein Spalt zwischen den majestätischen, ehrfurchtgebietenden Kordilleren der Anden. Ach, ich mußte so an Dich denken, mein lieber kleiner Maurice, vor allem als wir Besuch von ein paar Patagoniern bekamen. Die drei Männer und vier Frauen, eine davon mit einem kleinen Kind auf dem Rücken, legten mit ihrer Piroge an unserem Schiff an. Die Frauen hatte eine rote Haut, und ihr Kopf war bis auf ein Büschel dichter schwarzer Haare kahlgeschoren. Auf den flachen, knochigen Gesichtern lag ein bezauberndes Lächeln. Sie trugen Umhänge aus Guanako* oder Robbenfell. Einer der Männer war oben unbekleidet und trug Reithosen aus feinem schwarzem

---

* Guanako: höckerloses Kamel mit rotbrauner Wolle. Das Guanako war zusammen mit dem Strauß die wichtigste Existenzgrundlage für die Eingeborenen und wurde zu Pferd und mit Hunden gejagt.

Tuch, ein anderer hatte eine kurze karierte Jacke aus England an. Wieder ein anderer trug Damenstrümpfe, rotbraune, oberhalb des Knies abgeschnittene Männerunterhosen und eine Flanellweste. Die Frauen bettelten mit ihren weichen Stimmen um Kekse. »Gayetta! Gayetta!« sagten sie. Immer wieder sagten sie auch etwas auf englisch, was die gesamte Mannschaft in stürmisches Gelächter ausbrechen ließ. Niemand wollte mir den Satz übersetzen. Matrosen hatten ihn den Frauen beigebracht, und er war wohl sehr unanständig.

Der erste Offizier kletterte in ihr Boot und tauschte die Schirmmütze des Kapitäns gegen zwei aus Knochen gefertigte Halsketten, die der Kapitän mir schenkte. Eine sollst Du bekommen. Schließlich fragte ich eine der Frauen, ob sie mir ihr mit zwei Riemen zusammengebundenes Kleid aus Straußenleder geben wolle. Sie stand auf, lachte, zog das Kleid ohne falsche Scham aus und reichte es mir. Sie war sehr hübsch: kräftige, junge Beine, kleine Brüste und ungewöhnlich große Füße, von denen sich ja auch der Name Patagonier ableitet.

Schließlich setzten wir unsere Reise fort. Am nächsten Morgen in der Dämmerung hielt das Schiff an. Vor uns lag das gefährliche Kap Silas. Wir sahen zwei gestrandete Schiffe, das eine ragte mit dem Bug aus dem Wasser, vom anderen war nur noch der Hauptmast zu sehen. Als wir das Kap umschifften, mußten wir vier schreckliche Tage und Nächte lang gegen einen wütenden Sturm ankämpfen. Das Schiff krachte in allen Fugen, und wir klammerten uns an den Wanten fest.

Mit fünf Tagen Verspätung kam um vier Uhr morgens Lota in Sicht. Eine blumengeschmückte Barkasse fuhr uns zur Begrüßung entgegen. Kaum hatte ich den Fuß hineingesetzt, ertönte Musik: die Marseillaise, gefolgt von der chilenischen Nationalhymne. In Lota gibt es zauberhafte Gärten mit Wasserfällen, Brücken, Grotten, Hügeln, einem herrlichen Schloß und einem prächtigen Regierungspalast, hinter dem Meer und Felsen zu sehen sind. In der Ferne sieht man eine zerfallene, primitive Bergarbeitersiedlung.

Nachdem wir zum Mittagessen eingeladen hatten,

wurden wir in einem mit Bändern, Blumen und den französischen Farben geschmückten Güterwaggon zu den Minen gebracht. Ein buntes Häufchen von Minenarbeitern, Frauen und Männern, empfing uns. Der zweihundert Fuß tiefe Abstieg in das Bergwerk ist äußerst dramatisch, fast wie in Zolas *Germinal*. Unten angekommen, überkam mich Rührung. Die Bergleute in ihrer schäbigen Arbeitskleidung und mit den Grubenlampen an der Stirn waren in einer Reihe angetreten. Einer von ihnen überreichte mir ein paar Palmenwedel, dann ertönten wehmütige, süße Weisen. Wir waren alle so ergriffen, daß wir weinen mußten. Ach, es war ein so schöner Tag, nur Deine liebliche Gegenwart hätte ihn noch schöner gemacht. Aber das geht mir immer so, wenn ich etwas Schönes erlebe. Ich hoffe, daß es Dir nicht ebenso ergeht ...

In Valparaiso traf Sarah ihren Onkel Edouard, den Bruder Youles, außerdem ihre Tante und zahlreiche Cousinen, die sie teilweise auch schon in Frankreich besucht hatten. Sie blieb einen Tag in einem der Hotels ihres reichen Onkels und reiste dann nach Santiago weiter. In ihrem Briefbericht an Maurice fährt sie fort:

Was soll ich nur tun? Die Leute stürmen den Zug, und unter ihnen sind auch mein Cousin Edouard und meine Cousine Jeanne, die heraufklettern und mich begrüßen. Aber ich muß aus dem Zug heraus! Sobald ich einen Fuß auf die Erde setze, ertönt ein ohrenbetäubendes Geschrei, und es entsteht ein schreckliches Gedränge. Edouard, Garnier, Decori und ein mir unbekannter Franzose bilden einen Kreis um mich. Cousine Jeanne hakt mich unter, Grau ergreift meinen anderen Arm. Wir benötigen für dreißig Meter dreißig Minuten. Ich werde so herumgestoßen, daß ich beinahe das Bewußtsein verliere. Garnier und Decori sind außer sich, Edouard schlägt mit Fäusten um sich, und Grau schreit: »Beruhigen Sie sich, es ist nur eine Horde Wilder!« Dann werde ich doch noch gerettet, nur Decori hat seinen Arm bös verstaucht ...

Ankunft im Hotel. Endlich trifft auch Saryta ein. Ihre

Uhr ist gestohlen worden, aber sie konnte den Dieb mit der Uhrkette in der Hand noch stellen. Er ist inzwischen zu zwei Jahren Gefängnis verurteilt worden.

Ich debütierte mit *Fédora.* Ein großartiger Erfolg, wunderbare Kritiken, wenn auch nicht so gut wie in Buenos Aires. Der Brief hat mich erschöpft ... ich muß jetzt aufhören, auch wenn es mir schwerfällt. Vergiß nicht, mir Dein Foto nach Havanna zu schicken. Am Dreiundzwanzigsten habe ich Geburtstag. Kann ich mit einem kleinen Telegramm von Dir rechnen, Liebling? ... Ich habe mich bereit erklärt, zweimal die Woche in den beiden Städten Valparaiso und Santiago zu spielen. Man fährt von einer Stadt zur anderen vier Stunden.

Hier sind die Kritiken hervorragend, aber welche neuen Schändlichkeiten werden in jenem schönen Land namens Frankreich über mich verbreitet? Ach, mein Sohn, ich liebe Dich! Jede Nacht träume ich von Dir. Schöne Grüße an Jean Richepin, falls Du ihn sehen solltest. Undank ist die häufigste Eigenschaft der Menschen! Ich liebe *Dich.*

Als die Bernhardt mit ihrer Truppe die südamerikanische Westküste hinaufreiste, wurde das Leben immer beschwerlicher. Das Gelbfieber war eine ständige Bedrohung. »Eklige und gefährliche Tiere« krabbelten über die Tische, an denen gegessen wurde, und über die Bühne. Es gab nur wenige Hotels, und oft mußte Sarah die von Moskitos wimmelnden Zimmer mit vier Mitreisenden teilen. Trotzdem genoß sie das Abenteuer der Reise immer noch.

Bernhardt an Ponchon

Ecuador

Ich habe eine vergnügliche Krokodilsjagd mitgemacht. Ein herrlicher Fluß, zwanzigmal breiter als die Marne und voller großer Reptilien. Wir waren auf zwei Boote verteilt. Die Eingeborenen achten darauf, daß die Biester nicht die Ruder wegschnappen. Wir erlegten etliche Krokodile. Zwei davon, mein lieber Ponchon, werde ich nach Hause bringen ...

Mitten im Brief dachte Sarah plötzlich an zu Hause. Wenn doch nur Richepin, Maurice und ihr lieber Ponchon da wären und nicht Guérard, Saryta und die anderen, wie wunderbar wäre das! Ob Ponchon ihr bitte das Buch über die Juden von Monsieur Drumont schicken könne? Sie würde gerne lesen, was der antisemitische Teufel über sie zu sagen habe. Vielleicht werde sie ihre Tournee um ein halbes Jahr verlängern und weiter nach Australien, Indien und Ägypten reisen, das würde sie finanziell unabhängig machen. Außerdem habe sie keine Lust, jemals wieder in Paris zu spielen. Sie habe mehr als genug von den bösen Zungen und der hinterhältigen Presse.

Sarah reiste dann aber doch nicht in den Orient. Statt dessen setzte sie die Tournee in der westlichen Hemisphäre fort. Sie fuhr über Mexiko nach Texas, durchquerte die Vereinigten Staaten, wo sie wie fünf Jahre zuvor in großen und kleinen Städten spielte, und erreichte im April New York. Im Mai war sie wieder in London, und von da aus reiste sie zum ersten Mal durch England, Schottland und Irland.

Überall feierte sie Triumphe. Jules Lemaître schreibt in seinem Buch *Les contemporains:* »Sie wird mehr Ruhm gekannt haben als jeder andere Mensch, jenen greifbaren, berauschenden, den zu Kopfe steigenden Ruhm der Eroberer und Caesaren. In allen Ländern der Welt hat man sie aufgenommen, besser als jeden König, und ihr ist zuteil geworden, was kein Fürst unter den Denkern je erhalten wird.«

Im Sommer war die Bernhardt wieder in Paris. Kurz darauf wurde ihr angeboten, wieder in den Schoß der Comédie Française zurückzukehren. Den September verbrachte sie in Belle-Ile, um darüber nachzudenken. Das Angebot war verlockend, denn Perrin war zwei Jahre zuvor gestorben, und jetzt leitete einer ihrer glühendsten Bewunderer, Jules Claretie, das Theater. Trotzdem konnte sie sich nicht mit der Vorstellung anfreunden, ihre Freiheit aufzugeben. In der reglementierten Atmosphäre des Molière-Theaters würde sie ersticken! Außerdem war sie nicht bereit, von der ihr angebotenen Jahresgage von 150 000 Franc zu leben, wenn sie dieselbe Summe in einem Monat verdienen konnte.

Für ihre Ablehnung wurde sie von der Presse bestraft. *Le Gaulois* schrieb, Sarah Bernhardt sei »mit dreiundvierzig Jahren eine habgierige, ausrangierte Schauspielerin, zu alt, um noch andere Rollen außer *confidantes* und Mütter zu spielen«. Doch die Bernhardt bekam ihre Revanche. Am 24. November trat sie jung und frisch wie immer in *La Tosca* auf, dem dritten Melodrama, das Sardou ihr auf den Leib geschrieben hatte. Die Kritiker waren mal wieder im Irrtum gewesen, und wieder vertrauten junge Menschen ihren Tagebüchern ihre Gefühle an.

»Ach Sarah! Sarah!« schrieb der achtzehnjährige Dichter Pierre Louÿs hingerissen. »Sarah ist Anmut, Jugend, Göttlichkeit! Ich bin nicht mehr ich selbst. Mein Gott, was für eine Frau! ... Wann sehe ich Dich wieder, meine Sarah? Ich weine, ich zittere, ich werde wahnsinnig! Sarah, ich liebe Dich!«

Der englische Kritiker Clement Scott war nicht minder begeistert. Er schrieb: »Wenn die Bernhardt sich mit dem Messer in der Hand über den sterbenden Scarpia beugt, dann kommt das der großen Tragödie so nah wie sonst nichts in unserer Zeit.«

Im Jahr 1900, dreizehn Jahre nach der Premiere von Sardous *La Tosca,* wurde die gleichnamige Oper von Puccini uraufgeführt. Mit der Zeit drängte die Oper das ihr zugrundeliegende Schauspiel in den Hintergrund, nicht jedoch Sarahs schauspielerische Leistung. Im Gegenteil, die damaligen Sopranistinnen imitierten jede ihrer Gesten und gaben sie auch an ihre Schülerinnen weiter. Selbst in Operninszenierungen unserer Tage kann man noch oft die Bernhardt wiedererkennen, wie sie den Baron Scarpia mit den Augen fixiert, während sie nach dem hinter ihr auf einem Tisch liegenden Messer tastet, wie sie Kerzen um seinen Leichnam aufstellt und ein Kruzifix auf das erloschene Herz legt, wie sie sich aus dem Mordgemach schleicht, wie sie ihre gewundene Schleppe wie eine verbrecherische Schlange hinter sich herzieht und in den Schatten der Kulissen eintaucht. Die Interpretation der Bernhardt war so eindrucksvoll, daß sie das Publikum damit noch im Alter von fünfundsechzig in Atem hielt.

Im Sommer des Jahres 1887, nach Sarahs Rückkehr von ihrer Tournee durch Amerika und England, war sie, wie sie Ponchon stolz verkündete, eine Millionärin. Sie kaufte ein Haus am Boulevard Pereire Nr. 56, das bis zum Ende ihres Lebens in ihrem Besitz blieb. Fotografien und Zeichnungen geben etwas von seiner Atmosphäre wieder und zeigen, was vielleicht noch interessanter ist, wie sich Sarah verändert hatte. Vorbei war der kokette Salon aus den Tagen als Kokotte, vorbei das makabre, vampirbestückte Schlafzimmer, von dem Loti so angetan gewesen war. Statt dessen erzählte die Einrichtung von Reisen und Abenteuern. Und die Reisen der Bernhardt waren tatsächlich einzigartig. Kaum einer ihrer Freunde war über die Normandie, die Bretagne oder den Süden Frankreichs hinausgekommen. Um so mehr bestaunten sie den zweistöckigen, mit Glas überdachten Salon, an dessen rotgestrichenen Wänden sich Erinnerungsstück an Erinnerungsstück reihte: Eingeborenenmasken, indische Säbel, südamerikanische Dolche, versilberte Schädeldecken aus Mexiko, vergoldete Spiegel aus Venedig, Basreliefs aus Griechenland und natürlich Clairins und Abbémas Porträts von Sarah, Maurice und den Hunden. Palmen reckten sich bis unter das Dach, und über den ganzen überheizten Raum verteilt war eine üppige Pracht edler Rosen, Fliedersträucher, Orchideen und Hyazinthen. Und wenn der Duft verflog, besprühte Sarah, die gerne etwas zuviel des Guten tat, die Blumen reichlich mit einem entsprechenden Parfüm. In einer Ecke des Salons stand ein großer Käfig. Einst hatte er ihre beiden Löwenbabys Scarpia und Justinian beherbergt, jetzt wohnten darin Hunderte exotischer Vögel. Gegenüber stand ein niedriger Diwan. Auf dem ausladenden, ein wenig sperrigen Möbel stapelten sich Jagdtrophäen ferner Länder: die Felle und Häute von Tigern, Jaguaren, Bibern, Büffeln und Krokodilen.

Verschwenderisch im Raum verteilte Seidenkissen milderten die barbarische Wirkung der Trophäen etwas ab. Ein von hohen Säulen mit geschnitzten Drachenköpfen gestützter seidener Baldachin dämpfte das Oberlicht ab. Zu Füßen des Diwans lag ein Bärenfell, und niemand wagte, an Sarahs Behauptung zu zweifeln, sie habe den Bären in den schwindelnden Höhen der Anden geschossen. Ansonsten war der Raum mit Renaissancemöbeln, Vasen, Buddhas, japanischen Ungeheuern, Marmorständern, orientalischen Teppichen und Vitrinen vollgestopft, die weitere Exotika enthielten. Aus heutiger Sicht mag dieses Durcheinander erdrückend erscheinen, im Paris der damaligen Zeit war es der letzte Schrei. Außerdem trug Sarah mit ihrem heiteren Lachen, ihrem scharfzüngigen Witz, ihren umwerfenden Imitationen und ihren mehr oder weniger gewollten taktlosen Bemerkungen dazu bei, die Treibhausatmosphäre aufzulockern. So zeigte sie etwa auf einen Neuankömmling und verkündete den anwesenden Gästen: »Haben Sie schon meine neueste Eroberung kennengelernt?« Oder sie sagte zu einem Paar, das sie zum Mittagessen eingeladen hatte: »Wie ich höre, haben Sie sich gerade scheiden lassen. Ich habe Sie nebeneinander gesetzt, denn sicher haben Sie viel miteinander zu bereden.« Einmal erzählte ein Gast, er habe am Tag zuvor nicht kommen können, weil er das Grab seiner Frau besucht habe. »Was!« rief Sarah aus. »Ihre Frau ist gestorben, und Sie haben mir das verschwiegen, *mir*, ihrer ältesten Freundin! Das ist unglaublich.«

»Aber meine liebe Sarah, sie starb vor drei Jahren. Sie selbst waren auf der Beerdigung.«

»Ich weiß, ich weiß«, antwortete sie. »Aber ich kann es einfach noch nicht glauben.«

Der neue Hausverwalter der Bernhardt war Pitou, ein ehemaliger Geiger und eine ungewöhnliche Person. Pitou war ein Mann mittleren Alters, hatte stumpfes schwarzes Haar und hervorquellende Augen und trug einen blauen Anzug aus Serge, der schon bessere Tage gesehen hatte. Er huschte im Haus umher und machte sich unentbehrlich, schrieb Theaterstücke, Gedichte und Noten ab, las sämtliche Nebenrollen, wenn Madame ihren Text lernte, beaufsichtigte das Personal, bezahlte Rechnungen und trug eigenhändig Briefe aus, da seine Herrin diese Beförderungsart Briefmarken vorzuziehen schien. Vielleicht war es wegen seiner servilen Art oder weil er immer recht hatte oder weil er an den Nägeln knabberte und einen Bleistift hinterm Ohr stecken hatte, jedenfalls brachte er Sarah regelmäßig zum Wahnsinn. Sie warf Geschirr hinter ihm her, dem er ohne sichtbare Bewegung auswich, und sie beschimpfte ihn mit Flüchen, die er vorgab nicht zu hören. Kam er um Mitternacht restlos erschöpft in ihr Zimmer, um zu fragen, ob sie noch irgendwelche Wünsche habe, schimpfte sie ihn einen faulen Tunichtgut, was er mit unterwürfig geneigtem Kopf über sich ergehen ließ. Hatte der arme Mann seinen masochistischen Bedürfnissen Genüge getan, ging er auf sein Zimmer, nahm seine Geige heraus und tröstete sich mit einer schwermütigen Weise. Pitou dachte nicht daran, Sarah zu verlassen. Er war die Ergebenheit in Person, fühlte sich durch seine Verbindung mit der großen Künstlerin privilegiert und hielt seine tragikomische Rolle bis zum bitteren Ende durch.

Einen Monat nach ihrem triumphalen Erfolg mit *Tosca* konnte Sarah eine ganz andere Art von Triumph für sich verbuchen. Am 29. Dezember heiratete ihr Sohn die Prinzessin Marie-Thérèse Jablonowska in der vornehmen Kirche St. Philippe d'Eylau. In Sarahs Augen war es eine glänzende Partie. Die hübsche Braut war die Tochter einer überaus vornehmen polnischen Familie, und Maurice war mit seinen vierundzwanzig Jahren das, was Sarah aus ihm gemacht hatte: der charmante, wenn auch unfähige Sohn einer reichen, berühmten Schauspielerin, ein Dandy mit makellosen Manieren und ein Sportler und Spieler. Er war zunächst von Hauslehrern unterrichtet und dann auf Internate geschickt worden. Da Sarah besonderen Wert auf Fechtunterricht legte, war Maurice einer der besten Duellanten von Paris – zum Glück, denn er forderte schnell jemanden zum Duell, wenn er meinte, seine Mutter sei beleidigt worden.

Obwohl Maurice zweifellos die große Liebe in Sarahs Leben war, hatte sie nie viel Zeit für ihn. Er hatte eine ähnliche Kindheit wie sie. Sarahs Memoiren beginnen bezeichnenderweise mit den Worten: »Meine Mutter reiste leidenschaftlich gern. Von Spanien fuhr sie nach England, von London nach Paris und von Paris … nach Christiania, kam dann zurück, umarmte mich und reiste wieder ab.« Diese Sätze hätten auch von Maurice stammen können. Die Vernachlässigung durch die Mutter hatte auf die beiden jedoch unterschiedliche Auswirkungen. Sarah entfloh ihrer Mutter Youle und fand ihre Lebensaufgabe auf der Bühne, wogegen Maurice sich damit zufriedengab, sein ganzes Leben im schützenden Schatten der Mutter zu verbringen. Sarahs Freunde sparten nicht mit Kritik. Louise Abbéma meinte, Sarah müsse endlich aufhören, den Sohn zu verwöhnen. Georges Clairin hatte konkretere Ratschläge. Er drängte Sarah, nicht länger die Spielschulden ihres Sohnes zu begleichen und ihr hartverdientes Geld statt dessen zu sparen. Natürlich schenkte Sarah solchen Worten keine Beachtung. Maurice sei ihr »Dauphin«, entgegnete sie, und ihre Freunde seien kinderlose Egoisten, armselige Kreaturen und unfähig zu verstehen, daß es die größte Freude einer Mutter sei, sich aufzuopfern.

Ganz Paris, oder besser das Paris der Bernhardt, kam zu Maurice' Hochzeit: der Fürst de Sagan und die Gräfin Béthune, Dumas der Jüngere, Sardou, Duquesnel, Alfred Stevens, Whistler und viele andere berühmte Künstler und Schauspieler der damaligen Zeit und natürlich auch Clairin und Abbéma.

Eine englische Freundin erinnert sich, wie Sarah schließlich als letzte eintraf: »Alle verdrehten die Hälse und flüsterten: ›Da ist sie, da kommt Sarah.‹«

Kaum einer achtete noch auf Maurice und Terka, wie seine Braut genannt wurde, als die Schauspielerin durch die Kirche schritt. »... in einem grauen Samtumhang, der über ein zartrosa Kleid aus Ripsseide fiel. Ihr Gesicht war umrahmt vom weichen Marabubesatz ihres Mantels. Die rotgeschminkten Lippen gaben die weißen Zähne zu jenem Lächeln frei, das die Französin mit ihren Kleidern anlegt.«

Sarah hatte in der Tat ein offizielles Lächeln aufgelegt. Innerlich weinte sie über den Verlust ihres Sohnes, bis sie merkte, daß dieser trotz seines Eheversprechens, und obwohl er nicht mehr unter ihrem Dach wohnte, auf ewig das Muttersöhnchen bleiben würde, das ihr täglich Besuche abstattete.

Die Bernhardt spielte *La Tosca* einen Monat lang vor der Hochzeit ihres Sohnes und vier Monate im Anschluß daran. Obwohl sie immer ein volles Haus hatte, reiste sie dann mit dem Stück nach London, wo sie noch begeisterter aufgenommen wurde als in Paris. Aber das war von den Briten, die acht Jahre zuvor ihre internationale Karriere auf den Weg gebracht hatten, auch nicht anders zu erwarten. Im Lauf der Jahre gewann Sarah viele englische Freunde, von denen ihr W. Graham Robertson am nächsten stand. Homosexuelle fühlen sich oft von Schauspielerinnen angezogen, vielleicht weil sie deren Anziehungskraft auf Männer, ihre bewußte Gleichgültigkeit gegenüber jeglicher Konvention und ihre unverhohlene Promiskuität bewundern und beneiden, vielleicht aber auch, weil sie sich mit den von Schauspielerinnen dargestellten Heldinnen identifizieren. Sarah war, ob nun wegen ihrer Liebe zu allem Exzentrischen, wegen ihrer glücklosen Liebesaffären oder wegen ihrer Abneigung gegen feste Bindungen, mit einigen bekannten Homosexuellen ihrer Zeit befreundet, darunter Oscar Wilde, Robert de Montesquiou, Reynaldo Hahn, Jean Lorrain und dem erwähnten Graham Robertson.

Im Jahre 1931 veröffentlichte Robertson das Buch *Time Was*, diskrete Erinnerungen an indiskrete Menschen. Er erlegte sich aus gutem Grund Zurückhaltung auf. Zwar sei ihm bewußt, schrieb er, daß ein »wirklich interessantes Buch über das, was ich weggelassen habe, ein Bestseller werden würde«. Als guter Edwardianer wußte er aber auch, daß es nicht anging, skandalöse Geheimnisse über sich selbst oder seine Freunde zu enthüllen.

Robertson lernte Sarah im Alter von zwanzig Jahren im Metropole Hotel in London kennen. »Ich erinnere mich noch gut, wie sie durch den großen, leeren Raum auf mich zukam. Ihr rostbraunes Haar war lose aufgesteckt, ihr langer beiger Samtumhang fiel über ein malvenfarbenes Seidenkleid, das von einem silbernen Gürtel zusammengehalten wurde.« Als er Sarah zum erstenmal in Paris besuchte, fand er sie

niedergeschlagen in ihrem Atelier vor, vor sich einen Berg von Ton. Sie hatte versucht, die Liebe zu modellieren, in irgendeiner bestimmten Position – ich glaube, es sollte eine triumphierende Geste sein. Der Tod stand auch irgendwo herum und ein paar andere, wenig überzeugende Allegorien ... Sarah warf einen kurzen, mörderischen Blick auf die wackelige, schiefe Liebe, griff nach einem starken Draht und schnitt ihr ein beachtliches Stück vom Leib.

Mit Robertsons Hilfe wurde die Liebe alsbald in einen »unschuldig aussehenden Lehmkloß« verwandelt und aus dem Fenster geworfen. An diesem Tag fragte Robertson auch, was der leere Käfig zu bedeuten habe.

»Ich habe darin einmal einen Löwen gehalten«, antwortete Sarah.

»Und – ist er tot?«

»Nein. Tot ist er nicht.« Ihre Stimme gab zu verstehen, daß es schlimmere Dinge gebe als den Tod.

Später erfuhr ich von Mme. Guérard, daß der Löwe einer von Sarahs Fehlschlägen gewesen war.

»Ich werde mir einen Löwen halten«, hatte sie eines Tages verkündet.

»Ja, ja, natürlich, einen Löwen«, sagten die Freunde, da sie wußten, daß jeder Einwand nutzlos war. »Aber könnte es nicht sein, daß ... ?«

»Daß was?« fragte Sarah.

»Daß er womöglich ein wenig – stinkt?«

»Stinkt?« schrie Sarah empört. »Stinkt? Der Löwe, der König der Tiere? Nein, natürlich stinkt er nicht.«

Der Löwe kam also – und stank. Sarah ertrug es tapfer und sagte nichts. Aber nach und nach drang der Gestank vom Atelier ins Eßzimmer und von da in die Schlafzimmer. Sarah wurde immer nachdenklicher, aber keiner traute sich, etwas zu sagen, bis sie schließlich, als sie eines Morgens herunterkam, noch einmal tief Luft holte und rief: »Er stinkt. Schafft ihn fort.«

Bald darauf schrieb Robertson: »Sarah erwarb einen jungen Tiger und erlaubte ihm zuweilen, über den Eßtisch zu laufen, was ihn unruhig und reizbar machte. Ich war jedesmal froh, wenn er knurrend an meinem Teller vorbeitrottete, ohne mir besondere Beachtung zu schenken.«

Robertson, der Tiere beinahe genauso mochte wie Sarah, ließ sich bewundernd über ihren Hausluchs aus: »Wenn

Sarah als geheimnisvolle, weißgekleidete Gestalt die Treppe zum Atelier herunterkam und der Luchs geräuschlos neben ihr heruntertglitt, erinnerte sie so sehr an Circe, daß man sich unwillkürlich gedrängt fühlte, nach den Schweinen Ausschau zu halten.«

Als die Freundschaft enger wurde, porträtierten Robertson und Sarah sich gegenseitig. Bei einer Sitzung sah er zu, wie sie die Sterbeszene aus der *Kameliendame* probte. Er war fasziniert von der »absoluten Präzision, mit der sie die scheinbar spontanen Effekte aufbaute«.

»Ich weiß«, sagte sie, »daß ich mir irgendwann einmal den Hals brechen werde. Wenn Armand mich beim Fallen nicht fest an der Hand hält, ist es um mich geschehen.« Robertson schrieb:

> Ihre Kunst dient der Schönheit. Viele Schauspielerinnen quälen sich durch die letzten Augenblicke der *Kameliendame* mit herzerschütternden Hustenanfällen und allen möglichen Krankheitssymptomen. Sarah dagegen überging solche Details gnädig und schwerelos und schlug einen sehr viel tiefgründigeren und ergreifenderen Ton an, indem sie eine überwältigende Glückseligkeit vermittelte. Ich habe diese Szene oft von den Kulissen aus beobachtet, aus einer Entfernung von etwa drei Metern, und es war kein Bühnentrick im Spiel. Sie sah den Überbringer der Nachricht [von Armands Ankunft] kurz an, dann begann das ausgezehrte Gesicht zu glühen, die Haut straffte sich, als ob sie von innen heraus schiene, die Pupillen weiteten sich, bis sie fast die ganze Iris bedeckten, die zusammengepreßten Lippen wurden weich und kindlich und formten sich zu einem Schrei, der aus dieser Nähe kaum lauter als ein Atemzug war und doch in der hintersten Ecke des Theaters zu hören war. Der zerbrechliche Körper verzehrte sich gleichsam vor unseren Augen in der Flamme unerträglichen Glücks und machte einer strahlenden geistigen Verklärung Platz.

Einmal nahm Sarah Robertson zu einem Fototermin für *Tosca* mit. »Sie nahm mehrere Male die Entsetzen und Triumph ausdrückende Pose nach der Ermordung Scarpias ein, schien aber nie zufrieden.«

»Kommen Sie, Graham«, rief sie. »Kommen Sie und lassen Sie sich von mir töten.« Nun hatte ich schon mehrmals Gelegenheit gehabt, in *Fédora* den Leichnam zu mimen [auch der Prinz von Wales soll Vergnügen daran gefunden haben, diese anspruchslose Rolle zu spielen], und mich reizte die Vorstellung, von der rasenden Heldin beweint zu werden. Heiter und voll Vertrauen ging ich also auf sie zu, aber als sich die furchterregenden, von Grauen und Mordlust geweiteten Augen der Floria Tosca von so nahe auf mich richteten, wurde mir unbehaglich zumute, und als sie mich mit der Linken packte und mit der Rechten das Messer ergriff, verließ mich der Mut.

»Madame Sarah«, schrie ich. »Vergessen Sie nicht, daß Sie ein richtiges Messer in der Hand halten und nicht eins, das im Schaft verschwindet!«

Auf Sarahs Wunsch stellte Robertson sie seinem Freund, dem Maler Edward Burne-Jones vor, dessen präraffaelitische Traumbilder Sarah tief beeindruckt hatten, so tief, daß sie sogar ein Porträt der Théodora bei ihm in Auftrag gab.

Bernhardt an W. Graham Robertson

Mein lieber Graham,

Würden Sie mir einen großen Gefallen tun? Ich möchte mich gerne von Burne-Jones porträtieren lassen. Würden Sie ihn bitte fragen, wieviel so etwas kostet? Ich wäre glücklich, das Werk eines solchen Genies zu besitzen und meinem Sohn hinterlassen zu können. Ich verlasse mich bei dieser delikaten Aufgabe ganz auf Sie.

Ihre große Freundin

Robertson sprach mit Burne-Jones, aber der Maler wollte nicht, und so wurde das Porträt nie gemalt. Von den Verhandlungen zeugen heute lediglich noch einige kurze, sarkastische Briefchen, die Burne-Jones an Robertson richtete:

Sagen Sie mir, wie lange *Sie* bleiben will und wie lange sie in diesem neuen Stück noch zu sehen und anzubeten ist, denn sehen muß ich es – auch wenn mir dann einen Monat lang schlecht ist.

Selbst wenn ich morgen Zeit hätte, könnte ich sie kaum zum Mittagessen treffen. Ich spreche kein Französisch, nicht einmal soviel, um etwas zu bestellen, was sollte ich also mit ihr reden?

Nein, kommen Sie mit *Ihr* mit, und übersetzen Sie, was *Sie* mir sagt. Ich werde glücklich und mit offenem Mund dabeisitzen ... Auf keinen Fall darf *Sie* sich langweilen oder ermüdet werden. Alles muß nach ihrem reizenden Kopf gehen, und zwar unverzüglich.«

Nach einer Tournee, die sie bis Ägypten und in die Türkei führte, kehrte Sarah am 1. März 1889 nach Paris zurück und eilte unverzüglich zu Damala, der angeblich krank daniederlag. Sie fand ihn in einer schäbigen Wohnung vor, auf dem Boden verstreut lagen Drogen und die trostlosen Überreste seines früheren Lebens: eine zerschlissene griechische Flagge, ein Schwert aus einer Bühnenaufführung und eine goldene Krone aus einem anderen Stück. Sarah schickte ihn in ein Sanatorium, wo er sich innerhalb von sechs Wochen so weit erholte, daß er sie in *Lena,* einem Stück von Pierre Berton, sehen konnte. Der Abend war nicht gerade dazu angetan, seine Stimmung zu heben, unter anderem auch deshalb nicht, weil er Berton, einen früheren Liebhaber seiner Frau, nicht leiden konnte. Berton glänzte immer noch als Hauptdarsteller an Sarahs Seite und nahm damit eine Rolle ein, die Damala sich naiverweise für sich selbst erhofft hatte.

Mit einer merkwürdig anrührenden Geste wandte sich Sarah ein letztes Mal Damala zu. Ihr war wohl bewußt, daß er nicht mehr lange leben würde, und deshalb bat sie ihn, mit ihr in der *Kameliendame* aufzutreten. Obwohl Damalas Gesundheitszustand ihm nicht gestattete zu spielen, nahm er das Angebot begierig an. Die Wiederaufnahme währte vom 18. Mai bis zum 30. Juni. Sarah brillierte wie üblich in ihrer Rolle, über ihren Partner jedoch schrieb ein Kritiker: »Wo ist nur der gutaussehende Armand Duval geblieben, den wir vor wenigen Jahren zum erstenmal auf der Bühne erleben durften?«

Damala hatte sein gutes Aussehen, seine Stimme und seine Kraft verloren, und jetzt, im Alter von zweiundvierzig Jahren, verlor er sein Leben an die Droge Morphium. Voller Schmerz und Trauer ließ Sarah seinen Leichnam und eine Büste, die sie für sein Grab geschaffen hatte, nach Griechenland überführen. Sie vergaß Damala nicht. Einige Jahre lang unterzeichnete sie ihre Briefe mit »Witwe Damala«. Wann immer sie sich in Athen aufhielt, besuchte sie seine Mutter, legte Blumen an seinem Grab nieder und beweinte ihre Ehe, die ein so frühes und trauriges Ende gefunden hatte.

Auf dem Gipfel des Ruhms

Im November 1889 veröffentlichte *Le Gaulois* einen an den Theaterkritiker der Zeitung gerichteten, von fünfzig Pariser Persönlichkeiten unterzeichneten Leserbrief. »Bitte richten Sie Sarah Bernhardt aus, daß viele Frauen und junge Mädchen ihr nur allzugern applaudieren würden. Leider tritt sie in Stücken und Rollen auf, welche diese Damen im Theater nicht sehen möchten. Sie spielt böse Königinnen, Dirnen oder Damen zweifelhafter Moral. Wie gerne würden wir ihr zujubeln, stellte sie ehrbare Heldinnen in tugendhaften Stücken dar!«

Sarah erwiderte, sie habe schon immer die Jeanne d'Arc spielen wollen und erst kürzlich von dem Dichter Jules Barbier ein Stück bekommen, das genau ihren Vorstellungen entspreche.*

Sie bat Duquesnel, das Stück auf die Bühne zu bringen, weil sie den Erwartungen der Leserbriefschreiber entgegenkommen wollte. »Außerdem«, fügte sie hinzu, »kann ich nicht mehr allzulange warten. Bald werde ich für die Jeanne d'Arc zu alt sein. [Sie war damals fünfundvierzig.] Immerhin bin ich schon Großmutter!« Simone, das erste Kind von Maurice und Terka, war gerade ein paar Monate alt. Die jugendliche Großmutter setzte ihren Willen durch. Als sie am Premierenabend in der Rolle der Jeanne vor Gericht nach ihrem Alter gefragt wurde, wandte sie sich langsam vom Inquisitor dem Publikum zu und verkündete stolz: »Neunzehn.« Kein Wunder, daß die Zuschauer vor Begeisterung tobten. Diesen sensationellen Auftritt sollte sie zwanzig Jahre später mit noch größerem Erfolg in Emile Moreaus *Le procès de Jeanne d'Arc* wiederholen, einem Stück, das 1909 zur Aufführung kam. Jeden Abend,

---

* Barbier hatte ihr ein von Gounod vertontes Opernlibretto geschickt, in der Hoffnung, daß es für ihre Zwecke bearbeitet werden könne.

wenn die erstaunlich jugendliche, fünfundsechzigjährige Urgroßmutter (Simone hatte inzwischen selbst ein Kind) dem Inquisitor verkündete, sie sei neunzehn, kannte die Begeisterung des Publikums keine Grenzen.

Die *Jeanne d'Arc* von 1889 war eine der imposantesten Inszenierungen Duquesnels. Auf der Bühne hatte man den alten Marktplatz von Reims und die Sakristei der Kathedrale aufgebaut, und Chor und Orchester gaben dem Geschehen mit den Zwischenspielen von Gounod einen feierlichen Rahmen. Trotz ihrer fünfundvierzig Jahre gelang es der Bernhardt, die Jungfrau von Orleans zu verkörpern. Die Rolle war für sie jedoch besonders anstrengend, denn sie mußte mehrere Male auf die Knie fallen, und ihr rechtes Knie entzündete sich so sehr, daß sie das Stück nach sechzehn qualvollen Wochen absetzen mußte. Als es schließlich wiederaufgenommen wurde, war selbst der sonst so skeptische Anatol France von Sarahs Kunst bezaubert:

»Sie ist die Verkörperung der Poesie. In ihren Zügen spiegelt sich wie im Glas bemalter Kirchenfenster jene glutvolle Erleuchtung, welche Jeanne d'Arc nach der Verkündung durch die Heiligen erfüllte. Wir sehen die fanatische Visionärin von Domrémy vor uns. In ihr erwacht die Legende zum Leben. Und wenn ihre Stimme manchmal etwas schwach wirkt, so ist daran allein der Text schuld, der ihr lautstarke Tiraden abverlangt. Jeanne d'Arc hätte niemals deklamiert.«

Hier verschweigt Anatole France allerdings, daß die Bernhardt den Text gegen Gounods Musik ansprechen mußte. Orchesterbegleitung gehörte zu fast all ihren aufwendigen Produktionen. Die Franzosen nennen so etwas *mélodrame*, ein abenteuerliches oder romantisches Drama mit Hintergrundmusik. Die geübten Schauspieler jener Tage benötigten noch keine Mikrofone, doch wenn sich der Dirigent gelegentlich zu sehr mitreißen ließ, wurden ihre Stimmen von der Musik übertönt.

Doch selbst ein so begeistertes Lob wie das von Anatole France konnte die Ränge des Theaters Porte Saint-Martin nicht füllen, obwohl die *Jeanne d'Arc* immerhin vier Monate gegeben wurde.

Sarah kehrte der Heiligen den Rücken und wandte sich wieder Sardou und der Sünde zu. Diesmal steckte Sardou sie in ein ägyptisches Kostüm und nannte sie *Cleopatre.* Doch damit konnte auch er die Pariser nicht zum Narren halten. Sie stellten belustigt fest, daß Kleopatra, die Königin vom Nil, niemand anderes war als eine verkleidete Théodora, Kaiserin von Byzanz. Mit dem Liedchen »Sarahs kleine Schlange« trug die scharfzüngige, kecke Diseuse Yvette Guilbert in ihren Kaffeehauskonzerten zur allgemeinen Belustigung bei. Das Lied erzählt die Geschichte einer ausgehungerten Natter, die Sardou für Kleopatras Sterbeszene ins Theater mitbringt. Beim Anblick der schlanken, schlangengleichen Sarah schreit sie auf: »Ich kenne diese Frau, sie ist meine Mutter!« Die Natter muß sich an Sarahs kleinen Brüsten nähren und stirbt schließlich an Auszehrung. Wenn man Yvette Guilbert glauben darf, lachte die Bernhardt Tränen über dieses Lied, aber sie trug Yvette Guilbert den Scherz lebenslang nach.

Im viktorianischen London reagierte man ganz anders auf die Kleopatra. Nach einer Vorstellung, in der sich Sarah als Kleopatra lasziv in den Armen ihres Liebhabers wand, soll ein verwitweter älterer Herr gesagt haben: »Wie anders, wie ganz anders ist doch das Privatleben *unserer* lieben Königin!«

Nach dem alljährlichen einmonatigen Gastspiel in London verbrachte Sarah drei Monate in Belle-Ile, wo gerade das erste Gästehaus des *Fortin* fertiggestellt worden war, das Maurice, Terka und die kleine Simone beherbergen sollte. Im September trat sie mit Berton wieder in *La Tosca* auf und im Oktober mit Garnier in der *Théodora.*

Im Januar 1891 war in der internationalen Presse zu lesen, daß sich Madame Sarah Bernhardt auf eine fast dreijährige Tournee um die Welt begeben werde. Von einem Journalisten gefragt, ob es ihr schwerfalle, Paris zu verlassen, antwortete sie: »Kein bißchen.« Die Tournee sei nichts anderes als ein Spaziergang durch den Bois de Boulogne oder eine Reise in die Normandie. Sie liebe das Reisen und könne nie genug davon bekommen. Selbstverständlich werde sie auch wieder nach Nord- und Südamerika fahren (in den Vereinigten Staaten waren gleich zwei Gastspielreisen geplant) und in vielen europäischen Städten auftreten, wo sie schon früher gespielt habe. Am aufregendsten jedoch sei für sie die Fahrt auf die Sandwich-Inseln und das Gastspiel bei Königin Pomaré von Honolulu. Und man möge sich vorstellen, daß sie nach Griechenland, in die Türkei und sogar nach Australien und Neuseeland reisen werde! Auftakt und Abschluß der Marathon-Tournee solle London sein. Danach werde ihr Paris sicher klein und unbedeutend vorkommen.

Sarahs Briefe an Ponchon klangen weniger begeistert. Sie sei verbraucht, klagte sie, sie sei es leid, um die Gunst des Pariser Publikums zu buhlen, und sie habe die boshaften Kritiken, ihre Freunde und Feinde und ihre idiotischen Liebhaber satt.

Andere Beweggründe für die Tournee verschwieg sie. Wenn sie in Paris blieb, mußte sie das Risiko kostspieliger neuer Produktionen eingehen, deren Erfolg ungewiß war, während ihr bei einer Auslandsreise mit ihrem bewährten Repertoire der künstlerische und finanzielle Erfolg sicher war. Und gewiß verschaffte es ihr Genugtuung, daß sie auf Tournee nicht wie in Paris nur eine von mehreren bedeutenden Schauspielerinnen sein würde, sondern die Königin der Bühne.

Ihr Gefühl trog nicht. In Bukarest schluchzte die im Exil lebende Königin Natalie von Serbien bei Sarahs Auftritt so heftig, daß die Vorstellung »auf Befehl« der rumänischen Königin unterbrochen werden mußte. In Australien wurde sie mit Kanonendonner, Fahnen, roten Teppichen und offiziellen Empfängen begrüßt, und die Marseillaise wurde so oft geschmettert, daß es vermutlich sogar Sarah zuviel wurde. Für die Australier war sie »die größte Schauspielerin aller Zeiten, *la belle Frangsay*«, die da mit ihren 45 Kisten, 132 anderen Gepäckstücken, der großen dänischen Dogge, dem kleinen Mops und zahllosen Kleidern, Schuhen und Hüten aus dem eleganten Paris an ihre entlegenen Gestade gekommen war.

Die Journalisten waren verrückt nach ihr. Als Sarah schon bald nach ihrer Ankunft die Schauspielerin Myra Kemble zum Lunch einlud, berichteten sie: »Es passierte nichts Besonderes, außer daß nach Tisch die Haustiere der

Bernhardt – sie hat sich bereits ein Opossum, einen Koalabären und ein kleines Känguruh zugelegt – wie kleine Kinder vorgeführt wurden. Das Opossum kletterte der Myra auf den Schoß und knabberte an den Rosenknospen in ihrem Ausschnitt. Und was sagte die Bernhardt dazu? ›Oh, welch beneidenswerter Appetit!‹«

Von einem Reporter gefragt, wie ihr Bühnenpartner es ertrage, daß sie als sterbende Kleopatra auf ihn falle, antwortete sie: »Ich habe ihm gesagt, daß es bei der Kunst des Fallens nicht auf das tatsächliche Gewicht ankommt, sondern auf die Art, wie man fällt.«

Im Mai 1892 kehrte Sarah mit ihrer Truppe nach Paris zurück, und schon einen Monat später trat sie in London auf.

Oscar Wilde an Pierre Louys

Hast Du die Neuigkeit schon gehört? Sarah wird die *Salomé* geben!!! Heute fangen wir mit den Proben an.

Die *Salomé* von Wilde sollte am Palace Theatre inszeniert werden. Wilde hatte, die Bernhardt vor Augen, das Stück auf französisch geschrieben. Albert Darmont, ein gutaussehender französischer Schauspieler, sollte den Herodes spielen, Graham Robertson sollte die Kostüme entwerfen. Sarah hatte sich voller Begeisterung in die Proben gestürzt, denn sie liebte biblische Rollen. Sie hatte sogar schon einmal daran gedacht, die Jungfrau Maria oder Jesus Christus zu spielen. Dann jedoch ließ der staatliche Theaterzensor, ein Mr. Edward Pigott, den Shaw einmal als »wandelndes Kompendium der verbreitetsten, engstirnigsten Vorurteile« bezeichnet hatte, *Salomé* einzig aus dem Grund verbieten, weil das Stück ein biblisches Thema behandelte. Zur Begründung seines Urteils mußte er ein mittelalterliches Gesetz bemühen. Sarah und Wilde waren bitter enttäuscht, hatte Wilde mit der Salomé doch die perfekte Rolle für die von ihm maßlos bewunderte Schauspielerin geschaffen.

Wilde verkündete, er wolle nach Frankreich übersiedeln, weil er in einem so rückständigen Staat wie England nicht länger leben könne. Diese Absicht hätte er verwirklichen sollen, dann wären ihm vielleicht die schrecklichen Prozesse, die Zeit im Zuchthaus und das Exil erspart geblieben. Später mußte er England unter sehr viel leidvolleren und demütigenderen Umständen verlassen.

Am 23. Februar 1893 war in der Londoner *Times* eine Besprechung der gerade in französischer Sprache erschienenen *Salomé* zu lesen:

> Es handelt sich um das für Madame Sarah Bernhardt geschriebene Stück, dem der staatliche Zensor die Aufführungserlaubnis in diesem Land verweigert hat. Eine Komposition voll Blut und Grausamkeit, morbid, bizarr und abstoßend. Besonders anstößig ist die Umsetzung des biblischen Textes in ganz und gar gottlose Szenen. Das Stück paßt durchaus zu den weniger einnehmenden Seiten der begnadeten Madame Bernhardt ... ansonsten macht es den Französischkenntnissen von Mr. Wilde alle Ehre ...

Wilde fühlte sich angegriffen und schrieb an die *Times*, »um eine unrichtige Darstellung zurechtzurücken«:

> Die Tatsache, daß die größte Tragödin unserer Zeit mein Stück so bewunderte, daß sie es unbedingt aufführen, selbst die Rolle der Heldin übernehmen und damit meinen Versen den Glanz ihrer Persönlichkeit verleihen wollte ..., wird mich immer mit Stolz und Freude erfüllen. Ich werde entzückt sein, wenn Madame Bernhardt mein Stück in Paris zur Aufführung bringt, in jener lebendigen Kulturmetropole, die häufig Schauplatz religiöser Bühnenwerke ist. Ich habe das Stück jedoch keineswegs für diese große Schauspielerin geschrieben. Ich habe nie ein Stück für einen Schauspieler oder eine Schauspielerin geschrieben und werde das auch in Zukunft nicht tun. So etwas mag vielleicht ein Schriftsteller tun, nicht aber ein Dichter.

Dieser Brief wird oft als Beweis dafür zitiert, daß Wilde seine *Salomé* nicht für die Bernhardt geschrieben habe.

Aus späteren Äußerungen geht allerdings deutlich hervor, daß er Sarah für die ideale Salomé hielt, obwohl er damals gute Gründe hatte, auf sie böse zu sein.

Im April 1895, als er im Zuchthaus von Holloway einsaß und dringend Geld benötigte, bat er R. H. Sherard in einem Brief, Sarah die Rechte an *Salomé* anzubieten. In seinem Buch *Oscar Wilde: The Story of an Unhappy Friendship* beschreibt Sherard, wie Sarah ihn huldvoll empfängt, in Gedanken an Wildes Schicksal weint und sagt, daß sie zwar die *Salomé* nicht kaufen, Wilde aber etwas Geld leihen könne. Sie bestellte Sherard noch einige Male zu sich, versetzte ihn aber jedesmal und vergaß auch, Wilde Geld zu schikken. Es ist in mehrfacher Hinsicht bedauerlich, daß Sarah die Rechte nicht kaufte. Wilde in seiner Not wäre geholfen gewesen, und Sarah hätte das Stück dann vielleicht auch selbst aufgeführt, vor allem, wenn sie geahnt hätte, daß die Rechte an der *Salomé* ein beachtliches Vermögen erbringen sollten.

Im Jahre 1897 schrieb Wilde aus Posilippo: »Gerade liest Eleonora Duse die *Salomé*. Durchaus möglich, daß sie die Rolle spielen will. Sie ist eine faszinierende Künstlerin, auch wenn sie sich nicht mit Sarah vergleichen kann.«

Als Wilde im Januar 1899 an der Riviera weilte, reiste er nach Nizza, um Sarah in *La Tosca* zu sehen. Seinem Freund Robert Ross schrieb er: »Ich bin zu Sarah in die Garderobe gegangen. Sie hat mich umarmt und geweint, und ich habe auch geweint, und der ganze Abend war herrlich.«

Aus Paris schrieb er im September 1900 an einen anderen Freund: »Was hat das Alter mit der Schauspielkunst zu tun? Außer Sarah Bernhardt kann niemand die Salomé spielen, und Sarah ist die alte Schlange vom Nil, älter als die Pyramiden.«

Das Stück wurde schließlich 1896 mit Lina Munte als Salomé am Théâtre de L'Œuvre von Lugné-Poe uraufgeführt. De Max spielte den Johannes den Täufer, Suzanne Després den Pagen und Lugné selbst den Herodes.

Im Jahre 1893 verkaufte Sarah Bernhardt das Theater Porte Saint-Martin und kaufte auf Vermittlung ihres Impresarios Maurice Grau das Téâtre de la Renaissance, ein kleines, im Stil des Rokoko gehaltenes Haus. Zur Deckung der

Kosten unternahm sie eine Gastspielreise nach Budapest, Wien, Athen und Istanbul.

Nach all den Jahren unterwegs in Zügen, auf Schiffen und in Hotels und nach all den Vorstellungen auf behelfsmäßigen Bühnen und in großen Häusern war die Bernhardt nun die reichste und bekannteste Schauspielerin ihrer Zeit. Trotzdem hatte sie noch immer Probleme. Vor ihrer Welttournee hatte sie verkündet, Paris werde ihr nach ihrer Rückkehr im Vergleich zur großen weiten Welt klein und unbedeutend vorkommen. Das war natürlich nur Prahlerei gewesen, in Wirklichkeit war Paris für sie der Dreh- und Angelpunkt der zivilisierten Welt. Mit den meisten Parisern war sie der Meinung, daß sich keine andere Stadt solcher Weltoffenheit rühmen könne, daß nirgendwo sonst eine solche Anhäufung von Talenten zu finden sei und eine so tolerante Einstellung zu unschuldigen oder weniger unschuldigen Vergnügungen und daß nirgendwo sonst die Reichen sich so kultiviert, wenn auch überheblich zu benehmen wüßten und die Armen so offensichtlich fröhlich seien.

All das war in ihren Augen bewundernswert, aber zugleich bedeutete es nach jeder längeren Abwesenheit von Paris eine Herausforderung: Sie mußte sich die Publikumsgunst zurückerobern. Diesmal überraschte sie ihr Publikum mit der Eröffnung des neugestalteten Renaissance-Theaters, wo sie am 6. November *Les Rois* von Jules Lemaître gab. Das Stück handelt von dem geheimnisvollen Tod Erzherzog Rudolphs von Österreich und seiner Geliebten, der Baronesse Vetsera. Das gebildete Paris war von dem Stoff angetan, das breite Publikum jedoch langweilte sich, und nach dreißig Vorstellungen mußte das Stück abgesetzt werden, obwohl die Bernhardt für ihre Leistungen als Intendantin, Regisseurin und Hauptdarstellerin – eine Aufgabenkombination, die sie in den folgenden fünf Jahren für alle Einstudierungen ihres Theaters übernehmen sollte – hoch gelobt wurde.

Lemaître wurde ihr Liebhaber, Freund und Berater. Es war ein glücklicher Griff, denn der geistreiche vierzigjährige Kritiker und Essayist war in akademischen Kreisen, unter Künstlern und in der Oberschicht der Gesellschaft gleichermaßen anerkannt. Außerdem übte er auf Sarah einen beruhigenden Einfluß aus. Sie war zwar nicht in ihn verliebt, verspürte aber keinen Drang, ihn mit Untreue und Szenen zu quälen. Hinzu kam, daß sie trotz ihres jugendlichen Aussehens langsam auf die Fünfzig zuging.

Seit ihrem Engagement an der Comédie Française war Sarah kaum noch mit anderen bedeutenden Schauspielern aufgetreten. Für *Les Rois* und einige andere Inszenierungen engagierte sie nun aber Edouard de Max und Lucien Guitry, denen beiden eine strahlende Karriere bevorstand. Guitry hatte mit seinen dreiunddreißig Jahren schon viel Bühnenerfahrung. Er wurde 1860 geboren, ging schon mit siebzehn vom Konservatorium ab, spielte einige Hauptrollen am Gymnase und trat 1882 mit Sarahs Ensemble in London auf. Dann bekam er ein reizvolles Angebot vom Michailowski-Theater, dem französischen Theater von Sankt Petersburg. Er unterschrieb einen Neunjahresvertrag und zog mit seiner hübschen jungen Frau nach Rußland. Dort war er nicht nur auf der Bühne, sondern auch im Boudoir so mancher slawischen Madame Bovary außerordentlich erfolgreich. Seine Umtriebe mögen die Damen der Gesellschaft erfreut haben, nicht jedoch seine Frau. Sie kehrte mit ihren beiden Söhnen Sacha und Jean nach Paris zurück und reichte die Scheidung ein.

Sacha wurde bekanntlich der geistreichste, witzigste Komiker seiner Zeit und einer der profiliertesten französischen Bühnenautoren. Er schrieb, inszenierte und trat in über einhundertzwanzig Stücken und mehr als dreißig Filmen auf.

Bereits im Alter von vier Jahren war er eine bemerkenswerte Persönlichkeit, zumindest in den Augen seines Vaters: Guitry kam nach Paris, hüllte ihn in seinen weiten Mantel und brachte ihn nach Rußland zurück. Nur wenige Jahre später gerieten Vater und Sohn heftig aneinander, als der frühreife Schürzenjäger Sacha sich mit einer Geliebten des Vaters aus dem Staub machte. Jahrelang sprachen sie nicht mehr miteinander, aber Sarah fühlten sich beide so verbunden, daß sie sie zu allen ihren zahlreichen Hochzeiten einluden. So war sie schon bei Luciens erster Hochzeit 1882 Trauzeugin und spielte dreißig Jahre später dieselbe

Rolle anläßlich von Sachas Hochzeit mit Yvonne Printemps, der dritten seiner fünf Frauen.

Lucien Guitry war wie Jean Mounet-Sully der ideale Bühnenpartner der Bernhardt, obwohl sich die beiden Schauspieler grundsätzlich unterschieden. Mounet war ein verzehrendes Feuer, Guitry eine hypnotisierende Flamme. Mounet verkörperte die klassische Schönheit, Guitry war auf mehr handfeste Art attraktiv. Daß Sarah lieber mit Guitry auf der Bühne stand, zeigte sich viele Jahre später bei der Einstudierung des *Ruy Blas*, wo sie einen jungen Mann spielte. Der Schauspieler Roger Gaillard schildert die Szene in seinen Erinnerungen:

> »Verdammter Idiot!« schrie sie. »Willst du denn Mounet nachmachen, dieses debile Genie? Diesen Sturm im Wasserglas! Diesen brüllenden Löwen! Im *Hernani* hat er mir fast die Hand gebrochen, mich an den Haaren gezogen und mich grün und blau geschlagen. Ein gefährlicher Verrückter war er, aber was für eine Schönheit, diese Bestie! Eine Stunde hat es gedauert, bis er im *Ruy Blas* das Gift geschluckt hatte. In einem fort hat er gegurgelt. Er war wirklich ein Genie! Aber du, mein Kind, bist kein Genie, und wenn du glaubst, du kannst eins werden, indem du Mounet imitierst, kannst du ebensogut gleich aufgeben.«

Solche Exzesse konnte sie dem liebenswürdigen Guitry kaum vorwerfen. Guitry war auf der Bühne ein Meister subtiler Effekte, hinter der Bühne ein Muster gleichbleibender Freundlichkeit. Sacha trat schon als Kind in die Fußstapfen seines Vaters. Er erinnert sich:

> Zehn Jahre lang küßten wir Sarah so unschuldig, wie andere zur Messe gehen. Meinem Bruder und mir war sie vertraut und gleichzeitig geheimnisumwittert. Wenn wir ihren Salon betraten, hielten wir Rosen und Veilchen in den Händen. Wir wußten, daß sie keine Königin war, aber sie war für uns trotzdem eine unumschränkte Herrscherin.
>
> Der große Weihnachtsbaum in der Mitte ihres Ateliers

war märchenhaft schön und von tausend Kerzen erleuchtet. Fünfzig Geschenke für fünfzig Kinder hingen an den Zweigen. Jedes Spielzeug hatte eine Nummer, und wenn es ans Verteilen ging, öffnete Madame Sarah einen großen Sack aus Samt, aus dem jedes Kind eine Nummer ziehen durfte – die Bescherung erfolgte nach dem Zufallsprinzip, obwohl bei Sarah der Zufall immer dafür sorgte, daß ihre kleine Enkelin Simone das schönste Geschenk bekam. Simone war wie eine kleine Märchenprinzessin ausstaffiert. Sie wurde vergöttert und verhätschelt, als ob sie etwas ganz Besonderes wäre. Fast schien uns, als seien wir nur eingeladen worden, um zu bezeugen, daß Simone das glücklichste Kind auf Erden war.

Sacha war der Familie treu verbunden. Er durfte sich erlauben, von kleinen Schwächen Sarahs zu sprechen, doch wehe, wenn sich andere diese Freiheit herausnahmen. Zwar störte ihn nicht, »wenn ihr Haushalt, ihre Mahlzeiten, die ungewöhnliche Art, mit der sie Besucher empfing, und ihre Launen, Grillen und unwahrscheinlichen Lügen auf witzige, feinfühlige Weise beschrieben werden. Aber es ist mir regelrecht verhaßt, wenn ich mit anhören muß, wie sie mit anderen Schauspielerinnen verglichen wird. Das ist einfach unerträglich. Jules Renard hat einmal gesagt: ›Ein Schriftsteller, der Victor Hugo nicht mag, ist immer langweilig, auch wenn er nicht über Hugo schreibt.‹ Genauso ergeht es mir mit manchen naiven jungen Schauspielern, die darüber nachdenken, wie es wohl wäre, wenn Sarah Bernhardt plötzlich wieder auf der Bühne auftauchen würde. Sie behaupten, sie sei als Schauspielerin an ihre Zeit gebunden gewesen. So eine Dummheit! Sie begreifen nicht, daß Sarah heute eine Schauspielerin unserer Zeit wäre.«

Sacha gehörte wie sein Vater zu jener Sorte Schauspieler, die modischer waren als die der Mode Verpflichteten, extravaganter als die Reichen und gebildeter als die Gebildeten.

Sarahs zweiter Hauptdarsteller Edouard de Max dagegen entstammte einer ganz anderen Schule. Er wurde als Sohn eines jüdischen Arztes und einer selbsternannten Prinzessin 1869 in Rumänien geboren. Im Alter von sechzehn wurde er als »Edouard de Maxembourg, Prinz Sakala« ins Pariser Konservatorium aufgenommen. So dick hätte er gar nicht aufzutragen brauchen, denn zum Erfolg verhalf ihm nicht der falsche Titel, sondern seine außerordentliche Begabung. Er war wie Sarah ein Poet der Bühne, jemand, der außerhalb jeder Realität stand. Die Bühne war sein Leben und die Bernhardt seine Inspiration.

»Ich habe mein ganzes Leben darauf verwandt, mich von ihrem Einfluß zu befreien«, sagte er einmal. »Doch immer, wenn ich ihr begegne, versetzt mich ihr Wahnsinn, ihr überwältigender Glanz in Verzückung.« Das war nicht immer so. Auf einer Probe bemängelte Sarah einmal, daß de Max zu dicht neben ihr stehe. Sie würden aussehen wie zwei schwatzende Pförtner, ob er denn nicht etwas beiseite treten könne? De Max weigerte sich. Dann könne er ja gehen, kreischte Sarah. Bei diesen Worten sank der junge Schauspieler vor ihr auf die Knie und sprach mit seiner süßesten Stimme: »Madame Sarah, ich achte Sie als Frau unendlich. Ich bin verrückt nach Ihnen als Schauspielerin. Aber« – und bei diesen Worten sprang er auf – »als Spielleiterin sind Sie ungenießbar.«

Trotz solcher Szenen engagierte Sarah ihn für eine Hauptrolle in ihrem nächsten Stück, Racines *Phèdre.* So mancher Ästhet, der die Bernhardt voreilig in die Schublade der ruchlosen Königin des billigen Melodramas gesteckt hatte, war überrascht, daß sie jetzt Racine spielen wollte. Mit dieser Einschätzung tat man ihr jedoch unrecht. An der Comédie Française hatte sie nur selten Gelegenheit gehabt, in ihrer bedeutendsten Rolle aufzutreten. Jetzt wollte sie diese Rolle trotz des großen finanziellen Risikos drei Wochen lang spielen. Die Rechnung ging auf. Die Pariser strömten ins Renaissance, um Racines gewaltigen Versen zu lauschen und sich die Hände wund zu klatschen. Einer ihrer glühendsten Bewunderer war der junge Marcel Proust. In seinem Werk *Auf der Suche nach der verlorenen Zeit* untersucht er die Kunst der Bernhardt oder Berma, wie er sie nennt, wie ein Juwelier, der einen Diamanten auf Wert, Gewicht und Reinheit prüft. Zuerst kam die Reinheit an die Reihe: »Leider hat sie nun schon seit einigen Jahren das ernste Theater aufgegeben und glänzt nur noch als ›Star‹ des kommerziellen Schauspiels. Sie spielt keine klassischen Rollen mehr und tritt nur noch in Stücken auf, die ihr von Modeschriftstellern auf den Leib geschrieben sind.«

Prousts Alter ego, der Erzähler Marcel, spricht an zwei Stellen seiner Lebensgeschichte von der Berma in *Phèdre*. Beim ersten Mal ist er ein theaterbegeistertes Kind, hat überhöhte Erwartungen an die Schauspielerin und gerät in einen »Zustand der Erregung«, Enttäuschung und Ernüchterung. Beim zweiten Mal ist er ein kultivierter, frühreifer junger Mann, der die Berma-Bernhardt wie eine Erscheinung wahrnimmt, »wie ein Fenster, das den Durchblick auf ein Meisterwerk eröffnet«. Er spricht von ihrer »Haltung auf der Bühne, die sie langsam aufgebaut hatte und wieder ändern würde, die aus Erwägungen in einer anderen Tiefenschicht gemacht war als derjenigen, deren Spur man in den Gebärden ihrer Gefährtinnen erkannte, aus Erwägungen aber, die ... in einer Art von Strahlung aufgingen, in der sie rings um die Posen der Phädra her reiche und vielfältige Elemente weben ließen, die der gebannte Zuschauer nicht für einen geglückten Effekt der Künstlerin, sondern für eine Gegebenheit des Lebens hielt, ja die weißen, hauchzart und innig sie umhüllenden Schleier selbst schienen belebter Stoff zu sein und aus jenem halb heidnischen, halb jansenistischen Leiden gewoben, das sie wie zartes, erschauerndes Raupengespinnst umgab ... So umgab die Interpretation der Berma das Meisterwerk mit einem zweiten, gleichfalls vom Genius lebendig umhauchten Werk.«

Obwohl Proust das Melodrama natürlich verachtete, war er von den Inszenierungen der Bernhardt hingerissen. »Und so auch wußte die Berma in die Sätze des modernen Bühnendichters ... jene großartigen Visionen von Schmerz, von Seelengröße, von Leidenschaft einzuführen, die ihre eigenen Meisterwerke waren.«

Im Jahr 1903 begegnete Proust der Bernhardt auf einem zu ihren Ehren veranstalteten Fest. Es war das erste jener glanzvollen Gartenfeste, die Robert de Montesquiou in seinem Pavillon de Muses in Versailles ausrichtete. Proust war damals ein unbekannter junger Mann, während die anderen Gäste in seinen und in ihren eigenen Augen den schillerndsten Teil der Pariser Gesellschaft verkörperten. Diese hemmungslosen Connaisseure des Schönen hielten es nicht für nötig, ihren Charme an den angehenden Dichter zu verschwenden. Zwanzig Jahre später kamen sie als Charaktere seines Romans zu legendärem Ruhm. Die Comtesse de Greffuhle inspirierte ihn zu der schönen, kalten Duchesse de Guermantes, Montesquiou zu dem faszinierenden, aufbrausenden und zugleich mitleiderregenden Baron de Charlus. Obwohl Proust durch seinen Freund und ehemaligen Liebhaber, den Komponisten Reynaldo Hahn, Zugang zu Einzelheiten aus dem Privatleben der Bernhardt hatte, beschreibt er in seinem Roman die Künstlerin Sarah Bernhardt und nicht die Privatperson, vielleicht deswegen, weil sich damals schon fünf Schriftsteller mit der Bernhardt beschäftigt hatten.

Sarah brachte Würze in die Feier bei Montesquiou, als sie Yon Nibor vorstellte, einen hübschen jungen Matrosen, der die Gesellschaft mit traurigen Liedern aus der Bretagne und Geschichten von Seeungeheuern unterhielt, die die Ufer seiner Heimat unsicher machten. Gut möglich, daß die extravaganten Damen und ihre geckenhaften Begleiter einen Anflug von Neid verspürten, als Sarah, »in glitzernde Seide gehüllt und mit Schwertlilien bekränzt«, am Arm ihres seefahrenden Schützlings hinausrauschte.

Als Nibor den Anker lichtete und verschwand, nahmen andere bereitwillig seinen Platz ein. Da war zum Beispiel die siebzehnjährige Suzanne Seylor, die nach dem Tod von Madame Guérard Anfang der neunziger Jahre Sarahs Zofe wurde. Die beiden lernten sich in Brest kennen, wo Sarah eine einzelne Vorstellung der *Phèdre* gab. Benommen und verliebt packte Suzanne Seylor am nächsten Morgen ihre Koffer, gab den Eltern einen Abschiedskuß und folgte ihrem Idol nach Paris. Suzanne war von zierlicher Gestalt und so farblos wie das verblichene Band in ihrem Haar. In den folgenden Jahren begleitete sie Sarah auf Reisen, spielte in ihren Stücken und leistete ihr Gesellschaft, wann immer Sarah nach ihr verlangte. Ihre Ergebenheit blieb nicht unbelohnt. Das Leben im Schatten der berühmten Schauspielerin führte sie in Länder, die sie sonst nie gesehen hätte, und ließ sie Menschen kennenlernen, denen sie sonst nie begegnet wäre. Darüber hinaus lebte sie in der befriedigenden Gewißheit, daß die führende Tragödin der Welt ihrer Dienste bedurfte.

Gismonda war das fünfte Melodrama, das Sardou für die Bernhardt schrieb, und wurde im Oktober 1894 uraufgeführt. Die Schauspielerin war zum erstenmal selbst Produzentin und künstlerische Leiterin. Das Stück erforderte wie die anderen Bühnenwerke Sardous bildliche Vorstellungskraft, Geschick für die Choreographie personenreicher Szenen und die Fähigkeit, die Aufmerksamkeit des Zuschauers an dem übermächtigen Pomp vorbei auf die Handlung und ihre Hauptdarsteller zu lenken. *Gismonda* spielt im Griechenland des 12. Jahrhunderts. Das grausame Märchen handelt von einer Prinzessin aus Athen (Bernhardt), die einen einfachen Mann (Lucien Guitry) liebt. Wider Erwarten gelingt es ihr, ihn zu heiraten, doch bis zum glücklichen Ende muß das Publikum noch einen abscheulichen Priester (Edouard de Max), einen Mord (von der Bernhardt mit einem Beil ausgeführt) und ein blutiges Massaker über sich ergehen lassen und mit ansehen, wie ein kleines Kind einem ausgehungerten Tiger zum Fraß vorgeworfen wird. Solche atemberaubenden Szenen gingen in der Inszenierung allerdings fast unter angesichts der vielen leidenschaftlichen Reden, der aufwendigen Pracht der byzantinischen Kirche, der Prozessionen blumengeschmückter Jungfrauen und der Hochzeit des Finale mit Glockengeläut, Hosiannarufen und triumphaler Orgelmusik. Das ganze Arrangement diente allein der Hervorhebung der Hauptdarstellerin, die in ihren schlangengleich sie umhüllenden Gewändern und dem orchideengeschmückten Haupt die Personifikation des Jugendstils war.

Gismonda trug nicht zu Sarahs Ruhm bei – kein Wunder bei einem solchen Stück –, begründete aber die Karriere des bis dahin unbekannten tschechischen Künstlers Alphonse Mucha. Im Alter von siebenundzwanzig Jahren war Mucha von Prag aufgebrochen, um in Paris sein Glück zu versuchen. Eine Weile hatte er an der Académie Julian studiert, dann war er einer jener namenlosen Künstler gewesen, die sich ihren Lebensunterhalt mit Illustrationen von Kalendern und Groschenromanen verdienten. Nachdem er sich sechs Jahre so durchgeschlagen hatte, bat ihn eines Tages ein Kollege, ein bereits angefangenes Werbeplakat für *Gismonda* fertigzustellen. Mucha nahm das Angebot an, verwarf die Vorlage vollständig und schuf ein völlig neues Plakat, das ihm der von ihm heiß verehrten Künstlerin angemessener erschien. Als die Bernhardt das Plakat sah, nahm sein Leben eine entscheidende Wende.

»Oh, wie wunderschön!« soll sie ausgerufen haben. »Von jetzt an werden Sie für mich arbeiten und nicht mehr von meiner Seite weichen. Mein Herz haben Sie bereits erobert.« Sie hielt Wort und verpflichtete Mucha auf fünf Jahre. Damit bewies sie einen untrüglichen Instinkt und ein unabhängiges Urteilsvermögen. In Paris standen ihr Größen wie Toulouse-Lautrec, Bonnard, Vallotton und Chéret zur Verfügung, doch deren Plakate waren zwar zweifellos brillant, wurden jedoch mit ihrem ironisch verspielten Ausdruck der Bernhardt, der Muse der Tragödie, nicht gerecht. Mucha hingegen fing ihre Persönlichkeit in einer keusch und gleichzeitig sinnlich wirkenden Darstellung ein, die sie zur Göttin des Art Nouveau machte. In den nächsten Jahren schuf Mucha sieben denkwürdige Plakate für Sarah Bernhardt. Sein Aufgabengebiet erstreckte sich jedoch auch auf andere Bereiche der Theaterarbeit. Er arbeitete als Bühnen- und Kostümbildner für das Renaissance-Theater, entwarf Sarahs Schmuck und beriet sie ganz allgemein in künstlerischen Fragen.

Für die Inszenierung von Molières *Amphitryon* benötigte sie allerdings keinen künstlerischen Berater. Die Premiere war am 6. Februar 1895, Sarahs prominente Partner in den männlichen Hauptrollen waren Constant Coquelin, der die Comédie Française verlassen hatte, sein Bruder Ernest und Lucien Guitry. Für das Publikum war es eine einmalige Gelegenheit, vier brillante Schauspieler zu sehen, die sich in diesem beliebten Bühnenklassiker so richtig ausleben und in den vertrauten Rollen mit ihrer kristallklaren Aussprache glänzen konnten. Es war jene glückliche Zeit, als ein großer Schauspieler auch ohne Regieanweisungen wußte, was er wie zu spielen hatte. Und wenn die Bernhardt mal einen Regietip brauchte, konnte sie sich getrost an Coquelin und Guitry wenden, wie diese ihrerseits die Bernhardt um Rat fragten.

Ein besonderer Witz der Inszenierung war die Besetzung mit den zwei Coquelinbrüdern. Der eine gab den Götterboten Merkur, der andere seinen irdischen Zwillingsbruder Sosias, was gerade in den Verwechslungsszenen besonders überzeugte. Der großartige Jupiter des Lucien Guitry konnte jedoch nicht ganz die Erinnerung an die olympische Erscheinung Mounet-Sullys in der gleichen Rolle verdrängen.

Am 13. Februar brachte Sarah das Stück *Magda* heraus, eine Übersetzung von Herman Sudermanns *Heimat.* Leider konnte das Pariser Publikum mit dem an Ibsen erinnernden Thema nicht viel anfangen, deshalb mußte *Magda* bald wieder abgesetzt werden. Das Stück enthielt wirkungsvolle Rollen, dramatische Szenen und überzeugende Aussagen über die neue Rolle der Frau in der damaligen Gesellschaft. Es handelt von Magda, einer jungen Frau, die, als sie schwanger wird, aus ihrem spießbürgerlichen Zuhause verbannt wird und als Opernsängerin zu Weltruhm gelangt. Die Ereignisse überstürzen sich, als Magda sich zufällig wieder in ihrer Heimatstadt aufhält und wider besseres Wissen beschließt, ihrer Familie einen Besuch abzustatten. Vom Leben gereift, fordert sie ihren engstirnigen Vater heraus und gewinnt sein Mitgefühl. Nach einigen herzzerreißenden, manchmal auch recht unwahrscheinlichen Szenen endet das Stück mit dem Tod des Vaters und Magdas verzweifeltem Schrei: »Ich hab' ihn in den Tod getrieben – ich werde ihn doch wohl auch begraben dürfen?« Worauf der Dorfpfarrer antwortet: »Es wird Ihnen niemand verwehren, an seinem Sarge zu beten!«

Es heißt, Sudermann habe seine strahlende, weichherzige Heldin auf die Bernhardt zugeschnitten. Sicherlich gibt es unverkennbare Ähnlichkeiten: Auch Magda ist eine »prächtig gekleidete«, temperamentvolle und selbstbewußte Künstlerin und, wie Sarah, die stolze und liebevolle Mutter eines unehelichen Kindes.

Im Juni reiste Sarah mit der *Magda* nach London. Der

Wunsch, den Engländern eine neue Einstudierung vorzuführen, war an sich nichts Außergewöhnliches, doch diesmal spielten besondere Umstände mit. Eleonora Duse aus Italien, ein aufstrebender Stern am Theaterhimmel, wollte nämlich nur zwei Tage nach der Vorstellung der Bernhardt im Daly's Theatre ihr Londoner Debüt geben, und zwar gleichfalls in *Magda.* Dieser Zufall, wenn es denn Zufall war, war für die Kritiker Anlaß, die Federn zu spitzen und die Schlacht zu eröffnen: Max Beerbohm auf der Seite der Bernhardt und George Bernard Shaw auf der Seite der Duse. Keine Seite konnte den Sieg erringen. Die weitere Karriere der beiden Schauspielerinnen blieb davon unberührt, und auch an der Überzeugung ihrer jeweiligen Anhängerschaft änderte sich nichts. Wenn überhaupt jemand einen Erfolg verbuchen konnte, dann war es Shaw. Ihm gelang es immerhin, Sarah für alle Zeit als geldgierige Königin des Melodramas abzustempeln und die Duse zur überirdischen Priesterin der hohen Kunst zu machen. Shaw war, wie man weiß, ein äußerst kluger Mann, so klug, daß er seine Gegner mit dem Eingeständnis seiner eigenen Fehler entwaffnete.

> Ich glaube, ich habe der Kunst gegenüber immer eine puritanische Haltung bewahrt. Wie Milton, Cromwell oder Bunyan liebe auch ich schöne Musik und gelungene Bauwerke, doch wenn ich feststellen müßte, daß sie dafür mißbraucht würden, der Sinnlichkeit zu huldigen, wäre es für mich ein Gebot der Staatskunst, auch die schönste Kathedrale in die Luft zu sprengen, einschließlich der Orgel und allem, was dazugehört, ohne die geringste Rücksicht auf die Schreie der Kunstkritiker und Kunstverehrer.

Diese terroristischen Äußerungen Shaws lassen vermuten, daß er Sarah, die Sinnlichkeit in Person, wohl am liebsten gleichfalls in die Luft gesprengt hätte. Er hatte seine Zeitbombe schon gezündet, als er sie in der Rolle der Fédora als »ausgediente Ex-Schauspielerin« beschrieb, »die das [französische] Nationaltheater verlassen hat, um in der Welt herumzutingeln, und die so tut, als töte sie Leute mit dem Beil oder der Haarnadel, und dabei auch noch haufenweise Geld einstreicht«.

Selbstverständlich verdiente Sarah mit den Sardou-Stücken ein Vermögen, und es reizte und befriedigte sie, die juwelengeschmückten, sinnlichen und dekadenten *femmes fatales* zu verkörpern, die Sardou für sie geschaffen hatte. Sie interessierte sich jedoch nicht ausschließlich für melodramatische Stücke. Mit ihren einundfünfzig Jahren konnte sie auf ein Schauspielerleben zurückblicken, das Racine, den Romantikern und allen bedeutenden Bühnenwerken ihrer Zeit gewidmet gewesen war.

Shaw, den die Duse mit Ibsens *Nora oder Ein Puppenheim* für sich gewonnen hatte, übersah, daß sich das Repertoire der Duse weitgehend mit dem der Bernhardt deckte, daß auch sie die unglückseligen Opfer der Sardoustücke mit Beil und Hutnadel mordete, daß sie mit diesen Stücken nicht nur Italien, sondern Europa und Südamerika bereiste und daß sie, auch das sei gesagt, diesen Rollen weder den Glanz noch den optischen Reiz verlieh, der allein Sarahs Darstellungskunst vorbehalten blieb.

In seinem Artikel über die beiden großen Schauspielerinnen vom 15. Juni 1895 schrieb Shaw:

> Zu Beginn dieser Woche konnten wir erleben, wie Sarah Bernhardt in ihr altes Fach als ernsthafte Tragödin zurückgefunden hat. Sie spielte die Magda in Sudermanns Stück *Heimat*, und schon am Mittwoch machte ihr die Duse in derselben Rolle den Ruf streitig. Die beiden Magdas unterscheiden sich ganz grundsätzlich voneinander … Madame Bernhardt kokettiert mit ihrer Reife. Sie wirkt vielleicht etwas launisch und gereizt, aber wenn sie sich in Szene setzen kann, hat sie immer ein Lächeln parat. Kostüme und Schmuck glänzen nicht, glitzern aber wenigstens. Ihre früher allzu ungepolsterte Figur ist ansehnlicher geworden, und ihre Maske beweist, daß sie sich nicht umsonst mit moderner Kunst beschäftigt hat. Sie schminkt sich gekonnt nach dem Vorbild der französischen Maler, die den menschlichen Teint in reizenden erdbeerroten und sahnigweißen Tönen malen und mit Schatten in Rosa und Karmesinrot eine bezaubernde Wir-

kung erzielen ... Auch die Ohren schminkt sie rot und läßt sie auf hinreißende Art und Weise unter den losen braunen Haarsträhnen hervorlugen. Auf jedem Grübchen sitzt ein rosaroter Tupfer ... Ihre Lippen gleichen einem frischlackierten Briefkasten. Ihre Wangen schimmern bis unter die langgezogenen Wimpern zart wie die Haut eines Pfirsichs; sie ist so schön, wie sie es gelernt hat – und dabei ganz und gar unmenschlich und unglaubwürdig ... Wir sehen Sarah Bernhardt, wie sie leibt und lebt. Das Kostüm, das Stück, ihr Text mögen sich ändern, die Frau bleibt immer dieselbe. Sie versetzt sich nicht in die Hauptrolle, sie ersetzt die Hauptrolle durch sich selbst.

Ganz anders verhält es sich bei der Duse, die sich jede Rolle neu erarbeitet ... Einer ausdrucksstarken Schauspielerin fällt es nicht schwer, uns als Kameliendame mit ihren Sorgen und Anfällen von Schwindsucht zu quälen, uns reichlich billige Empfindungen zu verkaufen, die sich kaum vom Kitzel einer öffentlichen Hinrichtung unterscheiden. Ganz anders das Vorgehen einer Schauspielerin, die uns das menschliche Leid im Spiegel unseres Mitgefühls zeigt und uns gleichzeitig vor dem Miterleben ihrer standhaft erduldeten Qualen bewahren möchte. Darin liegt der Reiz der Interpretation dieses poetischen Bühnenwerks über Marguerite Gauthier durch die Duse. Sie rührt an unser Herz, weil sie so bescheiden und zurückhaltend, so einfühlsam ist. Äußerliche Reize sind erst dann erhaben und schön, wenn darin auch der Reiz der Tugend zum Ausdruck kommt. Die Duse bringt es fertig, solche hohen moralischen Töne anzustimmen und damit die jämmerlichen anderthalb Oktaven der Liedchen und reißerischen Märsche in den Schatten zu stellen, die Sarah Bernhardt trällert.

Max Beerbohm, Shaws Nachfolger an der *Saturday Review*, war amüsanterweise ganz anderer Meinung. Für ihn war die Bernhardt »erhaben, ehrfurchtgebietend und wunderbar«, während er der Duse mangelnde Erfassung ihrer Rollen vorwarf. Er schrieb: »Sie behandelt die Rollen, als seien sie lediglich Vehikel der Selbstdarstellung. Sie ist in *Fédora* dieselbe wie in *Magda* ... Für sie gilt immer nur: ›Io son io.‹ Ihr ungeschminktes Gesicht [die Duse lehnte es ab, sich zu schminken], das unverhüllte Grau ihrer Haare ... sind für diese Haltung bezeichnend ... Bin ich wenigstens von ihrer Persönlichkeit überwältigt? ... Ich muß gestehen, daß ich das nicht bin. Sicher, ich nehme die Kraft und die Würde ihres Ausdrucks wahr. Ihre scharfe, leise Stimme entbehrt nicht des Charmes. Mein vorherrschendes Gefühl aber ist das der Ablehnung. Es will mir nicht gelingen, in ihr die ›Verkörperung der Weiblichkeit‹ und ›den Geist der Tränen dieser Welt‹ zu sehen, und was die anderen Kritiker ihr noch alles zuschreiben. Mein vorherrschender Eindruck ist der einer zielstrebigen Egoistin, einer Frau, die sich mit der Pose melancholischer Gleichgültigkeit über Stücke, Schauspieler, Kritiker und ihr Publikum hinwegsetzt.«

Diese gegensätzlichen Bewertungen lassen den Schluß zu, daß Beerbohm und Shaw sich ihre Meinung wie die Zuschauer in aller Welt aufgrund persönlicher Sympathien, nicht objektiver Kriterien bildeten. Der künstlerische, allem Femininen zugetane Beerbohm bewunderte an der Bernhardt die dahinschmelzende Zartheit und raubtierhafte Sexualität, die sie ihren Rollen verlieh. Shaw dagegen beschäftigte sich lieber mit Theorien als mit Dingen des Herzens, er war als Angelsachse mehr am Inhalt als an der Form interessiert und war von der sinnlichen Ausstrahlungskraft der Bernhardt nicht beeindruckt. Vermutlich konnte dieser Mann, der hauptsächlich durch Briefe liebte, einer Frau keinen Reiz abgewinnen, die als Eva wahrscheinlich die Schlange gleich mit dem Apfel zusammen verschlungen hätte.

Shaw ließ noch einen weiteren Aspekt außer acht. Als die Duse und die Bernhardt Dumas' Marguerite Gauthier gaben, spielten sie nicht die Jungfrau Maria, sondern eine erfolgreiche Kokotte, die – immer in prachtvolle Gewänder gehüllt– dem Publikum ihre tausend weiblichen Schliche vorführt. Sarah Bernhardt wußte das nur zu gut. Und sie wußte auch, daß sie die Kameliendame im ersten Akt als egozentrische, schillernde Frau darstellen mußte, um die Wirkung ihres Opfers und Niedergangs zu verstärken. Die

Duse wußte zweifelsohne genauso, worauf es in Dumas' Stück ankam. Sie spielte die Marguerite aber lieber als ein edles und etwas nachlässig gekleidetes Opferlamm. Für Shaw war diese Interpretation die durchdachtere, aber wenn man das Stück liest, fragt man sich, wie er zu dieser Meinung kommen konnte. Marguerite ist nicht die feine Dame, die sich oder dem Publikum ersparen würde, an ihren Qualen teilzuhaben. Sie ist eine verlassene Dame der Halbwelt, herrisch, ironisch und ungebunden, die den fatalen Fehler begeht, sich zu verlieben.

Die Duse konnte ihr Publikum mit ihrer Darstellung der Marguerite zu Tränen rühren. Diese Wirkung erzielte sie jedoch nicht mit einer durchdachteren Konzeption der Rolle, sondern mit der unschuldigen Ausstrahlung der genialen Autodidaktin aus der italienischen Provinz, die nicht die Vorteile, aber auch nicht die Nachteile einer Ausbildung an der Schauspielschule genossen hatte. Sie wirkte, auf den Nenner gebracht, erfrischend, und sie war eine neue, natürliche und höchst ausdrucksvolle Stimme in einer Welt, die den stilisierten Schliff des französischen Theaters gewöhnt war.

Die amerikanische Schriftstellerin Willa Cather war in ihrem dritten Collegejahr Theaterkritikerin des *Journal* von Nebraska in Lincoln. In Omaha hatte sie einmal die Bernhardt als Tosca gesehen. Die Duse hatte sie nicht gesehen, aber sie las sämtliche Artikel, die in den New Yorker Zeitungen über die beiden Schauspielerinnen erschienen, und faßte das Ergebnis folgendermaßen zusammen: »Für die Bernhardt ist Kunst eine Form der Ausschweifung, eine Art bacchantische Orgie. Der Duse dagegen ist die Kunst heilig, eine Religion, ein Martyrium.« Sie hätte es auch so ausdrücken können: Sarah Bernhardt war die letzte große Schauspielerin des 19. Jahrhunderts, Eleonora Duse die erste große Schauspielerin des 20. Jahrhunderts.

Vor ihrer Gastspielreise nach London hatte Sarah Bernhardt *La princesse lointaine* einstudiert, ein Versdrama des jungen Bühnendichters Edmond Rostand. Es wurde ein Achtungserfolg, der ihr zweihunderttausend Franc Schulden einbrachte. Sie hatte wohl damit gerechnet, denn schon am Abend vor der Premiere hatte sie der Presse mitgeteilt: »Wahrscheinlich bringt mir dieses Stück keinen *Sou* ein, aber das macht nichts. Ich finde das Stück hervorragend und bringe es zu meinem eigenen Vergnügen auf die Bühne.«

Ihre Begeisterung war berechtigt. Der siebenundzwanzigjährige Rostand war ein vielversprechendes Talent, und seine Stücke kamen dem extravaganten Geschmack Sarahs entgegen. Die Begegnung der beiden war nicht zufällig zustande gekommen. Sarah hatte eines Tages einen Brief und ein umfangreiches Manuskript von Madame Rostand erhalten. Bei dem Manuskript handelte es sich um das erste abendfüllende Stück Rostands, der Brief enthielt die Bitte seiner Frau an Sarah, sich das Stück doch einmal anzusehen. Madame Bernhardt werde sich sicher daran erinnern, daß sein Einakter *Les Romanesques* im letzten Jahr mit einigem Erfolg an der Comédie Française gegeben worden sei. Sarah, die Dutzende solcher Anfragen erhielt, wollte Brief und Manuskript zuerst in den Papierkorb werfen, sah sich das Stück dann aber doch an – vielleicht aufgrund des feinen Papiers oder der exklusiven Adresse in der Rue Fortune. Sie begann zu lesen und hatte sich bald entschieden. Am nächsten Tag ließ sie die Rostands kommen. Es war eine stürmische Szene. Die Bernhardt verkündete, Rostand sei ein neuer Victor Hugo und seine Frau, die Dichterin Rosamonde Gérard, das verehrungswürdigste Geschöpf der Welt. Die beiden waren in der Tat wie geschaffen für Sarah: Ihr Auftreten war geistreich und witzig, und sie waren in beruhigender Weise weltzugewandt und genossen aufgrund ihres Könnens überall Respekt. Außerdem waren sie ein ansehnliches Paar. Rosamonde war eine blonde, schlanke, geschmackvoll gekleidete Schönheit, und Rostand strahlte mit seiner ganzen Erscheinung theatralische Eleganz aus, von seinem schicken grauen Anzug, den Blumen im Knopfloch und dem Monokel bis hin zu dem sorgfältig gestutzten, gewachsten Schnurrbart, der ebenso trefflich geformt war wie die Verse, die er als Bühnendichter schmiedete.

Am 5. April 1895 war die Premiere von *La princesse lointaine.* Das Stück spielt im Mittelalter und handelt von einer Prinzessin, die zwischen religiösen Phantasien und fleischlichen Lüsten hin und her gerissen ist. Es bot der Bernhardt, de Max und Guitry reichlich Gelegenheit, sich in hochtrabenden Versen und pathetischen Gebärden zu ergehen und einander schmachtend zu begehren. Als Hintergrundmusik erklangen säuselnde Flötentöne und rasante Harfenarpeggien von Gabriel Pierné. Trotz lobender Kritiken und Anerkennung von seiten der Ästheten war das Pariser Publikum von dem Stück gelangweilt, und nach einunddreißig Vorstellungen mußte es abgesetzt werden.

Sarah weigerte sich jedoch, das Stück endgültig aufzugeben, und nahm es mit nach London. Dort, im Land Dante Gabriel Rossettis und Burne-Jones', hoffte sie auf mehr Verständnis. Statt dessen wurde das Stück von Shaw verrissen. Shaw schrieb, man dürfe die »nervöse Energie« der Bernhardt nicht mit Talent verwechseln und die Zuschauer lachten ganz zu Recht über das affektierte Geschehen auf der Bühne. Außerdem, fügte er grob hinzu, sei die französische Versdichtung sowieso keine Dichtung.

Sarah war an Verrisse gewöhnt. Voller Verachtung für Kritiker und Spötter eilte sie zu Rostands Verteidigung und nahm ihn nicht nur mit Worten in Schutz, sondern demonstrierte ihre Hochachtung auch mit dem Auftrag für ein neues Stück.

Dann machte sie sich, wie es ihre Gewohnheit war, zu einer Tournee nach Amerika auf, wo sie so viel Geld verdiente, daß sie sich einen langgehegten Traum erfüllen konnte: die Uraufführung von Alfred de Mussets *Lorenzaccio.* Musset war erst vierundzwanzig, als er das Stück 1830 schrieb, und das Stück galt lange Zeit als unspielbar, eine durchaus verständliche Einschätzung, wenn man sich seine unzumutbare Länge, die verwirrenden Nebenhandlungen und die große Anzahl von Charakteren ansieht. Selbst nach einigen Streichungen füllte Sarahs Einstudierung noch einen sehr langen Theaterabend. Trotzdem strahlte das Stück eine intensive romantische Atmosphäre aus. Es war ganz vom Geist eines Byron erfüllt und hatte die Dimensionen eines Shakespeare-Dramas: Lorenzo de Medici, ein kultivierter junger Herr aus dem Florenz der Renaissance, sucht nach Wahrheit und Gerechtigkeit und wird ein Opfer jener Korruption und Ausschweifung, die zu bekämpfen er sich zum Ziel gesetzt hat.

Sarah brillierte in dieser an Hamlet erinnernden Rolle. Sie überzeugte sogar Jules de Tillet, einen ihrer unerbittlichsten Kritiker. Tillet schrieb in der *Revue Bleue:* »Madame Bernhardt hat mich mit ihrer Begabung oft mehr irritiert als bezaubert, doch diesmal ist ihr Erfolg vollständig und verdient. Sie erfüllt die Rolle des Lorenzaccio, an die sich zuvor niemand gewagt hat, mit Leben und wächst dabei über sich selbst hinaus.«

Anatole France ging in einem literaturwissenschaftlichen Essay in der *Revue de Paris* auf den historischen Hintergrund des Stücks ein. Über die Aufführung selbst schrieb er:

> Madame Sarah Bernhardt, die im Lauf ihrer unbeschreiblichen Karriere so viele bezaubernde Charaktere kreiert und ihrem Publikum poetische Traumbilder vor Augen geführt hat, konnte uns diesmal zeigen, daß Anmut in der Kunst aufs glücklichste mit Ausdruckskraft gepaart sein kann.
>
> Ihre jüngste Rolle ist ganz von dieser Ausdruckskraft geprägt. Madame Bernhardt hat die Figur des Lorenzaccio mit sicherer Hand entworfen. Sie verwandelt sich in eine Bronze Cellinis, in einen ausdrucksstarken Perseus.
>
> Wir wissen, daß die große Schauspielerin aus sich selbst ein Kunstwerk machen kann, und doch überrascht sie uns hier aufs neue mit ihrer Verwandlungskunst. Mit jeder Faser ihres Wesens verkörpert sie den melancholischen, aufrichtigen und poetisch veranlagten jungen Mann. Allein die Treffsicherheit ihrer Gebärden ist eine wahre Meisterleistung, desgleichen die tragische Schön-

heit ihrer Haltung und ihres Blicks, der intensive Klang ihrer Stimme, die Sanftheit und Variationsbreite ihrer Diktion – in einem Wort, ihre Gabe, Geheimnis und Gewalt darzustellen.

Trotz des einhelligen Lobs konnte Mussets Stück nur zwei Monate lang gegeben werden und kostete Sarah ein Vermögen. Der finanzielle Verlust machte allerdings nur einen kleinen Teil jener zwei Millionen Franc in Gold aus, die die ehrgeizige, um hochwertige Stücke für ihr Publikum bemühte Intendantin in den sechs Jahre am Renaissance-Theater verlieren sollte.

Die Bernhardt hatte in ihrer langen Schauspielerkarriere zahlreiche Ehrungen im Ausland erhalten, war aber in Frankreich noch nie offiziell ausgezeichnet worden. Dem wurde schließlich von Kreisen abgeholfen, die ihre Begabung am ehesten zu schätzen wußten. Ende 1896 organisierte eine Gruppe von Schauspielern und Schriftstellern ein Bankett zu ihren Ehren. Als der Tag des Banketts näher rückte, bat Jules Huret vom *Figaro* sie, den Lesern die Gefühle, Kämpfe und Triumphe ihres Lebens zu schildern. Sarahs Antwort wurde in Form eines Briefes veröffentlicht:

> Mein lieber Freund, Sie bitten um nichts weniger als eine Lebensbeichte ... Ich bin stolz und glücklich über das geplante Fest. Sie fragen, ob ich meiner Meinung nach diese Ehre verdient habe. Wenn ich darauf mit Ja antworten würde, hielten Sie mich für eingebildet, wenn ich mit Nein antworte, werden Sie mir falsche Bescheidenheit vorwerfen. Lieber erzähle ich Ihnen, warum ich so stolz und glücklich bin. Neunundzwanzig Jahre lang habe ich das Publikum an den Wallungen meiner Seele, dem Pulsschlag meines Herzens, den Tränen meiner Augen teilnehmen lassen. Ich habe einhundertundzwölf Rollen gespielt und achtunddreißig neue Charaktere zum Leben erweckt, von denen sechzehn von Dichtern erschaffen wurden ... Ich habe mich eifrig darum bemüht, die höchsten Höhen der Schauspielkunst zu erklimmen. Noch habe ich den Gipfel nicht erreicht. Ich habe den weitaus

größeren Teil meines Lebens schon hinter mir, aber was macht das schon? ... Die Stunden meiner Jugend sind verflogen, aber ich habe meinen Mut und meine Fröhlichkeit bewahrt, denn mein Lebensziel ist immer dasselbe geblieben, und ich gehe unbeirrt weiter darauf zu.

Als ich über den Ozean gefahren bin, habe ich meine künstlerischen Ideale mitgenommen, und der Genius meiner Nation konnte Triumphe feiern. Ich habe Frankreichs Bühnendichtung in fremde Herzen gepflanzt, und darauf bin ich besonders stolz.

Am Mittag des 9. Dezember 1896 versammelten sich fünfhundert Gäste in Abendgarderobe in der *Salle du Zodiaque* des Grand Hôtel. Die Bernhardt hatte einen atemberaubenden Auftritt. Alle Augen waren auf sie gerichtet, als sie am obersten Absatz der geschwungenen Treppe erschien, die in den blumenübersäten Bankettsaal hinunterführte. Sie war in ein fließendes weißes Gewand gekleidet, das mit Gold bestickt und mit Chinchillapelzen besetzt war. Beim Herabsteigen der Treppe nahm sie immer neue faszinierende Posen ein, so daß die Gäste vor Begeisterung aufsprangen und applaudierten.

»Bei jeder Biegung der Treppe«, erinnert sich Huret, »machte sie halt, umschlang die mit Samt umkleideten Säulen mit ihren Armen und dankte für den donnernden Beifall. Ihre Füße schienen kaum den Boden zu berühren. Sie schwebte auf uns zu wie ein Glorienschein.«

Es wurde ein Fest der Liebe und der Erinnerung. Alte Freunde waren gekommen, darunter Coppée und Coquelin, Sardou und Halévy, Montesquiou, Clairin und Abbéma. Sie sprachen wehmütig von der unvergeßlichen Schönheit, die Sarah Bernhardt Stücken wie *Andromaque, Le passant, Ruy Blas* und *Hernani* verliehen hatte, erinnerten sich aber auch ihrer Launen, ihrer kleinen Lügen und ihrer Freundschaft. Die jüngeren Gäste wie Rostand und Léon Daudet erzählten Anekdoten über jenes märchenhafte Wesen, das zu kennen sie mit Stolz erfüllte. Die Speisekarten waren von Abbéma, Jules Chéret und Alphonse Mucha gestaltet worden. Zum Schluß des Banketts brachte Sardou einen Toast auf die Bernhardt aus. Sie sei »die anerkannte Königin der Schauspielkunst, wie alle Welt weiß. Doch während viele von uns schon Gelegenheit hatten, die Schauspielerin zu sehen, war es nur wenigen vergönnt, den Edelmut, die Großzügigkeit und die außergewöhnliche Liebenswürdigkeit dieser Frau kennenzulernen. Ich möchte Sie also alle bitten«, schloß er, »auf das Wohl unserer großen und guten Sarah zu trinken.« Der Applaus schwoll an, als Sardou sein Taschentuch hervorzog und sich die Tränen aus den Augen wischte. Dann erhob sich Sarah Bernhardt und sagte mit ausgebreiteten Armen: »Ich möchte euch allen danken, meine lieben Freunde, aus vollstem Herzen danken.«

Der Festakt schloß mit einer »Hymne an Sarah Bernhardt«. Den Text hatte Armand Sylvestre verfaßt, die Musik war von Gabriel Pierné, zu Gehör gebracht wurde sie von einem Chor. Dann begaben die Anwesenden sich ins Renaissance-Theater. Dort hatten sich bereits so viele Schaulustige eingefunden, um die Ankunft der Gäste zu beobachten, daß berittene Polizisten für Ordnung sorgen mußten. In der Aufführung des ersten Akts aus *Phèdre* und des vierten Akts aus *Rome vaincue* vor den versammelten Größen aus der Welt der Kunst, der Literatur und der *haut monde* übertraf die Bernhardt an diesem Nachmittag sich selbst. Zum Abschluß rezitierten fünf Dichter eigens zu Ehren der Bernhardt verfaßte Sonette. Als der Vorhang aufging, sah das Publikum sich einem Arrangement gegenüber, das nur in dieser Zeit und in diesem Theater vorstellbar war. Sarah saß, gehüllt in die hauchzarten Schleier der Phädra, auf einem blumenübersäten Thron, über dem sich ein orchideengeschmückter Palmenbaldachin wölbte. Ihr Gesicht war von Kamelien umrahmt, und zu ihren Füßen saßen ehrfürchtig aufblickende Schauspielerinnen in weißen Gewändern, auf dem Kopf Kronen aus Rosen. Das Sonett Rostands, des *poète chéri* der Bernhardt, stellte alle anderen Lobeshymnen in den Schatten.

En ce temps sans beauté, seule encore tu nous restes,
Sachant descendre, pâle, un grand escalier clair,
Ceindre un bandeau, porter un lys, brandir un fer.
Reine de l'attitude et Princesse des gestes.

En ce temps sans folie, ardente, tu protestes!
Tu dis des vers. Tu meurs d'amour. Ton vol se perd.
Tu tends tes bras de rève, et puis tes bras de chair.
Et, quand Phèdre paraît, nous sommes tous incestes.

Avide de souffrir, tu t'ajoutes des coeurs;
Nous avons vu couler, car ils coulent, tes pleurs!
Toutes les larmes de nos âmes sur tes joues...

Mais aussi tu sais bien, Sarah, que quelquefois
Tu sens furtivement se poser, quand tu joues,
*Les lèvres de Shakespeare aux bagues de tes doigts.**

Sarah war sichtlich gerührt. Huret beschreibt diesen Augenblick mit folgenden Worten:

> Schwer atmend und bleich wie die sie umrahmenden Kamelien stand sie da. Vergeblich versuchten ihre bebenden Lippen ein Lächeln, und in ihren Augen sammelten sich Tränen. Die Hände hielt sie über dem Herzen gefaltet, gerade als wolle es zerspringen.
>
> Und so stand sie vor den eintausendfünfhundert Zuschauern, von der Kraft jener Zeilen erschüttert und überwältigt. Von den oberen Rängen regnete es Blumen auf die Bühne herab, und mit langanhaltenden Jubelrufen ging *La journeé de Sarah Bernhardt* ihrem Ende zu.

Sarah erhielt von überall her Glückwunschtelegramme, unter anderem von Emma Calvé, Réjane, D'Annunzio, Hen-

---

* (In dieser Zeit ohne Schönheit bleibst nur du uns, / die du weißt, wie man, bleich, eine große Treppe hinabschreitet, / sich ein Band ins Haar flicht, eine Lilie trägt, ein Schwert zieht. / Königin der Haltung und Prinzessin der Gesten.
In dieser nüchternen Zeit erhebst du leidenschaftlich die Stimme! / Du sprichst in Versen. Du stirbst für die Liebe. Du stürzt vom Himmel. / Du streckst deine Arme im Traum aus und dann im Wachen. / Und deine Phädra führt uns alle in Versuchung.
Begierig nach Leiden, eroberst du unsere Herzen. / Wir haben deine Tränen fließen sehen, denn deine Tränen flossen! / Über deine Wangen flossen die Tränen unserer Seelen ...
Und du weißt sehr wohl, Sarah, daß du manchmal, / wenn du spielst, spürst, wie Shakespeares Lippen / dir heimlich einen Kuß auf die beringten Finger hauchen.)

ry Irving, Ellen Terry, Nellie Melba und Jean und Edouard de Reszke.

Sarah war nicht nur eine Heilige, sie war zugleich eine lebenstüchtige Frau. Die zwei Seiten ihrer Persönlichkeit treten in Reynaldo Hahns zauberhaftem, lebendig und anrührend geschriebenen und im Stil eines Tagebuchs gehaltenen Erinnerungsbüchlein *La grande Sarah* deutlich hervor. Reynaldo war ein vielbeachtetes Wunderkind gewesen, das seine Heimatstadt Caracas schon früh verließ, um bei Massenet in Paris Komposition zu studieren. Er war zwanzig, als Sarah sich seiner annahm, aber schon seit seinem vierzehnten Lebensjahr war er als »junger Mozart« der Liebling der Pariser Gesellschaft, der sich zum Entzücken seiner adligen Zuhörer in den Salons selbst zu seinem Lied *Si mes vers avaient des ailes** am Klavier begleitete. Er gewann die Damen und Herren des Faubourg nicht nur aufgrund seiner außergewöhnlichen musikalischen Gaben, sondern auch mit seinem sprühenden Witz und einer verführerischen Ausstrahlung, die seiner Musik in nichts nachstand.

Als Reynaldo Hahn und Sarah Bernhardt sich kennenlernten, war Hahn der Geliebte von Marcel Proust. Er nahm Proust sogar einmal mit nach Belle-Ile-en-mer in der Bretagne, wo Sarah einige Jahre zuvor ein Haus erworben hatte. Leider ergab sich auf dieser, wie Proust schrieb, »Pilgerfahrt zu jenem Haus, das im Glanz Sarah Bernhardts erstrahlte«, keine Gelegenheit, der großen Schauspielerin den Freund vorzustellen. Das ist deshalb schade, weil Proust die Bernhardt vielleicht tiefgründiger porträtiert hätte als Hahn, der sich in seiner Schrift *La grande Sarah* weitgehend darauf beschränkt, die Bernhardt in der gemütlichen Runde ihrer Freunde zu schildern. Selbst Hahn konnte sich freilich einer gewissen Kritik nicht enthalten. Der »schreckliche Ruhm« habe Sarah egoistisch und hochmütig gemacht: »Es war nicht so, daß dieser Charakterzug unangenehm hervorgetreten wäre. Keineswegs. Und doch

---

* »Wenn meine Verse Flügel hätten.« Von den vielen gefühlvollen Liedern Hahns wird dieses auch heute noch häufig aufgeführt.

verbarg sich hinter ihrem zauberhaften Lächeln eine abwehrende Haltung. Sie war gleichgültig gegenüber den Lobeshymnen, oder anders ausgedrückt, sie duldete die Verehrung, die ihr entgegengebracht wurde, teilnahmslos und mit einem Anflug von Verachtung.«

In diesen Sätzen zeigt Hahn wenig Verständnis für Sarah. Aus eigener Erfahrung hätte er wissen müssen, daß es für eine Berühmtheit wie sie kaum etwas Schwierigeres gab, als mit der Lobhudelei und Schwärmerei der Verehrer umzugehen. Hahn kreidete Sarah außerdem an, Anhänger zweifelhafter Verdienste um sich zu scharen. Er glaubte, daß unter solchen Menschen nur Verlogenheit und billige Intrige gediehen. Sarahs größter Makel jedoch sei ihr Sohn, ein regelrechtes Krebsgeschwür; alles andere sei dagegen harmlos. Nach dieser Kritik wandte er sich wieder der Sarah zu, die er liebte.

Am 18. Juni 1896 schloß er sich einer Gastspielreise nach London an. Eine Woche später schrieb er in sein Tagebuch:

> Heute morgen Sitzung bei dem Fotografen Downey. Im Atelier sind alle in freudiger, doch ungeduldiger Erwartung. Es regnet, und wir fürchten schon, daß Sarah nicht kommt. Doch um 11.30 trifft sie mit Clairin, Seylor und ihrer Zofe Maria im Schlepptau ein. Sie ist wie immer empfindlich gegen die Kälte und klagt über das scheußliche Wetter. In Wirklichkeit ist es sehr warm. Downey, den sie seit zwanzig Jahren kennt, wird herzlich begrüßt. »Immer jung und frisch«, sagt sie auf englisch und klopft ihm freundschaftlich auf die Schulter. Der alte Herr, ein wirklicher Künstler seines Fachs, strahlt sie an. Wir steigen die schmale, schwarze Stiege zum Atelier hinauf. Sarah gibt sich beim Treppensteigen immer sehr unbeholfen, läßt sich eine Hand reichen oder stützt sich auf eine Schulter. Heute ist sie in bester Stimmung. Sie setzt den hübschen Reisehut aus Stroh ab und fährt sich vor dem Spiegel mit kurzen, heftigen Bewegungen des Zeigefingers durch die Haare. Sie zieht leicht die Augenbrauen in die Höhe und nimmt jugendlich lächelnd vor der Kamera Platz. Mit ihrem neuen Hund Jack an der Seite probiert

> sie zunächst verschiedene Stellungen aus ... Nach verschiedenen Kostümwechseln und Posen sage ich ihr, wie gut ihre Röcke ihr stehen. Sie sind in einem Stil geschnitten, den sie erfunden und trotz wechselnder Moden beibehalten hat. Der Stoff schmiegt sich um ihre Beine und endet in einer sich um die Knöchel schlingenden Schleppe. Der charakteristische Eindruck ihrer Silhouette ist der einer geschwungenen Linie.
>
> Beim Gehen streichelt sie Downey über den kahlen Schädel und nennt ihn ihren Schatz. Dann steigen wir in die Kutsche.
>
> »Jojotte«, fragt sie Clairin, »ißt du mit uns zu Mittag?«
>
> »Nein«, antwortet der.
>
> »Jojotte, du bist wirklich ein Schwein. Du hättest deiner Familie [seiner Schwester und seiner Nichte] ruhig sagen können, daß du mit mir ißt.«
>
> Wir fahren vergnügt weiter ... Sarah behauptet, ich sei eine Nervensäge. »Aber ich verzeihe dir, weil du so unterhaltsam bist.« Huldvoll nehme ich das Kompliment entgegen. Sie erzählt von einer ehemaligen Zofe, die ihren Ehemann mit dem Kutscher betrogen hatte. Besagter Ehemann hat sich bei Sarah ausgeweint.
>
> »Ein Kutscher«, heulte er. »Nur ein Kutscher! Wenn sie mich schon betrügt, hätte sie sich einen von Madames Freunden aussuchen können!«
>
> Wir kommen im Hotel an, und Sarah wagt im Korridor ein kleines Tänzchen – natürlich sehr elegant.

Hahn amüsierte sich köstlich über Sarahs Urteil über andere Schauspieler. Einmal fragte er sie, was sie von der Duse halte.

> »Was für ein wunderbarer Kopf!« erwiderte sie. »Diese verächtlichen Lippen, die weißen Zähne, die ewig lächelnden, unglücklichen Augen. Und dann dieser Charme! Eine große Schauspielerin.« Und nach einer bedeutungsvollen Pause: »Schade, daß sie so arrogant ist!«

Noch ungnädiger ging Sarah mit ihrer alten Rivalin Madame Favart um.

»Absolut kein Talent. Keine Spur davon. Schweigen Sie mir von dieser furchtbaren, dunklen und langnasigen Kreatur. Breite Hüften, kurze Beine, riesige Hände. Selbst ihre Finger waren fett. Schrecklich.«

Für Lucien Guitry dagegen hatte sie nichts als Bewunderung. Von Mounet-Sully meinte sie:

»Unglaublich schön, aber was für ein Charakter! Er konnte wirklich gemein sein. Oft genug habe ich ihm gesagt: Wenn ich mich in *Hernani* auf dich stürze und rufe: ›Du bist ein großer, edler Löwe‹, vergiß nicht, mich festzuhalten, sonst falle ich hin. Natürlich passierte genau das. Mit ausgestreckten Armen werfe ich mich nach vorn, und Mounet, der nur daran denkt, wie er selbst wirkt, fängt mich so schlecht auf, daß ich mit voller Wucht zu Boden stürze. Ich hätte ihn ermorden können!« Über ihren alten Lehrer Regnier sagt sie: »Er hat immer an mich geglaubt, Gott weiß, warum. Ich muß eine abscheuliche Schülerin gewesen sein.«

Nach einer Einladung zum Tee bei Sarah beschreibt Hahn das folgende Gespräch:

Das Gespräch wendet sich dem Thema Sittsamkeit zu. Valentine Feydeau findet Kleider unanständig. Es sei ehrlicher und viel natürlicher, nackt auf die Straße zu gehen. Die Comtesse de Najac ist entrüstet. [Hahn behauptete immer, die Comtesse de Najac sei von allen fanatischen Verehrern Sarahs die schlimmste gewesen.] Sarah verteidigt Valentines Standpunkt. Sie beruft sich auf primitive Völker und vergangene Kulturen. Ich weise darauf hin, daß im alten Griechenland zwar die Männer wenig Kleider getragen haben mögen, die Frauen in der Regel jedoch vollständig bekleidet waren. Sarah: »Aber durchaus nicht! Ihre Tuniken waren so dünn, daß die nackten Schenkel darunter zu sehen waren. Die Brüste wurden oft von Netzhemden gestützt, doch nur, um sie besser zur Geltung zu bringen, denn die Hemden bedeckten kaum die Blöße, höchstens dann, wenn es notwendig wurde, einen bestimmten Umstand zu verbergen ... Phädra war wahnsinnig verliebt – was für sich genommen nichts Besonderes ist. Aber alles sprach gegen diese Liebe.« Phädras inzestuöse Liebe veranlaßt Valentine zu der Bemerkung: »Ich finde es idiotisch, daß Liebe, welcher Art auch immer, verboten sein sollte ... Jede Form der Liebe müßte erlaubt sein, selbst die Liebe zwischen Vater und Tochter!« Madame de Najac protestiert entsetzt: »Aber meine liebe Valentine, das wäre ungeheuerlich.«

Sarah riecht Streit. Sie rückt ihre Halskrause zurecht, wiegt den Kopf leicht hin und her und beschließt dann mit einem Seitenblick auf die Comtesse, sich in den Kampf zu stürzen. »Aber meine allerliebste Comtesse, Sie wissen doch nur allzugut, daß in der Liebe einer Mutter zu ihrem Sohn immer auch etwas Erotisches, Sinnliches mitschwingt!«

Vergeblich meldet die Gräfin Protest an. »Doch, doch, meine liebe Gräfin, vielleicht merken wir es nicht, wissen nichts davon, aber ganz im geheimen ist es doch so. Die Tochter wird immer mehr den Vater, der Sohn immer mehr die Mutter lieben, und Sie wissen ganz genau, daß die Heirat einer Tochter für Väter immer etwas Fürchterliches ist.«

Die Gräfin: »Aber Sarah! Auch eine Mutter ist sehr traurig, wenn die Tochter heiratet ...«

Sarah: »Das ist nicht dasselbe. Mütter und Töchter weinen darüber, daß ihr bisheriges inniges Verhältnis nun der Vergangenheit angehört. Das ist überhaupt nicht dasselbe. Väter sind von dem Gedanken entsetzt, ihre Tochter einem anderen Mann übergeben zu müssen. Sie wissen, was den Mädchen bevorsteht, und sind angewidert, empört und eifersüchtig, ja, vor allem eifersüchtig.«

Als die Gräfin immer noch von der hohen Liebe spricht, von Gefühlen u.s.w., holt Sarah weiter aus und untermauert ihre These mit der ihr eigenen Zungenfertigkeit. »Zivilisation! Erziehung! Aber wenn wir ehrlich sind, liebe Gräfin, müssen wir zugeben, daß wir in jeder Beziehung *Tiere* sind. In dem einen Akt unterscheiden wir uns in nichts von den Tieren.«

Die Gräfin: »Aber nur in dieser einen Hinsicht.«

Sarah (forte): »Aha! Aha! Sehen Sie! Zwar nur in dieser einen Hinsicht, aber bis jetzt haben wir noch keine andere Methode gefunden, und deshalb sind wir Tiere!«

Die Gräfin: »Oh!«

Sarah (fortissimo): »Tiere! Die Menschen sind Tiere!«

Ich: »Doch nicht immer, Madame.«

Sarah: »Immer! Die Menschen sind Tiere!«

Nachdem Sarah das Manuskript von Hahns *La grande Sarah* gelesen hatte, schrieb sie ihm, es sei ein wahrheitsgetreues Porträt, und fügte hinzu: »Dank Ihres Tagebuchs und Rostands Sonett werde ich leichten Herzens die große, letzte Reise antreten können.«

Die Bernhardt fühlte sich in keinem ihrer Häuser so wohl wie in Le Fortin in Belle-Ile-sur-mer, einer kleinen Festung, die sie auf einem gemeinsamen Urlaub mit Clairin entdeckt hatte. Für beide war die Bretagne mit nostalgischen Erinnerungen verbunden – für Sarah, weil sie dort ihre frühesten Kindheitsjahre verbracht, für Clairin, weil er dort vor Jahren mit dem Komponisten Camille Saint-Saëns und dem Maler Henri Regnault eine denkwürdige Wanderung unternommen hatte. Als Sarah und ihr Jojotte das hoch über der wilden Atlantikküste liegende Fort entdeckten, stiegen wehmutsvolle Erinnerungen in ihnen hoch. Kaum hatte Sarah das Schild »Zu verkaufen« entdeckt, wußte sie, daß sie dieses Anwesen besitzen mußte. Das war im Jahr 1883. Zwei Jahre später verbrachten Sarah, Maurice und Terka mit dem Töchterchen Simone, Abbéma und Clairin, Sarahs Freund und Privatsekretär Emile Geoffroy und eine kleine Armee von Dienern und Haustieren den ersten Sommer auf der »wunderschönen Insel im Meer«. In den vorausgegangenen zwei Jahren hatte Sarah ein Vermögen darauf verwandt, das düstere Gemäuer in ein einladendes Heim zu verwandeln. Zum Meer hin wurden die schmalen Mauerschlitze in den dicken Wänden durch große, sonnige Fenster ersetzt. Der weiträumige Saal, der ehemals eine Garnison beherbergt hatte, wurde in komfortable Zimmer unterteilt. Es gab freundliche Salons, ein geräumiges Eßzimmer, fünf Schlafzimmer und – exzentrisch und extravagant für die damalige Zeit – ein luxuriöses Bad für die Hausherrin. Und das war erst der Anfang. In den darauffolgenden Jahren, als Reynaldo Hahn und Doktor Samuel Pozzi regelmäßige Besucher der Festung wurden, vergrößerte Sarah das Anwesen, kaufte ein angrenzendes großes Stück Land dazu, zu dem auch ein Bauernhof gehörte, ließ Ateliers für Abbéma und Clairin errichten und baute ein zusätzliches Haus für Maurice und seine Familie, zu der nun auch die 1897 auf Belle-Ile getaufte Lysiane gehörte.

Auch wenn sich das Leben auf der Insel vom Leben in der Stadt deutlich unterschied, herrschte doch weitgehend dieselbe Atmosphäre. Pitou, der sich um den Erwerb des Anwesens gekümmert hatte, stand immer noch in Sarahs Diensten, und er nervte Sarah nach wie vor mit seiner geschäftigen Ordnungsliebe. Sarah schimpfte ihn regelmäßig aus: »Du Schuft, du willst wohl, daß ich dich umbringe, aber so leicht kommst du mir nicht davon«, um ihm dann zu befehlen, die beiden Pferde Vermouth und Cassis anzuspannen, damit sie mit Clairin und den Kindern in einen nahegelegenen Park fahren konnte.

Im Zentrum des ritualisierten Tagesablaufs auf Belle-Ile stand das Mittagessen. Daran schloß sich die Siesta im »Sarahtorium« an, einem sonnendurchfluteten Hof, der mit Chaiselongues und rustikalen Tischen ausgestattet war. Es war eine seltsame Siesta, wie Hahn uns mitteilt:

> Alle reden ununterbrochen, diskutieren Artikel aus den eben vom Briefträger angelieferten Zeitungen und Magazinen, schlagen Insekten tot und starren böse zu den verhaßten Touristen hinüber, die, mit Ferngläsern bewaffnet, in einiger Entfernung auf einem Hügel stehen und versuchen, einen Blick von Sarah Bernhardt zu erhaschen! Und die ganze Zeit über hat man den Eindruck, Sarah schlafe. Doch nein, selbst jetzt kann sie es nicht lassen, die Aufmerksamkeit auf sich zu lenken.

72. Theaterplakat von Clairin zu Sardous *Théodora*

73. Sarah in Victor Hugos *Ruy Blas* auf einem Gemälde von Clairin

74. (oben) Sarah auf einem Porträt von Louise Abbéma

75. (Mitte) *Sarah Bernhardt*, ein Gemälde von Philippe Parrot (1875)

76. (links) *Die junge Sarah Bernhardt*, ein Porträt von Gustave Doré

77. Alphonse Mucha
Die Kameliendame (1896)

78. Alphonse Mucha
Lorenzaccio (1896)

79. Alphonse Mucha
La Samaritaine (1897)

80. Alphonse Mucha
Medea (1898)

81. Auszug aus dem beliebten französischen Comic *Lucky Luke*

82. Die »Henne«, die goldene Eier legt (1882)

83. *Hamlet*, Karikatur von Orens

84. Die Bernhardt in einer Karikatur von André Gill

85. *Grotesque*, eine Skulptur von Sarah Bernhardt

86. Die ertrinkende Ophelia, ein Halbrelief von Sarah Bernhardt

87. Georges Clairin, *La Vièrge d'Avila (Die Jungfrau von Avila)*. Mit der Widmung: »Für Sarah Bernhardt von ihrem Freund G. Clairin.«

88. Clairin, *Théodora*

89. Sarah im Kostüm der Izéïl in ihrer Garderobe

90. Sarah als *Fédora*, ein Porträt von Alfred Stevens (1882)

»Ich schlafe, ich schlafe«, murmelt sie unter den dicken Tüchern, die sie vor der Sonne schützen. Nachmittags pflegt Sarah dann ausgeruht und energiegeladen zum Angeln oder Tennisspielen aufzubrechen. Für die Gäste ist das Spiel ein Martyrium, weil sie den Ball immer so plazieren müssen, daß Sarah ihn ohne Schwierigkeiten trifft, denn obwohl sie einen guten Auf- und Rückschlag hat, rennt sie nicht gern herum, da ihr das rechte Knie zu schaffen macht. Maurice, ein phantastischer Tennisspieler, ist der ungeschlagene Meister dieses Spiels. Clairin und Geoffroy stellen sich ganz gut an, aber wenn sie einen Fehler machen, müssen sie fürchterliche Flüche von Sarah über sich ergehen lassen.

Einmal wurde beim Abendessen leidenschaftlich über alles mögliche diskutiert. Dann spielten wir Domino, und anschließend gehe ich ans Klavier und spiele das Zigeunerlied aus *Carmen*. Maurice probiert einen spanischen Tanz aus, seine Töchter eifern ihm nach. Ich lege ein wenig Tempo zu, und plötzlich springt der alte Geoffroy auf, ein Freund von Sarah, und improvisiert einen rasenden Fandango. Er dreht und wendet sich in einem unglaublichen, schwindelerregenden Tempo, wölbt sich zu Brücken, schlägt ein Rad, läßt die Lampen erzittern und wirft die Stühle um ... Ich schüttle mich vor Lachen und falle zu Boden. Wir alle lachen, bis uns die Seiten stechen. Sarah lacht, den Kopf in die Hände gestützt, bis ihr unter Schluchzen und Aufstoßen die Tränen herunterlaufen. Sie lehnt sich zurück und ringt nach Luft, ihre Augen sind geschlossen. Dann, als sie sich gerade wieder beruhigt hat, bricht es von neuem aus ihr heraus.

In Paris warteten ernstere Angelegenheiten auf sie. Nach einem Achtungserfolg in *Lorenzaccio* von Alfred Musset wandte sie sich wieder dem mittlerweile siebenundsechzigjährigen Sardou zu und brachte im Februar 1897 dessen Stück *Spiritisme* auf die Bühne. Das Stück handelt von einer untreuen Ehefrau, die ihren eigenen »Tod« inszeniert und dann als »Geist« wiederkehrt, um ihren Mann für ihre Treulosigkeit um Vergebung zu bitten. Gustave Kahn schrieb nach der Premiere: »Das Stück ist so schwach, daß es durch nichts gerettet werden kann.« Die Bernhardt setzte es schnell wieder ab und nahm statt dessen Sardous Erfolgsstück *La Tosca* ins Programm.

In der Karwoche gab sie mehrere Matineen mit dem biblischen Drama *La Samaritaine,* dem zweiten abendfüllenden Stück Rostands. Das Stück enthielt einige gelungene Passagen im Duktus des Hohenlieds, war mit religiöser Erbauung durchsetzt und führte vor, wie Jesus persönlich die Bernhardt von Sünde und Laster errettet. Von einem Journalisten gebeten, den Inhalt des Stücks zu beschreiben, sagte der junge Autor: »Stellen Sie sich eine Kokotte im Stil der Liane de Pougy vor. Sie begegnet Jesus und kehrt dann nach Paris zurück, um ihren lasterhaften Freunden die heilige Botschaft zu verkünden.«

Liane de Pougy war eine berühmte Kokotte der Belle Époque. Sie und Sarah hatten viele gemeinsame Freunde. In ihren Memoiren *Mes cahiers bleus* (Meine blauen Hefte) schreibt sie, daß sie und Reynaldo Hahn einander »sehr zugetan waren« und daß er ihr über Jahre das Leben versüßte. Sie beschreibt ihn als »ungemein schön, ein Traum von Schönheit ... Er besaß die Schönheit des Geistes, der Rätselhaftigkeit, der Kultiviertheit und der Sensibilität.« Als sie sich jedoch von ihrem so erfolgreichen, ausschweifenden Leben lossagte, um den rumänischen Prinzen Georges Ghika zu heiraten, reagierte ihr lieber Reynaldo auf die frohe Botschaft mit den Worten: »Adieu Liane, ich verabscheue verheiratete Paare« und ließ sie abrupt fallen. Liane de Pougy schreibt, sie sei dem Prinzen Ghika absolut treu gewesen. Gleichzeitig beschreibt sie aber auch Bettszenen mit ihren lesbischen Verehrerinnen, die sie jedoch »nur von der Hüfte aufwärts« lieben durften, denn von der Hüfte abwärts gehörte sie ihrem Ehemann, der gern am Fußende des Bettes saß und dem Spiel der Mädchen zusah.

Obwohl sie schreibt, sie fühle sich von schönen Frauen angezogen und finde Männer abscheulich, mißbilligt sie trotzdem unverhohlen die Angewohnheit von »Missy«, der Tochter des Grafen de Morny, Zigarren zu rauchen und sich wie ein Mann zu kleiden. Und an Sarahs schöner Nichte Saryta, die denselben Gewohnheiten nachging, kritisiert sie, daß sie »auf Kosten anderer Frauen« lebe.

»Auch Saryta raucht Zigarren, aber sie trägt wenigstens Röcke und ›vermännlicht‹ nur den oberen Teil ihrer Kleidung [durch Hemd und Krawatte].« Liane schreibt weiter: »Sarah Bernhardt hat öfters ihre Nichte darin zu beeinflussen versucht, ihren Umgang und ihre Angewohnheiten zu wechseln. Sie stritt mit ihr, bezahlte ihre Ausgaben, nahm sie mit nach Amerika, ließ sie Schauspielerin werden. Nichts half ... Nach gräßlichen Leiden starb sie jung und einsam an Darmtuberkulose, in einer Klinik, in die ihre berühmte Tante sie hatte einweisen lassen.«

Im Alter wurde Liane de Pougy Laienschwester im Dominikanerorden. Das mag erklären, warum Rostand sie in Zusammenhang mit seiner *Samaritaine* brachte. Ihr geistiger Ratgeber, Vater Rzewuski, erinnert in seinem Vorwort zu ihren Memoiren an eine Begebenheit aus der Zeit, als sie vielen noch als »die schönste unter den Kokotten« galt. Das Französische Theater in Sankt Petersburg bot ihr einen Vertrag an. Da sie bis dahin nur im Folies-Bergère auf der Bühne gestanden hatte, bat sie Sarah Bernhardt, mit ihr zu proben. Nach fünf oder sechs »ausgesprochen teuren Unterrichtsstunden« sagte Sarah: »Meine Liebe, ich kann mit Ihnen nicht viel anfangen. Stellen Sie Ihre Schönheit zur Schau, aber ich rate Ihnen, wenn Sie auf der Bühne stehen, halten Sie am besten Ihren hübschen Mund.«

Sarah wollte unbedingt biblische Charaktere spielen, und *La Samaritaine* wurde eine ihrer Lieblingsrollen, die sie bis 1912 fast jedes Jahr in der Karwoche spielte.

Im April des Jahres 1897 wurde bekannt, die große italienische Schauspielerin Eleonora Duse wolle gegen Ende der Frühjahrssaison eine Reihe von Vorstellungen in Frankreich geben. Die erste davon sollte in Paris stattfinden, und es hieß, ihr Impresario Joseph Schurmann stehe mit mehreren Theatern der französischen Hauptstadt in Verhandlungen. Als die Bernhardt davon erfuhr, stellte sie der jungen Rivalin ihr eigenes Theater kostenlos zur Verfügung. Das bedeutete, daß die Abendeinnahmen voll an die Duse gehen würden und nicht mit dem Renaissance-Theater geteilt werden mußten wie sonst, wenn die Bernhardt das Theater an auswärtige Ensembles vermietete. Die beiden

Divas – die Duse war mit ihren achtunddreißig Jahren fünfzehn Jahre jünger als die Bernhardt – schlossen einen Vertrag, nach dem die Duse in den ersten beiden Juniwochen zehn Vorstellungen geben und frühzeitig eine Liste der geplanten Theaterstücke schicken sollte.

Sarah traute ihren Augen nicht, als die Liste Mitte Mai eintraf. Die Duse hatte nach Rücksprache mit ihrem Liebhaber Gabriele D'Annunzio folgende Stücke ausgewählt: *Die Kameliendame* und *La femme de Claude* von Dumas dem Jüngeren, Sudermanns *Heimat*, Vergas *Cavalleria rusticana* und eine Doppelvorstellung von Goldonis *Mirandolina* und D'Annunzios *Il sogno d'un mattino di primavera.* Die ersten drei der sechs vorgeschlagenen Stücke stammten aus dem Repertoire der Bernhardt. Sarah stellte konsterniert fest, daß die Liste kein einziges Ibsendrama enthielt, wofür die Duse so berühmt war, und sie war empört, daß die Duse es wagte, in Paris *Die Kameliendame* zu spielen, die seit Jahren mit der Bernhardt gleichgesetzt wurde. Mancher Theatergänger fragte sich mißtrauisch, was der Grund für Sarahs Großzügigkeit sei. Hatte sie die Rivalin in die Höhle des Löwen gelockt, um sie und ihren Ibsen zerreißen zu können? Wollte sie auf diese Weise ein für alle Male klarstellen, daß sie besser war als die Duse? Oder wollte sie nur für sich und ihr Theater Reklame machen? Auch daß die Duse die Gastfreundschaft der Bernhardt annahm, wurde endlos diskutiert. Natürlich würde sie auf diese Weise eine Menge Geld sparen. Vielleicht lag die Erklärung auch in der Person Gabriele D'Annunzios, eines ebenso skrupellosen wie begabten Mannes und der großen Liebe der Duse. Vielleicht träumte die Duse davon, es dem Idol ihrer Jugend gleichzutun. Wahrscheinlicher ist, daß die Duse genauso ehrgeizig war wie Sarah – obwohl von ihr gesagt wurde, sie sei ein durchgeistigtes Wesen, dessen Äußerungen, wie der *Figaro* berichtete, hauptsächlich leidenschaftliche Bemerkungen über »die Redlichkeit, die Seele und den Sinn des Lebens« seien.

Das Pariser Gastspiel der Duse hatte durchaus auch vergnügliche Seiten. Robert de Montesquiou berichtet, wie er die beiden Damen einander vorstellte: »Es war eher ein Zusammenstoß als eine Begegnung. Die beiden Frauen umklammerten sich so heftig, daß man an einen Ringkampf erinnert war.« Am selben Nachmittag sah sich die Duse auf Einladung der Bernhardt eine Vorstellung von *La Samaritaine* an. Sie saß in Sarahs Loge, aber es hielt sie nicht lange auf ihrem Sitz. Jedesmal, wenn die Bernhardt auftrat, sprang sie auf und blieb so lange stehen, bis die Bernhardt wieder abging. Das ständige Hoch und Nieder zeigte bald die beabsichtigte Wirkung. Die Zuschauer waren abgelenkt und sahen wie bei einem Tennismatch von einer Person zur anderen. Die Wirkung der Szenen war verdorben, und Sarah konnte nichts weiter tun, als der exaltierten Verehrerin ein huldvolles Lächeln zuzuwerfen.

Dieselbe Farce wiederholte sich bei der Eröffnungsvorstellung der Duse mit der *Kameliendame.* Sarah saß in der Proszeniumsloge, den Kopf auf die Hand gestützt, die Augen auf die Duse geheftet. Über und über mit Juwelen behängt, erlesen gekleidet und ein Rosengewinde in den frischgefärbten roten Haaren, verkörperte Sarah das lebendige Abbild der Heldin Dumas' und bildete einen scharfen Kontrast zur Duse, die sich auf und hinter der Bühne nur wenig oder gar nicht schminkte und ihrer Garderobe kaum Beachtung schenkte. In den Pausen drängte ganz Paris um die Bernhardt, um sie zu begrüßen und ihre Meinung über die italienische Schauspielerin zu hören. »Sie gehört zu den Besten«, antwortete Sarah vergnügt, da sie wußte, daß die Duse an diesem Abend vor Angst und Nervosität überhaupt nicht in Form war.

Noch mehr freute Sarah sich, als sie Sarceys Kritik las. »Interpretiert die Duse diese Rolle bewußt so, oder kann sie sie nicht anders spielen? Jedenfalls stellt sie ein gutherziges Seelchen auf die Bühne, das sich von seinen Liebhabern mit Makkaroni versorgen läßt, was jede Beziehung ruiniert.« Doch dann räumt er ein: »Sie versteht es großartig, Zärtlichkeit auszudrücken. Die Geste, mit der sie Armand eine Blume reicht, ist von einzigartiger Anmut, auch wenn sie überhaupt nicht zu der Textstelle paßt.« Solche Worte vom führenden Theaterkritiker Frankreichs waren eine Ohrfeige für die Schauspielerin, die in Deutschland, Rußland und Italien nur allerhöchstes Lob erntete. Die Duse ließ sich allerdings keine Entmutigung anmerken, als sie die Magda in *Heimat* spielte, eine Rolle, die sie nach den Worten einiger Kritiker besser verkörperte als die Bernhardt. Sogar Sarcey mußte einlenken. Am Ende ihres Aufenthalts in Paris schrieb er: »Eine siegreiche Duse verläßt uns. Für das Theater ist sie ein Vorbild, das nachzuahmen für alle ein Gewinn wäre ... Sie hat uns allein durch die Macht der Wahrhaftigkeit überzeugt.«

Sarah begegnete solch unwillkommenen Worten mit der List der Pariserin. Am 14. Juni sollte ein Wohltätigkeitsabend in ihrem Theater stattfinden, dessen Erlös für die Fertigstellung eines Denkmals für den zwei Jahre zuvor verstorbenen Dumas den Jüngeren bestimmt war. Warum nicht die Rivalin auffordern, daran teilzunehmen? Die Duse sollte den zweiten und dritten Akt der *Kameliendame* spielen, Sarah den vierten und fünften Akt. Aber die Duse war klug genug, sich nicht auf eine Konfrontation einzulassen, bei der sie so leicht unterliegen konnte. Sie schlug vor, statt dessen eine Szene aus *La femme de Claude* zu spielen, einem an Ibsen erinnernden Drama Dumas', in dem sie mit Sicherheit glänzen würde. Der Vorschlag wurde angenommen, und der Wettkampf begann. Es war das einzige Mal, daß die Bernhardt und die Duse gemeinsam auf der Bühne standen. Eine zusätzliche Attraktion des Abends waren *L'Aveu* (Das Geständnis), ein von einem Ehebruch handelnder melodramatischer Einakter, den die Bernhardt einige Jahre zuvor selbst geschrieben und aufgeführt hatte. Darauf sollten Rezitationen von Coquelin und Yvette Guilbert folgen und einige Arien, die von Mitgliedern der Pariser Oper vorgetragen wurden. Der abschließende Höhepunkt des Abends sollte Rostands »Hommage an Alexandre Dumas von Marguerite Gautier« sein, vorgetragen von Sarah Bernhardt.

Die Galavorstellung schien zur Zufriedenheit aller zu verlaufen. In einer großartigen halben Stunde auf der Bühne konnte die Duse die Zuschauer davon überzeugen, daß sie sich selbst gegen die göttliche Sarah behaupten konnte. Leider hatte Sarah noch einen letzten Trumpf in der Hand: den Liebhaber der Duse, D'Annunzio. D'Annunzio war ein finsterer, wenn auch verführerischer Mann, er war rücksichtslos, unzuverlässig und überaus eingebildet. Er verfaßte bombastische Gedichte, dubiose Romane und manierierte Theaterstücke. Bei seinem ersten Besuch bei der Bernhardt am Boulevard Pereire kam sein Charakter deutlich zum Ausdruck. Als er sich zum Handkuß über sie beugte, rief er aus: »Sie sind grandios. Ja, Madame, Sie sind wahrhaft d'Annunzienne!« Die als Kompliment beabsichtigten Worte trafen daneben, denn Sarah, die gleichfalls ein gesundes Selbstbewußtsein hatte, sah sich lieber als Bernhardtienne. Doch das Geschäft ging vor. D'Annunzio hatte der Bernhardt eine französische Übersetzung seines Dramas *La città morta* (Die tote Stadt) geschickt, und sie hatte Gefallen daran gefunden, nicht nur weil es von Inzest handelte und im alten Griechenland spielte, sondern weil D'Annunzio das Stück, das er auf Anregung seiner Geliebten Eleonora Duse speziell für diese geschrieben hatte, nun der Bernhardt für Paris anbot, bevor die Duse es in Italien aufführen konnte. Diese Taktlosigkeit D'Annunzios bereitete Sarah maßloses Vergnügen. Zum einen, weil er mit seinem Angebot deutlich machte, daß er sie noch »grandioser« (ein Lieblingswort des Dichters) fand als die Schauspielerin, die er zu lieben vorgab, zum andern, weil Sarah sich von der Duse schrecklich mißbraucht fühlte – was sie in einem Brief an den Mann, der sie einander vorgestellt hatte, beklagt:

Sarah Bernhardt an Robert de Montesquiou

Sie haben mich der Duse vorgestellt. Ich war äußerst höflich und zuvorkommend ihr gegenüber. Sie sollte innerhalb von elf Tagen zehnmal auftreten, aber statt dessen spielte sie zehnmal in dreißig Tagen. [Es stimmt, daß die Duse gern Vorstellungen verschob oder absagte.]

Das hat mich eine hübsche Stange Geld gekostet, denn ich mußte mein Theater während der Ferien offenhalten. Ich mußte auch den Bühnenarbeitern einen Aufschlag bezahlen, damit sie auf ihren Urlaub verzichteten. All dies habe ich klaglos getan. Sie wissen, welch kleinkariertem, unverschämtem Gerede ich seit der Ankunft der Duse ausgesetzt war. Ich habe meine Glanzzeit gehabt, meine *Journée Sarah Bernhardt*, und jetzt will man mich

> begraben. Das ist schlimm, und auch diese Duse ist schlimm; sie hat ihre Rolle gerissen gespielt – schamlos und gerissen! Es ist niederträchtig, verabscheuungswürdig. Die italienische Künstlerin ist eine hinterhältige, gemeine Kreatur. Stellen Sie sich vor, sie hat mir zum Abschied nicht einmal geschrieben oder sich bedankt …

Natürlich hätte die Duse mit denselben Worten Sarahs so offen verführerisches Benehmen gegenüber D'Annunzio beschreiben können.

Sarahs Inszenierung der »Tödlichen Stadt«, wie die Ensemblemitglieder das Stück nannten, machte niemandem besondere Freude. Die Duse war untröstlich über den grausamen Verrat ihres Liebhabers, und D'Annunzio raste vor Wut, als ein Kritiker sein Stück als »leeren Wortschwall« bezeichnete. Sarahs Racheakt an der Duse schlug auf sie selbst zurück. Sie mußte *Die tote Stadt* kurz nach der Premiere wieder absetzen, denn das Publikum fand das Stück genauso »tödlich« wie ihre Kollegen.

Die Duse wiederum konnte sich an Sarah rächen, indem sie das Stück mit großem Erfolg in Italien aufführte. Die kurze Affäre freilich, die Sarah und D'Annunzio zu dieser Zeit miteinander verband und die von keinem der beiden ernst genommen wurde, brach ihr endgültig das Herz.

Die unerfreuliche Situation am Renaissance-Theater stand ganz im Schatten eines beschämenden Skandals, der die Gemüter zu jener Zeit in Frankreich erregte. Die als Dreyfusaffäre bekannt gewordene Verurteilung des unschuldigen jüdischen Offiziers Alfred Dreyfus mit Hilfe gefälschter Dokumente zu lebenslanger Verbannung auf der Teufelsinsel erschütterte die ganze Gesellschaft. Die Analysen des verwickelten juristischen Sachverhalts und die den Fall Dreyfus begleitenden falschen Anschuldigungen des haßerfüllten Rassismus und des politischen Opportunismus füllen Bände. Die Franzosen, sonst so stolz auf ihre ruhmvolle Vergangenheit und ihre Ideale der Freiheit, Gleichheit und Brüderlichkeit, zerfleischten sich gegenseitig. Leider muß man dem Historiker J. E. C. Bradley recht geben, der über das Verhalten der Franzosen damals schreibt: »Es gibt ein Volk, dem gegenüber die Franzosen rachsüchtiger sind als gegenüber den Deutschen, aggressiver als gegenüber den Italienern, ungerechter als gegenüber den Engländern. Es sind die Franzosen selbst, denen die Franzosen mit einer Feindschaft begegnen, die barbarischer, unnachgiebiger und ungerechter ist als alle Feindschaft, die sie gegenüber einer anderen Nation empfinden.«

Bradley vergaß, den fanatischen Antisemitismus zu erwähnen, der im Zusammenhang mit der Affäre ausbrach. »Die Juden vergiften die Nation«, geiferten die Gegner Dreyfus'. Sie seien »Spitzel, Pestbeulen, Diebe und Synagogenläuse«, die bei lebendigem Leib seziert oder deportiert werden müßten. Und vor allem seien sie keine Franzosen, sondern Verräter Frankreichs.

Es ist kaum zu glauben, aber diese brutale Reaktion gegenüber Juden wurde von so gebildeten Geistern wie Jules Lemaître, Alphonse und Léon Daudet, François Coppée und der Mehrheit der führenden Persönlichkeiten aus Gesellschaft und Kirche geduldet. Zum Glück für Dreyfus und Frankreich gab es auch Humanisten und Sozialreformer, Intellektuelle und Wissenschaftler – und auch Juden –, die erkannten, daß Dreyfus das unschuldige Opfer von Vorurteilen und der Korruption der Militärs war.

Sarah war eine leidenschaftliche Verteidigerin von Dreyfus, und das mit gutem Grund, eine andere Haltung wäre für sie undenkbar gewesen: Weltweit waren jahrelang entstellende antisemitische Karikaturen von ihr erschienen; in Rußland und Kanada war sie mit Steinen und rassistischen Beleidigungen empfangen worden, in *Sarah Barnum* hatte Marie Colombier von ihren »gräßlichen jüdischen Gewohnheiten« geschrieben. Die üblen Anspielungen auf ihr »hebräisches Blut« nahmen in der Tat kein Ende. Sarahs Haltung wurde jedoch nicht nur von ihrer persönlichen Leidensgeschichte bestimmt. Wie Octave Mirbeau, Sardou, Rostand, Hahn, Clairin, Lucien Guitry und viele andere Personen aus ihrem Umkreis war sie zunehmend davon überzeugt, daß Dreyfus das Opfer einer finsteren Verschwörung war. Zu Sarahs Leidwesen war ihr geliebter Sohn anderer Ansicht. Maurice gebärdete sich trotz seines eigenen Anteils an jüdischem Blut offen antisemitisch. Er war davon überzeugt, daß die Armee, die katholische Kirche und die Schickeria der Gesellschaft sich nicht täuschen konnten, und er vertrat diese Überzeugung in bitteren Auseinandersetzungen mit seiner Mutter. Da er sich gegenüber seiner Mutter und ihren Freunden nicht behaupten konnte, zog er mit seiner Familie nach Monte Carlo. Viele schmerzvolle Monate lang sprachen Maurice und Sarah nicht mehr miteinander. Die Bernhardts waren nicht die einzige französische Familie, die durch die Dreyfusaffäre gespalten wurden. Aber als Maurice schließlich wieder nach Paris zurückkehrte, war er so anhänglich, liebevoll und finanziell abhängig wie zuvor. Der Fall Dreyfus wurde zwischen Sarah und ihm nie mehr erwähnt.

Im Oktober 1897 machte die Bernhardt eine Tournee durch Belgien. Gleichzeitig trat Lucien Guitry im Renaissance-Theater in *Secret Service* auf, einem von Pierre Decourcelle bearbeiteten Stück des beliebten amerikanischen Schauspielers und Dramatikers William Gillette. In Paris fand das Stück allerdings keinen Anklang, und wieder einmal mußte Sarah ihrem Theater aus den roten Zahlen helfen. Anfang November begann sie mit einer Serie von fünfzig einträglichen Vorstellungen der *Kameliendame*, und sie studierte ein neues Stück von Mirbeau ein, *Les mauvais bergers* (Die bösen Schäfer). Mirbeau war ein leidenschaftlicher Dreyfusanhänger und nutzte die Proben hauptsächlich dafür, Sarah davon zu überzeugen, daß endlich etwas für den Beweis von Dreyfus' Unschuld getan werden müsse.

Louis Verneuil sagte später, Sarah habe ihm erzählt, sie sei nach einer dieser Proben zu Zola gegangen und habe ihm Mirbeaus Ansichten vorgetragen, sie sei also persönlich daran beteiligt gewesen, Zola zu einer Stellungnahme aufzurufen. Auf ihre Veranlassung hin habe Zola schließlich jenen Artikel zur Verteidigung von Dreyfus im *Figaro* veröffentlicht, der mit den berühmten Worten endet: »Die Wahrheit geht ihren Weg, und nichts kann sie aufhalten.«

Verneuil behauptete auch, Sarah sei an jenem Januartag des Jahres 1898 zugegen gewesen, an dem *J'accuse* veröffentlicht wurde und eine drohende Menschenmenge zu Zolas kleinem Haus in der Rue de Bruxelles marschierte und schrie: »Tod dem Zola!« Plötzlich habe sich eine Fenstertür im zweiten Stock des Hauses geöffnet, und statt Zola sei die Bernhardt am Fenster erschienen. Sie habe Zola besucht, um ihm zu seiner mutigen Kampagne zu gratulieren, einer Kampagne, die sie selbst zwei Monate zuvor initiiert habe. Beim Anblick Sarahs habe die Menge sich beruhigt, und die Polizei habe sie zerstreuen können.

Am nächsten Morgen habe man in den Schlagzeilen lesen können: »Sarah Bernhardt bei Zola. Die große Schauspielerin kämpft mit den Juden gegen die Armee«, und in den folgenden Wochen hätten vor dem Renaissance-Theater wütende Demonstrationen stattgefunden. Der Polizeipräfekt habe Sarah gebeten, die Vorstellungen abzusetzen und das Theater zu schließen, um weitere Unruhen zu verhindern.

Aller Wahrscheinlichkeit nach übertreibt Verneuil – oder Sarah. Aber selbst wenn sie die Welt glauben machen wollte, sie habe bei der Rehabilitierung Dreyfus' eine größere Rolle gespielt, als tatsächlich der Fall war, so muß man ihr doch zugestehen, daß sie sich auf die Seite der Gerechtigkeit geschlagen hatte.

Im Dezember hatte Zola seine *Lettres à la jeunesse* veröffentlicht, in denen er die Jugend zum Kampf gegen das Unrecht auffordert. Er löste damit ungeheuren Aufruhr aus. Zur selben Zeit hatte das Stück *Les mauvais bergers* Premiere. Der Titel »Die bösen Schäfer« spielt auf habgierige Fabrikbesitzer an, die ihre Arbeiter ausbeuten. Jedesmal, wenn auf der Bühne ein Unrecht angeprangert wurde, sahen die Zuschauer darin einen Hinweis auf den Fall Dreyfus und brachen in wütendes Geschrei aus, egal, auf welcher Seite sie standen. Lucien Guitry beeindruckte in der Rolle des in einem blutigen Streik getöteten Arbeiters, und in der Schlußszene spielte Sarah seine Geliebte, die ihn tot auf der Bahre liegend vorfindet, so unerträglich realistisch, daß die Zuschauer riefen: »Genug! Genug!«

Wie allgemein bekannt, wurde Emile Zola der Held der

Dreyfusverteidiger, als im Januar seine flammende Rede *J'accuse, ein Brief an den Präsidenten der Republik* in der Zeitung *L'Aurore* veröffentlicht wurde. In seiner Rede beschuldigt Zola namentlich genannte hohe Offiziere der Armee der Tatsachenverdrehung, der Parteilichkeit und der Blindheit gegenüber der Gerechtigkeit.

> Und ein Verbrechen ist es endlich, daß man sich auf die Schmutzpresse gestürzt hat, daß man sich von der Hefe von Paris hat verteidigen lassen, so daß jetzt dieses Gesindel über die Niederlage des Rechts und der schlichten Ehrlichkeit unverschämt triumphiert.
>
> Es ist ein Verbrechen, das einfache und niedere Volk zu vergiften, die Leidenschaften der Reaktion und der Intoleranz zum Äußersten zu bringen, indem man sich hinter dem schändlichen Antisemitismus verschanzt, an dem das große liberale Frankreich der Menschenrechte stirbt, wenn es nicht von ihm geheilt wird.
>
> Es ist ein Verbrechen, die Vaterlandsliebe für Werke des Hasses auszubeuten, es ist endlich ein Verbrechen, den Säbel zum modernen Gott zu machen, während doch die menschliche Wissenschaft an dem Werk der Wahrheit und Gerechtigkeit arbeitet.

Wir wissen nicht, ob Sarah Zola nach Erscheinen seines *J'accuse* persönlich aufgesucht hat, aber auf jeden Fall schrieb sie ihm einen Brief:

> Lieber, großer Meister,
>
> erlauben Sie mir, von dem unbeschreiblichen Gefühl der Ergriffenheit zu sprechen, das Ihr Aufschrei für Gerechtigkeit in mir ausgelöst hat. Als Frau verfüge ich nicht über Einfluß, aber die Situation beängstigt und verfolgt mich, und die wunderbaren Worte, die Sie gestern schrieben, waren Balsam auf meinen Schmerz.
>
> Ich beabsichtigte, an Scheurer-Kestner [den Vizepräsidenten des Senats und den heldenhaften Verteidiger Dreyfus'] zu schreiben, um ihm zu danken. Da ich aber weiß, daß dieser bewundernswerte Mann auf Schritt und

Tritt verdächtigt wird, denke ich, wenn bekannt würde, daß eine *Künstlerin* – was sage ich –, eine *Schauspielerin* sein mutiges Auftreten bewundert, könnte dies gegen ihn verwendet werden. Ihnen aber, der ich Sie so lange schon liebe, möchte ich Dank sagen. Mit der ganzen Kraft schmerzlicher Gewißheit schreie ich heraus: »Es ist ein Verbrechen! Ein Verbrechen!«

Ich danke Ihnen, Emile Zola. Dank, geliebter Meister. Dank im Namen ewiger Gerechtigkeit.

Als das Jahrhundert sich seinem Ende zuneigte, kam Sarah zu der Überzeugung, auf dem Renaissance-Theater laste ein Fluch. In den fünf Jahren unter ihrer Leitung hatte sie viele Millionen Franc Verlust gemacht, und sie hätte schon manches Mal Konkurs anmelden müssen, wäre sie nicht immer wieder auf Auslandstourneen gegangen. Außerdem waren die Garderoben zu eng und die Bühne zu klein, und – ihre größte Sorge – mit ihren vierundfünfzig Jahren fand sie es an der Zeit, zwischen sich und dem Publikum einen größeren Abstand zu schaffen, um sich auf diese Weise gewisse, mit ihrem Alter zusammenhängende Peinlichkeiten zu ersparen und den übermäßigen Gebrauch von Schminke zu vermeiden. Mit diesen Hintergedanken beauftragte sie Maurice Grau, die Pacht für das Theater zu verkaufen und ein größeres Haus ausfindig zu machen.

Nach ihrem Erfolg als Lorenzaccio wollte Sarah unbedingt auch den Hamlet spielen. Da sie die offizielle französische Bearbeitung, die von der Comédie Française gespielt wurde, nicht mochte, beauftragte sie Eugène Morand und Marcel Schwob mit einer Prosaübersetzung, die sich genau an den Originaltext Shakespeares halten sollte. Im Juni nahm sie das Textbuch mit nach Belle-Ile und studierte es sorgfältig, denn sie wollte das Stück in ihrem eigenen Theater aufführen.

Am 18. November 1898 setzte die Bernhardt zum Abschied vom Renaissance-Theater noch einmal die *Kameliendame* aufs Programm, und am 11. Dezember starb sie als Marguerite Gautier zum letzten Mal auf dieser Bühne. In der Zwischenzeit hatte sie von der Stadt Paris für fünfundzwanzig Jahre das Théâtre des Nations gepachtet. Der Pachtvertrag begann mit dem 1. Januar 1899. Das Theater lag an der Place du Châtelet und hatte vorher die Opéra Comique, bekannter als Théâtre Lyrique, beherbergt. In den letzten dreiundzwanzig Jahren ihres Lebens trat Sarah in Paris nur noch in diesem Theater auf.

Der Schritt war von praktischen und ehrgeizigen Überlegungen geleitet. Sarah wußte, daß das Théâtre des Nations mit seinen siebzehnhundert Plätzen fast doppelt so viel Einnahmen bringen konnte wie das Renaissance-Theater, das nur neunhundert Plätze hatte. Darüber hinaus bot die riesige Bühne der erfahrenen Schauspielerin und Theaterdirektorin unendliche Möglichkeiten. Es gab genug Platz, die Ausstattung für vier oder fünf Produktionen zu lagern, ein wichtiger Gesichtspunkt für ein Repertoiretheater. Und wie komfortabel würden die baufälligen, alten Garderoben sein, wenn sie erst einmal renoviert waren. Da Sarah das Theater so bald wie möglich eröffnen wollte, entschied sie sich, die langwierigen Renovierungsarbeiten auf den Sommer zu verschieben. Sie taufte das imposante neue Schauspielhaus in *Théâtre Sarah Bernhardt* um und gab bekannt, daß es am 21. Januar mit *La Tosca* eröffnet werden sollte.

Plakate wurden geklebt, der Vorverkauf begann, die Massen strömten herbei. Dreihundert Vorstellungen später – ein Rekord für das Sardoustück – war Sarah eine reiche, glückliche Frau. Endlich könne sie wieder atmen, erzählte sie ihren Freunden. Sie könne nicht mehr verstehen, wie sie es je in diesem Vogelkäfig, diesem lächerlichen Renaissance-Theater, ausgehalten habe, wo sie nicht einmal die Arme habe ausbreiten können, ohne an Kulissen zu stoßen.

In der zweiten Hälfte des Jahres 1898 wurde das Theater vom Dach bis zum Keller renoviert. Das Ergebnis war der stolzen Besitzerin würdig, die ihrem Publikum das schönste Theater der Welt versprochen hatte. Die einst so schäbigen Wände und die Sitze waren mit gelbem Samt überzogen, eine verblüffende Neuerung für die üblicherweise in Rot gehaltenen französischen Theater. Die hohen Logen waren elfenbeinfarben gestrichen, die Orchesterplätze waren breit und bequem. Riesige Kronleuchter verbreiteten sanftes Licht, und im geräumigen, einladenden Foyer hingen von Mucha, Clairin und Abbéma gemalte Porträts, auf denen die Bernhardt in ihren verschiedenen Rollen zu sehen war. Und schließlich leistete sich Sarah nach Jahren in muffigen Umkleideräumen eine luxuriöse Garderobe, die mehr einer Fünfzimmermaisonette ähnelte. Man betrat zunächst einen großen Vorraum, das Wartezimmer für Besucher, der durch eine Doppeltür und einige Stufen von der Bühne getrennt war. Daran schloß sich ein geräumiger Salon mit Draperien aus gelbem Satin an, in dem Sarah ihre Gäste auf einem ausladenden Divan empfing. Eingerichtet war der Raum mit prächtigen Empiremöbeln, und angeblich hatte auch Lalique bei der Einrichtung geholfen. Die eigentliche Garderobe bot Platz für fünfzig Kostüme, einen großen Toilettentisch, der mit modernen Glühbirnen ausgestattet war, einen riesigen dreiteiligen Spiegel, einen imposanten Waschtisch und die erste Badewanne, die je in einem Theater installiert wurde. Diese drei ineinander übergehenden Zimmer befanden sich im ersten Stock. Eine Wendeltreppe führte vom Vorzimmer in den darunterliegenden Speiseraum, der zwölf Personen bequem Platz bot. Daneben befand sich eine kleine Küche mit Speisekammer. An Sonntagen pflegte Sarah hier zwischen der Nachmittags- und der Abendvorstellung das theaterbegeisterte Paris zum Essen einzuladen.

In dieser von Erfolg und Zuversicht geprägten Zeit beschloß die Bernhardt, nach *La Tosca* das Stück *Dalila* ins Programm zu nehmen. Sie hatte das mittelmäßige Stück von Feuillet schon sechsundzwanzig Jahre zuvor an der Comédie Française gespielt und schon damals niemanden damit beeindrucken können. Wenn es 1873 nicht zu ihr gepaßt hatte, so paßte es jetzt, im Jahr 1899, noch viel weniger. Die Folge war, daß im Theater, wo sich vorher die begeisterten Zuschauermassen gedrängt hatten, zwei Wochen lang gähnende Leere herrschte. Nach diesem schrecklichen Fehlgriff folgten vom Publikum wohlwollend aufgenommene Wiederaufnahmen von *La Samaritaine* und *Die Kameliendame* und gelegentlich Nachmittagsvorstellungen der *Phèdre*.

Die ganze Zeit über verlor Sarah ihr wirkliches Ziel jedoch nicht aus den Augen. Am 20. Mai trat sie mit Schwert und Mantel auf die Bühne und gab ihren ersten Hamlet. Ihre Darstellung des Hamlet war umstrittener als jede andere Rolle in ihrer langen Laufbahn. Schauspielerinnen in Männerrollen haben es nicht leicht: zum einen, weil die Stimme, der Gang, die Körpersprache nie völlig überzeugen, zum andern, weil sie eine doppelte Verwandlung bewältigen müssen, die Verwandlung in einen Schauspieler, der wiederum einen anderen Mann spielt. Berücksichtigt man diese doppelte Anforderung, war Sarahs Leistung sensationell. Ihr *Hamlet* stand monatelang auf dem Spielplan, obwohl die Aufführung über vier Stunden dauerte. Renommierte Kritiker bewunderten die Wahrhaftigkeit und Klugheit, die sie in die Verse Shakespeares zu legen verstand. Der Dichter Catulle Mendès war so überwältigt, daß er sich mit einem befreundeten Journalisten duellierte, der es gewagt hatte, die Farbe ihrer Perücke zu bemängeln. Sogar Mounet-Sully, der führende Hamletdarsteller der Comédie Française, sah sich Sarahs dänischen Prinzen immer wieder an. Der frühere Liebhaber war sich selbst treu geblieben. Hartnäckig wie eh und je sprach er mit Sarah jeden einzelnen Aspekt der Rolle durch. Warum sie den Monolog »Sein oder nicht sein« im Sitzen spiele? Und warum sie in der Szene mit Rosencrantz und Guildenstern Angst ausdrücke, obwohl Hamlet zu diesem Zeitpunkt noch gar nicht wisse, daß der König ihn umbringen lassen wolle? Hamlet wisse es, erwiderte Sarah, er spüre die Gefahr schon in der Schauspielerszene und sei ab da überzeugt, daß der Geist die Wahrheit spreche. Das, wandte Mounet ein, sei allzu feinsinnig. Aber Hamlet *sei* ein feinsinniger Mensch, erwiderte Sarah. Sie berichtet, daß solche Diskussionen bis tief in die Nacht andauerten. Und wie früher ließ Sarah sich nicht von ihrer Meinung abbringen und brachte Mounet wiederholt aus der Fassung.

Ihr *Hamlet* hatte am 20. Mai Premiere und stand zunächst zwei Wochen auf dem Spielplan. Dann ging sie mit dem Stück ein halbes Jahr lang auf Tournee. Sie begann in London, wo sie zwei Wochen spielte.

Die Reaktionen in England waren gemischt. Dem Schriftsteller Maurice Baring gefiel die Aufführung. Seiner Meinung nach konnte erst Sarahs Interpretation der Rolle dem französischen Publikum vermitteln, was Shakespeare mit dem Stück habe sagen wollen. Für Baring war Sarah »ein Wunder, eine Tigerin, natürlich, leichtfüßig, lebensnah und königlich«. In manchen Passagen glaubte er »Shakespeare selbst« reden zu hören. Jede einzelne Szene, jeder Stimmungswechsel sei Teil eines Ganzen, »wie Wolken, die einander jagen und doch zu ein und demselben Himmel gehören, und nicht wie die verschiedenen Scheiben der Laterna Magica«.

Eine ganz andere Meinung vertrat Max Beerbohm in einem gehässigen Artikel mit der Überschrift *Hamlet, Prinzessin von Dänemark:*

> Solange es noch nicht zu spät ist, möchte ich meiner Hoffnung Ausdruck verleihen, daß Sarahs Hamlet kein Präzedenzfall für Frauen wird ... Zweifellos ist Hamlet ein komplexes Wesen, das auch weibliche Züge in sich trägt ... Meiner Meinung nach ist das die einzige Entschuldigung, die Sarah für ihr Experiment anführen kann. Natürlich würde sie nicht versuchen, den Othello zu spielen – zumindest wage ich das zu vermuten, obwohl es nicht ungefährlich ist, darüber zu spekulieren, was sie *nicht* tun würde –, genausowenig wie ihr berühmter Landsmann Mounet-Sully versuchen würde, die Desdemona zu spielen ... Mounet-Sully wäre als Lady Macbeth genauso unmöglich wie als Desdemona. In beiden Rollen würde er lächerlich wirken, aber ich möchte behaupten, daß er auf keinen Fall lächerlicher wirken würde als Sarah mit dem Hamlet. Sarah hatte unrecht, anzunehmen, Hamlets Schwäche habe in irgendeiner Weise etwas mit ihrem eigenen Denken, ihrer eigenen Weiblichkeit zu tun. Ihre Freunde hätten das verhindern müssen. Die Kritiker in ihrem Land hätten sie nicht ermutigen dürfen. Die Zollbeamten in Charing Cross hätten ihr Hamletkostüm konfiszieren müssen. Ich, ein Liebhaber ihrer unvergleichlichen Kunst, bin über ihren Mißgriff im Adelphi mehr verärgert als erheitert. Selbst ihre Stimme

klang diesmal nicht schön ... Das einzig Gute an dieser Rolle ist, daß sie wie immer eine würdevolle Haltung einzunehmen versteht, die das Produkt eiserner Disziplin ist. Ihre perfekte Selbstbeherrschung war die Würze in dieser Komödie, ihre würdevolle Ausstrahlung war zugegebenermaßen beeindruckend. In ihrer Interpretation ist Hamlet zwar weder ein Melancholiker noch ein Träumer, doch zumindest ist er eine Person von Stand und unbestreitbar edler Abstammung. Jawohl, das einzige Kompliment, das man ihr mit gutem Gewissen machen kann, ist, daß ihr Hamlet vom ersten bis zum letzten Augenblick eine *très grande dame* war.

Die Bernhardt verteidigte ihren Hamlet in einem Brief an einen Kritiker, der die Meinung vertrat, daß nur die Engländer Shakespeare verstehen könnten, und dem Sarahs Hamlet offenbar zu männlich war!

Sarah Bernhardt an einen unbekannten Kritiker

1899

Man wirft mir vor, ich sei zu aktiv, zu männlich. Anscheinend muß Hamlet in England als griesgrämiger deutscher Professor daherkommen ... Mein Spiel verstoße gegen die Tradition, heißt es. Aber was ist Tradition? Jeder Schauspieler hat seine eigenen Traditionen ... In der Kapellenszene beschließt Hamlet, den betenden König nicht umzubringen, nicht etwa weil er unentschieden und feige, sondern weil er klug und zäh ist. Er möchte den König töten, wenn er sündigt, nicht wenn er bereut, denn er möchte ihn in der Hölle und nicht im Himmel sehen. Manche wollen in Hamlet unbedingt das weibliche Element sehen, einen schwachen und unentschlossenen Charakter. Ich dagegen sehe in ihm einen resoluten, starken Mann. Als Hamlet den Geist seines Vaters sieht und von seiner Ermordung erfährt, ist er entschlossen, den Vater zu rächen. Hamlet ist das Gegenstück zum kopflos handelnden Othello. Er denkt, bevor er handelt, ein Zeichen großer Kraft und Charakterstärke.

Hamlet liebt Ophelia, doch er entsagt der Liebe, er entsagt seinen Studien, er entsagt allem, um sein Ziel zu erreichen. Mit Erfolg: Er tötet den König in dem Augenblick, als er ihn bei seiner größten Sünde, seinem größten Verbrechen überrascht ...

Zum Schluß, mein Herr, lassen Sie mich sagen, daß Shakespeare mit seinem schöpferischen Genius dem gesamten Universum gehört und daß jeder Franzose, Deutsche oder Russe das Recht hat, ihn zu verehren und zu verstehen ...

Falls Sarah den Beerbohm-Artikel überhaupt gelesen oder jemand es gewagt hatte, ihn ihr vorzulesen, wurde sie sicherlich durch die Einladung nach Stratford-upon-Avon wieder versöhnt. Wäre Beerbohm ihr nach Edinburgh nachgereist, seine Kritik wäre sicher noch stärker ausgefallen. Dort mußte sie den melancholischen Dänen nämlich zum Erstaunen der Zuschauer in einem schottischen Kilt spielen, weil die Kostüme nicht rechtzeitig eingetroffen waren.*

Nach der Tournee durch Großbritannien reiste Sarah mit dem Stück durch die französische Provinz, die Schweiz, Österreich und Ungarn. Nach Paris zurückgekehrt, eröffnete sie am 16. Dezember ihr schönes neues Theater mit dem *Hamlet,* der dort weitere fünfzig Aufführungen erleben sollte.

---

* Die Geschichte von Sarah Bernhardts improvisiertem Kostüm wurde den Autoren dieses Buches von Madame Annette Vaillant erzählt, deren Mutter, Marthe Mellot, neben Sarahs Hamlet eine ergreifende Ophelia gab. Die Bernhardt ist wahrscheinlich die einzige große Schauspielerin, die sowohl die Ophelia wie den Hamlet gespielt hat.

Erfüllter Lebensabend

Ende 1899 reisten Sarah Bernhardt und Rostand nach Österreich. Es handelte sich dabei nicht nur um ein Liebesabenteuer, wie viele vermuteten.* Sarah hatte ein Engagement in Brünn, einer Stadt unweit von Wien (heute in der Tschechoslowakei), und die beiden wollten gemeinsam Schönbrunn besichtigen, jenes im 18. Jahrhundert erbaute Schloß, das den Rahmen für *L'Aiglon* abgeben sollte, ein Stück, das Rostand wieder seiner »angebeteten Sarah« gewidmet hatte. Die Reise war für beide sehr anregend. Rostand hatte sein Versdrama beinahe fertig und wollte es noch um Details ergänzen, die er für die Bühnenanweisungen benötigte, und Sarah hatte das Stück mit leidenschaftlichem Interesse gelesen und brannte darauf, sich in den siebzehnjährigen Sohn Napoleons zu verwandeln, den tragischen Herzog von Reichstadt.

Rostand war nicht mehr jener düstere Verseschmied, aus dessen Feder geheimnisvolle und, wie manche meinten, unausgegorene Ergüsse über Prinzessinnen und Evangelisten strömten. Zwei Jahre zuvor hatte er die Spinnweben des Symbolismus hinweggefegt und sein sprühendes und ungemein beliebtes Versdrama *Cyrano de Bergerac* veröffentlicht. Der Erfolg war ihm jedoch nicht zu Kopf gestiegen. Im Gegenteil, er war immer noch ein stiller, jugendlicher Träumer, der die alternde Bernhardt anbetete und sich an den Allüren der Primadonna ergötzte. Als Beweis seiner Verehrung seien seine liebevollen Aufzeichnungen über Sarah in Österreich zitiert.

---

* Als wir Rostands Großneffen, den Botschafter Robert de Margerie, fragten, ob die Affäre seiner Meinung nach ernst gewesen sei, antwortete er: »*Je dirais plutôt que c'était un étape sur la route de l'amitié.*« (Ich würde sagen, es war mehr eine Station auf dem Weg ihrer Freundschaft.)

Nach der ersten Vorstellung in Brünn fuhr man im Sonderzug der Bernhardt zurück nach Wien. Unterwegs entdeckte Sarah ein Ortsschild mit dem Namen Wagram. Sie war wie vom Donner gerührt: Dort draußen in der Dunkelheit erstreckte sich das Feld, auf dem Napoleon die Österreicher in die Knie gezwungen hatte, das Schlachtfeld aus dem fünften Akt von *L'Aiglon*. Das war die Gelegenheit für Geschichtsstudien, die Gelegenheit, die Atmosphäre des neuen Stücks einzusaugen. Unverzüglich sollte ein Pilgerzug mit Fackeln zusammengestellt werden. Am nächsten Morgen rief die Bernhardt ihren österreichischen Manager, einen unterwürfigen, weißhaarigen Herrn mit einem tiefverwurzelten Mißtrauen gegen Schauspielerinnen, zu sich in ihre Hotelsuite.

Rostand erinnert sich, wie der arme Kerl totenbleich wurde, als Sarah ihn in ihren Plan einweihte:

»Nach Wagram? Ich soll eine Wallfahrt nach Wagram organisieren? Das kann nicht Ihr Ernst sein, Madame«, lispelte er und fuchtelte abwehrend mit den Händen. »In diesem trübseligen Loch gibt es nichts Interessantes zu sehen.«

»Das ist mir völlig egal«, sagte Sarah in ihrem für geschäftstüchtige Manager reservierten verächtlichen Ton. Der Manager beharrte auf seinem Standpunkt. Der Ort liege viele Meilen von der Bahnstation entfernt. Und woher solle er Pferde, Kutschen, Lampen und all die anderen Dinge nehmen, die sie benötigen würden? Das, erwiderte Sarah, seien unbedeutende Details.

»Göttlichste unter den Lebenden, Sie verlangen Unmögliches. Es gibt dort nur Steckrüben und Kartoffeln zu besichtigen.«

»Das reicht völlig«, sagte Sarah und gab ihrer goldenen Stimme einen stählernen Glanz. »Organisieren Sie es, wie Sie wollen, aber bitte so schnell wie möglich.«

Als die Bernhardt und Rostand eine Woche später wieder von Brünn nach Wien fuhren, verlangsamte der Zug plötzlich und kam ruckend und quietschend zum Stehen. Sie waren in Wagram, aber was für einem Wagram! Der trostlose Bahnhof war mit Papiergirlanden geschmückt, Hunderte von Fackeln verwandelten die Nacht zum Tag, und Soldaten mit glitzernden Helmen und goldenen Litzen standen Spalier. Eine Kanone ertönte, und ein Beamter trat nach vorn, schlug die Hacken zusammen und bat die berühmte Besucherin, ihm die Ehre zu erweisen, ihr die durch den großen Napoleon geheiligte Stätte zeigen zu dürfen. Die bescheidene Stätte, erlaubte er sich hinzuzufügen, sei noch heiliger, wenn sie erst ihren Fuß darauf gesetzt habe. Die Bernhardt lächelte königlich starr, als ob sie gnädig die Huldigung eines Untertanen entgegennehme. Doch als sie gerade dem Zug entsteigen wollte, fiel ihr Blick auf die Bahnhofsuhr. Es war zwei Uhr, unverkennbar zwei Uhr morgens.

»Aber das ist doch unmöglich«, stieß sie hervor. »Wissen Sie, wie spät es ist? Oder stimmt etwas nicht mit der Uhr?«

»Nein, Madame, die Uhr ist vollkommen in Ordnung.«

Bei diesen Worten wandte sich die Bernhardt, die plötzlich keine Königin, sondern nur mehr eine erschöpfte Schauspielerin am Ende ihrer Kräfte war, an den Lokomotivführer und rief: »Fahren Sie los! *En route! En route!*« Rostand schreibt:

> Ach, der arme Bürgermeister und seine Beamten! Ich werde niemals ihre Gesichter vergessen, als der Zug sich in Bewegung setzte, ihr Erstaunen, ihre angstvoll aufgerissenen Augen, als Sarah wieder im Abteil verschwand, während der Bürgermeister noch in Rednerpose dastand. Ich sehe ihn noch vor mir, seine Würde war zerschmettert, und um ihn herum stand seine Abordnung unter diesen traurigen Papierblumen. Der Zug beschleunigte, und die Bernhardt kuschelte sich in ihr Chinchillacape und schlief ein, als ob nichts geschehen sei.

Die Bernhardt und ihr Ensemble waren zu Tränen gerührt, als Rostand ihnen *L'Aiglon* zum ersten Mal vortrug. Diese Reaktion war nicht verwunderlich, denn mit seinem patriotischen Pathos ist das Stück fast eine Nationalhymne. Außerdem wird der einundzwanzigjährig im Exil verstorbene

Sohn Napoleons ergreifend porträtiert. *L'Aiglon* spielt in Schönbrunn, wo Metternich und seine Helfer den Herzog von Reichstadt in einem goldenen Käfig gefangenhalten. Das Schloß bot einen vorzüglichen Rahmen für heitere Teegesellschaften, Maskenbälle und Mondscheinserenaden. Vor diesem Hintergrund schmieden L'Aiglon und Flambeau, ein alter Veteran aus den Napoleonischen Kriegen, einen abwegigen Plan. Sie wollen eine Armee aus Bonapartisten rekrutieren, in Frankreich einmarschieren und den Kaiserthron zurückerobern. L'Aiglon ist jedoch keine schicksalhafte Persönlichkeit wie sein Vater, kein Reichsadler, sondern nur ein junger Adler, liebenswert, aber erfolglos. Immerhin hat er eine starke Ausstrahlung, und wenn es im ergreifenden Schlußakt ans Sterben geht, erscheint er nicht mehr als einfacher Bauer auf dem Schachbrett der Geschichte, sondern als tragischer Charakter, der lieber stirbt, als seinem schwärmerischen Traum vom Ruhm zu entsagen.

Mit der ihr eigenen Begeisterung nahm Sarah sich der neuen Rolle an. Schon Wochen vor der Premiere empfing sie ihre Besucher mit einem Schwert in der Hand, gekleidet in eine schneidige Uniform, die der junge Paul Poiret eigens für sie entworfen hatte, damit sie lernen konnte, sich frei und ungehindert darin zu bewegen.

Nur ein einziges Mal fiel sie aus der Rolle. Sacha Guitry, der mit seinen komischen, theatralischen Übertreibungen sogar Sarah übertraf, beschreibt in seinen Memoiren *Si j'ai bonne mémoire* (Wenn ich mich recht erinnere) die Proben für *L'Aiglon*.

> Die täglichen Proben wurden auf ein Uhr fünfzehn oder ein Uhr dreißig angesetzt. So stand es zumindest am schwarzen Brett, denn nur die Komparsen kamen pünktlich. Die Schauspieler schlenderten nach und nach herein. Mein Vater erschien nie vor zwei oder halb drei. Edmond Rostand kam gegen drei, und Sarah traf zehn vor vier ein. Alle erhoben sich, die Männer zogen den Hut, und einer nach dem andern trat vor, um ihr die Hand zu küssen. Da sich mindestens sechzig Personen auf der Bühne befanden, verging damit eine gute halbe Stunde.

> Nach der Begrüßung zog Sarah sich in ihre Garderobe zurück und kleidete sich um. Sie probte den *L'Aiglon* immer in ihrem Lorenzaccio-Kostüm, in dem sie sich freier bewegen konnte. Sobald sie umgezogen war, begann die Probe. Um fünf wurde Pause gemacht, weil Madame Sarah »ihren Tee« nahm. Alle Anwesenden sahen ihr geduldig und mit Zuneigung und Respekt dabei zu. Alles, was diese Frau tat, war außergewöhnlich, ihre Umgebung kannte sie freilich nicht anders und fand alles natürlich. Und das ist der Grund, warum die Proben zu *L'Aiglon* fünf oder sechs Monate dauerten!

Die Premiere von *L'Aiglon* fand am 15. März 1900 statt und war ein großer Erfolg, der größte Erfolg in der Geschichte des Theaters, wie manche behaupten. Gewiß, der Zeitpunkt war gut gewählt. Trotz Belle Époque und Weltausstellung drückte die Dreyfusaffäre auf die Stimmung der Franzosen. In dieser Situation trat Sarah Bernhardt in Uniform vor sie hin und richtete mitreißende Ansprachen an das glorreiche Frankreich. Das wärmte und einte die patriotischen Gemüter. Die Zuschauer weinten unverhohlen, und eine Ovation folgte auf die andere.

Mit *L'Aiglon* stieg Sarah zur Heldin der Nation auf. Reich und arm, jung und alt, Verteidiger und Gegner von Dreyfus, alle sahen sich das Stück an. Tausende von Postkarten wurden verkauft, auf denen Sarah in ihrer Rolle zu sehen war, in den Geschäften wurden Anstecker und Medaillons mit ihrem Porträt angeboten, und Kinder trugen Anzüge im Stil der schmucken weißen L'Aiglon-Uniform. Escoffier kreierte ihr zu Ehren den *Pêche L'Aiglon.*

Kurz nach der Premiere bekam Rostand eine Lungenentzündung und zog nach Montmorency, einem kleinen Landsitz unweit von Paris. Dort redete der Dichter sich gerne ein, der Wind trage die Bravorufe vom Théâtre Sarah Bernhardt die Seine hinauf bis zu ihm. Dieser Trost war Einbildung, aber ein anderer Trost war konkreter: Sarah besuchte ihn täglich. Rosamonde Rostand beschreibt, wie Sarah »vergnügt lachend ihrer entzückenden Kutsche entstieg, bis zu den Ohren in ihr Chinchillacape gehüllt und in duftige Tücher gewickelt«. Rostand drängte sie, die neuesten Nachrichten zu berichten. Wie war Guitry am Vorabend gewesen? Welcher Akt lief am besten? Wie viele Vorhänge gab es? Wer saß unter den Zuschauern? War Jules Renard in ihrer Garderobe? Wie hatte es Anatole France gefallen? Und Montesquiou und Sardou und der Gräfin Greff und dem Prinzen Murat? Sarah lachte, ahmte alle nach und erzählte den neuesten Klatsch. Dann plötzlich, wenn es spät geworden war, küßte sie alle zum Abschied, überreichte ihrem blassen *poète chéri* ein Veilchensträußchen und ging, in Gedanken schon beim nächsten Auftritt.

Die Bernhardt spielte den *L'Aiglon* zweihundertundfünfzig Mal. Dann brachen sie, Coquelin und ein aus dreißig Personen bestehendes Ensemble zu einer sechs Monate dauernden Tournee in die Vereinigten Staaten auf, wo Sarah lukrative Verträge abgeschlossen hatte. Wer wäre nicht gern dabeigewesen, als das gut eingespielte Paar nun nach vierzigjähriger Freundschaft sein Können in Amerika darbot. Die Beziehung der beiden nährte sich nicht nur von gegenseitiger Bewunderung. Der Bäckerssohn Coquelin und Sarah, die Tochter einer Kokotte, hatten beide unvorstellbare Höhen erklommen. Mit ihren fast sechzig Jahren waren sie die letzten Vertreter eines Stils, der noch auf die Zeit eines Victor Hugo, eines Dumas und einer Rachel zurückging. Dieses Erbe der Romantik in Verbindung mit ihrer magnetischen Persönlichkeit machte ihre Größe, ihre Glaubwürdigkeit und ihr Selbstbewußtsein als Künstler aus. Wer Sarah während ihres zweiwöchigen Gastspiels an der Metropolitan Opera in New York sehen durfte, ist zu beneiden. Ihr Auftritt brachte ihr die Schlagzeile ein: »Sarah Bernhardt in *L'Aiglon*, der größte Triumph einer großen Karriere.« Zu beneiden sind auch die glücklichen Zuschauer, die den dynamischen Coquelin als Cyrano de Bergerac sehen durften, eine Leistung, die Henry James veranlaßte, ihn den »Balzac der Schauspieler« zu nennen.

Vielleicht stachelte so viel Lob Sarah dazu auf, hinter den Kulissen Schabernack zu treiben. *»Allons tuer Coq!«* (Bringen wir Coq also um!) rief sie, wenn sie zu ihrem Auftritt in der Mordszene in *La Tosca* gerufen wurde. Und in derselben Szene, nachdem sie Scarpia erstochen hatte und zur Vollendung ihres Werks Kerzen an seinem Leichnam aufstellte, passierte es, daß sie nach dem Kruzifix griff, das sie ihm aufs Herz legen sollte, und dieses zu ihrem Schrecken an der Wand festgenagelt fand. Peinlich berührt zog sie ein oder zwei Mal daran, dann gab sie auf, zuckte mit den Schultern und wandte sich mit den Worten ans Publikum: »Na gut, er hat es sowieso nicht verdient.« Tot oder lebendig, der Leichnam konnte sich ein Blinzeln nicht verkneifen, denn natürlich hatte Coquelin selbst das Kreuz an die Wand genagelt. Die beiden waren mit gutem Grund so überschwenglich. Sie verdienten Unsummen, und die Kritiken hätten nicht besser sein können. Trotzdem war Sarah mit einem lästigen Problem konfrontiert: Die Kritiker wollten trotz aller Anerkennung partout Altersanzeichen bei ihr beobachtet haben. Eine Frau, deren Kapital und ständige Sorge ihre Schönheit war und der jeder Blick in den Spiegel zeigte, daß ihr Gesicht aufgedunsen, ihre Haare gefärbt und ihre Hüften dick waren, kann darüber eigentlich nicht überrascht gewesen sein. Allerdings vergaß sie den Spiegel, sobald sie sich von ihm abkehrte, und dann trat die Einbildung an die Stelle der Realität, und sie fühlte sich wieder jung, schön, erregend und verführerisch. Auch das Publikum gab sich gern dieser Illusion hin, nicht weil Sarah wie eine junge Frau aussah, sondern weil sie das Publikum glauben machen konnte, sie sei eine. Ihre Jugend war in der Tat dahin, aufgrund ihrer Reife und ihrer jahrelangen Erfahrung vermochte sie es jedoch, diesen Eindruck zu verwischen. Das beweist ihr Erfolg in *La sorcière,* dem siebten und letzten Melodrama, das Sardou speziell für sie geschrieben hatte. Das Stück handelt von einem teuflischen Bösewicht (gespielt von de Max), der sein unglückliches Opfer (natürlich die Bernhardt) bis in den Tod verfolgt. Das Stück spielt in Toledo zur Zeit der Inquisition und erzählt die blutrünstige Geschichte einer feurigen Zigeunerin, die liebt, leidet und schließlich unter dem Verdacht der Hexerei auf dem Scheiterhaufen verbrannt wird.

Wie gewöhnlich gaben sich die Bernhardt und der mittlerweile siebenundsiebzigjährige Sardou große Mühe bei der Erarbeitung des Stücks. Die begabte junge Schauspielerin Marguerite Moreno, die damals zum Ensemble gehörte, beschreibt die beiden Veteranen in der Probe.

Es war ein unvergeßliches Erlebnis, den beiden zuzusehen, wie sie mit der ihnen eigenen Schläue und Begeisterung, Energie und Ausdauer ihren jeweiligen Standpunkt vertraten. Einmal stieg Sardou zum Beispiel plötzlich auf einen Tisch. Ein herrlicher Anblick, dieser Mann in seiner ewigen schwarzen Baskenmütze aus Samt und seinem weißen Seidenschal. Zuerst stellte er die Szene, um die es ging, pantomimisch dar, und Sarah sprach den Text dazu. Dann tauschten sie die Rollen, sie spielte die Szene, und er sprach den Text. Nebenbei schlürfte Sarah ihren Kaffee und knabberte an einem Keks, während Sardou sich an Bier und belegte Brote hielt. Sie zankten unaufhörlich miteinander.

Sardou: »Sie müssen in dieser Szene still dasitzen.«

Sarah: »Aber verehrter Meister, wenn ich mich nicht bewege, sehe ich aus wie ein toter Fisch.«

Sardou: »Jetzt hören Sie mir mal zu, *ma petite,* ich bin noch nicht ganz verkalkt. Wenn Sie sich bewegen, machen Sie die Szene kaputt.«

Sarah: »Lieber verderbe ich die Szene, als daß ich still dasitze.«

Sardou: »Mein Gott, Sarah, Sie können einen wirklich verrückt machen.« Und, an die anderen Schauspieler gewandt: »Also gut, meine Damen und Herren, wiederholen wir die Szene.«

Die Probe dauerte bis in die Morgenstunden, und als wir aus dem Theater kamen, waren die Straßen leer bis auf die Milchwagen, die ihre morgendlichen Runden drehten.

Im Dezember 1903 hatte Sarahs letztes Sardou-Stück *La sorcière* Premiere. Die meisten Kritiker erkannten die Schwächen des Stücks sofort und bemängelten das althergebrachte dramaturgische Strickmuster, aber einige waren dem alten Herrn trotzdem dankbar, daß er noch einmal ein wirksames Stück für die Bernhardt geschaffen hatte. Sie bedankten sich mit überschwenglichen Worten: »Erfolg für Sardou, Triumph für die Bernhardt ... Madame Bernhardt ist unvergleichlich, überragend, glänzend ... Sie ist schöner als je zuvor ... Nie klang ihre Stimme so lebendig, nie zuvor haben Charme und Tragik eine so überwältigende Anziehungskraft ausgeübt ...« Für eine Frau von annähernd sechzig Jahren waren solche Kritiken recht ungewöhnlich. Sarah war auf ihre Art eine Zauberin, die Kritiker und Zuschauer gleichermaßen verhexte. Das altmodische Melodrama über eine Christin, die dem Zauber eines Ungläubigen erliegt, war eines der erfolgreichsten Stücke ihrer späteren Jahre.

Das Lob kam Sarah durchaus gelegen, denn vor *La sorcière* hatte sie einige recht unbedeutende Stücke auf die Bühne gebracht. Nicht, daß sie geniale zeitgenössische französische Dramatiker übersehen hätte – es gab zu dieser Zeit so gut wie keine –, das Problem war mehr, daß sie die Grenzen eines spezifisch französischen Stils nicht überwinden konnte. Hinter diesen Grenzen standen Strindberg, Bjørnson, Ibsen und Tschechow, die Begründer des modernen Theaters. Eine Schauspielerin, die ihr Leben der Romantik und deren Schönheitsidealen gewidmet hatte, konnte dafür wenig Verständnis aufbringen. Allein der Gedanke, eine nordische Bürgersfrau, eine in ihrer Moral verunsicherte, nervlich zerrüttete Frau aus der Provinz spielen zu müssen, war für die Bernhardt unvorstellbar.

Da war *Pelléas et Mélisande* von Maeterlinck schon mehr nach ihrem Geschmack. Sarah sah das Stück zuerst 1898 in London mit Martin Harvey als Pelléas, Johnston Forbes-Robertson als Golaud und Stella Campbell in der Rolle der keuschen Mélisande. Es ist schwer zu sagen, ob Sarah mehr von dem symbolistischen Stück beeindruckt war oder von der hinreißenden Stella Campbell, die, in ein goldenes Gewand gekleidet, geheimnisvolle Worte sprach und zur Musik von Gabriel Fauré durch einen mondhellen Garten schwebte.

Als die Bernhardt einige Jahre später, 1904, zu ihrem alljährlichen anstrengenden Sommergastspiel nach London kam, engagierte sie Stella Campbell als Mélisande neben sich als Pelléas. Sarah spielte *La sorcière* am Vaudeville –

an manchen Tagen sogar in zwei Vorstellungen –, und gleichzeitig probte sie morgens den *Pelléas* und gab an ihren freien Nachmittagen Matineen in auswärtigen Theatern. Als Graham Robertson einmal Maurice gegenüber die Befürchtung äußerte, Sarah arbeite zu hart und die Extravorstellungen seien zu anstrengend für sie, sagte dieser: »Aber was soll Mutter an den Nachmittagen sonst tun?«

Stella Campbell schreibt in ihren Erinnerungen *My Life and Some Letters:* »Zuerst war ich sehr nervös bei dem Gedanken, auf französisch spielen zu müssen, aber Sarah lachte mich nur aus und sagte, die Mélisande würde genau so ein Französisch sprechen wie ich und sie könne den *Pelléas* mit niemand anderem spielen als mit mir. Ich stürzte mich also in das Abenteuer.« Und alles ging gut. »Ich übernahm die Regie, und das Ensemble nahm alle meine Anweisungen ernst! Sarah mischte sich nicht ein, sie bat nur, so mit dem Rücken zum Turm stehen zu dürfen, daß meine Haare ihr Gesicht bedeckten.«

Sarah bewunderte die Campbell. Ihre Mélisande erschien Sarah so rein und vollkommen, wie Maeterlinck sie beschrieben hatte. Und Stella Campbell, die bei dem Gedanken, zusammen mit ihrer »lieben Sarah« auftreten zu können, von Ehrfurcht erfüllt war, hielt die Freundin für ein Wunder. »Sie bewegte sich so anmutig und vornehm über die Bühne. In ihrer Stimme schwang jugendliche Melancholie, die nach und nach eine so weiche Klangfarbe annahm, daß ich mehr als einmal verstummte, aus Furcht, den Zauber zu zerstören.« Ein Werbefoto, das die beiden Schauspielerinnen in einer Szene aus *Pelléas et Mélisande* zeigt, drückt die freundschaftlichen Gefühle aus, die sie für einander hegten. Pelléas hält Mélisande zärtlich im Arm, und Mélisande, das schöne Haupt nach hinten geneigt und den zarten Schwanenhals gereckt, schließt die Augen, als gäbe sie sich Liebesträumen hin. Das sinnliche Bild mit seinen vagen lesbischen Assoziationen mag der Grund für Max Beerbohms prüde Überreaktion gewesen sein, denn er weigerte sich, die Aufführung zu besuchen. »Sarah ist eine Frau, und Mrs. Campbell ist eine Engländerin. Das allein rückt ihre Vorstellung aus der Sphäre der Kunst in die des Sensationellen.«

In ihren Erinnerungen spricht Stella Campbell von Sarah nur mit freundlichen Worten. »Einmal war Sarah in Geldnot. Glücklicherweise hatte ich noch hundert Pfund auf der Bank, so daß ich ihr einen Gefallen erweisen konnte. Bei einer Vorstellung von *Pelléas et Mélisande* gab Sarah Bernhardt mir das Geld in lauter Fünfpfundnoten in einer kleinen Silberschatulle zurück – vor den Augen der vielen Besucher in meiner Garderobe. Sie sagte, wie dankbar sie mir sei – oh, welche Anmut lag in dieser Geste! Ob sie jemals geahnt hat, wie ihre Worte mir damals die Kehle zuschnürten?«

Ein Jahr später, im Juli des Jahres 1905, hielt sich Madame Bernhardt wieder in London auf. »Wir bereisten gemeinsam die Provinz, und eigentlich waren nur einige wenige Abstecher geplant. Sarah zahlte mir 240 Pfund die Woche und 35 Pfund für jede Extravorstellung einschließlich der Reisespesen. Ich brachte die Ausstattung und die Kostüme ein. Wir wurden so begeistert aufgenommen, daß wir das Stück drei Wochen lang täglich spielten.« Ein Kritiker aus Dublin urteilte nüchterner: »Mrs. Campbell spielte die Mélisande, Madame Bernhardt spielte den Pelléas. Beide sind alt genug, um zu wissen, daß sich so etwas nicht gehört.«

»Die schönste Vorstellung, die ich jemals gesehen habe«, schreibt Stella Campbell weiter, »war eine Aufführung der *Phèdre* – Sarah hielt das überfüllte Haus zwei Stunden lang in Bann. Kaum eine Bewegung, kaum eine Geste lenkten von den wunderbaren Alexandrinern ab. Ihre pulsierende Leidenschaft legte sich wie ein Spinnengewebe um die Zuschauer – es war Zauberei. Die Welt kennt ihr Genie, doch nicht jedermann weiß, welcher Zuneigung und Güte sie ihren Freunden gegenüber fähig ist.«

Sarah hatte in London, wo sie sich immer nur vorübergehend aufhielt, einen weitaus leichteren Stand als in Paris, wo sie weniger für ihre Freundlichkeit als für ihren skrupellosen Ehrgeiz und ihre Extravaganzen bekannt war. Kein Wunder also, daß die Pariser die naive Begeisterung einer Stella Campbell nicht teilten.

Aurélien Lugné-Poe, der rührige Schauspieldirektor, der die Franzosen schon 1893 mit Ibsens *Rosmersholm* und *Ein*

Volksfeind bekannt machte, gehörte zu denen, die Sarah realistischer beurteilten. Natürlich kannte Sarah ihn, und sie wußte, daß er mit so merkwürdigen jungen Schriftstellern und Malern wie Alfred Jarry, Edouard Vuillard und Pierre Bonnard verkehrte, die ihrer Meinung nach keine Zukunft hatten, wenn sie weiterhin so unsinniges Zeug schrieben oder die Leinwand mit wirrem Gekleckse verschmierten. Trotzdem verschloß sie nicht die Augen vor Lugné-Poes Begabung und half ihm, wo sie nur konnte. Eines Tages lud er sie zu einer Probe mit der vielversprechenden Schauspielerin Suzanne Desprès ein, die als Knabe in *Poil de carotte* (*Rotfuchs*) von Jules Renard gerade großes Aufsehen erregt hatte. Sarah konnte die Einladung nicht ausschlagen, da Renard ein häufiger Gast ihres Hauses und Suzanne die Geliebte Lugnés war. Lugné schreibt:

> Die große, unvergleichliche, die göttliche Sarah zeigte großartiges Einfühlungsvermögen und war – wie soll ich es ausdrücken – spontan. Jedenfalls verstand sie, diesen Eindruck zu erwecken, wann immer sie wollte. Sie verzauberte die Anwesenden mit wohlklingenden Worten. Suzanne hegte eine tiefe Bewunderung für sie und verpaßte keine Vorstellung der *Phèdre*. Für sie waren es Unterrichtsstunden, von denen sie jedesmal überwältigt zurückkam.
>
> »Du mußt zu ihr in die Garderobe gehen und ihr gratulieren«, sagte ich. »Aber sie kennt mich doch gar nicht«, antwortete meine schüchterne Suzanne. Auf mein Drängen nahm sie schließlich allen Mut zusammen. Die Garderobe der großen Schauspielerin wimmelte von Verehrern, als Suzanne, deren Augen von der Vorstellung immer noch tränenfeucht schimmerten, eingelassen wurde. Je näher sie der Bernhardt kam, desto unbehaglicher war ihr zumute. Nicht so sehr wegen der göttlichen Sarah, sondern wegen der anderen, die sie aufdringlich anstarrten. Schließlich wurde – wahrscheinlich vom treuen Pitou – Suzannes Name aufgerufen, und endlich stand sie der Schauspielerin gegenüber, die erschöpft in einem Sessel saß und geistesabwesend Komplimente entgegennahm. »Wo ist sie? Wo ist sie?« fragte die Tragö-

din, jede Silbe auf ihre exakt artikulierende Art betonend. »Ich möchte mir die Kleine ansehen.« Dabei stand die Kleine neben ihr. »Kommen Sie, treten Sie näher, ja, genau so.« Man stelle sich die eingeschüchterte, aufgeregte Suzanne vor, wie sie vor Phädra-Sarah steht und sich ein Lächeln abquält.

»Ah«, sagte Sarah. »Sehen Sie sich nur dieses entzükkende Gesicht an – sehen Sie doch – und sie spielt eine Karotte. Sie spielen doch eine Karotte, nicht wahr?« Suzanne fand nicht mehr die Kraft, sie zu korrigieren, ihr zu sagen, daß sie keine Karotte, sondern *Poil de carotte* spielte. Wenn doch nur Renard dagewesen wäre und sie beschützt hätte! Sarah redete in einem fort. »Was für ein hübsches Lächeln! Sie spielen nur Nebenrollen, Krankenschwestern und so, das ist Ihr Problem. Wo ist Ihr Busen? Sie müssen unbedingt in mein Ensemble kommen. Bei mir werden Sie richtige Frauen spielen, Frauen wie mich, wie wir anderen. Suchen Sie mich doch nach der Sonntagsmatinee auf. Ich habe eine fabelhafte Rolle für Sie. Schluß mit diesen merkwürdigen Charakterrollen, genug, genug. Stellen Sie sich vor, dieses reizende Wesen spielt den Rotfuchs!« Ohne hohe Erwartungen kam Suzanne am Sonntag in Sarahs Garderobe. Diese jedoch erkannte sie sogleich und sagte: »Ja, wirklich, ich habe eine schöne Rolle für Sie. Nicht so einen kaputten Charakter, keinen Rotfuchs. Ich selbst werde eine *grande amoureuse* spielen, eine leidenschaftliche *femme fatale*. Und Sie, Sie werden eine – Chinesin spielen.« Dankbar und gleichzeitig entsetzt verließ Suzanne die Garderobe. *Poil de carotte* – in China! Das war das Ende der kurzen Beziehung. Ich habe vergessen, wer schließlich die Chinesin gespielt hat.

Im Jahre 1905 startete Sarah eine große Amerikatournee. Es war ein kühnes Unternehmen, wenn man bedenkt, daß ihr seit geraumer Zeit das rechte Knie Probleme bereitete und sie nur mit Schmerzen gehen konnte. Reynaldo Hahn, der sie im Sommer davor auf Belle-Ile gesehen hatte, beschreibt ihren Zustand folgendermaßen:

Beim Gehen muß Sarah sich auf einen Stock stützen. Es tut mir weh, sie bei jedem Schritt leiden zu sehen. Immer wieder bleibt sie unter irgendeinem Vorwand stehen, zeigt uns etwas in der Ferne oder betrachtet eine Blume. Unerschütterlich, ohne ein Wort der Klage redet sie und lächelt. Gestern flüsterte Clairin ihr zu: »Sie haben Schmerzen.«

»Ein klein wenig, Jojotte, mein Lieber, nur keine Sorge.«

Aber manchmal merkt man ihr die Schmerzen an. Derzeit arbeitet sie an einem Stück – *Adrienne Lecouvreur*, ein recht merkwürdiger Plan. Aber sie mag die Gestalt, und sie findet das Stück von Scribe und Legouvé so schlecht, daß sie es nicht mehr aufführen will. Ich sage ihr: »Das Stück mag mittelmäßig sein, aber Sie haben mit ihm Erfolg gehabt, genauso wie die Rachel.«

»Ich weiß nicht, wie die Rachel das fertiggebracht hat, mein Lieber, aber ich kann damit nichts anfangen.«

Ich erinnere sie an ihren unvergeßlichen Erfolg, aber sie beharrt auf ihrer Meinung.

Das Stück *Adrienne Lecouvreur* wurde ein Reinfall. Viel schlimmer aber war, daß sich Sarahs Knie entzündete, kaum daß sie zu ihrem ersten Engagement in Buenos Aires eingetroffen war, und operiert werden mußte. Drei Monate später hatte sie in Rio de Janeiro einen Unfall. Er ereignete sich bei der letzten Vorstellung der *Tosca* an der Stelle, wo sich die Heldin von der Brüstung des Castel Sant' Angelo in den Tod stürzt. Normalerweise waren die Kulissen mit dicken Matten ausgepolstert, die den Fall abfangen sollten. Doch diesmal lagen keine Matten da, und Sarah landete auf den bloßen Brettern. Nach wenigen Augenblicken war das Knie auf das Doppelte angeschwollen. Es war dasselbe Knie, das sie sich als Kind verletzt hatte, als sie ihrer Tante Rosine aus einem Fenster im Haus ihrer Amme nachgesprungen war.

Entgegen dem dringenden Rat ihrer Freunde blieb Sarah nicht in Rio. Statt dessen nahm sie ein Linienschiff nach New York, wo sie im November auftreten sollte. Sobald man sie in ihre Privatkabine geschafft hatte, kam der Schiffsarzt, um sie zu untersuchen. Sie gestattete ihm jedoch nicht, sie zu berühren, weil er schmutzige Fingernägel hatte. In New York angelangt, war das Knie immer noch entzündet, und die erste Vorstellung mußte abgesagt werden. Als das Knie schließlich besser wurde, beschloß Sarah, unermüdlich wie sie war, die als »Abschiedsvorstellung der Madame Sarah Bernhardt« angekündigte Tournee fortzusetzen.

Der Abschied von Amerika verlief nicht ohne Dramatik. In Quebec wurde die Truppe von religiösen Fanatikern mit faulen Eiern beworfen, nachdem der Erzbischof *La sorcière* als Blasphemie verdammt hatte. Das Hauptangriffsziel war de Max, der den Großinquisitor spielte. Ein faules Ei traf ihn mitten ins Gesicht, und man hätte ihn laut Sarahs Bericht halb totgeschlagen, hätten ein paar Engländer ihn nicht in ein nahes Café in Sicherheit geschafft.

Eine Schauspielerin der Truppe schildert in einem Brief die Anfeindungen, denen die Truppe ausgesetzt war:

Irma Perrot an M. Gastineau

New York, den 12. Oktober

Mein lieber Gastineau,

zuerst waren wir eine Woche in Chicago, wo Madame Sarah (wie wir sie jetzt alle nennen) ungeheuren Erfolg hatte. Dann waren wir eine Woche in Montreal. Auch dort ein Riesenerfolg, obwohl der Erzbischof von Kanada in einer Moralpredigt alle Gläubigen verdammte, die sich Vorstellungen der Sarah Bernhardt ansehen; Sarah ist nach seinen Worten »jetzt, da ihr Talent verblüht ist, schädlicher als je zuvor!«. Auf dem Programm steht *La sorcière* von Sardou. Religiöse Fanatiker kommen in dem Stück schlecht weg. Es handelt von der Inquisition, von Folter und so weiter. Der übermächtige kanadische Klerus fürchtet wohl, von seinem Thron gestoßen zu werden! Danach zwei Tage in Quebec. Hinter den Türen Triumph, vor den Türen Anfeindungen. Es gibt zwei Gruppen, die Französischkanadier, fanatische Katholiken, und die Englischkanadier, die für uns Partei ergreifen. Polizei und sogar Schreie wie »Tod der Jüdin!«. Bei unserer Abreise wurden Steine gegen unsere Kutschen

> geschleudert, und auf dem ganzen Weg zum Bahnhof schlugen die Leute mit Stöcken nach uns und schrien: »Tötet sie! Tötet sie!« Ein Mädchen aus meinem Wagen hat jetzt noch blaue Flecken auf den Armen und hinter den Ohren. Als wir am Bahnhof ankamen, mußten wir unter einem Hagel von Schlägen und Steinen unser Gepäck ausladen und den Kutscher bezahlen. Dieser nutzte die Situation aus und berechnete uns das Doppelte des vereinbarten Preises. Erst nachdem wir gezahlt hatten, ließ er uns das Handgepäck herausreichen. Es ist kaum zu fassen, daß im 20. Jahrhundert schutzlose Frauen von Fanatikern angegriffen werden. Es ist unglaublich. In Ottawa, einer anderen kanadischen Stadt, die jedoch im englischen Teil des Landes liegt, entschuldigte sich der Gouverneur bei Madame Sarah und der Truppe für die Übergriffe. Die Hauptursache für den ganzen Ärger ist die Moralpredigt des Erzbischofs. Ein weiterer Grund ist ein Interview, in dem Madame Sarah sagte, obwohl die Kanadier in vielerlei Hinsicht sehr fortschrittlich seien, seien sie in kultureller Hinsicht immer noch Irokesen.

In Kansas entgleiste der Sonderzug, und Sarah wurde aus ihrer Badewanne geschleudert. »Zum Glück wurde ich nicht verletzt«, schreibt die Schauspielerin dem *Echo de Paris,* »aber wenn der hinter uns kommende Zug nicht angehalten hätte, wäre ein Unglück geschehen, denn wir fuhren am Rand eines Abgrunds entlang.«

Einige glaubten freilich, der Abgrund sei Sarahs Phantasie entsprungen, denn dies war nicht das erste Mal, daß sie dem Tod nur knapp entronnen war. Wenn man ihr glauben darf, wäre sie bei lebendigem Leib im großen Feuer von San Francisco verbrannt, hätte der Termin ihres Engagements nicht verschoben werden müssen. »Statt dessen trat ich nach dem Ende der Katastrophe auf«, schrieb sie dem *Echo de Paris.* »Nur ein Theater hatte das Feuer überstanden – es war einem griechischen Tempel nachgebildet. Dort gab ich die *Phèdre,* ein unvergeßliches Erlebnis.«

Im März 1906 erregte Sarah erneut Aufsehen, als sie in Dallas und Waco, Texas, die *Camille* in einem riesigen Zelt spielte. »Dieser ungewöhnliche Auftrittsort«, schrieb ein Reporter aus Dallas, »ist die Folge der heftigen Auseinandersetzungen zwischen der Agentur Klaw & Erlanger und den jungen Brüdern Shubert im Kampf um die Kontrolle über die Theater Amerikas. So schonungslos wurde der Streit geführt, daß selbst die große Bernhardt sich den daraus resultierenden Umständen beugen mußte. Die Shuberts hatten sie nach Texas geholt, und sie mußte in dieser von der Agentur beherrschten Provinz unter denselben mißlichen Bedingungen auftreten wie andere Stars der Shuberts auch. In unserem Fall bedeutete dies, daß sie in einem 5000 Personen fassenden Zelt spielen mußte, das auf einem brachliegenden Maisfeld aufgestellt worden war.

Die aus New Orleans kommende französische Berühmtheit traf in einem sieben Wagen langen Sonderzug ein, für den eigens Gleise in die Nähe des Zeltes verlegt worden waren. (Hier probierte sie übrigens auch das Fahrrad eines Gleisarbeiters aus, das sie trotz ihrer einundsechzig Jahre mit großer Behendigkeit bestieg.) Vor der Abreise aus New Orleans war sie noch auf die Jagd gegangen. Nach einer Nachmittags- und einer Abendvorstellung war sie um vier Uhr früh aufgestanden, um Schnepfen zu schießen. Sechzehn Stück habe sie zur Strecke gebracht, erzählte sie uns. Hut ab vor ihrer Treffsicherheit! Trotz dieser Strapazen wirkt sie so jung wie vor sechzehn Jahren. Die Vorstellung selbst war ein Fiasko. Nur eine Handvoll Zuschauer konnten die Schaupieler sehen oder hören, und die aus dem Boden ragenden spitzigen Maisstengel zerrissen den anwesenden Damen die Kleider. Es herrschte ein großes Durcheinander. Vor dem Zelttheater hatte sich eine riesige Menschenmenge versammelt. Als die Veranstalter die Tore öffnen ließen, strömten sofort Tausende unkontrolliert herein und fegten Platzanweiser und Polizisten beiseite. Bevor die Ordnung wiederhergestellt war, drängten noch Hunderte von Zuspätgekommenen herein, die mit dem Wagen oder der Straßenbahn angereist waren.

Die Vorstellung in Waco verlief etwas geordneter. In San Antonio gab Madame Bernhardt die *Camille* in einer Music

Hall, und in Houston wurde das Stück in einem Eisstadion aufgeführt.«

Sarah war über die primitiven Rahmenbedingungen der Tournee entsetzt, sie betrachtete sie jedoch in der Rückschau durch eine rosarote Brille. Noch nie habe sie soviel Geld eingenommen, erzählte sie Louis Verneuil. Ihr Name hatte eine solche Anziehungskraft, daß die Leute meilenweit fuhren, um sie zu sehen. Eines Abends kam ein Cowboy an das Zelt herangeritten und wollte noch eine Eintrittskarte. Es sei ausverkauft, sagte der Kassierer. »Aber ich bin dreihundert Meilen weit geritten, um die Bernhardt zu sehen«, sagte der Cowboy, und um seinen Worten Gewicht zu verleihen, zog er den Revolver. Das bewirkte, daß der Kassierer noch einen Stehplatz hervorzauberte und sich entschuldigte. »Schon gut, Hauptsache, ich komme rein«, sagte der Cowboy und fügte hinzu: »Übrigens, was tut das Mädchen eigentlich – singen oder tanzen?«

Ehe sie Amerika verließ, gab Sarah noch ein einwöchiges Gastspiel am Lyric Theatre in New York. Sechsundzwanzig Jahre zuvor war sie zum ersten Mal in dieser Stadt aufgetreten. Damals war sie eine temperamentvolle junge Frau gewesen, die ausgezogen war, ihr Glück in der Neuen Welt zu suchen. Als sie sich jetzt zum Abschied verbeugte, war das Publikum tief bewegt. Ihre Verehrer standen in langen Schlangen um Eintrittskarten an, die jungen Leute wollten sie zum ersten und letzten Mal sehen, und die Kritiker fanden sie großartiger denn je. Die Damen der Gesellschaft, die sie früher als unmoralisch verurteilt und sie geschnitten hatten, öffneten ihr nun die Türen – oft genug vergeblich. Alles in allem war die Abschiedstournee ein einträgliches Geschäft. Sarah sollte noch drei weitere Abschiedstourneen in Amerika machen.

»Ich komme mit frischem Schwung hierher zurück«, erklärte Sarah bei ihrer Ankunft in Le Havre gegenüber der Presse. Das war keine Übertreibung. In diesem Sommer arbeitete sie in Belle-Ile an zwei neuen Stücken, kümmerte sich um deren Ausstattung und legte letzte Hand an ihre Memoiren. Ihr Fleiß machte sich bezahlt, vor allem was ihre Memoiren anbetraf, die bis zum heutigen Tag immer wieder aufgelegt werden. Max Beerbohm besprach das

Buch 1907. Seine Reaktion erklärt vielleicht die Faszination, die Sarah seit je auf das englische Publikum ausübte.

»Stellen Sie sich vor, ein Schlafwandler wacht auf und stellt fest, daß er am Rand eines Vulkans steht und in den Krater hineinstarrt. Ähnlich ist es mir mit dem Buch von Madame Bernhardt ergangen. Wie wir wissen, hat sie ein explosives Temperament und eine dramatische Karriere. In ihren Erinnerungen wird beides lebendig. Zweifel wurden geäußert, ob sie das Buch wirklich selbst geschrieben hat. Die Lebendigkeit der Erzählung, das Gespür dafür, was erzählenswert ist und was nicht, der scharf gewürzte, lebhafte Stil – diese Tugenden erscheinen einigen Kleinkrämern unvereinbar mit Authentizität. Ich gebe zu, es ist besorgniserregend, wenn ein Amateur sich so erfolgreich eines Genres annimmt, von dem wir anderen glauben, nur wir verstünden etwas davon. Als Sarah sich mit Vehemenz in die Bildhauerei stürzte und auch noch mit beachtlichem Erfolg, waren die professionellen Bildhauer höchst überrascht und verdrossen. Ähnliches Unbehagen löste sie mit ihrer Malerei aus. Wir Schreiber müssen uns mit dem Gedanken trösten, daß einer Sarah alles gegeben ist. Es nützt nichts, so zu tun, als habe Sarah das Buch nicht selbst geschrieben – die überschäumende Spontaneität beweist ihre Urheberschaft.«

Ein Satz in *Mein doppeltes Leben* fiel Beerbohm besonders auf: »Ich habe vier Hinrichtungen gesehen, eine in London, eine in Spanien und zwei in Paris.« Ob Sarah mit Gewalt zu den Hinrichtungen geschleppt worden sei, überlegt Beerbohm. »Nein, offensichtlich ist sie aus freien Stücken hingegangen.«

Sarah brachte tatsächlich einmal die ganze Nacht auf einem Balkon im ersten Stock zu, um der Hinrichtung des Anarchisten Vaillant beizuwohnen, den sie persönlich gekannt und bewundert hatte. Kaum war das Beil gefallen, mischte sie sich unter die Menge. Sie war »angewidert, verzweifelt, nicht ein Wort der Anerkennung für diesen Mann, nicht ein gemurmelter Racheschwur, keine Empörung«. Sie hatte Lust zu schreien: »Ein Haufen Vieh seid ihr! Küßt endlich die Steine, die vom Blut dieses armen Wahnsinnigen rot sind, für euch! Für euch! Im Glauben an euch!« »Sie, geneigter Leser«, schreibt Beerbohm weiter, »werden kaum Wert darauf legen, einer Hinrichtung beizuwohnen, vor allem nicht der Hinrichtung eines persönlichen Freundes. Aber Sie sind eben auch kein großer Tragöde. Das Gefühl um des Gefühls willen ist nicht das Gesetz Ihrer Existenz, aber es ist das ewig gültige Gesetz, das Sarahs Leben bestimmt, das Leben einer Schauspielerin, die selbst heute noch, trotz aller Tricks, die sie ihrer Kunst beimischt, die größte Tragödin unserer Zeit ist. Sollte ich jemals zum Mörder werden, ich hätte nichts dagegen, wenn sie zu meiner Hinrichtung käme. Vom Schafott aus würde ich mich vor ihr verneigen und ihrem Genie, das mich so oft über alle Maßen gefesselt, meine Hochachtung erweisen. Und nie zuvor hat sie mich mehr gefesselt als in diesem ungewöhnlichen Medium.«

In ihren Memoiren spricht Sarah von verschiedenen Feinden, nennt sie aber nur selten beim Namen. Auf ihre Schauspielerkollegen nahm sie jedoch weniger Rücksicht. Ihrer Meinung nach war Henry Irving zwar ein bewundernswerter Künstler, aber kein Schauspieler. Coquelin war ein bewundernswerter Schauspieler, aber kein Künstler. Die Réjane war Künstlerin und Schauspielerin, aber nur, wenn sie wollte. Besondere Aufmerksamkeit schenkte sie Eleonora Duse. Sie sei »mehr Schauspielerin als Künstlerin. Sie geht Wege, die von anderen vorgezeichnet sind [mit anderen meinte Sarah natürlich sich selbst]; gewiß, sie ahmt sie nicht nach, denn wo Bäume standen, pflanzt sie Blumen, und wo Blumen standen, Bäume; aber in ihrer Kunst hat sie keine Bühnengestalt geschaffen, die mit ihrem Namen verbunden bleibt. Sie trägt die Handschuhe der anderen, aber sie trägt sie verkehrt herum, und all das mit unendlicher Anmut, in willenloser, vollendeter Hingabe. Sie ist eine große, sehr große Schauspielerin, aber sie ist keine große Künstlerin.«

Das war eine unpräzise, ungerechte und unberechtigte Kritik. Die Duse fühlte sich gekränkt – so gekränkt, daß sie beim nächsten Mal Sarahs Angebot, ihr Theater zu benützen, nicht mehr annahm. Ihrem einstigen Idol schrieb sie: »Ich kann Ihre Beurteilung meiner Kunst nicht einfach ignorieren. Ich kann sie weder ignorieren noch ihr zustimmen, noch kann ich sie vergessen, denn man vergißt nicht gern Dinge, die schöpferische Energien in uns freisetzen.

Aber trotz Ihres Urteils über meine Kunst will ich nicht vergessen, wie gut Sie früher zu mir waren, *denn im Leben hat jede Stunde ihren Wert,* und im Augenblick ziehe ich es vor, mich an jene Stunden zu erinnern, als Sie gut und freundlich zu mir waren.«

Die Duse schrieb aus einer starken Position heraus. In dieser Spielzeit sollte sie ein kurzes Gastspiel an Lugné-Poes Théâtre de L'Œuvre geben. Sie ließ sich gerne mit dem idealistischen Verfechter der Avantgarde in Verbindung bringen, und es gefiel ihr auch, daß sie vor einer ausgewählten Gruppe von Intellektuellen spielen sollte und nicht vor dem breiten und oft verständnislosen Publikum, das in Sarah Bernhardts Theater strömte. Außerdem war die Duse inzwischen eine anerkannte Ibseninterpretin, während die Bernhardt immer noch die ausgetretenen Pfade der Romantik entlangschritt. Ganz ignorierte Sarah Ibsen freilich nicht. In seinem Todesjahr 1906 gab sie in Genf eine Vorstellung der *Frau vom Meer.* Trotz der wohlwollenden Aufnahme durch das Publikum und die Kritiker blieb es jedoch bei einer Aufführung.

Léon Daudet sprach nicht nur für Sarah, sondern auch für sich selbst, als er schrieb: »Ibsens Werk ist von originaler, schmerzlicher Schönheit, doch sein Lachen gerät zur Grimasse, seine Melancholie ist wie ein angeborener Defekt, und seine Dialoge sind eine Abfolge gegenseitiger Vorwürfe. Alle seine Charaktere scheinen sich mit Selbstmordabsichten zu tragen. Bitterkeit und vergebliche Lust wohnen in ihnen wie in finsteren Kellergewölben. Es kommt einem vor, als hätten sie noch nie an einem Glas Wein genippt oder eine sonnenbeschienene Landschaft gesehen. Sobald sie eine Ehefrau, eine Verlobte oder eine *petite amie* haben, haben sie nichts Besseres zu tun, als sie zu verhören, ihr nachzuspionieren, sie zu terrorisieren und ihre Geheimnisse aus ihr herauszupressen, um sie später um so besser überführen zu können. Die Frauen verhalten sich genauso wie die Männer. Wenn das die Liebe des Nordens ist, dann Romeo und Julia, Don Quijote und Dulcinea, sie leben hoch!« Obwohl Daudet einer der fähigsten Männer seiner Zeit war, bestimmte ein tiefes Mißtrauen gegen alles, was nicht französisch, katholisch und gegen Dreyfus gerichtet war, sein Urteil. Hätte er sich seinen geliebten Balzac genauer angesehen, hätte er feststellen können, daß einige Charaktere Ibsens der rachsüchtigen Cousine Bette oder dem inquisitorischen Vautrin durchaus ähnelten.

Sarahs Interessen lagen auf anderen Gebieten. Sie war keine Intellektuelle, sondern eine Schauspielerin, die mythische Charaktere darstellen wollte, überlebensgroße Heldinnen, mit Hilfe derer sie – am liebsten in Versform – der Wirklichkeit entfliehen konnte. Ibsen paßte da nicht ins Programm, auch Strindberg nicht oder Tschechow, die anderen großen Dramatiker der damaligen Zeit. Merkwürdigerweise hatten die Pariser denselben Geschmack wie Sarah. Nach 1910 wurden die skandinavischen Stücke in Frankreich nur noch selten gespielt. Tschechow freilich ist bis heute beliebt, vielleicht weil sich die Franzosen dem slawischen Temperament verwandter fühlen als *»des norderies«* (dem nordischen Zeug), wie Sarah es nannte. Im Jahr 1906 trat Sarah in *La vierge d'Avila* auf, einem grandiosen Spektakel von Catulle Mendès. Die Vorstellung von Sarah als einer jungfräulichen Heiligen löste allgemeine Erheiterung aus. Der Titel war jedoch irreführend. Mendès, der sich auf erotische Szenen verstand, hatte hier ein schlüpfriges Stück geschaffen, welches von der angeblichen sexuellen Doppelmoral der Nonnen handelte. Das Ergebnis glich eher einer übersteigerten Variante der Oper *Dialogues des carmélites* von Bernanos und Poulenc, mit einer Sarah, die zu Füßen ihres Liebsten Jesus verzückt in Ohnmacht und ihren liebestollen Karmeliterschwestern in die Arme fällt. Nach den Worten von Adolphe Brisson, dem Kritiker der Zeitschrift *L'Illustration,* war die Jungfrau von Avila eine der großartigsten Rollen Sarah Bernhardts. Auch Mendès erntete hohes Lob. »Wir müssen das edle Bemühen eines Dichters wie Catulle Mendès anerkennen, der sich nicht auf halbe Sachen, auf Konventionen, Modeströmungen und den Zeitgeschmack einläßt und uns in die höchsten Höhen der Kunst entführt.« Das Stück mag konventionell sein, die Reaktion in Spanien freilich war geradezu mittelalterlich. Der Erzbischof von Avila befahl seiner Gemeinde, betend um die Stadtmauern zu pilgern, um den ketzerischen Einfluß auszutreiben, den ein von einem Juden für eine Jüdin geschriebenes Stück ihm zufolge hatte.

Sarah hatte wie viele alternde Bühnenstars ihre Formel zum Erfolg gefunden, und sie sah keine Veranlassung, davon abzuweichen. Was hätte sie in ihrem Alter auch schon ändern können? Ihr Geschmack, ihre Fähigkeiten hatten mit den meisten neuen französischen Stücken nichts mehr gemein, von denen viele Melodramen waren, die im Kostüm des sozialen Realismus daherkamen. Das Hauptproblem aber war sicher, daß die Bernhardt eine Institution geworden war. J. G. Geller, ein früher Biograph der Bernhardt, schreibt: »Sicher, sie war erfolgreich, immer erfolgreich. Doch jeder Triumph ähnelte so sehr dem vorherigen, daß es monoton zu werden begann. Für Sarah war Bewunderung etwas Alltägliches, und sicher drückte sich darin ein gewisser Snobismus aus. Unter ihren Bewunderern galt es als schick, der großen Schauspielerin mit gespielter Gleichgültigkeit zu begegnen.« Geller hatte jene Bewunderer im Auge, die die ersten vierzig Jahre der Bernhardt miterlebt hatten und keineswegs der Meinung waren, Sarah habe sich selbst überlebt. Immer noch pilgerten sie in ihre Premieren und labten sich am Klang ihrer Stimme und der Schönheit ihrer Gesten.

Die Verehrer brachten auch ihre Kinder mit, damit auch diese die wunderbare Schauspielkunst dieser Frau erleben konnten. Die junge Generation war ähnlich beeindruckt wie ihre Eltern, mit einem Unterschied: Die Älteren hatten Sarah als moderne junge Schauspielerin erlebt, die Jungen sahen in ihr die große alte Dame, deren abenteuerliche, geheimnisvolle und beneidenswerte Vergangenheit zu einer triumphalen Legende geworden war. Stellvertretend für seine Generation schrieb Jean Cocteau in seinem Buch *Die Farben der Erinnerung:*

> Theaterbesessen wie wir waren, beherrschten zwei große Gestalten unsere Jugendzeit: Sarah Bernhardt und

Edouard de Max. Was hatten sie denn mit gebührlicher Haltung, mit Takt und Maß zu schaffen, diese Fürsten des Ungebührlichen, diese Tiger, die vor aller Welt gähnen und sich die Lefzen lecken, diese auf den Schein der Kunst sich gründenden Elementarkräfte, die im Kampf mit einer Naturgewalt lagen, dem Publikum nämlich … Sarah und de Max traten oft zusammen auf … Wie tobte nicht der Saal, wenn sich nach dem Stück der Vorhang teilte, wenn sich die Tragödin dem Publikum stellte! Die Krallen der linken Hand hatte sie in ihre Brust gegraben, mit der rechten Hand hielt sie sich gestreckten Arms am Bühnenrahmen fest. Einem venezianischen Palast gleich, bemalt, vergoldet, groß in Szene gesetzt, abgestützt und herausgeputzt, neigte sie sich unter der Last der Halsketten und der Anstrengung, inmitten eines Taubenschlags von Beifallsstürmen: *La Sorcière! La Samaritaine! Phèdre! Andromache!* …

Ihr Körper glich einer herausgeputzten Stoffpuppe. Der breite, glitzernde Brustharnisch eines Herzogs von Reichstadt, der türkisfarbene Brustschmuck einer Théodora schlossen unterhalb der Hüfte mit einer von hinten geschnürten Schärpe ab, die vorne in einer mächtigen Schleife auslief, deren Bänder sich über Stiefel oder Schleppe ergossen. Sie verneigte sich unaufhörlich, vor ihrem Auftritt, nach ihrem Auftritt und auch am Ende jedes Akts. Und ihr alle Konventionen sprengendes, grandioses Spiel glich einem langen, verzückten, von Wutschreien unterbrochenen Ohnmachtsanfall.

Derartige Theatererlebnisse sind in unserer Zeit nicht mehr denkbar. Heute machen wir uns lächerlich, weil wir meinen, einen Sinn fürs Lächerliche zu haben, und kaum begegnen wir den ersten ungewohnten Anzeichen von Größe, fühlen wir uns beleidigt …

Sarah Bernhardt hat sich im Leben wie auf den Brettern der Bühne bis zur letzten Faser ihres Wesens ausgelebt. Mit ihrer außerordentlichen Kunst des Inohnmachtfallens hat sie sich in die Arme der ganzen Welt fallen lassen. Sie soll Tuberkulose gehabt haben. Dieser Eindruck entstand zweifellos durch die zahllosen Taschentücher, die sie in ihren Händen wrang oder vor den Mund

> preßte, und durch die roten Rosen, auf denen sie bei ihren Liebesszenen kaute. Und dann unterbrach sie plötzlich den schnellen Fluß ihrer Automatenstimme und betonte einen wichtigen Satz, was um so verblüffender war, als er wie aus dem Stegreif gesprochen wirkte.

Cocteau erinnert sich an einen Zusammenstoß mit der Bernhardt, als er sechzehn war.

> Ich möchte von einem skandalösen Zwischenfall berichten, der sich während eines Balls im Théâtre des Arts ereignete, dessen Leiter damals Robert d'Humière war. De Max, der wohl naivste Mensch auf der Welt, hatte die bizarre Idee, seine Freunde mit auf den Ball zu schleppen. Wir waren noch naiver als er. Uns bot sein Plan einfach die Gelegenheit, einen Kostümball zu besuchen. Man stelle sich de Max in seinem perlgrauen Elektroauto vor, wie er uns vor dem Theater auslädt: Er trug einen Kopfschmuck aus Adlerfedern und war in ein orientalisches Gewand gehüllt, Rocher und Vesperto waren als arkadische Schäfer verkleidet, und ich selbst trat als Heliogabal mit roten Löckchen auf, auf dem Kopf ein überwältigendes Diadem, dazu eine perlenbestickte Schleppe, beringte Finger und lackierte Nägel. Uns wurde schnell klar, daß wir einen Fauxpas begangen hatten. Robert d'Humière brachte uns in einer Loge nahe der Bühne unter. Alle lachten über uns, und Sarah Bernhardt schickte ihre Gesellschafterin Mademoiselle Seylor zu mir, die mir ein Briefchen folgenden Inhalts überreichte: »Wenn ich Ihre Mutter wäre, hätte ich Sie schon längst heim ins Bett geschickt.« Ich unterdrückte meine Tränen, doch meine Augen brannten, und mein Gesicht war von Wimperntusche verschmiert. De Max sah ein, daß er einen furchtbaren Fehler gemacht hatte. Er begleitete uns hinaus, ordnete unsere Frisuren, wischte uns die Schminke ab und fuhr uns nach Hause.

Sarahs häusliches Leben war in den nächsten Jahren einigen Änderungen unterworfen. Ihre älteste Enkelin Simone heiratete Edgar Gross und zog mit ihm nach England, wo sie schon bald mit einem Kind niederkam. Im Jahr 1910 starb Terka, Maurice' Frau, und Sarahs jüngere Enkelin Lysiane zog in das Haus ihrer Großmutter am Boulevard Pereire, wo sie bis zu ihrer Heirat mit Louis Verneuil am 10. März 1921 wohnte. Man vermutet, daß Verneuil die stille Lysiane nur deshalb heiratete, weil er der Bernhardt nahe sein wollte. Jedenfalls wurde die Ehe 1923, kurz nach dem Tod Sarah Bernhardts, geschieden, und Lysiane nannte sich von da an Lysiane Sarah-Bernhardt.

Im September 1910 gab Sarah ein Gastspiel am Coliseum, einem Variététheater in London. Einige ihrer anspruchsvolleren Pariser Verehrer schämten sich für sie, weil sie zusammen mit Yvette Guilbert und Akrobaten und Jongleuren auftreten wollte. Die Londoner gingen weitaus toleranter damit um. »Heute nachmittag hatte Madame Sarah Bernhardt am Coliseum in London Premiere«, kabelte ein Reporter an den *Figaro.* »Sie spielte den zweiten Akt aus *L'Aiglon.* Geistreich, genial und energisch eroberte sie das zahlreich erschienene Publikum. Als sie vor den Vorhang trat, um sich zu verbeugen, wurde sie mit unbeschreiblichen Ovationen begrüßt. Madame Bernhardt wird immer die Lieblingsschaupielerin der Londoner sein. Ihr einmonatiges Gastspiel wird ein einziger Triumphzug werden.« Sarahs Erfolg im Coliseum war ein Präzedenzfall. Die Réjane und Jane Hading, die im *Maître des forges* neben Damala auf der Bühne gestanden waren, traten bald darauf ebenfalls im Coliseum auf. Ihnen folgten Sänger, Instrumentalisten und Tänzer. Zweimal täglich ein halbstündiger, sehr gut honorierter Auftritt ließ die Künstler den unwürdigen Rahmen vergessen. Ein zusätzlicher Reiz war, daß sie ihre Kunst der breiten Masse nahebringen konnten, denen die Eintrittskarten »richtiger« Theater zu teuer waren.

Am 23. Oktober 1910, ihrem sechsundsechzigsten Geburtstag, brach Sarah Bernhardt zu ihrer zweiten »Abschiedstournee« in die Vereinigten Staaten auf. Im Programm hatte sie ihre üblichen Kassenschlager und einige ihrer neueren Inszenierungen. Der männliche Hauptdarsteller war der hübsche siebenundzwanzigjährige Lou Tellegen, ihr Liebhaber. Selbstverständlich waren Freunde,

Verwandte und Biographen über diese Liaison entsetzt. Louis Verneuil schreibt in seinem Buch *La vie merveilleuse de Sarah Bernhardt:*

> Lieber wäre mir, ich müßte in diesem Buch seinen Namen nicht erwähnen. Ich erinnere mich nicht gern daran, daß sich die fast siebzigjährige Sarah Bernhardt für Lou Tellegen interessierte. Aber habe ich das Recht, Lou Tellegens Aufstieg zu ignorieren, nachdem er so viel Wirbel in den französischen und amerikanischen Zeitungen verursacht hat? Sämtliche Kritiker aus Paris schlachteten die Umstände seiner Karriere aus. Manche betrachteten es sogar als ihre Pflicht, ihre Leser, wenn auch diskret, darauf hinzuweisen, warum sich die große Künstlerin so plötzlich um den mittelmäßigen Schauspieler bemühte. Am 3. Dezember 1911 gab die *New York Times* die Heirat der beiden bekannt, sie dementierte die Nachricht jedoch schon am darauffolgenden Tag wieder ... Drei Jahre lang, bis Juni 1913, spielte Tellegen in Paris wie auf den Gastspielreisen sämtliche männlichen Hauptrollen neben Sarah Bernhardt.

Dann geht Verneuil, der Tellegen offensichtlich nicht leiden konnte, ihn aber auch beneidete, auf dessen Vorzüge ein: »Er war ungewöhnlich gut aussehend, groß, schlank und glattrasiert. Auf seinem wohlgeformten, kleinen Kopf wuchsen sorgfältig gelegte blonde Locken. Sein Körper glich dem eines jungen Gottes, und er war ein beliebtes Modell für Bildhauer, unter anderem auch für Rodin.«

Lou Tellegen beschreibt seine erste Begegnung mit Sarah Bernhardt in seinen Memoiren *Die Frauen waren gut zu mir.* Dorothy Parker, die das Buch für die Zeitschrift *Vanity Fair* besprach, meinte, ein treffenderer Titel wäre »Die Frauen waren gut, aber dumm«. Das Buch ist so albern wie sein Titel und strotzt vor Eitelkeit und Banalität. Tellegen schreibt unter anderem:

> Bevor ich mit dem Kapitel über die herrliche Madame Sarah Bernhardt beginne, möchte ich betonen, daß ich meine persönliche Beziehung zu ihr beschreiben will,

angefangen mit der ersten Begegnung bis zu dem Augenblick, als ich sie vier Jahre später verließ ... Ich befand mich allein im Salon [des Carlton Hotels in London] und sog den süßen Duft der verschwenderisch im Raum verteilten Rosen ein. Da ging die Tür auf und herein kam – ein Geschöpf des Himmels! Das Gewand bestand aus weißen Spitzen, die Augen funkelten wie Sterne – eine überwältigende Persönlichkeit. Jetzt verstand ich, wie diese großartige Frau die ganze Welt in ihren Bann schlagen konnte! ... Fast alles war mir im Leben schon begegnet – Gefahr, Tod, Schrecken, Mord, Liebe, Verzweiflung –, aber als ich jenem unsterblichen Geschöpf gegenüberstand, schien mein von zahlreichen Gefahren gestähltes Herz einen Moment lang stillzustehen.

Sie trat auf mich zu und reichte mir die Hand. Nur eine Sarah Bernhardt konnte so anmutig die Hand zum Kuß reichen. Dann sprach sie mich an, und mir wurde klar, warum sie »die Frau mit der goldenen Stimme« genannt wurde. *»Enchantée de faire votre connaissance!«* Diese schlichten Worte verwandelten sich für mich in eine Beethovensymphonie. Ich verneigte mich tief und küßte ihr ehrfurchtsvoll die Hand. Ich bin kräftig gebaut und habe an den Beinen Muskeln aus Stahl, aber in diesem Moment waren sie weich wie Butter ... Sie redete immer sehr lebhaft. Unter der zerbrechlichen Oberfläche dieser wunderbaren Frau spürte ich einen lodernden Vulkan. Und wie differenziert brachte sie ihren Humor zum Ausdruck! Welche Beherrschung der Sprache, ganz *choisi* und sachlich! Ich konnte meinen Blick nicht von ihr lösen – sie war alles – sie war das Leben selbst! Ich konnte mein Erstaunen nicht verbergen ..., daß diese Frau, die damals beinahe sechsundsechzig Jahre alt war ..., den Geist, das Aussehen und die Frische eines zwanzigjährigen Mädchens hatte.

Der Verfasser dieser verzückten Zeilen wurde 1883 geboren. Seine Mutter war eine griechische Tänzerin, sein Vater ein holländischer General. Mit fünfzehn Jahren riß er mit der Geliebten seines Vaters aus. Von da an, heißt es, sei er immer nur nach oben gefallen. Er reiste um die Welt, verführte unzählige Frauen, war Preisboxer, Trapezkünstler, Fechtmeister, Mörder (»Ich mußte töten, um meine eigene Haut zu retten«), Spieler und Gigolo. In Rußland saß er im Gefängnis, weil er Flugblätter verteilt hatte, die zur Geburtenkontrolle aufriefen, in Paris wurde er wegen eines angeblichen Raubüberfalls eingesperrt. Neben seinem geschäftigen Leben fand er Zeit, am Konservatorium bei Paul Mounet zu studieren, dem Bruder Mounet-Sullys. In dieser Zeit saß er Rodin Modell, bei dem er auch eine Weile wohnte. Tellegen zufolge sagte der große Bildhauer nicht viel mehr zu ihm als »Ziehen Sie sich aus« und »Ziehen Sie sich an«, aber er verewigte ihn in seiner Plastik *Ewiger Frühling.*

Nach seinem Abschluß am Konservatorium trat Tellegen in kleineren Rollen am Odéon auf, wo er jedoch weitgehend unbeachtet blieb. Irgendwann lernte er de Max kennen und schloß sich jener bisexuellen Gruppe von Schauspielern und Dichtern an, die sich um die Truppe der Sarah Bernhardt scharte. De Max war es auch, der ihn 1910 zu Sarah schickte, denn er war einer weiteren Amerikatournee überdrüssig und empfahl ihr Tellegen als Ersatzmann. Er dachte natürlich nicht im Traum daran, daß Tellegen bald alle seine Rollen übernehmen würde, nicht nur am Studebaker Theatre in Chicago und am Greek Theatre in Oakland, sondern auch an Sarah Bernhardts eigenem Theater in Paris. Niemand hielt Tellegen für einen bemerkenswerten Schauspieler, aber viele hielten ihn für eine bemerkenswerte Schönheit. Unter denen, die von seiner Schönheit geblendet waren, war auch Sarah. Als sie ihn im Carlton Hotel kennenlernte, lud sie ihn für eine Stunde später zum Mittagessen ein, dann engagierte sie ihn als Hauptdarsteller.

»Ich las den Vertrag«, schreibt Tellegen. »Vier Jahre! Ich würde zweihundertundacht Wochen hintereinander eine regelmäßige Gage beziehen! Angesichts dieser Zahlen brach ich beinahe zusammen. Noch nie hatte ich soviel Geld verdient! Eine Gage? Ein Vermögen!«

»Fahren Sie nach Paris zurück«, sagte Sarah. »Gehen Sie zu meinem Sohn, und lassen Sie sich sämtliche Rollenbücher und die Fahrkarte nach Amerika geben. Versuchen Sie, in den zehn Tagen bis zu unserer Abreise so viele Rollen wie möglich zu lernen. Auf dem Schiff sehen wir uns wieder. Dort werden wir reichlich Zeit zum Proben haben.«

»Und mit diesen Worten«, erinnert sich Tellegen, »gab mir die göttliche Frau hundert Guineen als Vorschuß! Dann lächelte sie und verschwand in ihren Privatgemächern.«

Wahrscheinlich bereitete dieses Engagement Sarah einiges Kopfzerbrechen. Sie wußte, daß Tellegen nicht entfernt an ihr künstlerisches Niveau heranreichte, aber hatte sie den Zuschauern nicht auch Damala schmackhaft machen können? Sie war jetzt sechsundsechzig Jahre alt und Urgroßmutter, doch wer wollte behaupten, daß es für eine Romanze zu spät war – zumal mit einem so schneidigen Kerl? Nicht umsonst war Sarah eine Kokotte gewesen. Sie wußte, daß sie Tellegen mit Geld bei der Stange halten konnte. Zum Glück für sie kannte auch der junge Mann die Spielregeln. Tellegen erinnert sich:

> Sechs Wochen später waren wir in irgendeiner kanadischen Großstadt, als Madame mich nach der Vorstellung in ihren Privatwaggon rufen ließ. Sie entließ die Umstehenden, ihre Gesellschafterin Mademoiselle Seylor, ihren Leibarzt Dr. Marot und Eddie Sullivan, den Vertreter ihres Impresarios William Connor. Dann bot sie mir an, meine Gage, die jetzt schon königlich war, zu erhöhen. Energisch lehnte ich ab. Ich bat sie, den Vertrag wenigstens für das erste Jahr so zu lassen, wie er war. Mit bewundernswerter Redegewandtheit führte sie Gegenargumente ins Feld, aber ich blieb bei meiner Ablehnung. »Dann akzeptieren Sie wenigstens mein zweites Angebot«, rief sie. »Ich

möchte, daß Sie wie Mademoiselle Seylor, Dr. Marot und Mr. Sullivan in meinem Privatwaggon wohnen und angenehm reisen können. Wir haben noch ein leeres Abteil. Bitte nehmen Sie an, und seien Sie mein Gast.«

Das konnte ich ihr natürlich nicht abschlagen! ... Am nächsten Tag zog ich in mein neues Heim und erlebte von diesem Augenblick an die wunderbarste Freundschaft meines Lebens – die übermenschliche Freundlichkeit dieser großen Frau. Die Kollegen hätten mich natürlich am liebsten vergiftet, aber ich war jetzt ihrem Neid und ihrer Eifersucht nicht mehr direkt ausgesetzt.

In einem Brief an Ponchon spricht Sarah von Tellegen als von ihrem Verlobten und fügt sogar ein Foto von ihm bei, das seinen unwiderstehlichen Reiz demonstrieren soll. In den Briefen an ihren Sohn war sie etwas zurückhaltender.

Sarah an Maurice

Mein Angebeteter, an diesem 1. Januar 1911 drücke ich Dich an mein Herz. Begleitet von unbeschreiblichem Applaus beendete ich gestern mein Gastspiel in New York. Die Einnahmen waren überragend gut: in einem Monat 530000 Franc. Anscheinend finden mich die Leute besser, schöner und jugendlicher als je zuvor. Und dann diese verrückten, leidenschaftlichen Liebesbriefe! Sie erheitern mich besonders, wenn ich an meine Urenkelin, die kleine Terkette denke, die in ihrem Bettchen in London schlummert.

Sicher war es eine Übertreibung, wenn Sarah behauptete, das Publikum habe sie schöner und jugendlicher gefunden als je zuvor. Zumindest der Kritiker Channing Pollock urteilte realistischer: »Das Feuer der Bernhardt mag am Verlöschen sein, doch es verlischt mit einem hellen Flackern, und die Flammen des Abschieds, wenn es wirklich der Abschied sein sollte, gleichen eher einer glorreichen Feuersbrunst. Die Bernhardt steht für die höchsten Weihen ihrer Kunst, nicht nur bis zum heutigen Tage, sondern vielleicht für alle Ewigkeit.«

In den Briefen an ihren Sohn vermied Sarah jede Erwähnung ihres jugendlichen Liebhabers. Weiter ging ihre Zurückhaltung jedoch nicht. Bei öffentlichen Anlässen erschien sie an Tellegens Arm, und sie bestand darauf, daß er bei allen Interviews zugegen sei, flirtete mit ihm auf den Proben, nötigte ihm Geld auf und hielt ihn kurz, sobald er sich für andere, jüngere Frauen zu interessieren schien. Auf einer Fotografie mit Tellegen als Hippolytos trägt dieser Sarahs juwelenbesetzten goldenen Gürtel. Man stelle sich vor, wie sie, mütterlich und lustvoll zugleich, ihrem hübschen Liebling den Gürtel um die schmalen Hüften legte. Die amerikanischen Zeitungen schwiegen sich über die unkonventionelle Liaison aus, vielleicht aus Respekt vor Sarahs Alter, vielleicht aber auch, weil sie Tellegen lieber als Sarahs Schützling denn als ihren Liebhaber sehen wollten. Nicht so in Frankreich. Dort war man allerdings weniger über die unziemliche Romanze empört als über Sarahs verantwortungslosen Eigensinn, der sie alle klassischen Rollen, die bisher de Max gespielt hatte, mit Tellegen besetzen ließ. Als sie *Lorenzaccio* wiederaufnahm, schrieb Edmond Stoullig: »Wohl nie zuvor hat die große Schauspielerin solche Höhen ihrer Kunst erklommen. Unbeschreiblich der Applaus, die zahllosen Vorhänge, der Triumph! Ein Jammer jedoch, daß die übrige Besetzung dermaßen schwach ist! Die Rolle des Alexander de Medici ist mit einem kaum mittelmäßig zu nennenden Schauspieler besetzt! ›Arbeiten Sie an Ihren Tränen!‹ pflegte ein bekannter Schauspiellehrer seinem jungen Schüler zu sagen. ›Arbeiten Sie an Ihrem Lachen!‹ möchte man Herrn Tellegen zurufen, dessen unaufhörliche Lachsalven so unerträglich wie unnatürlich sind.«

Die Zuschauer am Sarah-Bernhardt-Theater gingen noch schonungsloser mit Tellegen um. Sein ausgeprägter holländischer Akzent wurde mit stürmischem Gelächter begrüßt, seine unbeholfene Vortragsweise und seine hölzernen Gesten lösten ablehnendes Stöhnen aus. Besonders peinlich wurde es, wenn das Haus vor Bravorufen erbebte, sobald Sarah allein vor den Vorhang trat, und stumm blieb, wenn sie sich zusammen mit Tellegen verbeugte. Diese Feindseligkeit schien Tellegen nicht weiter zu berühren; er fühlte sich durch die üppige Gage, die Hauptrollen und die Protektion der liebenden, wenn auch wesentlich älteren Freundin reichlich entschädigt. In dieser Spielzeit inszenierte Sarah das Stück *La reine Elizabeth* von Emile Moreau. Sie selbst gab die alternde Monarchin, Tellegen spielte ihren jungen Liebhaber, den Grafen Essex. Das Stück, das der Befindlichkeit ihres Herzens wie ihres Lebens so nahe kam, verschwand bereits nach einer guten Woche wieder vom Spielplan. Glücklicherweise hatte Sarah bereits eine neue Geldquelle entdeckt. Schon im Jahre 1908 war sie in einer Filmversion von *La Tosca* aufgetreten, in der auch Lucien Guitry, Paul Mounet und de Max mitwirkten. Zwei Jahre später bot man ihr dreißigtausend Dollar, in jenen Tagen ein Vermögen, für eine Verfilmung der *Kameliendame* mit Tellegen als Armand. Als Sarah den Film sah, soll sie in Ohnmacht gefallen sein. Trotzdem schien sie sich immerhin so schnell zu erholen, daß sie ihrem amerikanischen Impresario William F. Conner schreiben konnte: »Ich habe mir eine neue Welt erobert – die Welt des fotografischen Theaters. Ich hätte niemals gedacht, mein lieber William, daß ich jemals ein Film sein würde, doch jetzt existiere ich in Form von zwei Filmen. Diese Aufnahmen sollen meine Unsterblichkeit sichern.« Das heutige Kinopublikum kann die *Kameliendame* von damals höchstens absurd finden; die Marguerite der Sarah ist eine zappelnde Marionette und Tellegen ein unbeschreiblich schlechter Schauspieler. Das damalige Publikum jedoch war tief beeindruckt. »Die göttliche Sarah im Film« hieß die Überschrift einer Besprechung. »Nie war die Camille beredter und mitleiderregender als in diesem Stummfilm. Die geniale Bernhardt hat es fertiggebracht, sich dem neuen Medium anzupassen. Ihr verdanken wir eine atemberaubende Serie von Bildern. Irgend jemand hat gesagt, daß die Bilder vor Lebendigkeit sprühen und dem Zuschauer drahtlose Botschaften übermitteln. *Camille* ist in ganz Europa eine Sensation, und Amerika wartet mit Spannung darauf, daß die Filme der französisch-amerikanischen Filmgesellschaft endlich für unser Land freigegeben werden.«

Jean Cocteau schrieb über den Film mit dichterischem Einfühlungsvermögen: »Ich empfehle all jenen, die die Existenz heiliger Ungeheuer in Frage stellen, den Film Sarah Bernhardts anzusehen, der im Museum für Moderne Kunst in New York aufbewahrt wird. Mit ihren sechzig Jahren [Sarah war bereits sechsundsechzig] spielt sie die Marguerite Gautier. Man fühlt sich an den berühmten chinesischen Schauspieler erinnert, der im selben Alter sagte: ›Allmählich bin ich in der Lage, einen Knaben zu spielen.‹ Keine andere Schauspielerin könnte die Rolle der Liebhaberin besser ausfüllen als Sarah Bernhardt in diesem Film. Keine. Und dann ist der Film aus, und wir finden uns im modernen Leben wieder. Es geht uns wie dem Taucher, der heil wieder an der Oberfläche ankommt, nachdem er im tropischen Gewässer einem großen Teufelsfisch begegnet ist.«

Auch andere berühmte Schauspieler stellten ihr Können, oder besser ihr flackerndes Bild, dem Film zur Verfügung. Bereits 1912 gab es Klassikerverschnitte der Comédie Française. Die Réjane drehte einen Film mit Sardous *Madame Sans-Gêne*, und Mounet-Sully erschien in einer drastisch gekürzten Fassung des *Ödipus*, einer seiner herausragenden Bühnenrollen. Der große Tragöde hatte sich nicht verändert. Noch immer mißachtete er Regieanweisungen und war auch nicht bereit, sich dem neuen Medium anzupassen. Die Folge davon war, daß er auf der Leinwand wie ein brabbelndes Ungeheuer wirkt, eine stumme Parodie des deklamatorischen Stils der Comédie Française. Sarah war eine viel gelehrigere Schülerin; das war sie auch früher schon gewesen, als die beiden zusammen auf der Bühne aufgetreten waren. Sie besprach sich mit dem Kameramann und befolgte die Ratschläge des Regisseurs Louis Mercanton. Und obwohl *La reine Elizabeth* ein banales Stück und Sarahs schauspielerische Leistung nicht gerade hervorstechend war, wurde die Verfilmung ein bemerkenswerter Beitrag zur frühen Geschichte des Kinos.

Im Jahr 1912 gründete der Filmmagnat Adolph Zukor, ein ehemaliger Pelzhändler, eine Gesellschaft mit dem Namen »Berühmte Schauspieler in berühmten Filmen«. Dann kaufte er die amerikanischen Rechte für den Film, zahlte Sarah die einzigartige Tagesgage von 360 Dollar plus zehn Prozent Umsatzbeteiligung und organisierte eine aufwendige Eröffnungsvorstellung am Lyceum Theatre in New York. Am Ende der Vorstellung soll es zu stehenden Ovationen gekommen sein. Dieser erste abendfüllende Film, in den Zukor 18 000 Dollar investiert hatte, brachte Einnahmen in Höhe von 80 000 Dollar. Die berühmteste aller berühmten Schauspieler, Sarah Bernhardt, konnte sich zu ihrer eigenen Überraschung eine weitere Feder an den Hut stecken und wurde der erste internationale Filmstar – und das im Alter von sechsundsechzig Jahren.

Ende 1912 reiste Sarah mit Tellegen zu einer weiteren Abschiedstournee in die Vereinigten Staaten. Diese Tournee war unsagbar trostlos. Das Knie bereitete ihr quälende Schmerzen, Sarah konnte deshalb nur noch täglich eine halbe Stunde im Variététheater Keith-Orpheum auftreten. Die Endstation ihrer Reise war New York. Die Zeitungen schrieben, die französische Schauspielerin habe während der gesamten Vorstellung nicht ohne Hilfe stehen können. Es gab aber auch gute Tage. Burns Mantle schrieb in der *New York Times:* »Solange sie noch sprechen kann, kann sie auch spielen, denn in das gesprochene Wort legt sie mehr dramatischen Ausdruck als manche begabte und erfahrene, nur ein Drittel so alte Schauspielerin unter Aufbietung ihrer gesamten Kunst während einer ganzen Vorstellung. Mit ihrer genialen Begabung wird sie bis zum Schluß alle übertreffen.«

Die *New York World* war anderer Meinung: »Die einst aus den Tiefen des Schmerzes bis zu den Höhen der Leidenschaft aufsteigende Stimme klingt nur noch wie ein Echo ihrer selbst. Die langen, katzengleichen Schritte, mit denen die Bernhardt sich früher über die Bühne bewegte, enden schon am ersten Tisch oder Stuhl. Das scharfe Stakkato, der weiche Singsang ihrer Stimme, ihr plätscherndes Lachen gehören der Vergangenheit an. Die Zeit hat ihren Tribut gefordert.«

Das letzte Gastspiel fand am Palace Theatre in New York statt. »An diesem Abend des Jahres 1913«, schreibt Tellegen, »hatte ich das letzte Mal die Ehre, an ihrer Seite öffentlich auftreten zu dürfen. Als der Vorhang gefallen war, brach wie ein Orkan der Applaus los, der nicht enden wollte. Das Publikum schien sie nicht gehen lassen zu wollen.

Mit Tränen in den Augen hielt ich ihre Hand ... Schließlich sah sie erschöpft zu mir auf. Ich ging hinter die Bühne und brachte ihr einen Stuhl. Sie setzte sich, verneigte sich, lächelte und weinte, während der Applaus nicht einen Augenblick leiser wurde. Obwohl ich sie noch nach Frankreich zurückbegleitete, verließ ich sie bald darauf, um allein mein Glück zu machen. Sie sagte zu mir: ›Sei klug, mein Kind, lerne Englisch. Dort in Amerika mögen dich die Leute. Dort liegt deine Zukunft!‹ ...

In jeder Minute unserer gemeinsamen Arbeit bekam ich das Beste, was das Theater zu geben hat, und wenn ich an diese schönsten vier Jahre meines Lebens zurückdenke, kommen mir die Tränen, und aus meinem Herzen dringt der Schrei: ›Madame! Grande Madame! Ohne Sie bin ich so allein!‹«

Tellegen nahm Sarahs Rat zu Herzen und kehrte nach Amerika zurück, wo er im Stummfilm beachtlichen Erfolg hatte. 1916 heiratete er Geraldine Farrar, die schöne, gefeierte Opernsängerin. Sechs Jahre lang lebte er das luxuriöse Leben eines Prinzgemahls, dann ließ sie sich von ihm scheiden. Fünfzehn Jahre später nahm er sich als kranker, drogenabhängiger und mittelloser Mann mit einer Schere das Leben.

Nach ihrer Rückkehr nach Paris gab Sarah *Jeanne Doré* von Tristan Bernard. Sie spielte die kleine Ladenbesitzerin, deren Sohn Jacques den Mann tötet, der ihm die Verlobte ausgespannt hat. Jacques wird zum Tode verurteilt, seine Verlobte weigert sich, ihn noch einmal zu besuchen. Besonders rührend ist die Schlußszene: Am Abend vor der Hinrichtung geht Jeanne Doré ins Gefängnis, um sich von ihrem Sohn zu verabschieden. Der Korridor ist so dunkel, daß dieser die verschleierte Gestalt nicht erkennt. Er verwechselt sie mit seiner Verlobten und beschwört seine Liebe zu ihr. Jeanne lauscht seinen leidenschaftlichen Worten, es drängt sie, ihm ihre Identität zu offenbaren, doch sie schweigt, weil sie weiß, daß dies die letzten frohen Augenblicke seines Lebens sind. Der Auftritt der bleichen, von aufopferungsvoller Sorge gezeichneten Bernhardt blieb für viele unvergeßlich. *Jeanne Doré* wurde ein großer Erfolg. Es war Sarahs letztes abendfüllendes Stück und auch ihr letzter und gelungenster Film, zumindest wenn man ihn in der von der Cinémathèque Paris vorgeführten Fassung in der richtigen Geschwindigkeit sieht.*

Im Jahr 1914 wurde die Bernhardt zum Ritter der Ehrenlegion ernannt. Es war eine längst überfällige Ehrung. Der Wahlausschuß erhielt Hunderte von Glückwunschschreiben ihrer Bewunderer, und die Presse nahm die Gelegenheit wahr, mit dem Ausschuß hart ins Gericht zu gehen. »Endlich ist der hartnäckige Widerstand gebrochen, der eine Auszeichnung Sarah Bernhardts so lange verhindert hat«, schrieb ein Journalist. »Bei dieser glücklichen Entscheidung hat es keine einzige Gegenstimme gegeben. Man fragt sich, welche Einwände es früher gegeben haben mag. Über einhundert Frauen [darunter Louise Abbéma und Judith Gauthier] haben bisher den Orden erhalten. Madame Bernhardt aber kann ganz andere Qualitäten aufweisen und verfügt über einen Namen, der vom Ausschuß längst hätte anerkannt werden müssen. Uns wurde mitgeteilt, man habe vermeiden wollen, einen folgenschweren Präzedenzfall zu schaffen. ›Nach Sarah Bernhardt‹, so sagte man uns, ›werden wir auch Mlle. Y., Mlle. G. und andere Schauspielerinnen und Sängerinnen auszeichnen müssen – sogar Tänzerinnen, die einen einflußreichen Freund haben.‹ Aber man kann Sarah Bernhardt doch nicht mit anderen Frauen ihrer Branche in einem Atemzug nennen, sie ist außergewöhnlich, einmalig. Es gibt nur eine Sarah Bernhardt, so wie es nur eine Rachel gab. Sie hat sich dem französischen Theater mit Leib und Seele verschrieben. Ihre Tatkraft ist unerschöpflich, ihr Siegeszug eines Napoleon würdig. Sie hätte auch an der Comédie Française bleiben und sich in ihrem Ruhm sonnen können. Aber nein, sie gründete eine eigene Truppe, reiste um die ganze Welt und brachte das in den Vereinigten Staaten erworbene Vermögen nach Paris zurück, um es dort für aufwendige Insze-

* In den meisten frühen Filmen sind die Bewegungen viel schneller als in Wirklichkeit. Die Cinémathèque in Paris hat sich dieses Problems angenommen und die Bilderfolge einiger Filme auf ihre »wirkliche« Geschwindigkeit gedrosselt, so daß die Bewegungsabläufe nicht mehr so lächerlich wirken. In *Jeanne Doré* gewinnen wir auf diese Weise einen aufschlußreichen Eindruck von Sarahs filmischem Können.

nierungen und Bühnenautoren auszugeben, die mit den für sie geschriebenen Stücken unsere dramatische Dichtung bereicherten. Mit Sarah Bernhardt ehrt unser Staat die Botschafterin französischer Dichtkunst.«

Sarah hielt nicht nur Vorträge über das Theater, sondern gab in ihrem Theater auch regelmäßig Schauspielunterricht. May Agate, eine englische Schauspielschülerin, berichtet: »Wir saßen alle in einem großen Halbkreis. Madame Sarah saß hinter dem Regietisch unterhalb der Bühne, und eine seltsame, zeltähnliche Konstruktion, *le guignol* genannt, schützte sie vor Zugluft. Eingehüllt in ihr berühmtes Chinchillacape, eine Decke über den Knien, die Ellbogen auf den Tisch gestützt, saß sie bequem in ihrem Sessel.«

Im Jahr 1935 bat May Agates Bruder James, ein Theaterkritiker mit sprühender Feder, der erst für den *Manchester Guardian* und später für die *Saturday Review* arbeitete, seine Schwester, seiner Autobiographie *Ego* ein Kapitel über ihre persönlichen Eindrücke von Sarah Bernhardt anzufügen. May Agate begann wie folgt:

»Ich habe die Schauspielerin Sarah Bernhardt als eine unendlich würdige Dame kennengelernt. Ich war dabei, wenn sie auf der Bühne ihres Pariser Theaters berühmten Künstlern wie ehrfürchtigen Schülern Schauspielunterricht erteilte. Unbegabte Schüler wurden mit einem Lächeln entlassen; wer auch nur eine Spur Talent zeigte, mußte erst Beschimpfungen, dann unendliche Qualen über sich ergehen lassen. Jüngeren Schülern war sie eine Übermutter, und oft ähnelte das Theater eher einer Klosterschule. Sie hatte so viele Kaiserinnen und Königinnen dargestellt, daß sie gegen Ende ihres Lebens manchmal wie beiläufig ihr Wort an einen nichtexistenten Hofstaat richtete. Ich erinnere mich noch, wie Sarah an ihrem siebzigsten Geburtstag im Wohnzimmer meiner Mutter am offenen Kamin saß und mit lebhaften Gesten wie ein strahlendes, frisches junges Mädchen von zwanzig Jahren Geschichten erzählte. Ich sehe noch den warmherzigen Blick, den sie meiner Mutter aus der davonfahrenden Kutsche zuwarf. Ich weiß noch, wie wir ihr nachblickten und wie im selben Augenblick aus dem Fenster der Kutsche ein Blumenstrauß winkte.«

James Agate schrieb so viel und so begeistert über die Bernhardt, daß es im *Manchester Guardian* schließlich hieß (natürlich erst, als Agate den *Guardian* verlassen hatte): »Herr Agate über die Bernhardt, allmählich ist das doch etwas ermüdend.« Um nicht noch einmal einen solchen Rüffel zu riskieren, schrieb er in seinem Buch: »Ich möchte meine Schwester für mich sprechen lassen. May kannte die Bernhardt sehr gut. Ich bat sie, zu diesem Buch etwas beizutragen und sie gab mir die folgende Antwort:

Mein lieber Jimmie,

Meine Erinnerungen an Sarah würden mehrere Bände füllen. Ich habe eigentlich gedacht, daß ich später einmal, wenn ich eine alte Frau bin und in Dorking ein Wollgeschäft habe, ein kleines Erinnerungsbuch über sie schreiben könnte. Ob daraus etwas wird, weiß ich nicht;* inzwischen will ich folgendes sagen:

Noch nie hat jemand gesagt, wie sehr die Bernhardt *ihrer Zeit voraus* war. Immer standen ihre Extravaganzen so sehr im Vordergrund, daß diejenigen, die sie nicht persönlich kannten, dies als aufgesetzte Attitüde wahrnahmen. Auch wer sie auf der Bühne sah, bemerkte oft nur ihre glänzende Ausstrahlung und nicht die geistige Leistung. Ihre persönliche Anziehungskraft beruhte jedoch nicht auf Prunk und Kalkül. Man kann der Sonne nicht vorwerfen, daß sie scheint. Sie haßte jede Art von Dünkel, und ihre königliche Haltung war Teil ihres Wesens. Tatsächlich benutzte sie am häufigsten Worte wie *la pensée, le naturel, la sincérité und dire juste* (Gedankentiefe, Natürlichkeit, Aufrichtigkeit und Intonation).

Echtheit war das ganze Geheimnis ihrer Größe. Alles war echt an ihr – da gab es keine intellektuellen Blähungen oder komplizierten Theorien. Nie habe ich das Wort Psychologie aus ihrem Munde gehört, obwohl sie bei Gott mehr darüber gewußt hat als irgend jemand vor oder

---

* Im Jahre 1945 schrieb May Agate tatsächlich noch ihr »kleines Buch«. Es trägt den Titel *Madame Sarah* und gibt eine hervorragende und detaillierte Beschreibung der schauspielerischen Techniken der Bernhardt.

> nach ihr. »Ich war noch nie auf einem Schlachtfeld, aber ich weiß, daß es so sein muß«, sagte sie, nachdem sie die Kampfszene in *L'Aiglon* so blutrünstig gespielt hatte, daß sich uns allen die Haare sträubten. Sie war die erste Schauspielerin des französischen Theaters, die sich für Natürlichkeit einzusetzen wagte (wenn auch theatergerechte Natürlichkeit) und dem traditionellen Stil eine Absage erteilte. Die Techniken des Konservatoriums und der Comédie Française warf sie schon vor einem halben Jahrhundert über Bord. Meine nachdrücklichste Erinnerung an ihren Unterricht ist, daß sie unermüdlich gegen die alten Schauspielschulen wetterte. Das schmierenkomödiantische Herumfuchteln muß geradezu lächerlich gewirkt haben, aber niemand bemerkte es, bis Sarah kam und erklärte, daß es überflüssig sei. Oft wird heute noch so gespielt, und zwar nicht nur in der Provinz.

James Agate schreibt, er habe nicht zulassen können, daß die Aussagen über die »Natürlichkeit« und die »psychologischen Kenntnisse« der Bernhardt ganz unkommentiert blieben, und habe seine Schwester dazu noch einmal bei einem kleinen Mittagsimbiß befragt. Am nächsten Tag schrieb May ihrem Bruder einen zweiten Brief, in dem es heißt: »Ich habe nie behauptet, Sarah sei eine Vertreterin der naturalistischen Schule, eines gewöhnlichen Realismus gewesen. Sie verstand es, das Wesentliche ohne unnötiges Beiwerk zu vermitteln. Alles hängt natürlich davon ab, inwieweit man vom Schauspieler eine fotografische Wiedergabe des Lebens erwartet. Natürlich ist die Schauspielkunst immer auch eine intellektuelle Leistung. Sarahs Kunst erinnerte mich an moderne Malerei oder Bildhauerei – sie verzichtete auf Äußerlichkeiten, um dem Zuschauer das Wesen des Stückes zu vermitteln – ein Prozeß der Vereinfachung ... Wenn ich von ›Psychologie‹ gesprochen habe, dann meinte ich damit all das, was der Schauspieler über das Rollenbuch hinaus über das Wesen und die Gefühlswelt der betreffenden Charaktere wissen muß.«

»Und nun«, schloß James Agate das Kapitel ab, »schwöre ich, daß ich zum Thema Sarah schweigen werde wie ein Jago. Ab jetzt werde ich kein Wort mehr über sie verlieren.«

Er konnte sein Versprechen nicht halten. Wen immer er auch lobte – ob Stella Campbell, die Duse, Edith Evans, die Garbo, Charles Laughton, Laurence Olivier, Gielgud oder Richardson –, die Bernhardt übertraf sie alle, sie war sein Maßstab für Größe. Dafür hatte er eine merkwürdige, aber durchaus plausible Erklärung, die in einem Vergleich zwischen der Duse und der Bernhardt deutlich wird. »Die höchste schauspielerische Kunst der Duse liegt immer noch im Rahmen des Machbaren, wie es das moderne Theater auch verlangt. Sarah Bernhardt dagegen steht außerhalb dieser Kategorie. Ihre Kunst ist extravagant, ausgefallen, sie erfüllt alle Anforderungen an Glanz und Schönheit und fasziniert durch das Nichtmachbare.« Agate bewunderte Sarah sogar in ihren schlechtesten Rollen. »Sarah Bernhardt macht grauenvolle, zum Himmel schreiende Fehler – doch nur, wenn sie nicht anwesend ist. Sobald sie die Bühne betritt, meint man wieder von Fiesole auf Florenz zu blicken, man sieht gleichsam einen schillernden Fasanenhals, Leonardos Mona Lisa oder ein mit Mohn durchsetztes Getreidefeld.«

Am 3. August 1914 erklärte Deutschland Frankreich den Krieg. In Europa läuteten die Totenglocken, für Sarah war es der Anfang des Endes. Ihr Bein bereitete ihr qualvolle Schmerzen, und sie trug es jetzt in Gips. Die Deutschen marschierten auf Paris. Sarahs Freunde schlossen sich dem großen Exodus nach Bordeaux, Biarritz, Marseille und Nizza an, Sarah jedoch weigerte sich, ihr Paris zu verlassen beziehungsweise aus Paris hinausgetragen zu werden. Sie war während des deutsch-französischen Krieges in Paris geblieben, und sie wollte auch jetzt bleiben. Nicht nur ihr sturer Patriotismus war der Grund, daß sie sich in ihr Haus am Boulevard Pereire verkroch, die düsteren Kriegsberichte studierte und ihr Alter, ihre Unbeweglichkeit und die damit verbundenen Unannehmlichkeiten verfluchte. Der eigentliche Grund für ihren Entschluß war Dr. Samuel Pozzi, der einzige Arzt, dem sie volles Vertrauen schenkte. Sie kannte und liebte den gutaussehenden, lebenslustigen Arzt oder *Doctor Dieu,* wie sie ihn nannte, schon von ihrer Zeit an der Comédie Française. Schließlich konnte Georges Clemenceau, ein anderer alter Freund, Sarah doch noch zur Abreise aus Paris überreden. Er sagte ihr, sie stehe auf einer Liste von Geiseln, die nach Berlin gebracht werden sollten, sobald die *boches* die französische Hauptstadt erobert hätten. Ende Januar 1915 mietete sich Sarah in einem einfachen Landhaus in Andernos ein, einem kleinen Fischerdorf fünfundzwanzig Meilen von Bordeaux entfernt. Dort, hoffte man, würde die erzwungene Ruhe ihrem Bein guttun.

Sarah Bernhardt an Doktor Samuel Pozzi

4. Februar 1915

Mein lieber Dr. Dieu, ich flehe Sie an, nehmen Sie diesen Brief ernst. Am siebten Februar ist mein Bein ein halbes Jahr im Gips. Die Schmerzen sind immer schlimmer geworden, deshalb bat ich den Chirurgen Dr. Denuce, den Gips abzunehmen. Die Schmerzen wurden durch den Gips verursacht, der in mein Fleisch schnitt. Also nichts Schlimmes. Es ist auch schon wieder verheilt. Aber jetzt sind die Schmerzen wieder genauso schlimm. Hören Sie, mein Verehrtester, ich bitte Sie, schneiden Sie mir das Bein oberhalb des Knies ab. Keine Widerrede! Mir bleiben vielleicht noch zehn oder fünfzehn Jahre. Ich möchte nicht zu ständigem Leiden und Nichtstun verurteilt sein. Selbst ein Gips aus Zelluloid würde mich behindern, und ich könnte nicht mehr auftreten. Und die schrecklichste Vorstellung ist, daß ich immer Schmerzen haben würde. Die Nächte wären qualvoll, denn gerade nachts macht mir das Knie am meisten zu schaffen. Mit einem geschickt konstruierten Holzbein könnte ich wenigstens Gedichte rezitieren und Vorträge halten. Ich könnte mich selbständig und ohne Schmerzen bewegen. Deshalb bitte ich Sie, das Bein zu amputieren oder zu veranlassen, daß es amputiert wird.

91. Sarah erholt sich von der Amputation ihres rechten Beins, 1915

92. Erster Weltkrieg. Kurz nach der Beinamputation spielt Sarah vor den französischen Truppen an der Front, 1915

93. Sarah in einer ihrer letzten Filmrollen:
Jeanne Doré von Tristan Bernard

94. Sarah mit ihren Urenkeln Terka (links) und Bernard Gross
in Nizza, 1916

95. Sarahs Beerdigung. Der Trauerzug macht vor ihrem Theater halt; 600 000 bis 1 Million Menschen sollen die Straßen gesäumt haben.

So nutzlos an einen Stuhl gefesselt herumzusitzen wie im vergangenen halben Jahr, halte ich nicht aus. Mir ist klar, daß mein Bein nicht mehr heilen wird, dafür bin ich zu alt. Ich bin kein Naturschützer, und mein Bein ist mir keinen Pfifferling wert. Wenn es unbedingt weg will, soll es eben weg. Wenn Sie mir meine Bitte abschlagen, schieße ich mir eine Kugel durchs Knie, und dann muß das Bein auf jeden Fall abgenommen werden. Glauben Sie nicht, ich sei hysterisch, mein Freund. Nein, ich bin ruhig und heiter. Aber ich möchte die Jahre, die mir noch bleiben, genießen können; andernfalls würde ich lieber gleich sterben. Sie wissen, lieber Sam, daß mir von allen Prothesen ein abnehmbares Holzbein am liebsten wäre. Ich könnte jeden Tag ein Bad nehmen und würde mich allein dadurch schon doppelt so gesund fühlen. Ich könnte auf Vortragsreise gehen, Schauspielunterricht geben, fröhlich sein. Vor allem möchte ich nicht meine Fröhlichkeit verlieren. In unserer Zeit verlieren zwanzigjährige Burschen Beine und Arme, die für Umarmungen gemacht sind. Und da wollen Sie mir meine Bitte ausschlagen! Nein, unmöglich. Das Bein muß schleunigst abgenommen werden. In einem Monate werde ich wieder frei sein. Lassen Sie mich in diesem letzten, schmerzlichen Stadium nicht im Stich. Wenn Sie mein Freund sind, erlauben Sie mir, nach Paris zurückzueilen und Ihnen mein Bein zu geben.

Ich umarme Sie in Liebe und Dankbarkeit

Maurice an Georges Clairin

1. Februar 1915

Mein lieber Jojotte, ich habe schlechte Nachrichten für Sie. Das Bein meiner Mutter wird amputiert. Wenn es nicht abgenommen wird, wird sie nie mehr gesund werden. Die Amputation wird für sie eine Befreiung, eine Rückkehr zum Leben sein. Sie kann unmöglich so weitermachen, und ich, der ich sie am besten kenne, kann Ihnen versichern, daß sie schon bald etwas Verrücktes begehen würde. Die Entscheidung ist also gefallen, und

Mitte der Woche wird Pozzi eintreffen. Mir ist lieber, die Operation wird hier durchgeführt, wo das Klima die Genesung fördert. Meine Mutter ist voller Tatkraft und guten Mutes, und sie ist froh, daß sie nach der Genesung endlich ihre Vortragsreisen und Klassen wiederaufnehmen kann! Falls Sie Pozzi treffen, richten Sie ihm aus, daß ich ihm unendlich dankbar bin. Ich halte Sie schriftlich auf dem laufenden, lieber Freund. Ich bin traurig, aber zuversichtlich.

Vier Tage vor der Operation telegraphierte Sarah an Pozzi: »Diese Nacht habe ich fürchterliche Schmerzen gelitten, und ich konnte keine Tabletten mehr schlucken. Ich flehe Sie an, operieren Sie einen Tag früher als geplant. Es ist wahnsinnig, es ist scheußlich. Machen Sie dieser unnützen Qual ein Ende, lieber Freund.«

Da die Operation auf Montag angesetzt war, konnte Pozzi sie nicht um einen Tag – auf Sonntag – vorverlegen. Aus Angst, Sarah könnte ihm unter den Händen wegsterben, bat er schließlich Denucé, seinen ehemaligen Assistenten, die Operation an seiner Stelle durchzuführen. Die junge Narkoseärztin Mademoiselle Coignt, die bei der Operation assistierte, protokollierte das traurige Geschehen.

»Um zehn Uhr morgens wurde die große Künstlerin in einem Rollstuhl in den Operationssaal geschoben. Sie trug einen Morgenrock aus weißem Satin und war in rosarote Tücher aus Crêpe de Chine gehüllt. Sie machte einen sehr ruhigen Eindruck. Sie ließ ihren Sohn Maurice rufen, der sie umarmte. Während dieser zärtlichen Szene hörten wir sie sagen: ›*Au revoir,* mein Liebster, mein Maurice, *au revoir.* Nun, nun, ich komme ja bald wieder.‹ Dieselbe Stimme hatte ich schon in *Tosca,* der *Kameliendame* und *L'Aiglon* gehört. Dann wandte sie sich an Denucé und sagte: ›Geben Sie mir einen Kuß, mein Liebster‹, und zu mir sagte sie: ›Mademoiselle, ich gebe mich in Ihre Hände. Versprechen Sie mir, daß Sie mich auch ordentlich betäuben. Und jetzt los, schnell, schnell.‹ Es war nicht zu überhören, wie die Tragödin die Szene ausschmückte. Ich kam mir vor wie im Theater, nur daß ich selbst eine Rolle in diesem schrecklichen Drama spielte. Als ich ihr die Äthermaske aufsetzte, rief sie: ›Ich bekomme keine Luft mehr, ich ersticke, nehmen Sie das weg!‹ Die Ätheranzeige stieg korrekt an, und sie sagte: ›Ich kann nicht einschlafen. Warum benutzen Sie Äther, Chloroform wäre besser gewesen.‹ Und wenige Augenblicke später murmelte sie: ›Ah, so ist es gut. Es wirkt, es wirkt. Ich merke, wie ich wegtrete. Jetzt bin ich weg.‹ Nun wurde die berühmte Patientin auf den Operationstisch gelegt. Professor Arnagon fühlt ihren Puls, und Professor Denucé, von Doktor Robère assistiert, macht den ersten Schnitt. Fünf Minuten später ist das Bein ab. Die Blutgefäße werden abgeklemmt, die Wunde verbunden, und die große Tragödin wird, von ihrem Morgenmantel und dem in Satin eingefaßten Schaffell zugedeckt, in das Krankenzimmer zurückgeschoben. Kaum liegt sie im Bett, schreit sie: ›Ich will meinen geliebten Sohn sehen, meinen Maurice, mein liebes Kind!‹ Maurice gibt ihr einen Kuß und sagt: ›*Maman,* du siehst gut aus, es geht dir wieder gut, ganz gut.‹ Sie: ›Wo sind Denucé und die junge Frau, die mich eingeschläfert hat?‹ – ›Hier bin ich, Madame‹, sage ich. ›Ach, meine Liebe, wie nett Sie sind. Kommen Sie, lassen Sie sich ansehen.‹ Ich will gehen, doch sie hält mich zurück. ›Meine Liebste, ich mag Sie, bleiben Sie doch noch ein bißchen hier.‹ Ich sage ihr, daß sie sich ruhig halten und nicht soviel reden soll. ›Ich rede, weil ich etwas tun muß. Oh, ich leide so, ich leide!‹ Das Drama geht immer weiter. Man hat das Gefühl, als spiele sie ständig Theater, als spiele sie jemanden, der gerade eine schwere Operation hinter sich hat. Etwas später am selben Tag fand ich die Patientin so vor, wie ich sie von der Bühne her kannte. Sie hatte sich die Augen geschminkt und die Lippen nachgezogen.

Es war für mich eine große Freude, dieser Schauspielerin, die mit ihrer Kunst gewissermaßen die ganze Welt erobert hatte, so nahe zu sein.«

Am selben Tag telegraphierte Denucé an Pozzi: »Komplizierte Operation. Schneller Verlauf. Keine Probleme. Minimal Äther eingesetzt. Alles in Ordnung.«

Zwei Monate später schrieb Sarah in ihrer üblichen koketten Art an Dr. Pozzi. Galant schwelgt sie in Erinnerungen und erwähnt mit keinem Wort ihre Behinderung.

Sarah Bernhardt an Doktor Pozzi

Wie ist es nur möglich, daß meine unendliche Liebe und Dankbarkeit in diesen ganzen Jahren in Ihrem Herzen keine Wurzeln schlagen und Blüten treiben konnten??? Wie kommt es, daß ich Ihnen immer und immer wieder glaube versichern zu müssen, daß es niemanden gibt, den ich mehr liebe als Sie? Mein lieber Freund, muß ich denn wirklich in unseren gemeinsamen Erinnerungen graben, um Sie den Duft der Blüten riechen zu lassen, die wir gemeinsam im Garten des Lebens gepflückt haben? Nein, ich habe Ihnen nicht geschrieben! Warum? Es gibt kein Warum! Es gibt kein Weil! Ich liebe Sie mit aller Zärtlichkeit. Ich liebe Sie mit all meinen geistigen und körperlichen Energien. Und nichts, gar nichts kann dieses Gefühl, das größer ist als die Freundschaft und göttlicher als die Liebe, beeinträchtigen.«

In den folgenden Monaten in Andernos probierte Sarah verschiedene Holzprothesen aus, die ihr jedoch alle nicht zusagten. Schließlich löste sie das Problem auf ihre Art. Sie ließ die Holzbeine fortschaffen und bestellte eine Sänfte, in der sie sich herumtragen ließ. Eine bewundernswerte Lösung und eine Rolle, die sie mit der Haltung einer byzantinischen Kaiserin ausfüllte. Ein amerikanischer Verehrer erinnert sich, wie sie, »den Arm voll Rosen, dort oben saß, die verstümmelte Gestalt in Unmengen Samt gehüllt. Sie war die Verkörperung von Mut und Unerschrockenheit.«

Wohlwollend nahmen die Pariser Sarahs ersten Auftritt im Oktober 1915 auf. Sie rezitierte das »szenische Poem« *Les cathédrales* von Eugène Morand. Es war ein trauriger und zugleich erhebender Anblick, wie sie im Halbdunkel auf dem Podium thronte und das Straßburger Münster verkörperte. Während der langen, patriotischen Rede war es ihr nicht möglich, sich zu bewegen. Doch dann geschah ein Wunder. Am Ende der Rede erhob sie sich zu voller Größe und rief: »Weine, weine Deutschland! Der deutsche Adler ist in den Rhein gestürzt.« Nie zuvor war sie von ihren Landsleuten so geliebt worden. Noch mehr liebten die Franzosen sie, als sie mit einem Ensemble der Comédie

Française an die Front reiste. Die Schauspielerin und Theaterwissenschaftlerin Beatrix Dussane berichtet von diesem Ereignis in ihrem wunderbaren Buch *Reines de théâtre:*

> Damals wurde Sarah mehr denn je bejubelt. Wir jungen Leute reagierten, vielleicht zu Unrecht, negativ auf diesen Überschwang. Irgendwie war es unheimlich, daß jemand über einen so langen Zeitraum hinweg so sehr vergöttert wurde. ›Warum hört sie nicht auf?‹ fragten wir uns. Die Jugend macht es sich immer leicht, die Alten zu begraben.
>
> Im Jahr 1916 gründeten wir eine Truppe, die wir *Théâtre des années* nannten. Wir waren nur wenige, bildeten uns nichts auf unsere Arbeit ein und waren froh, den Soldaten ein wenig Zerstreuung bieten zu können. Wir waren ängstlich darauf bedacht, den Erfolg unserer Arbeit nicht durch Überheblichkeit oder zuviel Presserummel zu beeinträchtigen. Eines Tages teilte man uns mit, daß Sarah sich uns anschließen wolle. Ich sollte sie zu Hause besuchen und ihre Einsätze mit ihr üben. Ich muß gestehen, daß ich verstimmt war. Was sollte die alte, hilflose Sarah unter diesen schwierigen Bedingungen überhaupt anfangen?
>
> Die Front war kein Zuckerschlecken, kein glanzvolles Vergnügen, sie war zermürbend. Viele von uns ließen einen Teil ihrer Jugend und ihrer Gesundheit dort zurück. Aber Sarah! Mit ihren Blumen, ihren Pelzen, ihrem höfischen Luxus – und ihrer Gebrechlichkeit. Wie sollte sie von einer Scheune zur anderen transportiert, von irgendeiner Behelfsbühne zu einem Armeelaster getragen werden? Was blieb von der großen Sarah übrig, wenn sie erst einmal in schlecht beleuchteten Räumen oder in der grellen Sonne spielte? Die Männer kannten sie nur als Legende. Sie würde schon am ersten Tag schlappmachen, und das wäre das Ende der Tournee.
>
> Als ich die Bernhardt aufsuchte, wurde ich in ein weißes Boudoir geführt. Sie saß tief in einem Sessel vergraben, eine kuriose Gestalt mit tausenden Rüschen und Spitzen, wirren roten Haaren und alterslosen Zügen. Die Runzeln in ihrem Gesicht verschwanden unter unzähli-

gen Schichten von Schminke. Ein trauriger, ein verstörender Anblick. Die große, die strahlende Sarah Bernhardt wirkte so klein, so schwach – ein Häufchen Asche. Aber dann vollzog sich vor meinen Augen jenes Wunder, das so viele schon erlebt hatten. Sie probte zwei Stunden lang, ging jede einzelne Zeile noch einmal durch, machte Streichungen, bestellte Tee, fragte uns über die Reise aus und zeigte Begeisterung, Rührung und Belustigung. Sie wußte alles, verstand alles, sah alles voraus. Die ganze Zeit über hörte dieses Aschehäufchen nicht auf, Funken zu sprühen! Es kam mir vor, als sei das schon immer so gewesen und als müsse das immer so weitergehen! Unter der bemalten Flitterfassade der gebrechlichen alten Schauspielerin strahlte eine unauslöschbare Sonne.

Wir sind unterwegs. Ein Bahnhof, die Gare de l'Est, wird von unserer bizarren Prozession überrollt! Sarah sitzt eingehüllt in einen bodenlangen Umhang aus Tigerfell in ihrer Sänfte. Jedem, der zu ihr hochschaut, schenkt sie ein Lächeln, niemand wagt, sie zu bemitleiden. Wir sind die einzigen Zivilisten im Zug. In Toul steigen wir aus, und wieder tritt die Sänfte in Funktion. Sie ist weiß angestrichen und im Louis-XV-Stil dekoriert. Auch von der Sänfte scheint ein Lächeln auszugehen, als sei sie nicht ein notwendiges Übel, sondern ein launischer Einfall. So ergriffen sind die Passanten bei diesem Anblick, daß sie darüber vergessen, unserer Tragödin zuzujubeln und zu applaudieren. Ein Auto bringt uns zum großen, überdachten Marktplatz von Commercy, wo wir unseren ersten Auftritt haben. Man hat eine Tribüne mit einer Rampe und einem Vorhang aufgebaut. Für Sarah ist auf dem blanken Boden ein kleines Podest errichtet worden. Zehn Stufen führten zur Bühne hinauf. Sarah schien mit ihrer provisorischen Garderobe zufrieden, sie war sogar begeistert. Der Vorhang wurde heruntergelassen, und man hievte sie in einem schäbigen Sessel auf die »Bühne«. Den dreitausend jungen Männern – viele davon verwundet – wurde der Auftritt von Sarah Bernhardt angekündigt. Wir warteten auf Beifall, aber erst nach einer Weile waren einzelne Bravorufe zu hören. Die Männer hatten einen Film erwartet. Sie waren zumeist einfache

Bauernburschen und konnten mit dem berühmten Namen nichts anfangen. Als Sarah das merkte, erschauerte sie. Doch dann begann sie zu sprechen. Mit bebender Stimme sprach sie die Verse und verlieh ihnen einen mitreißenden Rhythmus, der sich zum Schlachtruf steigerte. Ihren Worten entwuchsen heldenhafte Gestalten, die ihre Fahnen in eroberte Erde pflanzten. Sie beendete den Vortrag mit dem Ruf: »*Aux armes.*« Die Kapelle stimmte die Marseillaise an, und jubelnd erhoben sich dreitausend junge Franzosen. Wir setzten unsere Tournee fort. Wir spielten auf einer Schloßterrasse, im Wartesaal eines Lazaretts und in einer baufälligen, überfüllten Scheune. Ich lernte Sarahs Genie und ihren Mut kennen. Nein, dem Gefechtsfeuer waren wir nicht ausgesetzt. Das war kein Problem. Aber ihr Mut, ihr eiserner Wille beeindruckte uns. Wenn ich ihr beim Ankleiden half, ging sie, auf meinen Arm gestützt, zwischen Tisch und Stuhl hin und her oder hüpfte auf ihrem zweiundsiebzigjährigen Bein und sagte mit ansteckendem Lachen: »Sehen Sie doch, ich bin ein Perlhuhn.« Bewundernswert, wie sie mit ihrer Behinderung fertig wurde – der Geist siegte über das schwache Fleisch. Sie erntete kein Mitleid, sondern Bewunderung. Ich werde diese alte, begnadete Frau nie vergessen, wie sie in ihrer Sänfte oder auf ihrem einen Bein daherkam und die tapferen Männer, die für uns kämpften und starben, mit ihren flammenden Reden begeisterte.

Getreu ihrem Motto *Quand même* reiste Sarah 1916 zu einer Tournee in die Vereinigten Staaten ab. Sie war die geborene Kämpferin, sprach auf Versammlungen des Roten Kreuzes, auf Wohltätigkeitsveranstaltungen und öffentlichen Zusammenkünften und rief die Amerikaner dazu auf, sich dem Kampf gegen »den verhaßten Feind« anzuschließen. Da sie einen ganzen Abend auf der Bühne nicht mehr durchhielt, spielte sie einige sehr erfolgreiche kurze Stükke, die wie *Les cathédrales* um Sympathie für ihr geschändetes Heimatland warben. Nach acht zermürbenden Monaten mußte sich Sarah einer Nierenoperation unterziehen, die beinahe tödlich verlaufen wäre. Nach ein paar Tagen konnte sie bereits wieder einen beruhigenden Brief an ihren Sohn schreiben.

Sie habe geglaubt, ihn niemals wiederzusehen. Nur ihre unendliche Liebe zu ihm habe ihr die Kraft zum Durchhalten geschenkt, »Atemzug für Atemzug, Röcheln für Röcheln«. Ihr Zustand sei so ernst gewesen, daß sie ihm für den schlimmsten aller Fälle einen Abschiedsbrief geschrieben habe. Jetzt gehe es ihr wieder sehr gut, und sie verschlinge Muscheln, Langusten, *tête de veau* und *cassoulet*. Sie habe Unsummen für Ärzte, Hotels, das Personal und die Mahlzeiten aus dem Delmonico ausgegeben. Daran zu denken, daß sie ihn im Februar sehen werde! Sie wage nicht, sich diese Freude auszumalen! Diesmal, versprach sie, werde sie ihn nie mehr allein lassen. Sie habe so sehr gelitten, daß er ihr diesen Wunsch nicht abschlagen könne. Und einige Monate später schrieb sie Maurice: »Ich habe wieder meine Maske, meine Narrenkappe und die Schellen angelegt und die Wanderung durch Amerika aufgenommen. So viele häßliche, unbekannte Städte gibt es hier. Manche sind ganz hübsch, andere jedoch scheußlich. Hier in Jacksonville, Illinois, zum Beispiel leben dreizehntausend Einwohner, davon zweihundert in der Irrenanstalt, siebenhundert in einem Heim für Taubstumme, dreihundert in einem Blindenheim und dreihundert in einem Waisenhaus. Das macht zusammen dreitausend, die nicht ins Theater gehen können. Es ist idiotisch!«

In anderen Briefen an Maurice schreibt Sarah, daß er ihr Herzenskind, die Süße ihres Lebens, ihre größte Freude sei. Ihm habe sie alles zu verdanken: ihre erhabensten Gedanken, ihre edelsten Handlungen und ihr Streben nach Schönheit. Ihren bescheidenen Ruhm habe sie aufgebaut, um ihn für seine Vaterlosigkeit zu entschädigen und dafür, daß er ihren Namen tragen müsse. Dann, vielleicht in dem Gefühl, zu weit gegangen zu sein, entschuldigt sie sich, sagt, sie wisse, daß er ihre Ergüsse übertrieben finde. Übertrieben! Wenn er nur wüßte, wie sehr sie sich zusammenreiße, um nicht lächerlich zu erscheinen. »Du willst, daß ich meine Gefühle unterdrücke. Das verletzt mich, weil es meine Liebe zu Dir mißachtet. Oh, Maurice, schone mein Herz, das allein für Dich schlägt.«

Zum Glück war Sarah viel zu beschäftigt, um lange über solche Kränkungen nachzudenken. Wie sie schrieb, hatte sie trotz ihres Alters, der Amputation und der letzten, qualvollen Operation »großen Erfolg«. In einer Zeitung aus Philadelphia hieß es: »Sie hat tatsächlich den Trost nicht nötig, größte Schauspielerin einer vergangenen Generation genannt zu werden. Nicht ihre jüngst durchlittenen Krankheiten erregen unsere Bewunderung, sondern die schlichte Erkenntnis, daß sie immer noch die größte lebende Schauspielerin ist.« Andere, wie zum Beispiel der Journalist George Jean Nathan, sahen die Bernhardt mit anderen Augen: »Die Behauptung, Madame Sarah Bernhardt sei immer noch eine große Schauspielerin, ist eine höfliche Geste, keine kritische Beurteilung. Heute gedenkt man ihres vergangenen Ruhms ... der für eine Frau ihres Alters immer noch bemerkenswert ist, aber man merkt ihr an, daß sie nicht mehr spielt, sondern arbeitet. Heute gehen die Leute nicht ins Theater, um die Schauspielerin Sarah Bernhardt zu feiern, sondern um Sarah Bernhardt, die komische Alte, zu sehen.«

Zu Sarahs Ensemble gehörte auch die bezaubernde junge amerikanische Schauspielerin Margaret Mower. Sie erlebte die Bernhardt so, wie Nathan sie beschreibt. Die bildschöne Margaret Mower sprach zwei Sprachen und war engagiert worden, um dem Publikum vor Beginn jeder Szene eine Zusammenfassung auf englisch zu geben. In einem kleinen Erinnerungsband schreibt sie von ihrem unvergeßlichen ersten Auftritt mit dem Ensemble in Montreal. In ihrem speziell für diesen Anlaß gekauften Kleid von Fortuny ging sie vor Beginn der Vorstellung hinter die Bühne.

»Das gesamte Ensemble hatte sich in einem Halbkreis aufgestellt und harrte des Eintreffens von Madame Bernhardt. Nach einer kurzen Wartezeit sah ich, wie sich zwei Männer [Pitou und Emile, Sarahs Faktotum und ihr Sekretär] mit einer Sänfte auf den Schultern der Bühnenmitte näherten ... Sie mußten mit der Sänfte hin und her manövrieren, und währenddessen hörte ich ungeduldige Anweisungen: ›*Non, non, par ici. Doucement.*‹ [Nein, nein, dorthin. Vorsichtig.] Madame Bernhardt wurde genau in die Position gebracht, die sie für *Aux champs d'honneur* [eine ihrer patriotischen Nummern] einnehmen mußte. Als ich sie zum ersten Mal so sah, war ich schockiert. Die große Schauspielerin war damals zweiundsiebzig Jahre alt. Sie war als verwundeter Soldat verkleidet und trug eine zerrissene, blutdurchtränkte Uniform. An einen künstlichen Baumstamm gelehnt, lag sie ausgestreckt am Boden. Sie hatte eine zerzauste blonde Perücke auf und war totenbleich geschminkt, der rotbemalte Mund war weit aufgerissen, die Augen von tiefblauen Schatten umgeben. Außerdem hatte sie Gamaschen und Soldatenstiefel an. Die unglaublich jugendliche Wirkung dieser Maske war makaber und melodramatisch. Nachdem sie es sich bequem gemacht hatte, traten die Ensemblemitglieder eines nach dem anderen hervor, verneigten sich, küßten ihr die Hand und sagten mit gedämpfter Stimme: ›*Bon soir, Madame. Vous allez bien, Madame? Chêre Madame.*‹

Madame lächelte bezaubernd, strahlte jedoch zugleich eine reservierte königliche Würde aus. Eine merkwürdige kleine Zeremonie. Leider waren die Schauspieler nur in Sarahs Gegenwart so respektvoll. Hinter ihrem Rücken sprachen sie herzlos von der ›alten Verrückten‹ oder einfach von der ›alten Dame‹.«

Pitou war Sarah natürlich treu ergeben. Margaret Mower schreibt über ihn: »Seine Bekanntschaft mit Madame Sarah erfüllte ihn mit so großem Stolz, daß es beinahe komisch wirkte.«

Als Sarah an der Brooklyn Academy of Music auftreten sollte, gab es hinter der Bühne einen große Aufruhr. Margaret Mower schreibt: »Als ich durch den Vorhang lugte, sah ich in einer der vordersten Reihen Lou Tellegen und Geraldine Ferrar. Sie hatten erst vor kurzem geheiratet und waren ein strahlend schönes Paar. Die Bernhardt wuchs an diesem Abend über sich selbst hinaus. Ihr Spiel strahlte eine Intensität aus, die ›übermenschlich‹ war, wie ein Schauspieler meinte. Am Ende der Vorstellung wurde eine

Szene aus *Camille* gegeben. Noch nie hatte sie so schön gewirkt. Sie lag in einem Himmelbett auf bestickten Leintüchern. Ihr erlesenes Nachtgewand breitete seine üppigen Spitzen weich über Hals und Arme und umhüllte das bleiche Gesicht und den hellen Haarkranz. Ob sie nun hustete, ihren Armand rief oder bei seiner Ankunft in Glückseligkeit schwelgte, sie rührte an die Herzen der Zuschauer. Ab und zu sah ich durch den Vorhang zu Tellegen hinaus, der so oft ihr Armand gewesen war. Sein Gesicht war eine undurchdringliche Maske. Die Szene endete in unbeschreiblichem Applaus, und nach den Verbeugungen ließ Madame sich so schnell wie möglich in ihre Garderobe bringen. Sie gab Anweisung, niemanden vorzulassen außer Tellegen. Ich werde niemals vergessen, wie sie nach der Vorstellung wartete. Wir alle warteten – doch Tellegen kam nicht. Nach und nach gingen die Lichter aus. Traurig zog ich mich um. Ich glaube, selbst Madame konnte nicht trauriger gewesen sein als ich. In den nächsten Tagen zeigte sie ungeniert, wie tief sein Wegbleiben sie getroffen hatte. Ohne ersichtlichen Anlaß sagte sie wiederholt: ›Er ist nicht gekommen. Warum nur?‹ Es machte ihr nichts aus, daß andere hören konnten, was sie sagte. Der Tonfall ihres gequälten ›Warum?‹ schwankte von Verzweiflung bis Bitterkeit und enthielt auch eine Prise Rachsucht.«

Als Sarah Ende 1918 nach Frankreich zurückkehrte, trug sie sich mit tausenderlei Plänen. Man darf nicht aufhören, pflegte sie zu sagen, sonst stirbt man. Sie öffnete ihr Haus für Besucher, gab Gesellschaften, verhandelte mit Autoren und plante sogar weitere Tourneen. Sie mußte aber auch einige Schicksalsschläge hinnehmen. Ihr Arzt Dr. Pozzi, *Docteur Dieu,* war ein Jahr zuvor von einem Verrückten erschlagen worden. Ihre langjährige treue Gesellschafterin Suzanne Seylor war sechs Monate, nachdem sie im Streit voneinander geschieden waren, gestorben. Edmond Rostand erlag nur drei Wochen nach Sarahs Rückkehr einer Lungenentzündung. Der vielleicht größte Verlust für Sarah war der Tod Clairins, ihres Herzensbruders, der 1919 starb. Sarah bewältigte diese Schläge mit einem Gleichmut, der von langem Leiden und der Auseinandersetzung mit dem

Tod zeugte. Sie war immer noch erstaunlich tatkräftig, wie die Schriftstellerin Colette feststellen konnte, als sie Sarah kennenlernte:

> Ich erhielt von ihr eine Einladung, die wie ein Befehl klang. »Madame Sarah Bernhardt erwartet Sie am soundsovielten zum Mittagessen.«
>
> Ich hatte sie noch nie aus solcher Nähe gesehen. Am Ende einer langen Galerie stand sie, Ziel und Sinn eines etwas nach Beerdigung riechenden Museums aus Palmen, vertrockneten Sträußen, Gedenk- und Huldigungsplaketten. Ihr Körper mit dem amputierten Bein war nicht mehr wichtig, ein Sack aus dunklem Stoff verhüllte ihn in dichten Falten. Doch das weiße Gesicht und die kleinen Hände leuchteten noch wie zerknitterte Blüten. Ich wurde nicht müde, das Blau ihrer Augen zu betrachten, das sich je nach den immer noch raschen Bewegungen des kleinen, herrischen Kopfes veränderte.
>
> Kurz vor dem Essen verschwand Sarah, ... von getreuen Armen entführt; wir fanden sie wieder im oberen Stockwerk, wo sie in ihrem gotischen Betstuhl bei Tisch saß. Sie aß oder schien zu essen. Sooft das Gespräch auf Theaterdinge kam, wurde sie lebhaft. In ihren Worten, ihren Urteilen zeigte sich ein außergewöhnlich wacher kritischer Geist. Mit heiterer Strenge äußerte sie sich über eine Schauspielerin, die sich soeben an *L'Aiglon* versucht hatte. »Das arme Ding ist nicht genug Mann, um die Frau in Männerkleidern vergessen zu lassen, und nicht genug Frau, um die Hosenrolle verführerisch zu machen.«
>
> Sie hörte nur auf, vom Theater zu reden, als sie ihre Aufmerksamkeit einer großen Kaffeekanne aus braunem Ton zuwandte, die man ihr an den Tisch brachte. Sie dosierte den gemahlenen Kaffee, übergoß ihn mit kochendem Wasser, füllte unsere Tassen und erwartete das verdiente Lob. »Ist mein Kaffee so gut wie der von Catulle Mendès?«
>
> Sie wandte sich von ihrem Betstuhl zu mir herab. Ich halte hier respektvoll eine der letzten Posen der bald achtzigjährigen Tragödin fest: die feine, welke Hand, die

> volle Tasse darreichend, das blumenhafte Blau der Augen, die so jung aus einem Netzwerk von Falten blicken, die fragende, nicht ganz ernsthafte Koketterie des geneigten Kopfes und das eigensinnige Verlangen, zu gefallen, immer noch zu gefallen, zu gefallen bis an die Pforten des Todes.

Mit den letzten Worten traf Colette genau das Wesen der Bernhardt, und für die Schauspielerin bedeutete »zu gefallen« zu spielen. Ihrem Motto getreu gab sie Vorstellungen, bis ihre Kräfte sie verließen. Viele glaubten, sie müsse arbeiten, weil ihr extravaganter Lebensstil ihr keine Ersparnisse gelassen habe. Diese Vermutung war vielleicht nicht ganz unrichtig, denn ihr Leben war von Extravaganzen geprägt. Ob sie nun Geld hatte oder nicht, sie führte nach wie vor ein vornehmes Haus, unterhielt acht Diener und unterstützte ihren bald sechzigjährigen, verschwenderischen Sohn, wie er es seit je von ihr gewohnt war. Seit ihrer Ankunft in Frankreich am Tag des Waffenstillstands Ende 1918 bis zum Frühjahr 1920 war Sarah für ihre Verhältnisse allerdings nicht besonders aktiv. Das bedeutete, daß sie aus Werken von Victor Hugo und Fernand Gregh rezitierte oder literarische Vorträge hielt, in denen sie lange Passagen aus Rostands Werken vortrug. Sie reiste mit diesem Programm nach Lyon, Genf, Montpellier, Pau und Bordeaux. Im April 1920 trat die fünfundsiebzigjährige Schauspielerin wieder in ihrem eigenen Theater auf. Sie hatte die *Athalie* von Racine inszeniert. Drei Vorstellungen sollten von diesem klassischen Meisterwerk gegeben werden, es wurden unerwarteterweise drei Wochen daraus. Wenn man bedenkt, was Sarah in diese Rolle einbrachte, verwundert der Erfolg allerdings nicht. Niemand konnte sich dem Zauber der alten Tragödin entziehen, wenn sie in dem berühmten Traummonolog von der alternden Frau sprach, die ihr Gesicht bemalte, »um die nicht auszulöschenden Spuren der Jahre« zu verdecken. Bei diesen Worten, die Sarah nicht wie sonst üblich verzweifelt hinausschrie, sondern tonlos und verbittert flüsterte, erhoben sich die Zuschauer bewegt und jubelten ihr zu. Die ungewöhnliche Interpretation der Rolle stachelte das Publikum zu »wilder Begeisterung und frenetischem Applaus« an, wie ein Kritiker schrieb. »Die Begeisterung galt nicht nur ihrem überlegenen Können, sondern auch der langen Reihe großer Klassiker und den Künsten des unsterblichen Frankreich, welche sich in dieser Frau vereinten.« Derselbe Journalist war auch bei der letzten Vorstellung von *Athalie* zugegen. Im Zuschauerraum traf er eine Menge Schriftsteller, Dichter, Künstler und Studenten, die Sarah bereits in der *Athalie* gesehen hatten, es aber nicht versäumen wollten, sie noch einmal zu sehen. Sie wurden mit einer noch großartigeren Aufführung belohnt, schrieb der Kritiker. Sarah habe an diesem Abend neue psychologische Ansätze eingebracht, neue Feinheiten und einen neuen Rhythmus der Verse, ohne die große Linie dieses erhabenen Stückes zu durchbrechen.

Nach der Vorstellung fragte der Kritiker die Schauspielerin, warum sie das Stück nicht im Spielplan behalte. Ob er ihr denn keine Ruhepause gönne, fragte Sarah lächelnd. Sie habe immerhin statt drei achtzehn Vorstellungen gegeben. »Natürlich bin ich froh, daß meine Inszenierung der *Athalie* so erfolgreich war, denn ich muß zugeben, daß ich mich mit einer gewissen Scheu darangemacht habe. Wenn ich jetzt erlebe, daß das Publikum mich so annimmt, wie ich bin, kann ich mich auch an neue Dinge wagen. Als nächstes möchte ich den *Daniel* von Louis Verneuil auf die Bühne bringen. Ich spiele darin einen morphiumsüchtigen Mann. Dann möchte ich *La Gloire* von Maurice Rostand aufführen.«

»Werden Sie in Paris bleiben?« fragte der Kritiker.

»Nein«, antwortete Sarah. »Ich gehe nach Belle-Ile, wo ich mich meinen Träumen und Zukunftsplänen hingeben und neue Kraft für die nächste Spielzeit am Théâtre Sarah Bernhardt sammeln werde.«

Erstaunlicherweise brachte sie es fertig, gleich beide Stücke, den *Daniel* 1920 und *La Gloire* im darauffolgenden Jahr auf die Bühne zu bringen. Nach den Worten Verneuils war *La Gloire* nichts als dummes Geschwätz; Sarah verschwende ihre Zeit nur deshalb darauf, weil Maurice der Sohn Edmond Rostands sei und sie Rostand schon als Kind gekannt habe.

Maurice Rostand war nicht weniger gehässig: »*Daniel* ist ein unbeschreiblich schlechtes Stück. Sarah wäre nie darin aufgetreten, wenn Verneuil nicht vorgehabt hätte, ihre geliebte Enkelin Lysiane zu ehelichen. Doch selbst Sarah, die es fertiggebracht hat, in Sardou ein Genie zu sehen, konnte mit Verneuils Stück nichts anfangen. ›Es ist einfach *merde, merde, merde*‹, schrie sie wütend. Aus ihrem Mund klang der Jargon der Gosse wie die Sprache der Götter.«

Tatsächlich trug weder *Daniel* noch *La Gloire* zum Ruhm seines Schöpfers bei. Im Fall von *Daniel* fiel für Sarah wenigstens eine neue Rolle für London ab. Ihre letzte Englandreise war beschwerlich. Zwischen Paris und London streikte das Auto, und sie mußte die ganze Nacht auf offener Landstraße verbringen. Die Kanalüberfahrt war so stürmisch, daß sie, im Savoy Hotel angelangt, beinahe zusammenbrach.

Trotzdem nahm sie an der Probe teil, wo sie, wie Sir George Arthur berichtet, »mit ihrer Darstellung des Daniel, eines liebeskranken Jungen, der seine Enttäuschung in Drogen ertränkt, selbst diejenigen in Erstaunen setzte, die sich schon lange nicht mehr über sie wunderten.« Für Sir Arthur, der ein Buch über die Bernhardt geschrieben hat, war Sarah die Größte. Es gab natürlich auch andere, die in ihr nur noch einen Geist, einen Schatten ihrer selbst sahen, doch für Leute wie Sir Arthur war sie trotz ihrer Behinderung und der zitternden Stimme immer noch von sprühendem Leben erfüllt.

»Sie war so geschminkt, daß sie täuschend echt wie ein junger Mann aussah, ein kranker Mann, der gelegentlich noch Funken von Vitalität zeigte. Mit allen technischen Kniffen ließ man die Zuschauer vergessen, daß die Schauspielerin sich nicht mehr bewegen konnte. Die Sterbeszene war von unübertroffener Schönheit, und dies von einer Versehrten, die bereits auf die Achtzig zugeht.«

Vor ihrer Abreise aus London gab die Bernhardt noch eine Vorstellung am Hof der Königin. Sie müsse sich schonen, riet Queen Mary, als sie die erschöpfte Schauspielerin in ihrer Garderobe aufsuchte. »Majestät, ich werde auf der Bühne sterben, sie ist mein Schlachtfeld«, entgegnete Sarah kämpferisch. Theatralische Worte aus dem Mund einer Frau, die tausendmal auf der Bühne gestorben und jedesmal für den Applaus wieder ins Leben zurückgekehrt war und die, sobald sie eine jüngere Schauspielerin sah, mit ungerührter Miene sagte: »Sehen Sie, so werde ich in zehn Jahren aussehen.«

Wieder in Paris, nahm Sarah ihr gewohntes Leben auf. Ende 1922 gab sie eine Benefizvorstellung für Madame Curie, brachte *Régine Armand* heraus, einen weiteren unglücklichen Versuch Verneuils, und machte eine Gastspielreise nach Turin, wo sie mit dem *Daniel* ihren letzten Bühnenauftritt hatte.

Im Dezember dieses Jahres machte Sacha Guitry, ihr geliebter Sacha, ihr eine wunderbares Angebot. Er bat sie, in seinem neuen Stück *Un Sujet de Roman* aufzutreten. Auf der Besetzungsliste standen außerdem Sachas Vater Lucien, seine Frau Yvonne Printemps und natürlich Sacha selbst. Sarah war hocherfreut, mit diesen großartigen, geistreichen Schauspielern zusammenarbeiten zu können, die ihr alle liebevoll und innig zugetan waren und so viel Verständnis für sie aufbrachten. Bei Sacha fühlte sie sich geborgen. Er war einer der wenigen, der sie vom Bühneneingang zum Auto tragen durfte, ohne daß ihm oder ihr dabei unbehaglich zumute war. Und Lucien brachte seine wie auch ihre Gefühle zum Ausdruck, wenn er sagte: »Ich liebe meinen Beruf, ich bete ihn an – und ich diene ihm unentwegt. Ich spiele ständig und habe ständig gespielt – immer und überall, an allen erdenklichen Orten, in allen erdenklichen Situationen – immer, immer. Ich bin mein eigenes Double. Ich spiele, wenn ich im Restaurant nach Brot frage. Ich spiele, wenn ich den Mann von Julia Bartet nach dem Befinden seiner Frau frage. Die Schaupielerei ist eine gesegnete Arbeit, die mich mit trunkener Freude und mit Frieden erfüllt und der ich alles verdanke.«

Wenn Sarah von *Un Sujet de Roman* sprach, war sie ganz in ihrem Element. Gegenüber der Presse bezeichnete sie das Stück als geradezu bewundernswert. »Es ist modern, absolut modern, unbarmherzig modern. Das Thema ist noch nie zuvor bearbeitet worden. Es ist von Shakespeare'scher Größe!« Auch wenn das Stück kein Shakespeare war, war es eines der gelungensten Stücke Sacha Guitrys und übertraf die kläglichen Versuche Louis Verneuils und Maurice Rostands bei weitem.

Ein gefeierter Schriftsteller (dargestellt von Lucien Guitry) beginnt, seinen Erfolg und seine ehrgeizige Frau (Sarah) zu verabscheuen. In einigen kurzen Zeilen kommt der Tenor des Stücks gut zum Ausdruck. »Seit zwanzig Jahren«, sagt der Schriftsteller, »haßt du mich und hasse ich dich. Ich habe dich geliebt, weil du schön warst, und du hast mich geliebt, weil ich berühmt war. Jetzt bist du alt, und der Ruhm, den du dir für mich erträumtest, ist mir gleichgültig geworden.«

Ein Kollege Sachas, der Schriftsteller René Benjamin, war bei einer der ersten Proben zugegen. Er erinnert sich, daß keiner versuchte, den anderen an die Wand zu spielen. Sacha nahm auf seinen Vater und sein Vater nahm auf Sarah Rücksicht, die ohne jede Eitelkeit oder Nörgelei probte. Sie war geradezu bescheiden. Wenn sie ihren Text nicht wußte, entschuldigte sie sich und sagte: »Heute bin ich schlecht, das macht mich unglücklich. Nein, versucht nicht, eine Ausrede für mich zu finden.«

Bewegt beschreibt Sacha die Generalprobe:

> Im letzten Akt hält Sarah einen großen Monolog. Es ist jene furchtbare Szene, in der die Frau endlich Verständnis für ihren Mann zeigt und dieser, obwohl er sie so verachtet, Vergebung für sie findet. Sarah war an diesem Tag in Hochform. Ohne ein Wort auszulassen, sprach sie den ganzen Text mit einer schrecklich dünnen, abgehackten, großartigen, herzergreifenden Stimme. Am Tisch ihr gegenüber saß mein Vater, den Hut über die Augen gezogen. Als sie geendet hatte, reichte er ihr statt einer Erwiderung die Hand und sagte: »Warte einen Moment.« Er konnte nicht weitersprechen. Er weinte. Theater? Das Theater war ihr Leben, ihr Tod, ihr ein und alles. Nach der Probe wollte Sarah sich in meiner Garderobe etwas ausruhen. Doch gegen sieben Uhr begann sie zu husten und mußte nach Hause gebracht werden.

Die Bernhardt kehrte nicht mehr in das Theater zurück, sie kehrte nie mehr zurück. Drei Wochen später fand die Premiere von *Un Sujet de Roman* mit Harriett Roggers in Sarahs Rolle statt. Auf Sarahs Bitte teilte ihr ein Bühnenarbeiter an diesem Abend telefonisch mit, wann der Vorhang aufging. Geschwächt lag Sarah im Bett und begann, ihren Text mitzusprechen. Es war eine ihrer letzten Vorstellungen, denn sie hatte eine Harnvergiftung, die ihr Leben bedrohte.

Trotzdem machte sie weiter Pläne für die Zukunft. 1922 verkaufte sie ihr Anwesen in Belle-Ile und erwarb ein Grundstück in Garches. Belle-Ile sei ihr zu kalt, zu feucht und zu weit weg, lächerlich weit weg. Garches dagegen sei nur fünfzehn Minuten vom Boulevard Pereire entfernt, ideal, um dort die Sonntage zu verbringen. Außerdem mache es doch Spaß, ein neues Haus zu bauen.

Im Frühjahr 1923 bot Mr. Abrams, ein Filmagent aus Hollywood, Sarah die Titelrolle in dem Sacha-Guitry-Film *La Voyante* (Die Wahrsagerin) an. Außer ihr sollten Lili Damita, Harry Bauer und die junge Mary Marquet mitwirken. Die Marquet war die letzte Geliebte Edmond Rostands gewesen und wurde von Sarah protegiert. Als Abrams bei Sarah vorsprach, lag diese krank im Bett. Ob sie ernsthaft krank sei, fragte er. Nein, nein, log sie, nur eine kleine Erkältung. Aber es sei vielleicht klüger, den Film in ihrem Haus zu drehen. Mr. Abrams war einverstanden. Am 15. März wurde Sarahs Atelier in ein Filmstudio mit Kameras, Gerüsten und Scheinwerfern verwandelt. Mary Marquet berichtet, daß Sarah am Tisch saß und in das grelle Licht blinzelte. Der verfallene Körper war in Tücher gehüllt. Irgend jemand träufelte ihr immer wieder Tropfen in die Augen. Ein kleiner Affe, der in dem Film mitwirkte, saß auf ihrem Schoß. Die Marquet schreibt: »Sie war nur ein unscheinbares Häufchen. Aber als der Regisseur plötzlich ›Kamera!‹ rief, erwachte Sarah aus ihrer Trägheit, ihr Gesicht hellte sich auf, ihr Hals streckte sich, die Augen begannen zu glänzen. ›Was soll ich tun?‹ wollte sie wissen, und ihre Stimme klang jugendlich und stark. Wir waren alle starr vor Staunen. Sie hatte mit einem Mal dreißig Jahre von sich abgestreift.« Sarah spielte die Szene zu Ende, doch die Anstrengung war so groß, daß sie am Schluß zusammenbrach und auf ihr Zimmer getragen werden mußte. In den nächsten zwei Monaten gaben sich die Ärzte in ihrem Haus die Klinke in die Hand. Ihre treuesten Freunde

– Maurice und seine Familie, Louise Abbéma und Sarahs Hausarzt Dr. Marot – wachten abwechselnd an ihrem Bett. Sobald Sarah sich ein wenig besser fühlte, bestand sie darauf, angekleidet zu werden und am Tisch zu sitzen. Einmal kam Stella Campbell zum Essen vorbei.

Sarah sei überaus charmant gewesen, schreibt sie. Die Bernhardt trug einen kostbaren Samtumhang, den ihr Sacha, wie sie liebevoll sagte, den ganzen weiten Weg aus Venedig mitgebracht habe. Das Essen rührte sie nicht an. Nachdem sie angeregt geplaudert hatten, erschienen zwei Diener mit der Sänfte. Als Sarah davongetragen wurde, warf sie ihrer Besucherin einen Handkuß ganz nach der Art der Mélisande zu, lächelte und verschwand. Es sollte ihr letztes Zusammentreffen gewesen sein. Als sich Sarahs Zustand verschlechterte, erschienen auf der ganzen Welt täglich ärztliche Bulletins, von denen sie natürlich nichts erfuhr. Die Menschenmassen freilich, die unter ihrem Fenster standen und auf ihren Tod warteten, konnten ihr nicht verborgen bleiben.

»Sind das Journalisten?« fragte sie Maurice.

»Einige von ihnen ja«, antwortete er.

»Sie sollen warten. Sie haben mich mein ganzes Leben lang geplagt, jetzt kann ich es ihnen heimzahlen.«

Das waren ihre letzten Worte, und sie lächelte dabei. Am 23. März 1923 starb Sarah in Maurice' Armen. Wenige Minuten später trat Dr. Marot ans Fenster und verkündete, Madame Sarah Bernhardt weile nicht mehr unter den Lebenden. An diesem Abend forderten die Schauspieler der Pariser Theater ihr Publikum zu einer zweiminütigen Schweigepause auf, und nach Ende der Vorstellungen gingen die Schauspieler, die ihr nahegestanden hatten – es waren viele –, zum Boulevard Pereire und legten die Blumen, die sie an diesem Abend bekommen hatten, vor ihrem Leichnam nieder. Drei Tage lang defilierte ein endloser Strom von Trauernden an ihrem verblichenen Körper vorbei. Im Tod war sie ebenso eindrucksvoll wie im Leben. Weiß gekleidet lag sie in ihrem berühmten Sarg, der Kopf ruhte auf einem Kissen aus Veilchen, in der Hand hatte sie ein silbernes Kreuz, auf der Brust lag das Band der Ehrenlegion. Totenzimmer, Treppenhaus und Flur waren ein

Meer aus Flieder, Rosen, Orchideen, Nelken und Gladiolen. Besonders ergreifend waren die zahllosen Veilchen- und Narzissensträuße, bescheidene Liebesgaben von Leuten, die Sarah von fern still verehrt hatten. Eine Million Menschen, junge und alte, reiche und arme, Theaterbesucher und solche, die noch nie ein Theater betreten hatten, säumten die Straßen in Zehnerreihen, als der Sarg vom Boulevard Pereire zur Kirche Saint François und von dort zu Sarahs letzter Ruhestätte, dem Friedhof Père Lachaise, getragen wurde. In der Geschichte Frankreichs hat keine Frau und kaum ein Mann eine solch spontane Gefühlsregung, eine so umfassende Demonstration der Zuneigung hervorgerufen. Auf dem Weg durch die Stadt hielt der Zug vor dem Théâtre Sarah Bernhardt an. In die Stille hinein regneten vom Dach des Theaters bunte Blütenblätter auf den Sarg. Am Grab wurden keine Reden gehalten, nur ein einzelner, herzzerreißender Schrei löste sich aus der Menge. Er kam aus dem Mund einer jungen Schauspielerin. Die vier gestammelten Worte hallten in den Herzen der Anwesenden wider: »Unsterbliche können nicht sterben.« Auf dem Grabstein stand lediglich ihr Name: Sarah Bernhardt.

Einige Jahre später wurde der Schauspielerin auf der Place Malesherbes ein Denkmal gesetzt. Als die Deutschen im Zweiten Weltkrieg Paris besetzten, glaubte ein fanatischer Nazi, die Nase des Standbildes abschlagen zu müssen, ein erbärmlicher, häßlicher Akt der Zerstörung. Aber auch so werden all diejenigen, die das Streben nach Schönheit im Dienst der Kunst hochhalten, Sarah Bernhardt ein ewiges Andenken bewahren.

Bibliographie

Aus den unten aufgeführten Büchern durfte freundlicherweise zitiert werden. Von bezeichneten Ausnahmen abgesehen sind alle französischen Titel in Paris und alle englischen Titel in New York erschienen. Von einigen älteren Titeln ist das Erscheinungsdatum nicht bekannt.

Episoden aus dem Leben der Sarah Bernhardt in literarischen Darstellungen

Bernhardt, Sarah, *Petite Idole* (Editions Nilsson, 1920)
—*The Idol of Paris* (The Macaulay Company, 1922)
—*Jolie Sosie* (Editions Nilsson, o.J.)
Champsaur, Félicien, *Dinah Samuel* (Pierre Douville, o.J.)
Goncourt, Edmond de, *Juliette Faustin. Der Roman einer Schauspielerin* (Dieterich, Leipzig 1963)
Lorrain, Jean, *Le Tréteau* (Jean Bosc Editeur, 1906)

Bücher von Sarah Bernhardt

Bernhardt, Sarah, *Un Coeur D'Homme*, ein Stück in vier Aufzügen und *L'Aveu*, Drama in einem Akt (Charpentier et Fasquelle, 1911)
—*Memories of My Life* (D. Appleton & Company, 1923)
—*The Art of the Theatre* (Geoffrey Bles, London 1924)
—*Ma Double Vie* (Editions des Femmes, 1980) Dt.: *Mein doppeltes Leben* (Droemersche Verlagsanstalt Th. Knaur Nachf. München, 1983)
—*L'Art du Théâtre* (Editions Nilsson, o.J.)

Biographien über Sarah Bernhardt

Agate, May, *Madame Sarah* (Benjamin Blom, New York/London 1945 u. 1969)
Arthur, Sir George, *Sarah Bernhardt* (William Heinemann Ltd., London 1923)
Baring, Maurice, *Sarah Bernhardt* (Hamburg 1934)
Bernhardt, Lysiane, *Spiel in Moll. Das Leben der Sarah Bernhardt* (Verlag der Europäischen Bücherei, Bonn 1949)
Binet-Valmer, *Sarah Bernhardt* (Flammarion, 1936)

Castelot, André, *Ensorcelante Sarah Bernhardt* (Librairie Academique Perrin, 1961)
Colombier, Marie, *Les Voyages de Sarah Bernhardt en Amérique*, mit einem Vorwort von Arsene Houssaye (Marpon & Flammarion, 1881)
—*Kes Mémoires de Sarah Barnum*, mit einem Vorwort von Paul Bonnetain (1883)
—*Mémoires*, Band I, *Fin d'Empire*, Band II, *Fin de Siècle*, Band III, *Fin de Vie* (Ernest Flammarion, o.J.)
Dupont-Nivet, Jean, *Sarah Bernhardt, Trente Ans de Passion pour Belle-Ile-en-Mer* (Jean Dupont-Nivet, 1973)
Emboden, William, *Sarah Bernhardt* (Macmillan, London 1974)
Geller, G. G., *Sarah Bernhardt* (Frederick A. Stokes, 1933)
Hahn, Reynaldo, *La Grande Sarah* (Hachette, 1930)
—*Sarah Bernhardt* (Elkin Mathews & Marrot Ltd., London 1932)
Huret, Jules, *Sarah Bernhardt* (Chapman & Hall, London 1899)
Jullian, Philippe, *Sarah Bernhardt* (Editions Ballard, 1977)
Pierrefeux, Guy de, *Madame Quand Même, Sarah Bernhardt*, hg. von D. Chabas (Mont-de-Marsan, 1920)
Richepin, Jean, *La Vie de Marie Pigeonnier*
Rostand, Maurice, *Sarah Bernhardt* (Calmann-Levy, 1950)
Rueff, Suze, *I knew Sarah Bernhardt* (Frederick Muller Ltd., London 1951)
Sagan, Françoise, *Die Lust zu Leben – Sarah Bernhardt* (Ullstein, Berlin 1988)
Skinner, Cornelia Otis, *Madame Sarah* (Houghton Mifflin Company, Boston 1967)

Weitere Werke

Agate, James, *Ego: The Autobiography of James Agate* in neun Bänden. (U. a. bei Hamish Hamilton, London 1935; George Harrap & Co., 1949)
—*An Anthology* (Rupert Hart-Davis, London 1961)
Andry, Marc, *Edmond Rostand, la Panache et la Gloire* (Plon, 1986)
Anonymous, *An Englishman in Paris*, Band II, *The Empire* (D. Appleton & Company, 1892)
Auerbach, Nina, *Ellen Terry* (W. W. Norton, 1987)
Beerbohm, Max, *Around Theatres* (Alfred A. Knopf, 1930)
—*More Theatre* (Taplinger Publishing Co., 1969)
Blach, Lesely, *Pierre Loti* (A. Helen & Kurt Wolff Book/Harcourt Brace Jovanovich, 1983)
Campbell, Mrs. Patrick, *My Life and Some Letters* (Dodd, Mead & Company, 1922)
Chevalley, Silvie, *Rachel en Amérique* (La Societé d'Histoire du Théâtre, 1957)
Cocteau, Jean, *Portraits-souvenirs* (Bernard Grasset, 1935)

—*Das Berufsgeheimnis.* Kritische Poesie, Bd. 9 der Werkausgabe, Hrsg. Reinhard Schmidt (Fischer B., Frankfurt 1988)
Colette, *Dernier Portrait* (1944). Ein Beitrag zum Programmheft der Jubiläumsgala anläßlich des einhundertsten Geburtstags der Bernhardt
Coppée, François, *Souvenir d'un Parisien* (Lemerre, 1910)
Daudet, Alphonse. *Pages Inédites de Critique Dramatique 1874–80* (Ernest Flammarion, 1922)
Daudet, Léon, *Paris Vecu* (Gallimard, 1969)
Delluc, Louis, *Chez de Max* (L'Edition, 1918)
Dusanne, Beatrix, *Reines de Théâtre* (Lardanchet, 1944)
—*Dieux des Planches* (Lardanchet, 1964)
Ellmann, Richard, *Oscar Wilde* (Piper, München 1991))
Faure, Paul, *Vingt Ans d'Inimité avec Edmond Rostand* (Plon, 1928)
Gaillard, Roger, *La Vie d'un Joueur* (Calmann-Lévy, 1953)
Genty, Christian, *Histoire du Théâtre de l'Odéon* (Fischbacher, 1981)
Goncourt, Edmond et Jules de, *Tagebuch der Brüder Goncourt* (München, 1947)
Goslin, Nigel, *Nadar* (Alfred A. Knopf, 1976)
Got, Edmond, *Journal* (Plon, 1910)
Gribble, Francis, *Rachel* (Chapman and Hall Ltd., London 1911)
Guilbert, Yvette, *La Chansons de Ma Vie* (Grasset, 1927)
Guitry, Sacha, *Lucien Guitry, Raconté par Son Fils* (Raoul Solar, 1953)
—*Wenn ich mich recht erinnere* (1935)
Harding, James, *Sacha Guitry* (Methuen, London 1968)
Hegermann-Lindencrone, Lillie de [Lillie Moulton], *In the Courts of Memory* (Harper & Brothers, 1912)
—*The Sunny Side of Diplomatic Life* (Harper & Brothers, 1914)
Hollingshead, John, *Gaiety Chronicles* (Westminster Archibald Constable & Company, London 1898)
Holroyd, Michael, *Lytton Strachey: The Unknown Years*, Band 1 (Holt, Rinehart and Winston, 1967)
Huret, Jules, *Loges et Coulisses* (Editions de la Revue Blanche, 1901)
James, Henry, *The Scenic Art* (Rutgers University Press, Brunswick, New Jersey 1948)
—*Parisian Sketches* (New York University Press, 1957)
—*The Tragic Muse* (Thomas Y. Crowell, 1975)
Jones, Ernest, *The Life and Work of Sigmund Freud*, Band 1 (Basic Books Inc., 1953)
Jullian, Philippe, *Robert de Montesquiou, Un Prince 1900* (Librairie Académique Perrin, 1965)
Lugne-Poe, Aurélien, *La Parade: Souvenirs et Impressions de Théâtre* (Gallimard, 1930–1933)
Marquet, Mary, *Ce Que J'ose Dire* (Jacques Grancher, 1977)
Maurois, André, *Olympio. Victor Hugo* (Claassen, Hamburg 1957)
—*Die drei Dumas* (Claassen, Hamburg 1959)

Moreno, Marguérite, Souvenir de Ma Vie, mit einem Vorwort von Colette (Editions de Flore, 1948)
Mounet-Sully, Jean, *Souvenir d'un Tragédien* (Editions Pierre Lafutte, 1917)
Mucha, Jiri, *Alphonse Maria Mucha* (Academy Editions, London 1989)
Olivier, Laurence, *Confessions of an Actor* (Penguin Books, 1982)
Peters, Margot, *Mrs. Pat: The Life of Mrs. Patrick Campbell* (Alfred A. Knopf, 1984)
Porel, Jacques, *Fils de Réjane* (Plon, 1951)
Pougy, Liane de, *Mes Cahiers Bleus* (Plon, 1977)
Pronier, Ernest, *Sarah Bernhardt* (Alex Jullien, Genf o.J.)
Proust, Marcel, *Auf der Suche nach der verlorenen Zeit*, aus dem Französischen von Eva Rechel-Mertens (Suhrkamp, 1964)
Renard, Jules, *Journal* (Gallimard, 1965)
Ripert, Emile, *Edmond Rostand, Sa Vie et Son Oeuvre* (Librairie Hachette, 1968)
Robertson, W. Graham, *Time Was* (Hamish Hamilton, London 1931)
Robinson, Phyllis C., *Willa: The Life of Willa Cather* (Doubleday & Company, 1983)
Russell, John, *Paris* (Harry N. Abrams Inc., 1983)
Salmon, Eric, *Bernhardt and the Theatre of her Time* (Greenwood Press, Westport, Connecticut/London 1984)
Sarcey, Françisque, *Quarante Ans de Théâtre* (Bibliothéque Des Annales, 1900)
Shaw, George, Bernard, *Essays*, (Fischer, Berlin 1927)
Simone, *Sous de Nouveaux Soleils* (Gallimard, 1957)
Symons, Arthur, *Eleonora Duse* (Duffield, 1927)
Taranow, Gerda, *Sarah Bernhardt: The Art Within The Legend* (Princeton University Press, Princeton, New Jersey 1972)
Tellegen, Lou, *Women Have Been Kind: The Memoirs of Lou Tellegen* (The Vanguard Press, 1931)
Terry, Ellen, *Memoirs* (Victor Gollancz Ltd., 1933)
Toussaint du Vast, Nicole, *Rachel* (Stock, 1980)
Trollope, Fanny, *Paris and the Parisians* (Alan Sutton, London 1836 und 1985)
Valmy-Baysse, Jean, *Naissance et Vie de la Comédie Française* (Floury, 1945)
Verneuil, Louis, *La Vie Merveilleuse de Sarah Bernhardt* (Brentano, 1942)
Weaver, William, *Duse: A Biography* (Harcourt Brace Jovanovich, 1984)
Wilde, Oscar, *The Letters of Oscar Wilde* (Harcourt, Brace & World, 1962)
—*Letzte Briefe* (Fischer, Berlin 1925)
—*Selected Letters of Oscar Wilde* (Oxfort University Press, 1979)
Woon, Basil, *The Real Sarah Bernhardt* (Boni & Liveright, 1924)

Namenregister

Bildnachweis

Academy Group Limited London: 77, 78
Atelier Nadar: Titelseite, Teil I
Mit freundlicher Genehmigung von Marie-Louise Berberot, Privatsammlung, Paris: 2, 3, 4, 5 (Foto: Studio Le Jeune)
Bettmann Archive: 26, 27
Bibliothek der Comédie Française: 73, 75
Studio Biot-Bouvier, Antoine; Jean-Charles Lamoral, Prince de Ligne la Trémoïlle: 8
E.C.P. Armées, Paris: 90
Sammlung Dario Cecchi: 87
Sammlung Alain Lesieutre: 13, 17, 43, 44 (Foto: Napoleon Sarony, New York), 46, 72, 74, 82, 85, 86, 92
Sammlung Viollet: 47
Dargaud Editeur, Paris: 79
Editions Fildier Cartophilie, Paris: 81
Editions Jacques Damase, Paris: 29
Copyright Harlingue-Viollet: 28
Sammlung Frederick R. Koch, Harvard Theatre Collection: 12, 18, 36, 38, 39, 40, 41, 70, 89, 91
A. Liébert: Titelseite, Teil II
Lipnitzki-Viollet: 6
Melandri, Paris: 19, 20
Musée d'Orsay, Paris: 37
Mydstkov, Jakob, (Königl.Theater Kopenhagen): 84
Félix/Paul Nadar/Copyright Arch. Phot. Paris/S.P.A.D.E.M.: Titelseiten Teil V und VIII, 1, 7, 21, 22, 23, 24, 25, 48, 50, 53, 54, 55, 57, 61, 62, 63, 64, 66, 67, 68
Privatsammlung New York: Titelseite Teil III (Foto: Reutlinger, 1872), Teil IV (Foto: Reutlinger, 1877), Teil VI, Teil VII, 9 (Foto: Tissier, Paris), 10 (Foto: W.& D. Downey, London), 14, 16 (Foto: Beuscher, Le Havre), 30, 31 (Foto: R. Casanove, Paris), 32, 34 (Foto: Ferdinand Mulnier), 50, 51 (Foto: Napoleon Sarony, New York), 58, 59 (Foto: Lafayette, London), 71, 76 (Photographie Bulloz), 80, 83, 88, 93, 94
Mit freundlicher Genehmigung von Terka Reichenbach: 11
Mit freundlicher Genehmigung von Jean-Pierre Richepin: 33
Mit freundlicher Genehmigung von Nanos Valoritis: 35
Victoria & Albert Museum (mit freundlicher Genehmigung des Board of Trustees): 15, 42, 45, 52, 56, 60 (Foto: Napoleon Sarony, New York), 65, 69